国际工程承包项目管理实务

主　　编　赵丕熙
副主编　李宇千
参编人员　赵丕熙　李宇千　陈国强　王珍琪
　　　　　单思君　韩　梅　韩迅之

科学技术文献出版社

图书在版编目(CIP)数据

国际工程承包项目管理实务/赵丕熙主编.—北京:科学技术文献出版社,2011.11

ISBN 978-7-5023-6970-5

Ⅰ.①国… Ⅱ.①赵… Ⅲ.①国际承包工程-项目管理 Ⅳ.①F746.18

中国版本图书馆 CIP 数据核字(2011)第 144426 号

国际工程承包项目管理实务

策划编辑:周国臻　责任编辑:杨　光　责任校对:唐　炜　责任出版:王杰馨

出 版 者	科学技术文献出版社
地　　址	北京市复兴路 15 号　邮编 100038
编 务 部	(010)58882938,58882087(传真)
发 行 部	(010)58882868,58882866(传真)
邮 购 部	(010)58882873
网　　址	http://www.stdp.com.cn
发 行 者	科学技术文献出版社发行　全国各地新华书店经销
印 刷 者	北京时尚印佳彩色印刷有限公司
版　　次	2011 年 11 月第 1 版　2011 年 11 月第 1 次印刷
开　　本	787×1092　1/16 开
字　　数	533 千
印　　张	23
书　　号	ISBN 978-7-5023-6970-5
定　　价	62.00 元

版权所有　违法必究

购买本社图书,凡字迹不清、缺页、倒页、脱页者,本社发行部负责调换

前　言

国际工程项目管理是 21 世纪出现的一门顺应国际化项目管理潮流、具有时代潜力的一门新兴管理学科。对于从事国际工程项目管理的人员来说,学习、掌握这门学科的主要管理知识,特别是一些实用知识,对于有效开展工程项目的管理工作并能取得预期管理效果是有着十分重要意义的。

改革开放 30 年来,我国的工程施工企业越来越多地走向国际,参与国际建设市场竞争,承接越来越多的国际工程,并由最初的单纯劳务承包,发展到今天的工程总承包。在这漫长的发展进程中,我们逐步积累了不少的经验。

在 2010 年,我国有 54 家对外承包工程企业进入国际建筑行业权威杂志——美国《工程新闻记录》(ENR)——"全球最大国际承包商 225 强"榜单,总营业额同比增长约 41.9%,占 225 强总营业额的比重为 13.2%,列世界第 1 位,其中处于前 100 位的企业增加到 17 家。尽管这样,我们也不能不看到,我们多数施工企业的工程项目管理水平与国际先进水平尚有较大差距,并直接影响着我国国际工程承包项目管理水平的提高。我们必须正视存在的不足和差距,必须熟悉国际惯例以及学习国际上优秀承包商的管理经验,不断提高我们的国际工程项目管理水平,不断提高我们的项目经营效益。只有这样我们才能在竞争对手如林和竞争形势十分严峻的国际建筑市场上占有一席之地,发展我国的国际工程承包事业。

一个从事国际工程项目管理的管理者,不仅要有丰富的技术知识,更多的还需要有适应国际工程项目管理的国际惯例以及适应国际市场需要的其他国际金融、国际贸易、保险、风险管理等方面的相关知识,只有这样才能满足项目管理的需要和适应国际工程建设市场激烈竞争的需要。

本书主要是结合国际工程项目管理,就工程项目管理的主要工作做简要介绍。其特点主要是做必要的基本知识介绍外,重点在于结合工程项目管理实际介绍工程项目管理主要工作的具体操作程序和要求;并尽量为刚刚进入国际工程建设市场的项目管理者提示一些可能遇到的风险以及为降低风险需采取的主要措施。作者的初衷是尽量使本书具有一定的实用性和可操作性,以满足工程建设项目管理者的实际需要。

本书编写过程中得到了中建股份有限公司海外事业部的大力支持,并参考了中外众多国际工程项目管理专家和学者的论著和研究成果,在此一并表示衷心的感谢。

由于作者水平有限,加之本书涉及的管理领域较为广泛,故本书难免存有不妥甚至是错谬之处,还望专家学者和广大读者不吝赐教,恳请批评指正。

赵丕熙

目 录

第一章 国际工程承包项目管理概述 ··· 1
   第一节 国际工程及国际工程承包 ·· 1
   第二节 国际工程项目管理 ·· 7
   第三节 我国国际工程承包事业的发展与差距 ································ 12
   第四节 国际工程项目的主要承包模式 ·· 16
   第五节 项目经理部的组织结构及组织机构模式 ···························· 18
   第六节 矩阵式组织机构模式下的责任工程师制 ···························· 23

第二章 项目策划与项目管理目标责任 ·· 34
   第一节 项目策划 ··· 34
   第二节 项目管理目标责任书 ·· 41
   第三节 承包商对项目经理的授权 ··· 42

第三章 合约管理 ·· 63
   第一节 合约管理概述 ·· 63
   第二节 国际工程招投标管理 ·· 68
   第三节 国际工程合同 ·· 74
   第四节 承包商的合约管理 ·· 82

第四章 进度管理 ··· 106

第五章 分包商管理 ·· 113
   第一节 分包商的评价与选择 ··· 114
   第二节 对工程分包商的管理 ··· 119
   第三节 对劳务分包商管理 ·· 123

第六章 物资采购管理 ··· 132
   第一节 国际物资采购概述 ·· 132

第二节	物资需求计划与物资采购计划	137
第三节	供应商的评价与选择	138
第四节	物资采购合同与运输保险	142
第五节	物资清关及物资验证	147
第六节	货款支付与信用证管理	152
第七节	物资采购过程的风险管理	158

第七章 保函管理 …… 163

第一节	保函概述	163
第二节	保函申办及风险控制	169

第八章 索赔管理 …… 175

第一节	索赔概述	175
第二节	国际工程索赔	179

第九章 质量管理 …… 192

第一节	质量管理概述	192
第二节	ISO 9001 标准的贯彻与实施	196
第三节	过程记录的管理	212

第十章 项目安全管理 …… 221

第一节	安全管理概述	221
第二节	OHSAS 18001 标准的贯彻与实施	226
第三节	项目施工过程安全管理	232
第四节	项目社会公共安全风险管理	238

第十一章 项目环境管理 …… 245

第一节	环境管理概述	245
第二节	ISO 14001 标准的贯彻与实施	250

第十二章 项目风险管理与危机管理 …… 260

第一节	项目风险管理	260
第二节	项目危机管理	282

第十三章 项目文化与公共关系管理 …… 291

第一节	项目文化管理	291
第二节	项目公共关系管理	298

第十四章　项目社会责任管理 ··· 306
　第一节　概述 ·· 306
　第二节　SA 8000 标准的贯彻与实施 ··· 312

第十五章　工程保险管理 ·· 325
　第一节　概述 ·· 325
　第二节　项目保险管理工作 ··· 332
　第三节　保险索赔 ·· 337

第十六章　工程交付与质量保修 ·· 342
　第一节　工程竣工验收与交付 ·· 342
　第二节　技术培训 ·· 350
　第三节　工程质量保修及最终验收 ·· 353
　第四节　项目工程档案及移交 ·· 357

主要参考文献 ·· 359

第一章 国际工程承包项目管理概述

第一节 国际工程及国际工程承包

一、项目和建设工程项目

(一)关于项目

1. 项目的含义

原则上说,项目是一个具有广泛含义的术语。它是在一定时间内为达到一定目的所开展的多项相关活动过程的总称。

在国际标准化组织(International Organization for Standardization,简称 ISO)发布的 ISO 9000:2005《质量管理管理体系——基础和术语》标准(以下简称"ISO 9000 标准")中对"项目"是这样定义的:"由一组有起止日期的、协调和受控的活动组成的独特过程,该过程要达到符合包括时间、成本和资源约束条件在内的规定要求的目标。"并在其后又注解:"项目的结果可以是单一或若干个产品。"

2. 项目的特征

(1)一次性 项目是为达到一定目的所进行的一次性活动,其所需要的时间一般比较长,有的甚至要几年、十几年的时间。

(2)目的性 任何一个项目在开始之前都须设定预期的目标。目标包括了度量项目工作本身的目标和度量项目产出的目标。

(3)临时性 项目是由一个临时性组织为完成一次性活动目标的过程。

(4)独特性 即世界上没有两个完全相同的项目,每一个项目都有它的独特表现和特征。

(5)不确定性 即在项目实施的过程中,会因内外部环境条件的变化,而伴随着多种不确定性;等。

3. 项目的类型

项目主要有四种类型:

(1) 建设工程项目 如建筑工程项目、土木工程项目、石油化工工程项目、矿山建设项目等。

(2) 制造业项目 如飞机制造项目、舰船制造项目、机械设备制造项目等。

(3) 科研项目 如各类技术攻关项目、专项科学研究项目等。

(4) 管理类项目 如企业开发项目、企业引进项目、管理创新项目等。

(二) 建设工程项目

1. 建设工程项目的含义

在 GB50326—2006《建设工程项目管理规范》中对"建设工程项目"是这样定义的:"为完成依法立项的新建、扩建、改建等各类工程而进行的、有起止日期的、达到规定要求的一组相互关联的受控活动组成的特定过程,包括策划、设计、采购、施工、试运行、竣工验收和考核评价等。"建设工程项目通常简称为工程项目。

2. 建设工程项目的特征

建设工程项目与其他类别项目相比,其具有以下显著的特点:

(1) 工程项目产品寿命期长 工程项目竣工交付至业主后的使用时间一般都很长,其寿命期短则十几年,长则几十年甚至上百年。

(2) 产品固定性 工程项目产品庞大、固定而不能移动,而其生产(施工)者及施工设备则是流动的。

(3) 一品性 每个工程建设项目的规模、内容都不尽相同,表现为设计的单一性、产品的单件性。即使工程项目表面完全相同,实际上都会因外部环境条件(如地质条件)等不同,其设计、施工内容也不会相同。

(4) 耗用资源量大 建设工程项目需要的各类资源甚多,包括要耗用大量的物资资源、各类能源以及大量施工机具设备、人力资源等。

(5) 工程产品形成过程受外部环境因素影响比较大 如因工程项目的施工露天作业很多,工程建设的进度及工程质量等受外部自然(如气象)条件影响比较大;如工程所在地域的物资供应条件、社会安全条件等都直接影响工程项目施工能否正常进行。

(6) 过程活动组织难度大 因工程项目建设全过程活动涉及的外部相关方多且关系复杂;工程建设参与方比较多,利益关系复杂;施工过程需要的工种繁多,交叉作业多,受气象条件影响大等,均导致了施工组织、协调难度比较大。

(7) 风险大 工程建设项目形成全过程面临的风险比较多,因此项目的风险管理工作量比较大。

二、关于国际工程项目

(一) 国际工程项目的含义

国际工程项目是指一个建设工程项目的参与者(包括投资、咨询、设计、采购、施工等方面)不止来自一个国家或国际组织,并按照国际惯例组织过程管理的工程项目。

从这一概念出发,可以认为国际工程项目不仅指我国承包商在国外承接的工程项目,而且也包括了在我国国内承接的涉外工程项目(如利用世界银行等国际金融组织贷款的工程建设项目)。

(二)国际工程项目涉及的行业范围

国际工程项目涉及了国际工程咨询和国际工程承包两大行业。在国际贸易和世界贸易组织的规则中,均将国际工程咨询和国际工程承包列入服务贸易的范围。

1. 国际工程咨询

国际工程咨询包括对工程项目的前期投资及可行性研究、项目评估、勘测、设计、招标文件编制、项目管理、工程监理、后期评价等工作。咨询单位既可以为业主方服务,也可以应承包商聘请为其服务。当承包商承接技术复杂的大型工程,其自身能力不能完全满足要求时,可考虑聘请咨询单位。

2. 国际工程承包

国际工程承包是指承包商在国际工程建设市场上接受某个国家的政府、企业或工程项目投资人(业主或发包人)的委托,按规定的条件承担工程项目建设任务,为业主提供符合要求的工程产品和相关服务的全部过程或活动。国际工程承包是一种综合性的涉及资金、技术、劳务、管理等方面的国际经济合作方式,其既是国际技术贸易的一种形式,也是国际劳务合作的一种形式。国际工程承包是一种典型的国际服务贸易。

国际工程承包包括了对工程项目的工程投标、工程设计、物资采购、工程施工、技术培训(向业主方提供技术知识、专利技术)、工程投用后的生产组织和指导等全部或部分工作以及提供劳务服务等。

(三)国际工程承包的特点

与我国国内工程承包相比较,国际工程承包具有以下几方面的特点。

1. 国际性强

国际工程承包在工程项目的承包全过程中,始终贯穿着明显的国际性,其主要体现在:

(1)在工程建设全过程中既采用工程所在国的语言文字,又采用国际上较普遍采用的英语或法语,故要求承包商乃至项目经理部的主要管理人员需有一定的外语水平,并需配备足够的翻译人员,确保与工程项目的相关方能准确沟通、交流。

(2)工程合同以及合同实施过程中往来交流的文字均使用工程所在国法定的英语或法语等,而汉语基本不能使用(在中国国内的国际工程除外)。

(3)参与工程项目施工的劳务人员来自多个国家,其使用的语言文字多数情况下是不一致的,因此工程建设过程中的组织、协调、沟通交流比较复杂和困难。

(4)工程实施全过程中多采用国际惯例,如采用国际标准化组织(ISO)发布的管理体系标准、菲迪克合同条件(FIDIC)或业主所规定的国际上某些先进的技术质量标准,如采用美国国家标准协会标准(ANSI)、英国国家标准(BS)、法国国家标准(NF),也可能会采用工程所在国的国家技术标准。

2. 项目实施全过程涉及的范围及内容十分广泛

国际工程承包尽管也是一种贸易形式,但其比一般商品贸易和一般经济合作要复杂的多,涉及的范围、内容要广泛得多。如在技术上包括了:设计、技术攻关、施工、设备制造安装、试生产、技术培训等;在经济上包括了:招标投标、合同签订、境内外物资采购、资金信贷等;在管理上包括了:计划管理、合约管理、技术管理、质量管理、安全管理、社会责任管理、成本管理、劳务管理、税务管理、保函管理、保险管理、法律事务管理、信息管理、风险管理、危机管理等。

在项目实施过程中,承包商所面临的相关方甚多,因此导致承包商的对外沟通交流、协调处理相互间关系的工作量十分之大。如承包商将直接面对业主(业主代表)、监理方(工程师)、设计方、供应商、分包商,而且还将面对除政府众多相关部门以外的社会组织,如银行、保险公司、代理商、咨询商、法律事务所、运输商等。

3. 实行总分包管理

国际工程项目的实施基本都是实行总分包管理。这是因为国际工程一般都是规模、体量比较大,而且技术都比较复杂,仅靠一家承包商单独完成一般是不可能的,往往需要借用多家不同专业分包商的力量来共同完成工程建设任务。这时(总)承包商将采用工程分包的形式,将工程项目分包给多家分包商。另外还有一种情况是,(总)承包商具有很强的技术、管理优势,他将会采取劳务分包的方式实施项目工程的建设任务。目前国际上通行采用工程分包和劳务分包两种形式。

4. 合约管理是工程承包管理的核心工作

按合同处理工程承包全过程中的各种事宜,工程建设参与方必须按合同规定履行各自的责任和义务,并同时获得各自应有的权利,这是国际工程承包的最基本的原则。因此,要求承担国际工程项目建设任务的承包商必须配齐、配强必须的合约管理人员,并须对合约管理工作予以高度的重视。

5. 工程建设周期长、面临风险大

一个国际工程项目的建设周期都比较长,少则二三年,多则五六年或更长,而在这么长的时间内,国际上乃至工程所在国的政治经济形势都将发生很多变化,而这些变化必然会对工程建设产生各种不利影响。如承包商经常遇到的如技术风险、自然风险、物资采购风险、质量风险、安全风险、分包商风险、劳务风险、合同风险、物价上涨风险、资金风险、汇率风险、保函风险等。特别是近年来经常遇到的工程所在国政治形势恶化导致的恐怖活动、内战、暴乱、罢工;经济形势恶化导致的经济危机、金融危机等。由于不可预见的因素比较多,这都大大增加了国际工程承包的风险,在较大程度地影响着工程建设工作的正常进行,而直接影响承包商的经济效益。

三、关于国际工程项目管理的参与方

1. 业主

在 ISO 9000 标准中,业主(Owner)被划为"顾客(Customer)"的范畴。该标准对"顾客"的定义为:"接受产品的组织或个人"。在工程建设领域中,业主可以是建设工程项目立项的组织者、投资者,可以是项目实施的总体组织者,也可以是项目的使用者或产权所有者。

按项目投资渠道划分:业主可以是政府部门(中央政府或地方政府),可以是国营企业,也可以是私营企业或个人。

在国际工程承包合同中,雇主(Employer)、委托人(Client)均可被理解为业主。

2. 业主代表

业主代表(Owner's Representative)是代表业主在项目建设过程中行使管理权的人员。业主代表可在授权范围内履行合同中规定的责任和义务,其行使授权范围内规定的权力均被认为业已得到业主的批准。承包商处理与业主关系的各项事宜,基本上是通过业主代表来实施的。

业主代表可以是业主内部所雇用的专业管理者,也可以是一家业主聘用的咨询组织。

3. 咨询工程师

在国际上,"咨询工程师(Consulting Engineer)"多简称为"工程师",是从事工程咨询服务的工程技术人员或其他专业人员的统称。工程师提供的服务内容十分广泛,它可以为工程项目的业主或贷款银行提供咨询服务,也可以为承包商服务,服务内容涉及不同的专业性工作,一般包括:项目立项阶段的规划研究、项目选定、可行性研究、项目评估等;建设准备阶段的各阶段设计、招标文件的编制、评标和合同谈判;项目实施阶段的工程监理、试运行、生产准备;项目竣工阶段的临时验收和最终验收等。

在建设工程项目的启动至正常交付使用全过程中,咨询工程师是按合同要求为业主(委托人)提供有偿的技术和/或管理服务,或对工程项目实施全过程的监督、检查和协调的专业人员。对于承包商来说,工程师在业主的授权范围内对工程建设的全过程实施工程监理,即通过过程监督检查、沟通协调、发布指令以及过程确认等手段来管理项目和监督、管理承包商。工程师是承包商在承包工程建设全过程接触最多、关系最为密切的一个相关方。

工程师的能力、经验和信誉等对实现工程项目的预期目标有着十分重要的影响。各国均有严格的工程师资格认可注册制度,工程师只有通过资格认可才能从事相应咨询服务工作。

4. 项目管理承包人

项目管理承包人(Project Management Contractor)是专门从事工程项目管理的组织(如项目管理公司),他们受业主委托,按照合同约定,代表业主对工程项目实施全过程或若干阶段的管理和服务。在这一过程中业主的主要职责是进行项目决策和监督项目管理承包,而项目管理的其他管理工作全部或部分委托给项目管理承包人来完成。这是国际上于20世纪末,包括我国近十几年来开始推行的一种新的项目管理模式。

对于这种项目管理模式,项目管理承包人可以为业主提供不同形式的服务,主要为:

(1)项目管理服务　项目管理承包人按照合同约定,可为业主提供:可行性研究报告的编制、可行性分析和项目策划、招标代理、设计管理、采购管理、施工过程中对承包商的全面管理(代表业主对工程进行合约、进度、质量、安全、费用、信息等方面的控制)、工程试运行以及工程验收接收等方面服务。

(2)项目管理承包　项目管理承包人按照合同约定,除完成项目管理服务的全部工作内容外,还负责完成合同约定的工程初步设计。

5. 建筑师

建筑师(Architect)是指主要负责工程设计任务的个人或实体。国际上一般对建筑师的资格认可都有明确的要求,即其必须经过特定的学位审核以及专业鉴定;世界上较多国家都有建筑师资格认可或注册的管理制度。

6. 工料测量师

工料测量师(Quantity Surveyor,QS)是指从事工程经济管理的人员,系英国皇家特许测量师协会(RICS)成员。其工作性质类似于我国的造价工程师。

工料测量师的主要工作是为委托人(业主)做工程造价管理服务。具体说,工料测量师主要担负工程中与"数量"有关的工作,包括整个工程的工程量计算(核算)、编制标底、编制项目成本计划,对工程投资进行控制,竣工结算等。他们是集工程概算、计价、索赔等于一身的专业性很强的经济性管理人员。

工料测量师既可为业主服务,也可为承包商服务,如为承包商编制投标报价文件、在项目施工过程中实施成本管理。

7. 承包商

承包商(Contractor)在国际上有时被称为"被委托人"(针对业主有时被称其为"委托人"而言)。在 ISO 9000 标准中,承包商属于"组织"的范畴。

承包商通常是指按合同承接建设工程项目并负责具体实施的承建方,有的国家也称其为承约方。承包商是通过与业主签订工程承包合同来向业主提供工程建设服务。

如果业主仅与一家承包商签订整个工程项目承包合同,则称该承包商为总承包商(General Contractor,Main Contractor,Prime Contractor)。

国际上,业主大多都是通过招投标方式选择合适的承包商来为其服务。

8. 承包商代表

承包商代表(Contractor's Representative)一般即为承包商所指派的"项目经理"。他代表承包商在项目上主持项目管理工作,执行工程合同并接受、落实工程师的指令。项目经理可以事先在合同中确定,也可以在开工前确定后报工程师批准。项目经理一经确认,承包商不得私自更换。在 1999 年版《FIDIC 合同条件》(新红皮书)中,对承包商代表还规定了:如承包商代表在工程实施过程需离开现场时,可委托合适的替代人员,但应事先征得工程师同意。

9. 分包商

在 ISO 9000 标准中,分包商(Subcontractor)属于"供方"的范畴,在该标准对"供方"的定义为:"提供产品的组织或个人。"分包商是指那些直接与承包商签订合同,承接承包商与业主所签订合同中一部分任务的组织或个人。由于国际工程一般体量比较大、技术要求较高,承包商总是要将一些子项目转分包出去,以有效发挥各自的特长,确保实现业主的要求。

因业主和分包商间无合同关系,业主和工程师均不直接管理分包商。当他们对分包商工作有异议或要求时,一般均是通过承包商来实施。

10. 供应商

在 ISO 9000 标准中,供应商(Supplier)属于"供方"的范畴,又称为"供货商"。它是为承包商提供工程建设物资以及施工手段类物资的组织或个人。

11. 组织

在 ISO 9000 标准中对"组织(Organization)"是这样定义的:"职责、权限和相互关系得到安排的一组人员及设施。"并在其后又举例说明"组织"可以是:"公司、集团、商行、企事业单位、研究机构、慈善机构、代理商、社团或上述组织的部分或组合。"在本书中将普遍使用这一术语,在不同场合分别代表国际工程承包商或供应商、分包商等。

第二节 国际工程项目管理

一、项目管理

(一)项目管理的含义

项目管理给人们的一个直接概念,就是对项目进行管理。这是最原始的概念,它说明了两个内涵:项目管理属于管理的范畴;项目管理的对象是项目。随着项目管理实践与理论的发展,项目管理的内涵得到了较大的充实和发展。当今的项目管理已是一种新的管理模式,一门新的管理学科代名词。

项目管理是以项目为管理对象的一种系统管理,即通过一个临时的专门的柔性组织,对项目进行高效率的计划、组织、协调、控制,以实现项目管理目标的一系列管理活动全过程的总称。

具体地说,项目管理是一种动态的全过程的管理,它是在项目的生命周期内,管理者不断地进行资源的配置和协调,不断地做出决策,力求使项目实施全过程处于最佳状态,以产生最佳的管理效果。

(二)项目管理的发展

项目和项目管理的发展是工程管理实践的结果。现代项目管理通常被认为是第二次世界大战时期的产物。20世纪60~80年代,通常项目管理主要局限于建筑业和国防、航天等工业上;进入20世纪90年代以后已逐步扩大应用于越来越多的领域。欧美等经济发达国家,已将其广泛应用于建筑、航天、国防、电子、通讯、计算机、软件开发、制造、金融等行业。

项目管理的理论来自于管理项目的工作实践。时至今日,项目管理已经发展成为一个专门学科。

国际上,项目管理学术组织的纷纷建立,标志着项目管理从经验走向科学。例如国际项目管理协会(International Project Management Association,简称IPMA),它是一个在瑞士注册的非营利性组织,它的职能是推进项目管理的国际化。到目前为止,这个组织已有包括英国、法国、德国、澳大利亚、中国等30多个成员国。

我国的项目管理源于20世纪60年代著名科学家华罗庚推广"统筹法"的结果。特别是1982年,在我国世行贷款的鲁布革水电站工程中,日本大成公司运用项目管理方法对这一工程进行了有效的管理,取得了很好的效果,这给我国的整个建设投资领域带来了很大的冲击,使我们看到了项目管理技术的显著作用。1987年,国家计委、建设部等有关部门联合发出通知,借鉴鲁布革工程项目管理的经验,在一批试点企业推行项目法管理;1991年,建设部进一步将试点改为全行业推进项目法管理;而后,我国的项目管理便得到了全面深入的发展。为了加强对项目管理的研究及推广,我国成立了第一个跨学科的项目管理专业学术组织——中国项目管理研究委员会(Project Management Research committee,China,简称 PMRC)。中国项目管理研究委员会自成立以来,立足于我国项目管理学科的基础建设,建立了与国际接轨的《中国项目管理知识体系(C-PMBOK)》,引进并推行"国际项目管理专业资质认证((International Project Management Professional,简称 IPMP)"制度,并基于国际项目管理协会的认证标准 ICB (IPMA Competence Baseline)建立了既适合我国国情又能得到国际认可的中国项目管理能力基准。

至今,项目管理已在国际工程承包乃至我国的建筑业得到全面的推广,并取得了十分显著的成效。

(三)工程项目管理的特点

1. 管理对象明确

项目管理的对象就是特定的工程项目。项目管理的所有工作都是围绕一个既定的工程项目而展开。

2. 管理目标明确

项目管理的目标即是以实现合同规定的要求及实现项目策划的管理目标为项目追求的目标,并在项目实施过程中始终围绕项目管理目标开展各项管理工作。

3. 管理方法先进

项目管理的方法是现代的目标管理,即是一种多层次的目标管理方法。

4. 以项目经理负责制为基础

项目管理实行的是以项目经理个人负责制为基础的责任制度,加之承包商总部对项目经理的充分及必要的授权,体现了项目权力集中以保证各项工作正常开展的管理思想。

5. 项目管理组织的临时性

由于项目本身是一次性的,决定了项目组织的临时性,即为了特定工程项目任务而组织的项目组织机构,项目一结束,项目组织因其使命业已完成而解散。

6. 管理范围广泛

传统的施工管理仅限于项目施工阶段的管理活动,而现代的项目管理覆盖了工程项目全过程的大部分内容,如包括规划设计、物资采购、合约管理、分包商选择与控制以及直至竣工交付的各个阶段多方面的管理工作。

(四)施工管理与项目管理的关系

在国际上,施工管理(Construction Management)与项目管理(Project Management)的含义是不同的。施工管理仅指承包商在工程项目上的施工全过程管理,而项目管理则包括从项目立项、可行性研究、设计、实施到最后交付使用、营运及维护整个项目生命周期的管理,这一理念是站在业主的立场上而确定的。从更高的角度来看,项目管理不单专指工程建设项目的项目管理,它还包括了更广范围的"项目"管理,即包括如前所述的制造项目、科研项目和管理类等领域的项目管理。因此,从宏观看,项目管理是个大范围的概念。

承包商在收到业主发出的中标函并签订承包合同后,一个国际工程项目就正式进入项目的施工阶段。这一阶段的任务是,承包商要把业主的要求、设计方的设计意图和要求,通过项目的策划、组织和运作加以实物化,最终把符合要求的工程产品交付给业主。

在传统的工程项目运作模式中,设计和施工是分离的,即设计由设计咨询机构进行。通过投标,承包商取得施工承包权,尽管有时承包商的承包合同也包括了工程设计,但此时承包商所进行的"项目管理",则基本与施工管理的内容相同。

业主对项目的管理,一般也称之为"项目管理",但他们管理的内容与承包商的就更不一样了,他们的主要任务是监控项目的进度、质量,以及控制工程造价。因此说,这也不是真正意义上的项目管理。

本书所阐述的承包商的项目管理,主要还是围绕承包商的施工全过程的一种项目管理。

二、现代工程建设项目管理

(一)现代项目管理的特点

现代项目管理是依据生产技术的发展规律和客观经济规律对项目进行的管理,是体现现代管理理论、方法及现代科学技术的综合管理。现代项目管理的特点主要体现在:

(1)大量应用现代管理理论,如系统论、信息论、控制论、行为科学理论。

(2)采用现代的管理方法,如网络技术、数理统计方法、预测技术、决策技术等。

(3)现代管理手段的大量应用,包括电子计算机的普及应用和各类项目管理软件的应用。

(4)现代项目管理已经发展为一门管理学科,其主要的表现是世界各国广泛开展"项目管理知识体系"的研究,建立自己国家的项目管理知识体系(Project Management Body of Knowledge,PMBOK),如中国项目管理研究委员会于2001年推出了《中国项目管理知识体系》。

(二)现代国际工程建设项目管理的特点

现代国际工程建设项目管理不仅具备以上所介绍的现代项目管理所具备的特点,而且由于当今国际管理科学和国际经济、国际工程承包事业的迅速发展,使其更具有鲜明的时代特点。

1. 以顾客为关注焦点

"顾客"在ISO 9000标准中被定义为:"接受产品的组织或个人。"并举例说明为:"消费者、委托人、最终受益人、零售商、收益者或采购方。"对于国际工程承包事业中的顾客即是业主和工程的最终用户。

"以顾客为关注焦点"是ISO 9000标准所阐述的8项"质量管理原则"的第一项原则:"组织依存于顾客,因此,组织理解顾客当前和未来的需求,满足顾客要求并争取超越顾客期望。"该标准的这一思想,体现在工程建设项目管理上,即是指明了:承包商依存于顾客(业主),顾客

(业主)就是上帝,顾客满意即是承包商的追求和赖以生存与发展的基础。对于这一点,H·H格雷格电器公司内一个十分醒目的标语上表达得很清楚:"顾客不一定永远正确,但顾客永远是顾客。"

承包商必须关注业主的实际需要,通过自己的工程产品去满足他们的要求并努力超越业主的期望。这是承包商建立企业管理体系必须遵循的宗旨。

2. 以现代管理科学的三大管理体系标准为管理基础

现代项目管理是以当前国际上普遍认可并积极贯彻执行的三大管理体系标准为管理基础。这三个管理体系标准是:

(1) ISO 9000 质量管理体系系列标准。

(2) ISO 14000 环境管理体系系列标准。

(3) OHSAS 18000 职业健康安全管理体系系列标准。

对于项目管理,无论是国际标准化组织发布的 ISO 10006:2003《质量管理　项目管理质量指南》,还是我国的 GB/T50326:2006《建设工程项目管理规范》,都充分贯彻了以上3个管理体系标准的基本思想和要求。

3. 充分发挥项目所有人员的作用,落实各自的管理职能

在三个管理体系标准中都有基本相同的一个"管理职责"的管理要素。三个标准要求组织(承包商)应确保组织内的职责、权限及其相互关系得到规定和沟通。这充分体现了现代项目管理应发挥所有人员的作用,落实各自的管理职能。而要做到这一点,组织(承包商)首先应规定出所有与项目管理效果有关的各岗位人员的职责、权限和作用。

国际工程的项目管理,要求组织应按照国际惯例要求,全面贯彻管理职能的思想,以达到:凡事有人负责、凡事有章可循、凡事有据可查、凡事有人监督。

4. 贯彻"过程方法"的思想

在 ISO 9000 标准中将"过程"定义为:"将输入转化为输出的一组彼此相关的资源和活动。"在 ISO 9001:2008《质量管理体系·要求》标准中,对"过程方法"是这样解释的:"组织内诸过程的系统的应用,连同这些过程的识别和相互作用及其管理,可称之为'过程方法'。"

"过程方法"的实质是,通过对过程的控制达到对结果的控制。过程方法的特点是对管理对象诸过程系统中单个过程之间的联系以及过程的组合和相互作用进行连续的控制,以确保实现确定对象的管理目标。

5. 贯彻质量保证(quality assurance)的思想

在 ISO 8402:1994《质量管理和质量保证术语》标准中,对"质量保证"是这样定义的:"为了提供足够的信任表明实体能够满足质量要求,而在质量体系中实施并根据需要进行证实的全部有计划和有系统的活动。"在 ISO 9000 标准中将其定义为:"致力于提供质量要求会得到满足的信任。"质量保证的思想已全面贯彻于上述三个管理体系标准中。

(1)质量保证的目的　从以上两个关于质量保证的定义,我们可以认识到质量保证的目的是向相关方提供信任。这里的相关方包括了组织的内部,如组织(承包商)的各级管理者;组织的外部,如顾客(业主)和其他关注组织管理的相关方(监理方、政府质量监督部门等)。

(2)证实的方法　组织(承包商)为了取得信任,需要开展证实活动,其证实的方法主要有:

①提供形成文件的证据;②提供其他相关方确认的证据(如监理方的确认报告);③顾客(业主)亲自的审查活动;④第三方(如政府质量监督部门)的审查活动等。

(3)质量保证的中心内容　对于组织(承包商)来说,质量保证的中心内容是:管理职能的规定及其落实,并提出落实规定要求的证据。

(4)质量保证的特征　由于在施工生产及施工管理活动中开展了质量保证活动,即各岗位均做出了相应的过程活动及其结果的记录,因此项目的各项生产及管理活动均具有可追溯性。关于"可追溯性"的概念及作用在"第九章　质量管理"的"第三节　过程记录的管理"中做详细阐述。

(三)现代工程建设项目管理的主要内容

在 ISO 10006:2003《质量管理　项目管理质量指南》提出的项目管理内容主要包括:策划管理、依赖性管理、范围管理、时间管理、成本管理、人力资源管理、风险管理、质量管理、采购管理、沟通管理。我国的 GB/T50326:2006《建设工程项目管理规范》,则在其基础上增加了合同管理、安全管理、环境管理、信息管理和收尾管理。

依据 ISO 10006:2003《质量管理　项目质量管理指南》以及我国的 GB/T50326:2006《建设工程项目管理规范》,可明确工程建设项目管理的主要内容,具体见图1-1所示。

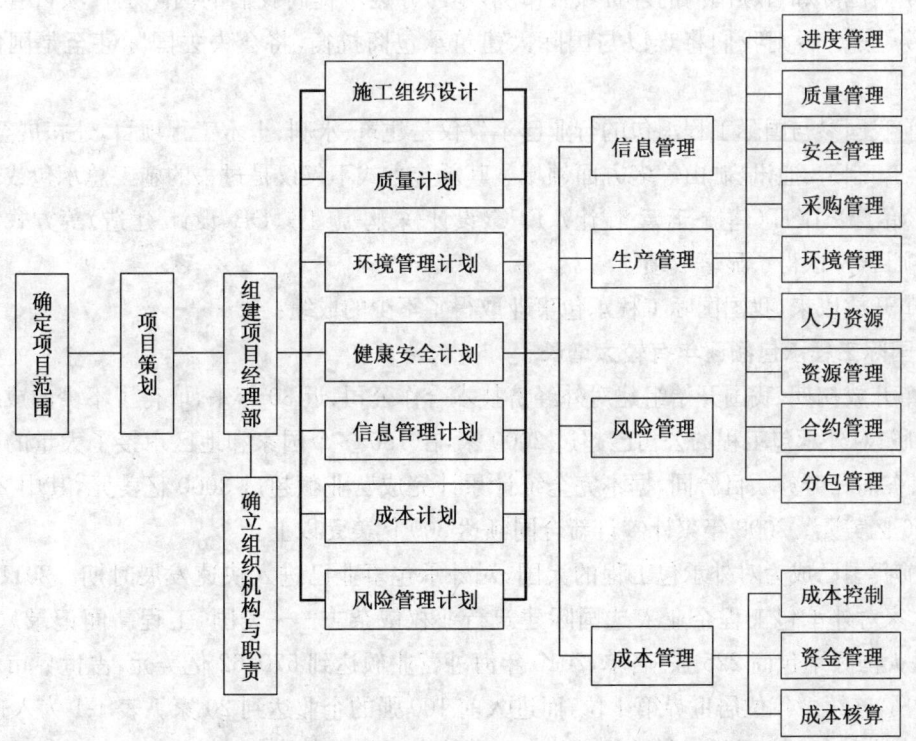

图1-1　承包商的项目管理内容示意图

第三节 我国国际工程承包事业的发展与差距

一、我国国际工程承包的发展

国际工程是一项充满机遇和挑战的事业。在全球范围内,存在着一个总体上比较稳定的国际工程市场。我国改革开放30多年来,对外工程承包发展十分迅速。

我国加入世界贸易组织,为我国建设大军走向国际创造了条件。另外,国外的咨询、设计和工程公司也大步进入了我国工程建设市场。面对这样的形势,如何使我们的管理思想、理念和知识更好地与国际接轨,是摆在我们面前的一个重要课题。

此外,改革开放以来我国国内的外资工程也逐年增加。目前,国际上225家大建筑承包商有约1/3的企业在我国承揽工程,世界500强的大型企业也有100多家在我国投资,兴建大型工程项目。这些外资工程都是采用国际通用的合同条件,按照国际惯例开展项目管理。我国很多大型工程建设企业参加了这些外资工程的建设,接触并逐步熟悉了国际工程的项目管理。目前,中国的国内市场已成为了中外建筑企业竞争的市场。为了使我们建筑企业能尽快走向国际和占领国内的外资项目市场,学习并逐步提高我们的国际工程项目管理水平已是当务之急,否则我们将难以与国际大建筑承包商抗衡,将会失去国际甚至是国内建筑市场。

目前我国参与国际工程承包的行业已不仅仅是建筑、水利、土木工程项目,还拓展至电力、石油、化工、制造、通讯、矿山等多方面领域。其承包方式不仅仅是过去的施工总承包或施工分包,也开始了以BOT(建造-运营-转让)、EPC(设计-采购-施工)、DB(设计-建造)等方式承包大型工程项目,并取得了显著成绩。

改革开放以来,我国国际工程承包事业取得了不少的成绩:

1. 国际工程承包额逐年有较大增长

改革开放初期,我国开始组建对外经济技术合作公司,近30年来,取得了不少的成绩。到2008年底,对外承包工程的公司已超过2000家,在180多个国家和地区承接了大量的国际工程承包、咨询和劳务项目合同,据不完全统计累计完成营业额超过3000亿美元,其中2007年完成406亿美元。2008年累计签订新合同额达800亿美元以上。

目前我国已成为对外承包工程的大国,对外承包事业已进入快速发展时期。2011年,我国有52家对外承包工程企业入选国际建筑行业权威杂志——美国《工程新闻记录》(ENR)"全球最大国际承包商225强"名单,2010年海外营业额达到570.62亿美元,占世界市场份额的14.7%,连续2年位居世界第1位,而进入前100强的企业达到20家。表1-1为入选2010年度全球最大225家国际工程承包商前100名的中国公司名单。

2. 向多元化市场发展

亚洲和非洲一直是我国对外承包工程的主要市场,占我国对外承包工程总营业额的70%左右。由于近年来连续在非洲签订超大型项目,特别是中非合作的进一步加强,未来几年非洲市场所占比例将会大幅度升高。而随着中国与拉美国家多双边经贸关系及政治关系的发展，拉美地区将成为我对外承包工程新的增长点。

表 1-1 入选 2011 年全球最大 225 家国际工程承包商前 100 名的中国公司

中国公司名称	排名 2011年	排名 2010年	2010 度营业额（百万美元）海外营业额	2010 度营业额（百万美元）总营业额	2010 新签合同额（百万美元）
中国交通建设股份有限公司	11	13	7 134.20	40 418.70	62 865.50
中国建筑股份有限公司	20	22	4 871.70	48 868.00	121 015.70
中国水利水电建设集团公司	24	41	4 010.00	15 883.30	20 668.00
中国机械工业集团有限公司	26	26	3 529.50	4 716.30	21 373.30
中国石油工程建设(集团)公司	27	46	3 476.20	4 861.70	3 900.20
中国铁建股份有限公司	29	25	3 424.00	76 206.00	110 876.00
中信建设有限责任公司	32	32	3 252.90	3 280.80	2 623.90
中国中铁股份有限公司	33	53	3 158.60	73 012.10	111 436.70
上海建工(集团)总公司	54	89	1 654.10	13 005.30	13 176.30
山东电力建设第三工程公司	58	79	1 579.80	1 755.30	3 111.00
中国冶金科工集团有限公司	61	31	1 514.90	29 905.10	59 790.50
中国葛洲坝集团股份有限公司	71	84	1 266.70	4 815.60	10 194.00
上海电气集团股份有限公司	78	78	1 176.30	1 706.30	6 490.80
中国东方电气集团有限公司	80	80	1 140.10	6 865.10	8 581.40
中国石化工程建设公司	83	69	1 045.30	2 115.30	632.2
中国土木工程集团公司	86	86	1 026.30	1 077.00	1 852.40
中国石油天然气管道局	89	76	976.00	3 802.00	3 386.80
中国化学工程股份有限公司	92	124	965.8	5 954.10	9 598.50
哈尔滨电站工程有限责任公司	95	108	891.1	891.1	891.1
山东电力基本建设公司	100	101	750.6	2 766.20	3 004.50

近几年在欧洲、北美的合同额也以每年 20%～30% 的速度增长。说明我国多元化的开拓国际市场已取得成就。

3. 承包模式多样化

我国在海外的承包模式也在多样化。现在已不仅仅是施工总承包或施工分包，开始以 EPC(设计-采购-施工)、BOT(建造-运营-转让)、DB(设计-建造)等越来越多样化的模式承接国际工程。

4. 资源开发合作为导向的工程承包增长迅速

目前我国处于经济高速发展时期，我国对资源需求量大，资源相对供应不足，国内经济发展对国外市场和资源的依存度不断增加，以资源开发合作为导向的工程项目一揽子合作模式得到了亚非拉等发展中国家的欢迎，并将会得到迅速推广。除了政府合作框架下的"工程换资源"、"贷款换资源"等模式外，以企业为主导的资源开发合作亦将迈出新步伐。

5. 能承担国际工程任务的队伍不断壮大

我国基本上形成了一支具有多行业组成、能与国际大承包商竞争的队伍,并得到了世界范围内的普遍认可,竞争环境向着有利于中国企业的方向发展。

当前,中国企业已经能够设计、施工世界上最长的桥、最高的楼、最大的水电站以及海拔最高的铁路工程等。由于中国公司实力的增强,许多国家专程到中国进行项目推介,希望中国公司参与他们国家的建设。

6. 培养了一批熟悉国际工程市场和国际工程管理的人才,这是今后我国国际工程承包事业发展的最宝贵财富。近年来,我国对外承包工程的领域不断扩大,不仅仅是改革开放初期的房建、土木、水利工程,而在电力、石油化工、通讯、矿山建设工程等多方面都加快了走出去的步伐,从而带动了我国一批适应国际化管理型人才的迅速成长。

二、差距和问题

1. 竞争能力尚不强,国际工程市场占有率不高

我国对外承包企业在国际市场中的份额尽管逐年有所扩大,但无论是合同额,还是营业额,就拥有 4000 多万人的工程队伍、几百万名工程技术人员和 2000 余家对外工程公司的大国来看,实在不太相称。我国 2011 年虽然有 52 家公司进入 225 家国际大承包商行列,但单家企业国际工程市场营业额并不高,以 2011 年美国《工程新闻纪录》(ENR)统计为例,第一名的德国公司(HOCHTIEF AG)国际工程营业额为 274.24 亿美元,第 2 名的法国公司(VINCI))国际工程营业额 165.57 亿美元。而我国 52 家企业,除第 11 名的中国交通建设股份公司国际工程营业额为 71.34 亿美元,第 20 名的中国建筑股份公司营业额为 48.71 亿美元外,其余的公司都在 45 亿美元以下。

在国际市场的占有率上,我国单家企业的占有率和国际大承包商相比也有较大的差距,如 225 家国际大承包商第 1 名德国 HOCHTIEF AG 公司的国际工程营业额占其总营业额的 94.6%,第 2 名法国 VINCI 公司为 36.7%,第 3 名美国 BECHTEL 公司为 63.4%,而我国最大的两家:中国交通建设股份公司为 17.6%,中国建筑股份公司更低些,仅为 10%。

2. 缺乏对国际建筑市场及国际规则的充分了解

一些建筑企业没有对国际市场,特别是对将进入市场的政治、经济、文化、法律等方面深入地了解,就盲目走出去;加之对国际工程项目管理以及相应的国际惯例、规则等都没有认真地调研和学习,使得不少企业不能正常开展经营管理,甚至落入业主或咨询公司设计的圈套、陷阱之中,吃亏上当,最后不得不是轰轰烈烈走出去,则悄无声息地偃旗息鼓,无功而返。

3. 管理水平不高,利润率低

国外承包商公司的利润率平均在 8% 以上,甚至在 10% 以上,而我国的对外承包公司仅为 5% 或更低,甚至有不少公司的项目亏损。

利润水平低的主要原因是我们的管理水平不高,交学费的项目不少。主要表现为:不十分熟悉国际工程项目管理的国际惯例,不熟悉当地的相关法规,质量安全问题、工期滞延问题较多,往往遭受业主方罚款;合约管理水平低,不能很好地利用有利机会进行工程索赔,往往失去了很多的利润空间。特别是在一些中国企业进入比较多的国家(如中东、北非地区的一些国家),中国企业之间的不规范竞争,互相压价,自相残杀,造成中标后利润空间很小。

4. 融资能力弱

国际上一些大公司的合同额很高,其中一个重要原因是它们通过前期咨询入手,可以得到一大批"EPC交钥匙"包含设计、施工、采购的项目,因为这些公司具有很强的融资能力。当今国际上承包商的融资能力已成为在国际竞争中的关键因素之一,而我国的承包商在这方面的能力还相当的弱。

5. 综合服务能力不强

随着近年来国际工程承包市场的发展,国际工程建设的发包方式已越来越重视承包商是否具备提供综合服务的能力,如EPC(设计-采购-施工)、PMC(项目管理承包)等交钥匙工程模式以及BOT(建设-运营-移交)、PPP(公共部门与私人企业合作模式)等带资承包方式已成为国际大型工程项目中广为采用的承包模式。在这种发展的趋势下,承包商既要承担项目的设计和施工,还要承担工程所需的融资,而目前我国设计咨询企业的国际化水平低,大多数的承包商又不具备设计咨询能力,因而我国承包商拿到EPC、BOT项目的机会很少。这是我国国际工程承包事业的一个软肋,较大程度地影响了我国公司承揽国际大型工程项目的能力。

6. 缺乏国际工程管理人才

(1) 缺少专家型人才 如缺少国际工程企业家、国际工程项目经理、国际工程咨询专家、合同管理专家、投标报价专家、物资管理专家、财务管理专家、融资专家、索赔专家、信息管理专家、法律专家等。

(2) 缺少复合型人才 主要是指缺少知识结构软硬结合的专家,即在某方面领域技术理论及实践丰富,又懂得管理理论和经济学理论,又有较好外语基础的人才。

参加国际工程咨询和承包,十分需要既懂技术,又懂管理、经济,否则很难胜任国际性公司的高层管理和项目管理。由于历史的原因,我国的工程技术人才总体素质水平还是比较高,专业理论基础也比较好,但他们缺乏系统的与国际惯例接轨的管理知识,缺乏国际工程管理经验,因此往往不能按照业主或工程师的要求落实国际上通行的现代管理思想和方法。

(3) 语言沟通能力差 由于外语不熟练,造成我们不少承包商与业主、工程师沟通上的障碍,既无法准确地表达自己的意思,又不能准确、完整地理解业主、工程师的指令和要求。项目管理人员的现状是,懂技术的外语水平差,聘用的翻译语言水平尽管还可以,但因其不懂技术,错译、漏译的问题时有发生,甚至给工程正常进行造成困难。

(4) 管理人员不稳定 我国对外承包的管理由于人员流动十分频繁,一般仅在国外工作两三年就回国(这是目前无法很好解决的现实,年轻人要恋爱、结婚、生育,有子女上学教育的问题,照顾家庭的问题等,一年一次的探亲假不能很好地解决这些问题),因此积累和总结国际工程管理经验较困难,往往是基本熟练的人员干两三年就回国了,又换了一批新人,再从头学起,总是处在学习、摸索的阶段,综合管理水平提高很慢,造成了同样的错误、同样的问题重复发生的被动局面。

7. 对不可抗力的认识及应对能力差

目前,中国在国外承担工程项目主要是集中在中东、非洲等发展中国家,而这些国家的政权更迭、种族冲突、恐怖组织活动、战争、骚乱等此起彼伏、不断涌现,而中国企业往往缺乏对这些外部不可抗力形势的认识和把握,缺乏有效的应对能力,从而较严重地影响项目施工的正常进行,影响项目的效益水平。

8. 外派劳务队伍整体素质水平不高

由我国国内派出的劳务队伍的整体素质水平不高,包括文化素质、技术素质、道德素质等都比较低下,因此其不但导致了承包工程质量水平不高,而且罢工、聚众闹事等不安定事件时有发生,给中国的整体形象造成了很大的负面影响。另外,中国工程公司的整体施工及管理素质水平与国际大承包商相比还较低,给外界的印象多是:中国承包商干基础工程、主体工程、初装修等技术含量不高的工程还可以,而高级装修或机电安装等工程施工质量水平不高,因此国际工程项目业主一般多不愿意将这类有技术含量、利润水平高的工程发包给中国公司,而多是倾向于欧美公司。

第四节 国际工程项目的主要承包模式

(一)设计-招标投标-建造模式

设计-招标投标-建造模式(Design-Bid-Build,DBB)是传统的项目承包模式,是目前国际工程承包中最为常用的一种模式。在国际上,世界银行、亚洲开发银行贷款项目和采用国际咨询工程师联合会(FIDIC)合同条件的项目均采用这种模式。

这种模式由业主委托咨询单位,在项目评估立项后,开始设计、编制施工招标文件工作,通过招标形式选择承包商;业主与承包商签订合同后,承包商选择分包商、供应商并开始施工工作。施工过程中,业主派出业主代表,委托并授权工程师,负责施工全过程的项目管理工作。

(二)设计-建造模式

设计-建造模式(Design-Build,DB)是一种比较简练的项目承包模式。这种模式是,业主聘请一家咨询公司,在为其研究拟建项目的基本要求后,选择一家总承包商负责项目的设计与施工的全部工作。总承包商或是全部以自己的力量来完成建设任务,也可以分包给设计、施工分包商来共同完成工程建设任务。

这种模式下,业主聘用的工程师不仅进行项目施工监理,还对设计实施监理(对设计文件和图纸的审查)。

这种模式在投标和签订合同时是以总价合同为基础的,因此承包商将对整个工程承担大部分责任和风险。

FIDIC《工程设备与设计/建造合同条件》(1999年第1版)(即新黄皮书),适用于此种模式。

这种模式的优点主要是,由于是由总承包商统一负责设计及施工,因此可综合协调设计和施工的关系,并可最大程度地避免设计和施工的矛盾。除此之外还可以有效达到降低项目的成本和缩短工期的目的。但其也有明显的不足,即降低了业主对设计的控制能力;承包商将承担较大的设计风险,特别是容易出现业主/工程师拖延审查设计的时间,造成工期的滞延,对总承包商不利。

(三)设计-采购-施工交钥匙模式

设计-采购-施工交钥匙(Engineer-Procure-Construct,EPC)模式简称为EPC模式,这是一种国际通用的工程总承包模式。自20世纪80年代起在国际工程承包市场上逐渐兴起,主要用于石油、化工、水利、交通运输、电力等投资大、技术复杂、设备采购量大、管理难度大的工程建设领域。工作内容包括设计(Engineering)、采购(Procuring)和施工(Constructing),即业主将工程设计、采购和施工三方面的工作全部任务委托给一个总承包商去完成,此种模式在FIDIC《EPC/交钥匙项目合同条件》(银皮书)中表述为Engineer-Procure-Construct。

这一模式与传统的承包模式(如DBB等)相比,不需要等工程设计完成后才开始招标选择承包商,即当业主的意向确定之后,就可委托给总承包商来实施。总承包商根据合同(业主)要求,以质量、安全和成本为目标,以进度为主线自行组织工程的设计、采购和施工工作;可使传统承包模式中在采购和施工环节可能遇到的问题提前到设计阶段加以考虑,这就可充分整合施工和物资供应上的优势,并将其体现在工程设计中。这种模式还由于业主代表对项目进行较宏观的管理,不再委派工程师,因此大量减少了业主对设计与施工单位的协调工作量,也减少了信息往返传递的限制。因此,EPC模式可充分发挥总承包商的集中管理优势,并尽可能地融合E、P、C三方优势,可低成本地实现项目建设任务,这不仅使工程建设各参与方的效益最大化,也会使业主的项目投资效益最大化。

EPC模式一般都是总价包干,承包商将承担较大的经营风险。FIDIC《设计-采购-施工(EPC)/交钥匙合同条件》(1999年版)(银皮书),适用于此种模式。

(四)项目管理承包模式

项目管理承包模式(Project Management Contracting, PMC)是目前国际上流行的一种项目承包模式。它是指由业主通过招标的方式选定项目管理承包人(Project Management Contractor)作为业主代表或业主的延伸,对工程项目进行全过程的集成化管理。在这种模式下,管理承包人通过与业主相关的专业咨询商的合作来实施工程项目的管理。PMC模式作为一种项目承包模式,更准确地说是PMC (FEL+EP)模式,其中FEL (Front-end Loading),即项目前期工作。

在PMC模式下,管理承包人帮助业主在项目前期策划、可行性研究、项目定义、计划、融资方案,以及设计、采购、施工、试运行等全过程中,有效地控制工程质量、进度和费用,确保完成业主规定的项目任务全面实现。在具体运作上,管理承包人采取分阶段发包来选择总承包商,总承包商与管理承包人签订承包合同(合同形式可采用单价合同、总价包干合同或成本补偿合同),然后总承包商负责施工图设计、采购和施工工作。

采用PMC模式,因业主方将设计管理、投资控制、施工组织管理、设备采购等全面发包给项目管理承包人,而不再具体参与项目的管理,则有利于其集中精力进行宏观控制,并相应可减少业主方管理人员的投入,加之在报酬系统设计、项目融资、项目风险分散等方面具有较好的优势,故其在项目融资多超过 10 亿美元,而且具有大量复杂技术含量的国际性大型项目中采用。

(五)建造-运营-移交模式

建造-运营-移交模式(Build-Operate-Transfer,BOT)有时也称为"特许经营权"(Concession)模式。它是指东道国政府开放本国基础设施建设市场,吸收国外资金,授予某项目公司以特许权,由该公司组织融资、设计和工程建设,工程建成后负责运营,并承担风险;在整个特许期内,项目公司通过运营获得利润,同时偿还贷款;在特许期满后将工程所有权及经营权移交给东道国政府。

BOT 模式中的各参与方,还可包括地方政府、项目发起人、金融机构、供应商、运营商、保险公司等。

BOT 模式的优点:

(1)对一些发展中国家来说,能源、交通和通讯等领域基础设施建设不足是十分迫切需要解决的问题。采用 BOT 方式可缓解政府不能满足基础设施建设巨大投资的矛盾,从而减轻政府的财政负担。此外,采用此种模式还有利于政府调整外资的利用,即把外资引导到基础设施的建设上,以便于政府集中有限资源投入到那些关系到国计民生的重大项目上。

(2)可使急需的基础设施项目尽快建成并发挥作用,以满足社会需要。

(3)提高项目的运作效果水平。项目公司为了降低项目建设经营过程中的各种的风险,以获取更多的收益,将会更多地采用先进的管理方法,从而促进基础设施项目的管理水品及经营效率水平的提高,有力保证工程项目的建设速度和工程质量。

BOT 模式的不足:

(1)因工程建设和经营周期比较长,因此项目公司面临的各类风险多。

(2)因工程的参与方众多,各参与方都会以各自的利益为重,关注实现自身利益目标,因此很容易因利益冲突而产生矛盾。

(3)因合同关系比较复杂,故要求项目公司应具备高的管理水平,投入较强的管理力量。

(4)对于东道国之外国家的项目公司,因项目的经营收入为当地币,需要兑换成外汇,而对于外汇储备较少的国家,项目公司将遇到兑换外币的困难。

(5)因在特许权规定的期限内政府已全权交由项目公司去建设和经营,故降低了政府对工程项目的控制力。

第五节 项目经理部的组织结构及组织机构模式

承包商项目经理部的组织结构及管理模式,反映了施工生产活动的分工、管理职能及层次划分的形式,其建立的目的是为了有效地实现项目的管理目标。

一、项目经理部及其组织结构

(一)项目经理部

在 GB/T50326:2006《建设工程项目管理规范》中对"项目经理部"(Project Team)是这样定义的:"由项目经理在企业管理层的支持下组建、领导,在现场进行项目管理的组织机构(Organizational Structure)。"在使用这一术语时,一般简称为"项目"。

(二)项目经理

1. 项目经理的定义

在 GB/T50326:2006《建设工程项目管理规范》中对"项目经理"(Project Manager)是这样定义的:"承包人在合同中指定的在现场负责合同履行的委托代理人。"在国际上,项目经理一般就是承包商代表,即代表承包商在项目上主持项目管理工作,执行合同并接受落实工程师的指令。

项目经理由承包商法定代表人任命,并根据法定代表人授权的范围、时间和内容,对项目实施全过程、全面的管理。

2. 项目经理负责制

项目经理负责制是国际项目管理的主要形式,是项目管理工作的基本制度。国际上自 20 世纪 60 年代起就开始实施项目经理负责制,并收到很好的效果,故其一直延续至今,已为各国开展项目管理所采用。项目经理负责制既是实施和完成项目管理目标的根本保证,也是评价项目经理绩效的依据和基础。

(三)项目经理部的组织结构

1. 组织结构的概念

按照 ISO 9000:2005 标准对组织结构的定义:"人员的职责、权限和相互关系",据此我们可以对项目经理部的组织结构理解为,它是组织机构与管理职能的总和。

2. 项目的组织机构

项目的组织机构建立的目的是为了有效运作项目的各项管理,以确保实现管理目标。项目组织机构的设计和建立有多种形式,目前国际上运用较多的主要有三种模式:职能式、项目式和矩阵式。

3. 管理职能

管理职能是现代管理一个非常重要的一个概念,在国际标准化组织发布的质量管理体系标准、环境管理体系标准以及欧共体的职业健康安全管理体系标准均充分体现了这一理念。管理职能反映的是部门或岗位的职责、权限和作用。在项目管理体系建立初期,也就是在项目策划时,项目经理就应明确项目经理部各部门、岗位的管理职能,其目的是充分调动、发挥项目各部门、岗位的积极性、能动性和责任心,以全面实现项目的管理目标。

管理职能不同于以往国人比较熟悉的岗位责任制,它区别于岗位责任制的最大特点是具有明显的可操作性和可检查性。因为具有这样的特点,才能使项目经理部的每一岗位准确、有效地发挥作用,而且便于考核和实施奖惩。

二、项目经理部的组织机构模式

以下分别介绍目前国际工程项目管理上采用比较多的三种项目组织机构模式:

(一)职能式

职能式组织机构模式是目前我国采用最普遍的一种模式。它是类似一个金字塔形的结构形式,高层管理者位于金字塔的顶部,中层和基层管理者逐步向下展开。这种模式是按项目的生产要素展开,如工程管理、技术管理、物资管理、质量管理、安全管理、合约管理、行政管理等。职能式组织机构模式如图1-2所示。

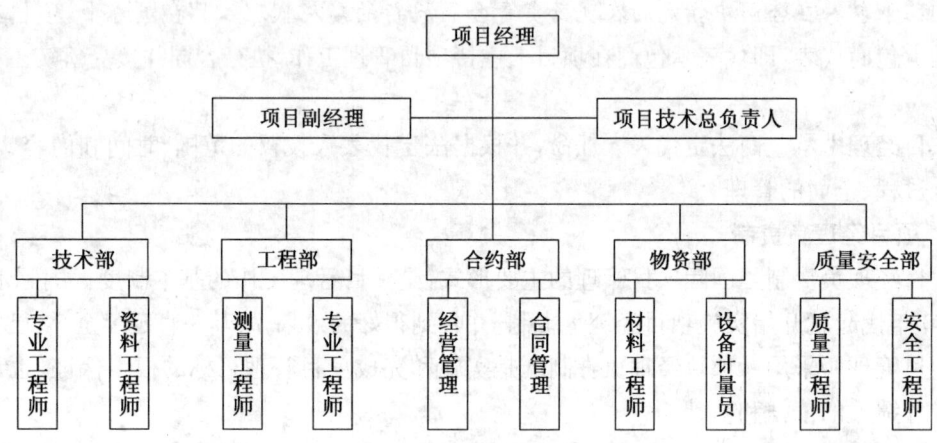

图1-2 职能式组织机构图

1. 职能式的优点

(1)可以根据需要为职能部门配置所需人员和其他资源,即在资源的使用上比较灵活;当有人离开项目时,职能部门仍可继续保持工作的连续性。

(2)专业性人才可以同时管理两个以上项目,提高人员的利用效率。

(3)同一职能部门内的人员进行交流、沟通比较方便,有利于积累管理经验和提高管理水平,从而可以为专业人员提供较好的提高、晋升的途径。

(4)由于每个职能部门只承担本职能范围的管理职能,并只对项目经理负责,因此便于项目经理全面掌握职能部门的工作情况。

2. 职能式的不足

(1)不利于项目管理目标的展开及落实,不利于实现项目管理目标,特别是成本降低目标。

(2)与作业层的联系不紧密,发现施工过程中问题及解决作业层的要求相对滞后,工作效率不高。

(3)存在多头领导,职能部门及其管理人员责、权不够清晰,即承担项目各项管理目标的责任淡化,因此不能充分发挥项目每个成员的积极性和创造性。

(二)项目式

项目式组织机构模式是一种根据项目规模及专业特点,在大的项目经理部内,划分若干相互独立的小项目经理部的一种模式。在大项目经理部领导下的各个小项目经理部都分别有自己单独掌控的各类资源,有自己独立的项目管理机构,它对上接受大项目经理的领导,对内负责本项目资源的运用及开展施工过程管理活动。

1. 项目式的优点

(1)目标明确,可确保项目管理总目标的实现。由于将大项目划分为若干个小项目,使得大项目的管理目标及责任分解到每一个小项目上,故有利于实现大项目的管理总目标。

(2)每一个小项目成员只接受本项目经理的领导,不会出现多头领导的问题,十分便于统一指挥。

(3)有利于项目的细化管理。因项目管理的范围变小了,根据小项目特点和实际需要,配备了更多的专业人员,所以管理就会更细化,工作效率会更高。

(4)有利于培养项目经理人才。因为,每一个小项目的管理也是全面的,经过小项目管理岗位上的锻炼,为将来管理大项目提供了宝贵的经验和奠定了坚实的基础,因此可以说这种模式为企业培养全面型管理人才提供了成才之路。

2. 项目式的不足

(1)由于每一个小项目的资源是各自独占的,因此容易造成资源配置的重复和利用率不高的问题。

(2)各小项目之间缺乏横向的联系,不利于内部的沟通和交流,因此也不利于人员提高技术及管理水平。

(3)因存在大项目套小项目的现实,因此对外部环境的各种变化反应较慢。

(三)矩阵式

矩阵式是以责任工程师制为管理基础,实施以成本控制为中心的项目综合施工管理的一种组织机构模式。它综合了职能式及项目式的优点,采用矩阵的形式,将业务单元作为"行"元素,将职能单元作为"列"元素,其交汇点为对作业层管理的相关程度,来实现对项目的全面管理。矩阵式组织结构模式如图1-3所示。

1. 矩阵式的优点

(1)矩阵式组织结构是多元化的结构,它最大限度地发挥了项目式及职能式的优点,并可最大程度地克服它们的不足。

(2)因其是以责任工程师制为管理基础,实施以目标管理为中心的综合管理,责、权、利十分清晰,故可充分发挥项目每个成员的积极性,提高工作效率。

(3)由于业务单元直接面对作业层,故发现并解决施工过程中出现的各类问题快捷、有效。

(4)由于决策层集中,故对外部环境条件的变化反应快,解决问题迅速。

(5)因各种成本指标均分解到各业务单元,故可充分调动各业务单元降低成本的积极性,从而有效控制项目成本,实现降低项目成本的目标。

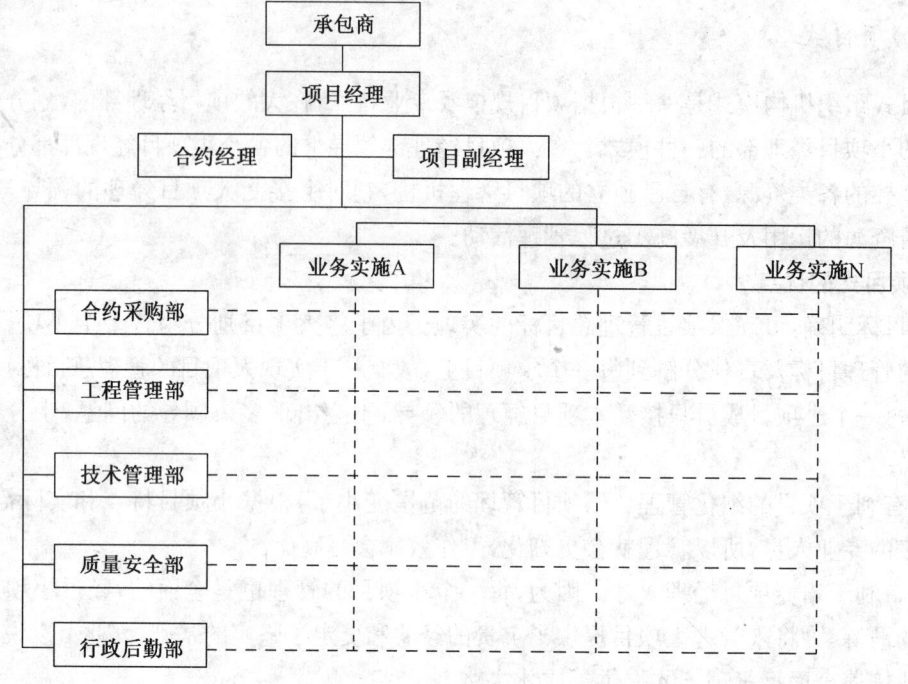

图 1-3 矩阵式组织机构图

2. 矩阵式的不足

(1) 职能单元与业务单元之间,业务单元与业务单元之间的协调平衡工作量及难度较大,要求项目经理有较高的管理水平和较强的组织及协调能力。

(2) 由于每个业务单元都是独立的,施工过程容易出现重复性的工作。

三、项目组织机构模式的选择

(一) 策划项目组织机构模式的原则

对项目组织机构的策划是十分重要的,它将直接影响项目管理的效率及效果。对项目组织机构模式的策划,应遵循以下几个原则:

(1) 有利于实现项目的管理目标;
(2) 覆盖项目的全部管理活动;
(3) 突出工作重点;
(4) 因事设岗;
(5) 责、权结合;
(6) 有利于协调与管理。

(二) 项目组织机构模式的选择

以上所介绍的三种项目组织机构模式各有优缺点,究竟选择哪一种模式最为合适,即使是对一个项目管理经验十分丰富的人士来说,也不是一件马上确定的事情。

在项目策划时,承包商或项目经理,应充分了解以上三种项目组织机构模式的特点,结合本项目的特点,包括工程项目的实际情况、项目外部环境以及承包商内部各类资源的配置、人力资源能力、素质水平等因素来综合考虑。

一般来说,三种项目组织机构模式分别适用于不同的情况:

(1)职能式组织机构适用于中小型规模的项目。如住宅项目、中小型公建项目等。

(2)项目式组织机构适用于工期长、大型或特大规模的项目。如大型公建工程、高速公路项目。

(3)矩阵式组织机构形式适用于大中型规模的、涉及专业比较多、施工内容比较复杂的工程项目。如大型公建项目。

第六节 矩阵式组织机构模式下的责任工程师制

一、概述

(一)责任工程师制的概念

责任工程师制是推行矩阵式项目管理的基础。它是国际上众多著名的大型工程承包商普遍采用的一种项目管理制度。

责任工程师制是指由项目经理部的专业技术人员(通称为责任工程师)对本项目工程的某一范围(某一区域、某一分项或分部工程、某一专业工程等)的施工及其相关管理全面负责的管理制度。责任工程师作为某范围施工管理的主要执行层和责任层,对管辖范围的工程承担技术、质量、安全、进度以及成本等方面的全面责任。

责任工程师制对技术人员自身能力的要求比较高,要求他们不再是传统项目管理中的单纯技术管理者,而是要负责某一限定区域(范围)的施工组织协调、质量管理、进度管理、安全管理、成本控制以及合约管理的相关基础工作(如现场签证、索赔资料收集)的综合管理者,即他们对责任区域(范围)的工程实施以成本控制为中心的全面工程管理。从一定意义上说,责任工程师就是这一责任区域(范围)的小项目经理。

实践证明,实施责任工程师制,不仅可以提高项目经理部的工作效率和有效地控制施工成本,而且可以锻炼和提高责任工程师的综合管理能力,为承包商培养复合型人才,为项目员工个人的成长提供了有效的平台。

(二)责任工程师制的基础工作

项目经理采用责任工程师制以推行矩阵式管理,首要工作是划分项目的责任单元,建立系统完整的项目目标责任体系,以使得每一个责任单元(包括职能单元及业务单元)职责、权限界定准确、管理目标(指标)清晰,具有可考核性,最终实现"出效益、出人才、出经验、出作品"的项目管理目标。

责任岗位的责、权分解以及项目管理目标的分解均要以项目的成本控制工作为中心。这样就可以充分体现：事事有职责、事事有目标、事事有考核、事事有奖惩，充分体现了以人为本的现代化项目管理。

1. 业务单元

它是具体落实责任工程师制的工作单元。其作为矩阵式项目管理的执行单元，直接面对作业层，负责某一责任范围（区域）内的组织及全面管理工作。在矩阵图上，它位于图1-3的上方横向一行。

2. 职能单元

它是作为矩阵式项目管理的管理单元，承担项目专业系统综合管理的工作单元，由原职能式组织机构的职能部门精简而成。其既为项目各业务单元提供支持和服务，又负责在项目内全面落实承包商的各项管理规定，实施项目的专业化、系统化管理。

二、矩阵式组织机构模式的运作程序

（一）管理流程

矩阵式组织机构模式的管理流程如图1-4所示。

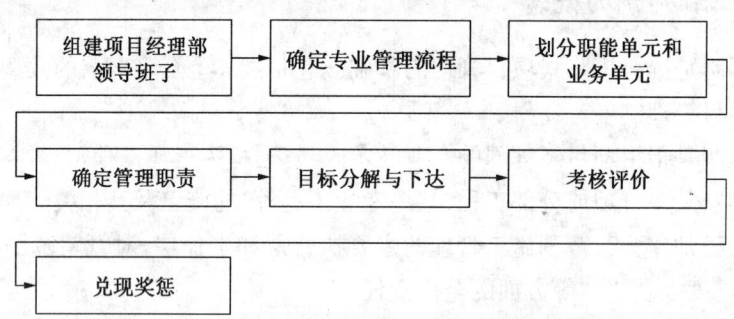

图1-4 矩阵式组织机构模式的管理流程图

（二）组建项目经理部领导班子

(1) 按照项目策划要求，组建以项目经理及合约商务经理为核心的项目经理部。

(2) 项目经理作为项目经理部的A角，全面负责项目的管理工作；项目合约商务经理作为项目经理部的B角，在协助项目经理开展项目合约商务管理的同时，并作为联签的角色，以建立项目经理部内部的制约机制。

(3) 根据项目的规模及实际需要，可设置项目副经理。项目副经理可兼任某一职能单元的负责人。

（三）确定项目专业管理流程

项目经理部针对工程任务的实际，根据承包商的相关管理规定，确定项目各专业的管理流程。

确定管理流程的目的是清晰项目应开展的所有管理工作,为确定职能单元及业务单元的管理职能提供依据。例如根据编制的计划管理流程,确定相关管理部门及业务单元的计划管理职能。图 1-5 为矩阵式管理模式下的计划管理流程示例,供参考。

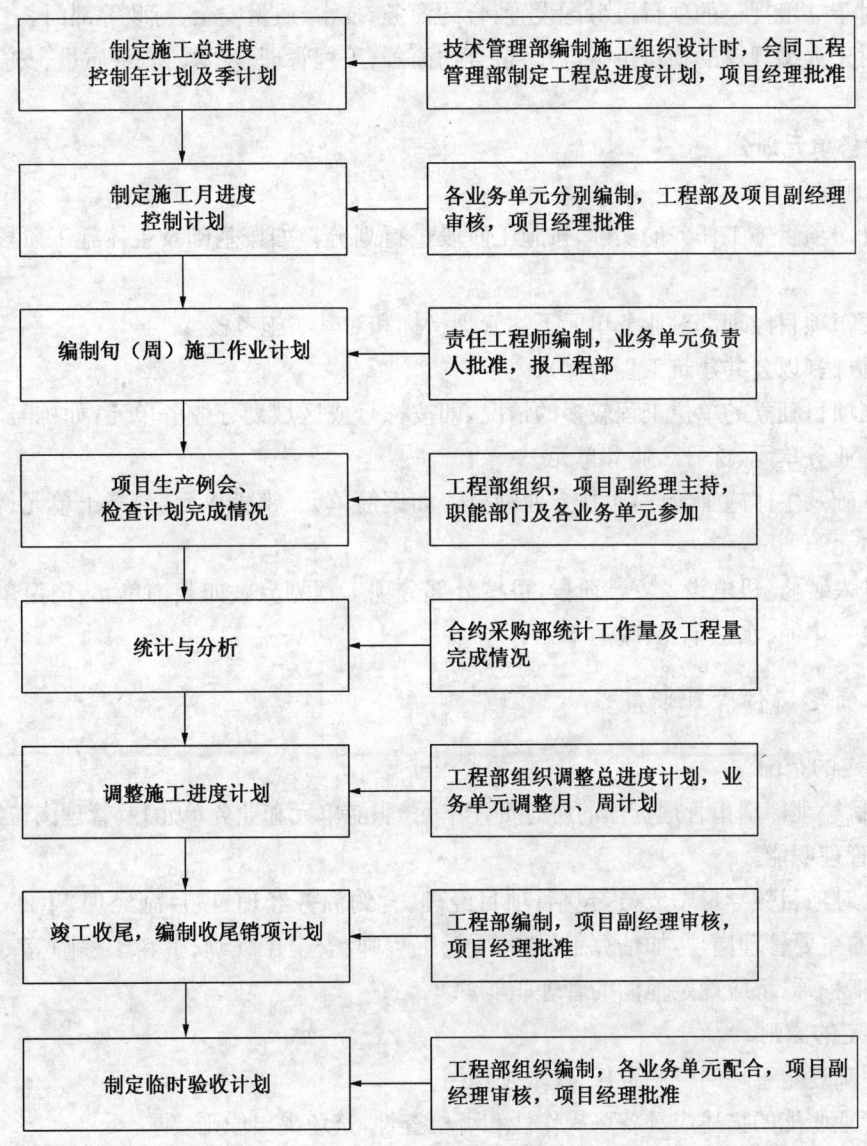

图 1-5 项目进度计划管理流程图

(四)划分职能单元和业务单元

项目经理组织职能单元与业务单元的划分工作。
1. 职能单元划分
划分原则
(1)项目职能单元的设置应考虑与承包商总部支持功能的对接。

(2)充分考虑相近或相关专业业务的整合，以减少职能部门的数量。如对于一般规模项目，合约商务部门可以兼管物资采购管理，质量与安全业务整合。

划分方法

(1)对于一般规模的项目可考虑设置：合约商务、技术、质量安全、行政等部门。

(2)对于大型规模的项目可考虑设置：合约商务、工程管理、技术、物资、质量、安全、行政等部门。

2. 业务单元划分

划分原则

(1)针对项目施工任务的实际，按施工阶段进行划分。如按基础及主体施工阶段、装修阶段来划分；

(2)便于项目经理部对业务单元下达管理指标和对其实施考核。

划分方法(以公共建筑工程为例)

(1)当项目独立的单位工程较多的情况，即按栋号或区域划分业务单元，如栋号1业务单元，栋号2业务单元，栋号3业务单元……

(2)基础及主体施工阶段，可按专业划分。如钢筋单元、模板单元、混凝土单元、钢结构单元、机电单元等。

(3)进入装修、机电设备安装阶段，可按分部分项工程划分。如装饰单元、门窗单元、楼地面单元、电气单元、水卫单元、暖通单元等。

(五)确定岗位管理职能

1. 确定的范围

对项目经理部承担管理责任的所有责任单元(职能单元和业务单元)及管理岗位都应确定其相应的管理职能。

例如，对项目领导班子成员，包括：项目经理、合约商务经理、项目副经理(生产、技术、机电)；部门的主要管理岗位，如估算工程师、质量工程师、安全工程师、资料工程师等；业务单元及其责任工程师，都应确定他们的管理职能。

2. 确定的原则

(1)明确规定管理岗位的责任、权限及作用。

(2)管理职能的描述应具备可操作性和可检查性，避免提出原则要求。

(3)管理职能需覆盖其承担的所有相关管理工作，并符合承包商总部管理体系文件所规定的要求。

3. 主要岗位管理职能示例

附件1-1～附件1-4中列出了某承包商的项目经理、合约商务经理、项目总工程师及业务单元的管理职能，供参考。

(六)目标分解与下达

项目经理组织将项目策划的各项管理目标分解至各责任单元。

1. 目标分解的内容

目标分解的内容主要包括：

(1)进度目标。

(2)质量目标。

(3)安全与文明施工目标。

(4)环境管理目标。

(5)成本目标等。

2. 目标分解的原则

(1)要保证目标自上而下的连贯性。

(2)分解下达的目标(指标)要能保证上一级目标的实现。

(3)目标分解应力求简明扼要，应尽可能量化，以确保其可考核性。

3. 目标下达

项目经理组织目标分解及沟通工作，以《管理目标责任书》的形式分别向各职能单元和业务单元下达。

管理目标责任书主要包括：责任单元名称、责任单元成员及其管理职能、责任目标、考核标准及办法、奖惩兑现规定等。

管理目标责任书由项目经理与责任单元负责人共同签字生效。

(七)考核评价

1. 阶段考评

(1)以项目经理部领导班子成员为主，分阶段分别对其分工的职能单元及业务单元的人员进行考核评价。项目经理进行综合平衡，确定最终评价结果。

(2)对职能单元考核的主要内容为：管理职能的落实、工作计划完成情况、工作负荷、工作效率、对业务单元的支持服务等方面。

(3)对业务单元考核主要内容为：管理职能的落实、进度、施工质量、施工安全、成本、监理评价、资料管理等方面。

(4)对各考核子项权重的分配，由项目经理组织按不同施工阶段来确定。

2. 竣工考评

工程竣工后，项目解体前，项目经理组织对项目职能单元及业务单元的工作进行全面考核评价。其评价的依据为工程开工初期签订的职能单元管理目标责任书和业务单元管理目标责任书。

(1)考核评价的内容：管理目标责任书中确定的各项管理目标、指标的完成情况，工程师(监理)/业主的评价意见。

(2)考核评价组织：项目经理组织项目领导班子成员，对职能单元提出项目各项管理目标的完成情况及分析结果进行综合评价。

(3)业务单元和职能单元互评，可作为项目对员工综合评价的重要参考。

(4)阶段性(如主体阶段后，钢结构完工后)考核评价的结果，作为竣工后考核评价的基础。

附件 1-1

项目经理管理职能

1. 目标	代表总部履行业主合同和分包合同中规定的职责,负责项目的全面管理与内外协调,确保全面实现项目策划所制定的各项管理目标。
2. 项目策划	2.1 项目中标前,作为影子项目经理协助总部进行投标工作,并参与投标阶段的项目策划。 2.2 组织编制实施阶段的项目策划,报公司审批。 2.3 代表项目签订工程项目管理目标责任书。 2.4 在总部的协助下,组建项目经理部。 2.5 组织确定项目各管理岗位的管理职能。
3. 项目实施计划	3.1 根据项目策划,组织编制项目施工组织设计。 3.2 审批项目年、季、月施工进度计划以及项目各项统计报表,组织计划完成情况的检查及分析。 3.3 审核项目的《质量计划》、《环境管理计划》、《职业健康安全管理计划》和《CI策划》。
4. 分包及物资采购管理	4.1 批准在授权范围内可自行选择的分包商/供应商的资质预审、招标文件编制、中标单位的确定、合同的签订和变更。包括:项目零星物资的采购和相关的分包商选择等。 4.2 协助总部分包采购或物资采购部门进行授权范围外分包商/供应商的选择工作。 4.3 批准项目物资申请计划及物资采购计划。
5. 合约管理	5.1 组织或参与业主签订合同或合同修改(授权范围内)。 5.2 批准项目签订的物资采购合同与分包合同(授权范围内)。 5.3 审核授权范围外的物资采购合同和分包合同。 5.4 参加或组织与业主的合同谈判。 5.5 组织项目索赔谈判。
6. 技术管理	6.1 审核项目施工组织设计和重大施工技术方案。 6.2 批准项目编制的专项施工技术方案。 6.3 组织重大施工技术方案论证工作。
7. 成本管理	7.1 根据总部制定的项目成本预算,批准项目成本的分解指标。 7.2 根据授权,审批预算范围内的项目开支。 7.3 批准项目成本分解及向业务单元下达的成本分解目标。 7.4 审核项目提出的重新核定预算的申请,并报总部审批。 7.5 批准授权范围内的工程结算;协助总部相关部门和事业部本部办理授权范围外的工程结算工作。

续表

8. 质量安全管理	8.1	组织贯彻落实各项质量、环境与职业健康安全管理法规和公司相关管理体系文件的要求。
	8.2	批准项目建立的质量安全管理制度。
	8.3	组织开展项目质量、安全季度检查工作。
	8.4	组织对重大质量事故的调查与处理,批准项目提出的事故报告。
	8.5	发生安全事故时,组织落实应急预案;组织向上级主管部门报告,并协助公司主管部门进行调查和处理;批准项目提出的安全事故报告。
9. 人力资源管理	9.1	批准项目人员需求计划和培训计划,参与项目人员录用工作。
	9.2	组织对项目员工绩效考核,决定对项目员工的日常奖励分配;对员工年终奖及工程竣工兑现奖,提出奖励意见。
	9.3	对员工提出晋级建议。
	9.4	批准项目经理部人员的考勤及休假(权限内)。
10. 沟通协调	10.1	组织项目内员工的沟通与协调,及时反映或落实员工的合理要求。
	10.2	组织与对外的沟通和协调工作,包括业主、设计、监理、分包、供应商及政府相关主管部门。
	10.3	组织接待上级主管部门的检查、调研、评审以及开展必要的联谊等工作。
11. 工程交付后管理	11.1	组织项目临时验收、最终验收工作。
	11.2	组织做好工程交付后项目解体的相关工作。
	11.3	组织工程临时验收后的质量保修工作。

附件 1-2

项目总工程师(技术总负责人)管理职能

1. 目标管理	1.1	协助项目经理完成项目的各项管理目标。
	1.2	参与对业务单元的目标指标完成情况的考核。
2. 施工准备	2.1	组织编制施工组织设计。
	2.2	组织编制重大施工技术方案。
	2.3	组织项目人员参加业主组织的设计交底,审核交底纪要。
	2.4	向项目责任工程师及分包做施工组织设计交底。
	2.5	组织图纸会审以及与设计单位的沟通。
	2.6	组织项目深化设计(二次设计)工作。

续表

3. 计划管理	3.1	组织编制项目质量计划。
	3.2	组织编制项目总进度控制计划。
	3.3	组织编制项目人员培训计划。
	3.4	组织编制工程临时验收计划。
	3.5	组织编制对业主方人员的技术培训计划。
4. 技术、质量管理	4.1	审核项目施工技术方案。
	4.2	审核重要工程的施工技术交底。
	4.3	组织对重大施工技术方案的论证。
	4.4	组织对设计变更及工程洽商的技术性审核。
	4.5	组织建立项目技术质量管理制度。
	4.6	参与工程重要部位的隐蔽验收检查。
	4.7	负责对一般质量事故的调查和分析,批准处理方案。参加重大质量事故的调查分析。
	4.8	审核项目竣工技术资料。
	4.9	参加项目临时验收及最终验收。
	4.10	组织项目技术总结工作,编制项目技术总结报告。
5. 竣工交付	5.1	组织整理工程竣工技术资料。
	5.2	组织准备临时验收的相关文件。
	5.3	参加工程临时验收和最终验收。
	5.4	组织对业主方人员的技术培训。
	5.5	组织工程资料交付工作。
	5.6	组织质量保修阶段的技术方案编制。
6. 其他	6.1	组织项目测量以及计量器具设备的管理工作。
	6.2	代表项目与设计、监理、业主等做技术管理方面工作的沟通。
	6.3	协助项目经理对项目技术人员的技术能力、业绩进行考核。
	6.4	参与工程结算工作。

附件 1-3

合约商务经理管理职能

1. 目标管理	协助项目经理完成公司下达的项目利润及资金管理目标。	
2. 预算管理	2.1 协助总部编制项目预算成本。	
	2.2 组织编制项目经理部资金预算并负责过程控制工作。	
	2.3 负责办理授权范围内的工程结(决)算,并按规定审批。协助总部办理授权范围外的工程决算事宜。	
	2.4 组织与业主方/监理确认已完工程量。	
3. 资金管理	3.1 组织编制项目资金计划。	
	3.2 贯彻总部合约商务联签制度,履行工程款支付的联签。	
	3.3 组织建立收款台账,按合同约定组织回收工程款。	
	3.4 负责审核分包商/供货商的付款计划及付款手续。	
	3.5 组织汇总项目工程量的完成情况,组织编制项目月度请款书(报表)。	
4. 成本控制	4.1 依据项目成本目标,实施项目成本的分解,组织向业务单元下达成本分解目标。	
	4.2 定期组织项目成本分析、核算,审核项目按进度或施工阶段所作的《项目成本过程测算分析报告》,向项目经理和公司合约与采购中心报告。	
	4.3 组织处理项目成本管理中的问题,并向项目经理报告。	
	4.4 指导项目业务单元成本控制工作,组织对业务单元工程量完成情况的计量统计。	
	4.5 组织预算外成本控制基础资料(设计变更、工程洽商和现场签证等)的收集、分析及汇总。	
	4.6 审核合约商务部提出的重新核定预算的申请,报项目经理。	
	4.7 组织核算成本及计算利润工作。	
	4.8 参与对业务单元的考核评价。	
5. 合同管理	5.1 参与业主合同及其合同修订的评审。	
	5.2 协助项目经理组织落实业主合同的约定。	
	5.3 组织起草采购及分包合同(在项目授权范围内的),以及合同审核、修订和签署等工作。	
	5.4 组织对项目责任工程师进行有关分包合同的交底工作。	
	5.5 组织项目工期索赔、经济索赔和保险索赔工作。	
	5.6 组织项目合同类资料的收集整理。组织建立项目选择的分包商/供应商合同台账。	

续表

6. 供应商、分包商管理	6.1	在授权范围内,组织对分包商/供应商的资质预审、招标文件编制及评审。
	6.2	组织对分包商、供应商的选择。
	6.3	组织对分包商及供应商的年度评价工作。
	6.4	组织对分包商及供应商的履约管理。针对分包商及供应商的履约情况,依据合同条款采取相应的约束措施。
	6.5	组织项目合约管理人员,协助总部对分包商/供应商(项目授权外的)的资质预审、招标文件编制及评审、中标单位的确定,以及合同评审、签定和变更工作。
	6.6	协助总部办理授权范围外的物资采购工作。
7. 二次经营	7.1	组织开展项目二次经营工作,包括收集、整理有关签证、证据,按照合同要求组织与业主办理索赔手续。
	7.2	组织项目二次经营分析,向项目经理报告分析结果。
8. 项目管理工作	8.1	按照总部的统计要求,组织上报项目经理部有关产值计划和成本控制的完成情况。
	8.2	归口管理项目物资申请计划,包括向公司合约采购中心提出项目物资申请计划及审核项目自行的物资采购计划、租赁计划。
	8.3	组织提供项目经理月报中合约商务部分的数据。
9. 合约人员管理	9.1	组织项目合约商务人员的培训学习。
	9.2	负责合约商务人员的相关人事管理和考核评价。

附件 1-4

项目业务单元管理职能

1. 目标管理		组织实现项目经理部下达给本业务单元的各项管理目标,包括工期目标、质量目标、安全目标、成本降低目标等。
2. 计划管理	2.1	根据项目月施工进度计划,编制本业务单元的周计划和日计划。
	2.2	检查统计计划完成情况,并向工程部/项目副经理报告。
3. 技术管理	3.1	根据施工组织设计,编制施工技术方案,报项目总工审批。
	3.2	向施工班组作施工技术交底,保存技术交底记录。
	3.3	收集、整理施工过程文件、记录资料,并向项目资料员移交。
	3.4	处理施工过程中发生的技术性问题。
	3.5	负责施工过程中的技术复核工作。
4. 物资管理	4.1	编制物资需求/进场计划,报物资部/合约估算部。
	4.2	在项目物资管理人员的配合下,组织对物资的验证工作。
	4.3	组织物资的贮存、标识、发放、回收和处理。
	4.4	在项目物资管理人员的配合下,组织对不合格物资的处理。

续表

5. 成本管理	5.1	按项目下达的成本控制指标,组织本业务单元的成本控制工作。
	5.2	负责本区域内的现场签证工作,并向合约部提供相关签证资料。
	5.3	审核分包商的签证单,报项目副经理批准。
	5.4	控制物资、机械设备、手段用料及合同外用工的使用。
	5.5	协助合约估算部进行索赔工作。
6. 质量管理	6.1	组织本单元的质量检查,针对发现的问题,向相关方发出整改通知,并监督整改。
	6.2	落实项目质量未提出的质量管理要求,处理质量部发来的整改通知,并报质量部。
	6.3	组织工程技术复核及隐蔽验收,向业主、监理报验并保存记录。
	6.4	组织工程的阶段验收,负责通知监理和质量部。
	6.5	组织对特殊过程的"过程能力预先鉴定"和"过程能力连续监控",并保存记录。
	6.6	组织对一般不合格品的评审,提出处置或采取纠正措施的意见,并监督落实。
	6.7	参加对质量事故的调查分析,按批准的处理方案,组织处置或落实纠正措施。
7. 安全管理	7.1	组织向分包商作安全技术交底,并保存记录。
	7.2	组织本单元的安全检查,针对发现的问题,向相关方发出整改通知,并监督整改。
	7.3	落实项目安全部编制的项目职业健康安全管理计划中的相关要求,处理项目安全部门发来的整改通知,并报安全部。
	7.4	组织对发现的不符合安全项目的分析及处理。
	7.5	参加对安全事故的调查分析,协助安全部提出事故分析处理报告。
	7.6	按项目安全部要求,组织相关的安全管理活动。
8. 其他	8.1	组织本单元做好施工设备机具的管理和调度使用,按规定对设备进行保养和维护。
	8.2	组织本单元计量器具、设备的管理,建立台账,按规定报技术部组织周期鉴定。
	8.3	协助质量安全部门,做好对分包商的质量安全教育培训。

第二章 项目策划与项目管理目标责任

第一节 项目策划

一、项目策划的提出

在 ISO 9001:2008《质量管理体系 要求》标准中提出了"产品实现的策划"的要求,即"组织应策划和开发产品实现所需的过程。产品实现的策划应与质量管理体系其他过程的要求相一致。"在国际工程项目管理专业资质认证管理工作中,则将此项工作称之为项目策划。例如在 2003 年中国建筑工业出版社出版的《中国工程项目管理知识体系》一书中,提出了项目开工前应进行"项目策划"。

在我国的 GB/T50236—2006《建设工程项目管理规范》中针对产品实现策划工作的提法是:"项目管理规划作为指导项目管理工作的纲领性文件,应对项目管理的目标、内容、组织、资源、方法、程序和控制措施进行确定。"在我国的 GB/T50358—2005《建设项目工程总承包管理规范》对此项工作的提法是"项目策划"。

目前国际上将此项工作较普遍统称为"项目策划",故本文按国际惯例也使用"项目策划"这一术语概念。

二、关于项目策划的概念

1. 项目策划的含义

项目策划是项目管理的一部分,是致力于制定管理目标,规定必要的运行过程和相关资源,以实现项目目标的预先规划工作。

项目策划的目的主要在于,承包商通过对工程项目科学合理的策划,满足适用法规及业主的要求,以达到项目管理效益最大化和风险最小化。

2. 项目策划的作用

(1)明确项目施工的管理方向,清晰各项管理目标。

(2)规范、系统、标准化项目的相关管理工作。

(3)有效控制项目的各项管理工作,确保各过程的质量符合要求。

三、项目策划的阶段

项目策划一般分两个阶段来进行,即总体规划阶段和实施计划编制阶段。在我国GB/T50326:2006《建设工程项目管理规范》中对此的提法是:项目管理规划和项目管理实施规划,在GB/T50358:2005《建设项目工程总承包管理规范》的提法是:项目管理计划和项目实施计划。在《中国工程项目管理知识体系》一书中的提法是:工程项目策划及工程项目实施计划。按照国际惯例,我们将这两个阶段明确为:工程项目策划阶段和实施性计划编制阶段,其示意见图2-1。

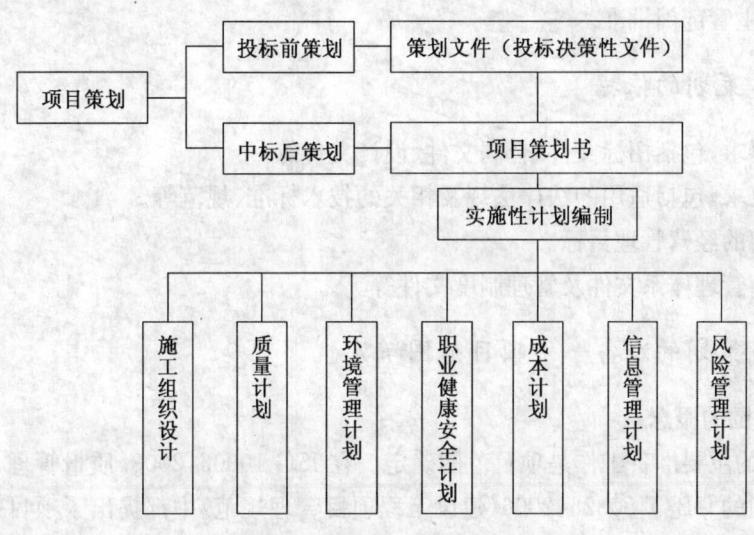

图2-1 项目策划的两个阶段

四、项目策划活动的实施

(一)项目策划的组织

1. 投标阶段的项目策划

工程投标阶段的项目策划是承包商以中标为主要目的的项目策划,既要满足招标文件要求,又要考虑中标后项目工作开展的一个原则性规划。这一阶段的策划,一般是由承包商市场开发部门组织有关部门运作,拟定的项目经理参与,承包商主管领导批准。

2. 中标后的项目策划

工程项目中标后,承包商安排已确定的该项目的项目经理组织实施阶段项目策划,项目经理部的相关部门参与,项目经理部的上级相关管理部门审核,承包商主管领导批准。

3. 实施性计划

实施性计划是在经批准的项目策划指导下所编制的具体指导项目主要管理工作开展的工作性计划。按照国际惯例以及结合我国项目管理的要求,一般需要编制:

(1)技术、经济性纲领性文件——施工组织设计。

(2)贯彻 ISO 9001 质量管理体系标准要求以及 ISO 10006 项目管理标准要求的质量计划。

(3)贯彻 ISO 14001 环境管理体系标准要求的环境管理计划。

(4)贯彻 OHSAS 18001 职业健康安全管理要求标准的职业健康安全管理计划。

(5)符合 ISO 10006 项目管理标准及承包商成本控制的成本计划。

(6)符合 ISO 10006 项目管理标准的信息管理计划。

(7)符合 ISO 10006 项目管理标准的风险控制计划等。

各项实施性计划由项目经理部的主管部门(岗位)组织编制,项目经理审核,项目经理部的上级(承包商)主管部门批准。

(二)项目策划的依据

(1)合同要求,包括招标文件、合同文件、设计文件等。

(2)法规要求,包括适用的法律法规及相关的技术标准、规范等。

(3)承包商的经营管理目标。

(4)承包商管理体系文件及管理制度文件等。

(三)项目策划的准备——项目范围确定

1. 项目范围的概念

项目策划的主要准备工作是项目范围确定。在 ISO 10006:2003《质量管理 项目管理质量指南》和我国的 GB/T 50326:2006《建设工程项目管理规范》中都提出了项目范围确定的要求。承包商只有确定项目范围,才可能进行有效的项目策划。

上述两个标准所阐述的项目范围是个大概念,它不仅是施工过程的项目范围,还包括了项目的可行性研究、项目立项、启动、设计等范围。对于工程项目的承包商来说,关注的是施工全过程的项目范围确定。

范围是边界之内的区域。对于承包商来说,项目范围是指,为了成功完成工程项目承包任务并实现项目管理目标所必须完成的活动总和。

项目范围包括了工程产品范围和管理活动范围。产品范围是工程产品覆盖的范围及其功能特征。管理活动范围是指,为了完成满足工程产品范围要求所必须开展的各项管理活动的总和。

2. 项目范围确定

项目范围确定是指,确定项目的产品范围和管理活动范围的全部工作。也就是说,确定项目的工作边界,明确项目的目标和项目可交付的全部成果。这里所言的成果,既包括了工程产品的成果,也包括了管理活动的成果。

3. 项目范围确定的意义

(1)进行项目策划的基础。

(2)明确项目经理部的全部工作任务,防止工作的漏项或缺项。

(3)对项目实施有效控制的依据。

4. 项目范围确定的依据

(1)招标文件、合同文件、设计文件等。

(2)适用的相关法规性文件。

5. 项目范围确定的对象

(1)产品范围,即包括了工程产品实体、软件产品和服务产品范围。如工程实体的单位工程、分部工程、分项工程内容;项目的机电工程二次设计、装修工程的二次设计;系统调试、工程保运、竣工保修等。

(2)管理活动范围,即所包括的管理活动的范围。如物资采购管理的范围、分包商选择与管理的范围、施工机械设备管理的范围、物资及工程的检验试验管理的范围、环境管理活动的范围、职业健康安全管理活动的范围等。

6. 项目范围确定的方法

项目范围确定一般多采用项目结构分解法。这一方法即是以实现项目目标为中心,以工程组成结构及需实施的过程为依据,由上而下、由大至小、由粗至细的逐步展开分解,一直分解到便于实施及管理的层次为止。

例如,对于工程产品实体的分解,可以按项目工程——单项工程——单位工程——子单位工程——分部工程——子分部工程——分项工程的顺次逐一展开。

对于管理活动的分解,从大过程至小过程的顺次展开。如物资采购是个大过程,它可展开为供应商评价——供应商选择——供应商再评价——采购信息管理——采购物资验证——采购文件资料管理等子过程。

管理活动的分解应注意其分解到可操作、可检查的程度,即责任岗位可以落实时为止。

7. 项目范围确定的输出

一般是以项目范围说明书作为项目范围确定的输出形式。附件 2-1 是某工程项目范围确定的输出示例(部分内容)。

(四)投标阶段的项目策划

(1)投标阶段的项目策划输出是投标文件编制的主要依据。它是根据招标文件的要求,结合承包商的实际能力所做出的以项目管理效益最大化和项目风险最小化为主要目的的决策性文件。

(2)投标阶段的项目策划需侧重考虑项目的工期、成本、质量、安全等方面的风险,以确保实现项目目标。

(3)在进行投标阶段策划时,可能有些内容暂不能确定,这时则至少应策划出:工程项目总目标、工程总进度计划、项目人员流量、工程分包方案、施工机械设备配置方案等。

(4)对投标阶段项目策划的输出文件《项目策划书》,承包商的管理部门一般不进行会签,可由承包商市场经营部门组织相关部门审核,然后由承包商的主管领导批准。

(五)实施阶段的项目策划

实施阶段的项目策划是指导项目实施的纲领性文件,是编制项目各项实施性计划的主要依据。

1. 实施阶段项目策划的时机

工程项目中标后、项目开工前,项目经理部根据项目的实际情况,对投标阶段的《项目策划书》进行完善和细化,完成实施阶段的项目策划,编制出实施阶段的《项目策划书》。

2. 项目策划的内容

根据承包商管理的实际以及承包工程对象的性质不同。可以设计不同的项目策划内容,一般应包括:管理目标、项目承包形式、项目组织机构模式、对项目经理授权、总进度计划、项目管理人员流量、分包商选择方案、物资采购方案、资金流量计划、施工机具设备配置方案、办公设备配置方案、实施性计划编制安排计划等。

3. 项目策划的要求及职责

项目策划的具体要求及职责分配见表2-1所示。

表2-1 项目策划内容及审批职责

序号	内容	具体要求	审批部门/岗位
1	项目概况及总目标	根据合同规定、业主要求,以及承包商的质量、环境、职业健康安全方针和目标,并结合承包商的发展规划和以往的工程经验,提出项目的总目标(包括工期、质量、环境、职业健康安全、成本、技术创新等目标)。	承包商项目主管部门
2	项目承包形式	明确本项目的管理模式,如总包、分包(专业分包、劳务分包)、联合体承包、品牌经营等。	承包商项目主管部门
3	项目组织机构模式	确定项目的组织机构形式:如职能式、项目式、矩阵式组织机构。	承包商项目主管部门
4	对项目经理授权	明确对项目工程分包商选择、物资采购、材料款、工程款支付以及合同签订(包括变更等)的审批权限。	承包商最高管理者
5	总进度计划	确定施工准备和各主要分部分项工程的起止时间。	承包商项目主管部门
6	项目管理人员流量	确定项目经理部管理岗位及其人员数量,提出主要管理岗位的人选和进出场时间。	承包商人力资源管理部门
7	分包商选择方案	确定主要分包项目、分包工作内容、分包方式、备选分包商等。	承包商合约主管部门
8	物资采购方案	确定主要采购对象、采购主体、备选供应商等。	承包商物资采购主管部门

续表

序号	内容	具体要求	审批部门/岗位
9	资金流量计划	确定资金收支计划方案。	承包商财务资金主管部门
10	施工机具设备配置方案	提出主要施工机具设备的配置方案,确定其规格、数量、来源和进出场时间。	承包商设备主管部门
11	办公设备配置方案	提出主要办公设施的配置方案,确定其规格、数量、来源和进场时间。	承包商行政主管部门
12	实施性计划编制安排	确定各项实施性计划编制的时间及责任部门/责任者	承包商项目主管部门

4. 项目策划的调整

在项目实施过程中,项目的内外部环境条件总是会发生各种变化,这时项目经理应针对有关条件的变化(如业主对工期提出新的要求,项目承包范围调整,施工环境改变),对原项目策划进行必要的调整,并修订相应的项目管理策划文件,确保项目策划始终符合项目的实际,并指导实施性计划作相应调整。

(六)《项目策划书》格式示例

实施阶段的《项目策划书》格式示例见附件 2-2。

五、项目实施性计划

项目实施性计划是项目策划的第二层次文件,是实施阶段《项目策划书》的支撑。

(一)施工组织设计

《施工组织设计》是指导项目进行施工准备和组织施工的技术性、经济性纲领性文件。

《施工组织设计》主要包括了编制依据、工程概况、主要施工过程及其工艺流程、主要分部分项工程施工技术方案的选择、分部工程进度计划、降低成本措施、保证质量措施、环境保护措施、安全与文明施工措施、现场总平面布置等。投标用的《施工组织设计》由承包商技术主管部门组织编制。中标后,项目经理组织项目经理部的主要人员编制《施工组织设计》,即对投标阶段的《施工组织设计》进行必要的调整和完善,形成具体指导项目施工的《施工组织设计》。

在国际工程施工中,较多国家监理工程师一般不要求承包商报送施工组织设计,即施工组织设计不需要监理工程师的审批。这时的施工组织设计仅是承包商/项目经理部自身内部控制的一个施工组织管理性文件。它的主要作用是,指导各项施工技术方案的编制,指导项目按进度计划组织施工,确保施工组织合理、有序。

(二)项目质量计划

项目质量计划是针对既定项目,规定由谁及何时应按哪些质量管理程序规定落实其岗位管理职能的文件。

项目质量计划内容主要包括：明确各岗位的质量职能，针对所确定的过程活动，明确活动的措施、责任、实施时间以及应完成的主要过程记录等。

项目质量计划编制的要求将在"第九章　质量管理"中作详细介绍。

（三）项目环境管理计划

项目《环境管理计划》是项目开展环境管理的工作计划，它是针对项目评价出的重要环境因素所作的控制计划。

项目《环境管理计划》的主要内容包括：针对项目所评价出的重要环境因素，明确控制措施以及责任者、完成的时间和记录要求。

项目环境计划编制要求在"第十一章　项目环境管理"中作详细介绍。

（四）项目职业健康安全管理计划

项目《职业健康安全管理计划》是针对项目所评价出的职业健康安全风险所制定的控制计划。

《职业健康安全管理计划》的主要内容包括：针对项目所评价出的职业健康安全风险，明确控制措施以及责任者、完成的时间和记录要求。

项目职业健康安全管理计划编制要求在"第十章　项目职业健康安全管理"中作详细介绍。

（五）项目成本计划

项目《成本计划》是按工程量清单所列出的单位工程成本汇总，反映了各成本项目指标和降低成本指标的计划。它是考核项目成本降低的主要依据。

项目《成本计划》的主要内容包括：成本目标分解、成本控制措施以及根据清单项目的造价分析，分别对人工费、材料费、机械费、措施费、管理费等进行汇总。

项目成本计划编制大纲见附件 2-3。

（六）项目信息管理计划

项目《信息管理计划》是项目为有效收集、利用、管理与项目管理工作有关的各类信息的计划。

项目《信息管理计划》内容主要包括：确定项目信息的需求、信息的分类、信息编码、信息来源、信息内容、获取及传递的时间要求、传递途径和范围、反馈要求、必要的标识、存档管理要求等，以及明确相关人员的管理职责。

项目信息管理计划编制大纲见附件 2-4。

（七）项目风险控制计划

项目《风险控制计划》也称风险应对计划。它是针对项目风险评价的关键风险因素，为有效降低项目风险，确保项目管理目标实现，所制定的控制计划。

项目风险管理计划的主要内容包括：针对评价出的风险，确定风险控制目标，明确风险控制职责与权限，规定风险控制措施以及相应的预算。

项目风险控制计划编制大纲见附件2-5。

第二节 项目管理目标责任书

一、项目管理目标责任书概述

1. 项目管理目标责任书的概念

为强化对项目经理部的管理，提高项目管理各项工作的标准化、规范化水平，促使工程项目管理获得好的绩效，承包商需要对项目经理部进行主要管理目标的考核。结合目前我国国内的普遍做法，我国很多承包国际工程的施工企业都重视开展项目管理目标的考核，其主要手段是承包商与项目经理部签订"项目管理目标责任书"。

2. 项目管理目标责任书的性质

"项目管理目标责任书"是企业（承包商）法定代表人明确规定项目经理应完成的成本、质量、工期、安全等控制目标的文件。"项目管理目标责任书"不是合同，也不是承包书，而是上级代表人向下级下达的一种责任状。

3. 签订项目管理目标责任书的目的

提高项目经理部的自觉性、积极性，确保项目综合效益水平达到承包商的管理目标要求。

4. 签订项目管理目标责任书的依据

工程合同和承包商经营管理的目标要求。

5. 项目管理目标责任书中的责任

"项目目标管理责任书"的主要内容是，项目经理部应该实现的主要管理目标。这些管理目标是由项目经理部集体承担的，而并非仅由项目经理个人承担。

6. 项目管理目标责任书下达的主要指标

(1) 工期指标。
(2) 质量指标。
(3) 成本指标。
(4) 安全指标。
(5) 工程款回收指标等。

二、项目管理目标责任书的主要内容

项目管理目标责任书一般包括以下方面的内容：
(1) 承包商应给予项目经理部创造的必要条件。
(2) 承包商对项目经理责任和权限的规定。
(3) 对项目经理部考核的主要内容和指标。

(4) 对项目经理部的考核办法。
(5) 对项目经理部的奖惩规定。
(6) 奖惩兑现方法。
(7) 有关事宜的说明等。

三、项目管理目标责任书签订

1. 签订前的工作

承包商的主管部门拟定责任书的主要条款及各项考核指标的初步意见,并与项目经理进行充分的沟通,以达成统一的意见。

2. 签订

承包商法人或承包商驻外机构的法人代表与项目经理部第一责任人即项目经理双方签字生效。

3. 项目管理目标责任书格式示例,见附件2-6。

第三节 承包商对项目经理的授权

一、授权概述

1. 授权的产生和发展

授权理念产生于20世纪60年代,那时的出发点主要是政府给予人民一定权力以掌握自己的命运。到20世纪80年代,授权管理思想开始应用于企业管理;进入90年代以后,随着市场竞争日趋激烈,企业更多地采用扁平化、更加灵活的组织形式,以适应形势发展的需要,这时企业的高层管理者深刻认识到必须通过对属下授权手段来提高企业的工作效率及管理绩效。进入21世纪,授权管理已成为现代企业管理活动中一个重要组成部分。

2. 授权的概念

授权是现代管理中的一个重要理念。随着现代企业规模的不断扩大和国际工程承包事业的发展,授权的必要性和重要性凸现得愈加明显。

授权是指组织的法定代表人以一定形式将某些权限授予代理人的行为。具体地说,授权为有限的委托和参与决策,也就是通过权力下放,希望用较低的管理成本从自身下级获得更多的产出。

对于国际工程承包事业,授权一般多是指承包商法定代表人以授权委托书或其他文件形式将工程前期经营、资格预审、工程投标、合同审批、对供应商、分包商支付款项审批等权力授予代理人(多为境外某一区域负责人或项目经理)的行为。这样的行为,表示了授权人授予被授权人以一定的权力和责任,使被授权人在一定范围内有相当的自主权,并负有完成相应任务的义务和责任;而授权人对被授权人仍有指挥权,并行使监督控制权。

3. 国际工程承包中授权的意义

授权运用于国际工程承包全过程中,是目前国际上的通行做法。其意义在于:

(1)承包商自身规模不断发展的需要　承包商的事业发展过程必然伴以不同形式和程度的授权,因为企业的工作量不断加大,事无巨细的决定和批复完全由承包商高层机构或高层管理者做出往往是不可能或不现实的。

可以说授权是对工作过量的一个有效的解决办法。有的学者认为,任何一个做强做大的承包商的正常经营都是以有效的授权管理作为重要手段的,而且企业健康发展的速度是与授权程度成正比关系。

(2)提高工作效率的需要　因为国际工程项目往往是远离承包商总部,对于涉及合同、资金等直接影响项目经理部经营效果的决策性工作,如全部由承包商总部最高管理层或最高管理者来审批,往往会因文件传递及审批速度等方面因素影响项目经营活动的正常开展,甚至会"贻误战机"。因此,为了在保证项目整体经营效益的大前提下,承包商的最高管理者(层)应对项目经理(部)在分包商选择、供应商选择、合同签订以及资金支付等方面授予一定的权限。

(3)一种重要的激励方式　授权可以满足有志者自我实现的需求(包括自我实现决策权、工作的自主权等),按照马斯洛理论,这也是人的最高层次的需求。实践证明授权已成为职业经理人能力提升和自我价值实现的有效途径。

(4)共同承担企业责任　承包商通过有效授权,将组织的管理目标分解到不同层次或岗位上,使目标责任转移分解给更多的人以共同承担,从而确保承包商各项管理目标的实现。

4. 授权分类

(1)按授权的性质划分,授权可分为两类:常规授权和单项授权。

①常规授权　常规授权即"任命即授权"。如当项目经理任命文件发布后,该项目经理即具备享有企业授权程序所规定相应的权力,即享有规定额度的业务经营批准权;

②单项授权　单项授权是指根据工作需要,需要给予组织的下级(如项目经理)超出常规授权范围的授权,或授予授权程序规定以外人员以一定的工程前期经营权、投标、合同审批、对供应商或分包商付款审批权的授权。单向授权需根据工作需要提出申请,经授权人批准生效。

(2)按授权的形式划分,授权可分为集中授权和分散授权两类。

①集中授权　集中授权是通过承包商的授权程序或授权书的方式将各管理领域中的主要权力进行明确。集中授权一般主要是关注人、财、物,也包括经营管理活动中的重大事项。例如承包商对项目经理的授权多属于这一种形式,即在项目策划的授权一项中予以明确。需说明的是,集中授权所反映出的授权必须与组织的授权程序规定相一致;

②分散授权　分散授权是指在组织的各项规章制度中,通过明确职责、权限而将相关权力授予相应单位或岗位。

二、承包商的授权管理

(一)授权的原则

承包商对其驻外工程承包机构或国际工程项目经理部授权一般应坚持以下几方面原则:

1. 结合实际

承包商发展到一定的阶段,就需要定位,应采取如何形式的授权程序及管理。至于何种形式,并没有什么定式,即承包商需结合组织的实际情况而确定。例如应结合企业组织的管理模式、管理层次以及企业管理水平和企业文化基础来全面考虑。在企业综合管理水平比较高,并有很好企业文化氛围的扁平化管理层次的,就可以实施较大范围和较大程度的授权。承包商所涉及的国际工程市场地域、范围分布的广度以及业务多元化程度,也会影响承包商总部与境外子(分)公司之间集分权的程度,从而影响授权的范围和程度。通常是,市场竞争激烈、需要快速决策、业务多元化程度高、业务地域分布广的都需要有合理、较高程度的授权,以达到组织管理的高效率和管理效益的高水平。

2. 量能授权

对个人的授权,应考虑被授权人的道德素质、管理能力水平、管理经验以及对企业的忠诚度。例如对于项目经理的授权,还可以根据项目经理的级别,如按照中级项目经理、高级项目经理、资深项目经理的不同级别授予不同程度的权限。

3. 适度授权

授权程度是授权的一个重要因素。授权过少,会造成管理效率低,并影响下属的积极性;授权过度,可能会造成管理失控,影响企业的整体经营效益。承包商应科学合理地确定授权的程度,以保证授权的安全。

4. 权责一致

授权的同时必须明确被授权人的相应责任及义务,即有什么权力必须承担相应的责任和义务,做到责权统一,确保权力能有效、合理地使用。

5. 制约授权

授权必须有制约、反馈程序和监控手段及措施,以防止授权失控给企业造成损失。

(二)建立授权程序

承包商需要通过相应的管理程序来实施管理授权,确保授权的制度化和规范化,以规避授权的盲目性和随意性。

1. 建立分级授权制度

承包商根据企业组织机构形式,可将常规授权划分为多个级次,即对不同的级次岗位予以不同的授权权限,被授权人则据此享有根据常规授权相应额度的权力。

2. 建立分类授权管理制度

承包商按照不同授权事项,采取不同的授权方式而形成不同的授权序列程序。如分类授权事项可划分为:

(1)人事管理权限。

(2)资金审批权限。

(3)项目前期经营审批权限。

(4)业主合同性文件审批权限。

(5)项目预算成本的审批权限。

(6)供应商选择及合同审批权限。

(7)分包商选择及合同审批权限。

(8)法律事务处理权限。

(9)工程维修审批权限。

(10)应急事件处理权限等。

3. 建立权力限制制度

对于超出常规授权额度的或需要单项授权的,承包商应建立相应的管理制度,如授权人向被授权人办理单项授权制度。

4. 建立授权制约及监督机制

承包商要建立健全相应的权力监督机制,使权力在理性范围内可控性运用,以保证企业管理体系的正常运行和促进企业安全、健康地发展。

(三)授权制约及监督机制

俗话说,没有监督的权力是腐败的根源。承包商应建立制约及监督机制,确保权力在监督下运作。

1. 建立联签制度

国际工程承包运作中比较普遍地实行项目经理部内部的联签制度。实践证明联签制度是一种有效制约权力的机制。所谓联签,即是使握有一定授权权力的项目经理在行使相应权力(签字)时,应有另外一个制约人的同时(签字)确认,否则项目经理所行使的权力(签字)无效,这就是国内外许多大承包商所实行的对权力制约的一种联签制度。英国著名项目管理专家丹尼斯·洛克(Dennis Lock)对此曾在他《项目管理》一书中指出:如果某经理有独立控制支出的权力,那么必须规定需另一位经理来审核其所有支付给外部供应商和分包商的大额款项支出。这是为了防止该项目经理在行使项目授权的同时,擅自挪用公司的资金。如果没有另一位经理对之进行监督,其欺诈行为将不容易被发现。

在本书"第一章第五节 矩阵式组织机构模式式下的责任工程师制"中的"组建项目经理部领导班子"一段中指出:"项目经理作为项目经理部的 A 角,全面负责项目的管理工作;项目合约商务经理作为项目经理部的 B 角,在协助项目经理开展项目合约商务管理的同时,作为联签的角色,以建立项目经理部内部的制约机制。"这就是制约项目经理履行授权权力的一种行之有效的监控机制。

2. 加强监督检查

承包商在对项目经理授权后,应实施有效的控制和监督。授权与控权是矛盾的两个方面,既相互联系又相互制约。授而不控,就是弃权;有效监督控制与信任并不矛盾。有效监控就是为了保证承包商授权管理能得以有效进行,能达到使授权者放心,使被授权者尽心的效果,也是对项目经理的一种爱护和保护的重要措施。

附件 2-1

项目范围确定示例

附件 2-1-1　×××大厦工程项目范围确定(产品范围)

序号	分部工程	子分部工程	分项工程	分包意向
1	地基与基础			
(1)		土方工程	降水、锚杆	专业分包1
(2)		桩基	混凝土灌注桩	专业分包2
(3)		地下防水	卷材防水层	××专业防水公司
(4)		混凝土基础	模板、钢筋、混凝土	主分包
2	主体结构			
(1)		混凝土结构	模板、钢筋、混凝土	主分包
(2)		钢结构		
①			钢零部件加工	××金属结构公司
②			钢构件组装、钢结构焊接、紧固件连接、钢网架结构安装	××钢结构专业分包
③			压型金属板	
④			钢结构涂装	××专业分包公司
3	装饰装修			
(1)		地面		
①			1. 整体面层(基层、水泥混凝土面层)	主分包
②			2. 大理石面层	
③			3. 花岗岩面层	××专业装饰公司
④			4. 地毯面层	
(2)		抹灰	一般抹灰	主分包
(3)		门窗		
①			1. 塑料门窗安装	专业厂家1
②			2. 特种门安装	专业厂家2
(4)		吊顶	暗龙骨吊顶	××专业装饰公司
(5)		轻质隔墙	板材隔墙、玻璃隔墙	
(6)		幕墙		

续表

序号	分部工程	子分部工程	分项工程	分包意向
①			1. 玻璃幕墙	专业幕墙公司1
②			2. 石材幕墙	专业幕墙公司2
(7)		细部装饰	门窗套、护栏、扶手等	××专业装饰公司
4	屋面			
(1)		卷材防水	保温层、找平层、卷材防水层、细部	××专业防水公司
5	给排水及采暖			
(1)		室内给水	管道及配件安装、室内消防水系统安装、给水设备安装、管道防腐、绝热	
(2)		室内排水	排水管道、雨水管道及其配件安装	××专业安装公司
(3)		卫生器具安装	卫生器具及给排水配件安装	
(4)		室外给排水管网	给排水管道安装、室外消防栓安装、管沟及井室(池)	
6	建筑电气			
(1)		电气照明	成套配电柜、配电箱、电缆、电线、灯具、插座、照明灯运行等	
(2)		防雷及接地安装	接地装置安装、避雷引下线敷设、等电位连接、接闪器安装	
7	智能建筑	略	略	略
8	通风与空调	略	略	略
9	电梯	略	略	略
10				

附件 2-1-2　项目范围确定(管理活动范围)

序号	管理过程	子管理过程	责任部门	责任岗位/责任人
1	组织项目策划			项目经理
2	编制项目实施性计划			
(1)		编制施工组织设计	项目技术部	项目总工
(2)		编制质量计划	项目质安部	质量总监
(3)		编制环境管理计划	项目行政部	部门负责人
(4)		编制职业健康安全管理计划	项目质安部	安全总监
(5)		编制成本计划	项目合约商务部	合约商务经理

续表

序号	管理过程	子管理过程	责任部门	责任岗位/责任人
(6)		编制信息管理计划	项目技术部	部门负责人
(7)		编制风险计划	项目工程部	部门负责人
3	技术准备			
(1)		组织图纸会审	项目技术部	技术部负责人
(2)		组织设计交底	项目技术部	项目总工
(3)		组织施工组织设计交底	项目技术部	技术部负责人
(4)		编制专项施工技术方案	项目技术部	项目各专业责任工程师
(5)		竣工技术资料管理交底	项目技术部	项目资料工程师
4	物资采购			
(1)		物资申请计划	项目技术部	项目各专业责任工程师
(2)		物资采购计划	物资部	各专业材料工程师
(3)		供应商评价与选择	物资部	各专业材料工程师
(4)		供应商考察	物资部/技术部	专业材料工程师/专业责任工程师
(5)		签订采购合同	物资部/合约商务部	专业材料工程师/合约工程师
(6)		进场物资验证	物资部/技术部	专业材料工程师/专业责任工程师
(7)		供应商再评价	物资部	专业材料工程师
(8)		物资采购台帐	物资部	物资部负责人
(9)		物资采购合同	合约商务部	合约工程师
5	物资管理			
(1)		进出库登记	物资部	仓库保管人员
(2)		物资标识	物资部	仓库保管人员
(3)		物资盘点	物资部	仓库保管人员
(4)		物资用量分析	物资部	物资部负责人
(5)		收集整理物资验证资料及报验资料	技术部	专员责任工程师
(6)		物资回收	物资部	专业材料工程师/仓库保管人员
(7)		不合格物资处理	物资部	专业材料工程师

续表

序号	管理过程	子管理过程	责任部门	责任岗位/责任人
(8)		废弃物资处理	物资部	物资部负责人
(9)		物资贮存及产品防护	物资部	仓库保管人员
(10)		物资市场调查及信息收集	物资部	物资部负责人
(11)		对业主提供物资的管理		
①		物资验证	物资部	专业材料工程师
②		物资验证资料收集整理	技术部	专业责任工程师
③		不适用情况的报告	物资部/技术部	专业材料工程师/专业责任工程师
6	分包商选择	略		
7	分包商管理	略		
8	合约管理	略		
9	成本管理	略		
10	质量管理	略		
11	环境管理	略		
12	职业健康安全管理	略		
13	信息管理	略		
14	人力资源管理	略		
15	施工机械设备管理	略		
16	计量器具设备管理	略		
17	风险管理	略		
18	沟通管理	略		
19	收尾管理	略		

附件 2-2

项目策划书

附件 2-2-1 项目策划——项目概况及总目标

项目概况	项目名称： 业主名称： 设计人名称： 投资性质：□国拨 □企业自筹 □私人 □外资 □世(亚)行贷款 □其他：_____ 工程类别：□公建 □厂房 □住宅 □路桥 □其他：_____ 工程地点：_____ 建筑面积(或项目规模)： 暂估工程造价： 承包方式：□总承包 　　　　　□联合总承包,合作伙伴是： 　　　　　□分包,总包商是： 合同工作内容/范围简述：
项目总目标	质量目标：□合同约定验收标准 □其他：_____ 工期目标：计划开工日期_____, 计划竣工日期_____。 　　　　　总工期_____日历天,区段工期(如果有)_____。 安全目标：杜绝死亡、重伤、火灾、重大机械事故,一般事故频率不超过_____‰ 成本目标： 技术目标：□完成_____技术成果 □创科学技术奖 其他目标：

编制/日期：　　　　　　　　　　　　项目管理部门会签/日期：

附件 2-2-2 项目策划——项目经理授权

项目地点：　　　　　　　　　　　　项目经理姓名：

序号	权限名称	授权额度(美元)	备注
1	中国境内分包商选择及合同审批权限		
	境外第三国分包商选择及合同审批权限		
	工程所在国分包商选择及合同审批权限		
2	中国境内供应商选择及合同审批权限		
	境外第三国供应商选择及合同审批权限		均指每份合同总价
	工程所在国供应商选择及合同审批权限		
3	中国分包商当地币支付审批权限		
	属地化和第三国分包商外币支付审批权限		
	属地化和第三国分包商当地币支付审批权限		
4	中国供应商外币支付审批权限		
	属地化和第三国供应商外币支付审批权限		
	属地化和第三国供应商当地币支付审批权限		

提议人/日期：　　　　　　　　　　　　批准人/日期：

附件 2-2-3 项目策划——总进度计划

序号	分部分项工程名称	工期	年												年												年		
			1	2	3	4	5	6	7	8	9	10	11	12	1	2	3	4	5	6	7	8	9	10	11	12	1	2	3
1																													
2																													
3																													
4																													
5																													
6																													
7																													
8																													
9																													
10																													
11																													
12																													
13																													
14																													
15																													
16																													
17																													
18																													

编制人/日期： 工程管理部门会签/日期：

附件 2-2-4 项目策划——现场管理人员配置方案

序号	岗位名称	人月	推荐人选	工作时间																								
				年												年											年			
				1	2	3	4	5	6	7	8	9	10	11	12	1	2	3	4	5	6	7	8	9	10	11	12	1	2	3	4

编制人/日期： 人力资源部门会签/日期：

附件 2-2-5　项目策划——分包选择方案

序号	分包项目	分包工作内容	分包方式	分包商选择方式		候选分包商名单
			□包工包料 □劳务 □包工及部分材料 □其他	□承包商选定 □项目选定 □项目选择承包商批准 □委托国内选定	□业主选定 □业主指定我方签合同 □业主项目共同选定 □其他	
			□包工包料 □劳务 □包工及部分材料 □其他	□承包商选定 □项目选定 □项目选择承包商批准 □委托国内选定	□业主选定 □业主指定我方签合同 □业主项目共同选定 □其他	
			□包工包料 □劳务 □包工及部分材料 □其他	□承包商部选定 □项目选定 □项目选择承包商批准 □委托国内选定	□业主选定 □业主指定我方签合同 □业主项目共同选定 □其他	
			□包工包料 □劳务 □包工及部分材料 □其他	□承包商部选定 □项目选定 □项目选择承包商批准 □委托国内选定	□业主选定 □业主指定我方签合同 □业主项目共同选定 □其他	
			□包工包料 □劳务 □包工及部分材料 □其他	□承包商选定 □项目选定 □项目选择承包商批准 □委托国内选定	□业主选定 □业主指定我方签合同 □业主项目共同选定 □其他	

编制人/日期：　　　　　　　　　　合约估算部门会签/日期：

附件 2-2-6　项目策划——物资采购方案

序号	物资名称	规格型号	估算数量	计量单位	物资采购单位					采购方式	采购地点	候选供应商名单
					业主	承包商	委托国内	项目	分包商			

编制人/日期：　　　　　　　　　　　　　　物资采购部门会签/日期：

附件 2-2-7　项目策划——资金流量计划

序号	实施时间（按施工阶段）	收入资金	计划成本费支出							累计净收入（±）	资金不足措施				备注
			临建费	管理费	机械使用费	物资采购	付分包款	税金	支出总计		公司垫款	向业主借款	银行贷款	其他	

编制/日期：　　　　　　　　　　　财务资金部门会签/日期：

附件 2-2-8　项目策划——机具设备配置方案

序号	机械设备名称	规格型号	配置数量	计量单位	进场时间	机械设备来源（打√）						备注
						承包商自有	承包商采购	上级租赁	项目采购	项目租赁	分包提供	

编制人/日期：　　　　　　　　　　　周转物资部门会签/日期：

附件 2-2-9　项目策划——办公设备配置方案

序号	办公设备名称	规格型号	单位	数量	进场时间	设备来源(打√)				固定资产内部编号
						承包商内部调配	承包商购买	项目购买	分包提供	
A	固定资产类									
1	汽车(轿车)									
	汽车(面包车)									
	汽车(小货车)									
2	空调(窗式)									
	空调(立式)									
3	计算机									
4	打印机									
5	复印机									
6	传真机									
7	电视机									
8	电冰箱									
	其他：									
B	低值耗品类									
1	电话									***
2	办公桌									***
3	办公椅									***
4	文件柜									***
5	会议桌									***
6	饮水机									***
	其他：									

编制人/日期：　　　　　　　　　　行政办公部门会签/日期：

附件 2-2-10　项目策划——实施性计划编制计划

序号	计划名称	编制部门/责任人	完成期限	审核	批准
1	施工组织设计				
2	质量计划				
3	环境管理计划				
4	职业健康安全管理计划				
5	成本计划				
6	信息管理计划				
7	风险控制计划				

编制/日期：　　　　　　　　　　　　项目管理部部门会签/日期：

附件 2-3
项目成本计划编制大纲

1　总则
　　1.1　项目范围
　　1.2　合同条件
　　1.3　项目成本目标(项目上级下达)
　　1.4　编制依据
2　部门/岗位管理职责
　　2.1　项目经理
　　2.2　项目副经理
　　2.3　项目合约商务经理
　　2.4　项目总工
　　2.5　合约组/预算员
　　2.6　工程组
　　2.7　技术组
　　2.8　物资组
　　2.9　质量安全组
　　2.10　行政组
3　成本控制
　　3.1　项目成本目标的分解及下达(如分解下达至各责任单元)
　　3.2　成本管理的主要措施(材料控制、零工控制、机械设备台班的控制、施工手段租赁费的控制等)
　　3.2　阶段成本分析

3.3 成本目标的考核
3.4 成本核算
4 单位工程成本
注：按成本性质划分的单位工程，根据清单项目的造价分析，分别对人工费、材料费、机械费、措施费、管理费、税费等进行汇总，形成单位工程成本明细。

附件 2-4
项目信息管理计划编制大纲

1 项目概况
2 组织机构及信息管理职责
 2.1 项目组织机构图
 2.2 部门/岗位信息管理职责
  2.2.1 项目经理
  2.2.2 项目副经理
  2.2.3 项目合约商务经理
  2.2.4 项目总工
  2.2.5 工程组
  2.2.6 技术组/资料员
  2.2.7 合约商务组
  2.2.8 物资组
  2.2.9 质量安全组
  2.2.10 行政组/文秘
3 项目信息分类及编码
 3.1 项目信息分类
（注：如按信息的性质分类为：计划、技术、合约、物资、质量、安全、行政等；
如项目外部信息可划分为：政府主管部门、公司、业主、监理、设计、供应商、分包商、社区等）。
 3.2 项目信息编码
（注：可按信息分类编码，也可对每组信息按顺序编码等）。
4 信息管理
 4.1 项目内部信息的管理
  4.1.1 计划类
  4.1.2 技术类
  4.1.3 合约类
  4.1.4 物资类
  4.1.5 质量类

  4.1.6　安全类
  4.1.7　行政类
 4.2　项目外部信息管理
  4.2.1　政府主管部门
  4.2.2　公司及各部门
  4.2.3　业主
  4.2.4　监理
  4.2.5　设计
  4.2.6　供应商
  4.2.7　分包商
  4.2.8　社区

附件 2-5

项目风险控制计划编制大纲

（针对某一个风险编制）

1　编制说明
 1.1　风险说明
 1.2　适用范围
 1.3　编制依据
2　风险控制目标
3　部门/岗位风险控制职责
 3.1　项目经理
 3.2　项目副经理
 3.3　项目合约商务经理
 3.4　项目总工
 3.5　工程组
 3.6　技术组
 3.7　合约组
 3.8　物资组
 3.9　质量安全组
 3.10　行政组
4　风险控制措施
包括：控制措施、责任人、完成时间等。
5　过程监测
6　应急预案
 6.1　应急组织及职责

  6.2 应急措施
7 资金计划
8 记录要求
9 相关文件

附件 2-6

项目管理目标责任书

1 工程概况
  1.1 工程名称：_____
  1.2 工程地点：_____
  1.3 业主单位：_____
  1.4 工程规模：_____
  1.5 合同额：_____
  1.6 开竣工日期：开工日期_____年_____月_____日
（承包合同约定）竣工日期_____年_____月_____日
    施工总工期_____日历天
2 项目经理
公司委任_____同志为本项目项目经理。
3 项目经理及班子成员
公司委任_____同志为本项目其他班子成员。
4 责任目标
  4.1 成本指标：
项目毛利率指标为_____；项目毛利润额为_____。
  4.2 回收款目标：
收款额应不低于合同规定当期应收款额的_____%。
  4.3 工程质量目标：_____。
  4.4 工程安全目标：_____。
  4.5 工期目标：严格履行合同工期，按合同工期竣工。
  4.6 其他目标：_____。
5 项目经理权限

权限名称	授权额度（万美元）	备注
5.1 分包商选择及合同审批权限		
5.2 物资采购供应商选择及合同审批权限		
5.3 分包商、供应商支付款审批权限		
5.4 项目风险基金审批		

【条款提示】本条款应与《项目策划》中项目经理授权一致。

6 项目经理职责

6.1 项目经理全面承担本目标责任书第4条约定的所有责任目标。

6.2 项目经理负责组织健全项目经理部的生产指挥、经营管理系统,与业主、监理、设计、地方主管部门等协调顺畅,保证项目合同规定的各项目标顺利完成。

6.3 代表经理部在本项目上与业主接洽和商务谈判,并签订授权范围内的合同商务文件,认真履行相关合同文件。

6.4 做好分包商管理工作,根据《项目策划》,参与公司组织的分包商和供应商的采购选择工作;负责组织由项目采购的分包商和供应商的招标选择工作,并按公司管理文件的规定履行相应的手续,在授权范围内签署和履行相应文件。

6.5 根据《项目成本计划》,应严格执行项目成本预算和项目资金计划,严格控制非生产性开支,严格财务纪律,及时进行项目对业主和分包商等方面的各项结算工作。

6.6 项目经理承担项目所有管理人员的发展、培训等人力资源管理方面的协调组织等职责。

6.7 组织工程计划、统计工作。统计报表准确、及时、全面并认真做好统计分析。代表经理部与业主、监理办理工程竣工验收、竣工结算等方面的工作。

6.8 自觉接受事业部及职能部门的业务指导及监督、检查,定期向事业部及相关部门报告工作情况,遇重大问题,紧急情况等特殊事项应随时报告。

6.9 教育项目经理部全体管理人员遵纪守法,照章办事,严格执行奖罚制度,防止和纠正违纪、违法行为;正确处理企业、项目与个人的利益关系。

【条款提示】以上条款可以根据项目特点,如合作项目、总分包项目等进行删减调整。

7 项目管理绩效奖励

7.1 达标奖励为_____。

7.2 超额奖励为_____。

【条款提示】按照《项目中标与项目管理绩效奖惩管理规定》或其他绩效考核和奖惩管理规定执行。本款空白处应填写奖励的比例和计算公式。

7.3 项目经理薪酬及年终奖的标准和发放按照《薪酬规定》执行。

8 项目管理目标考核

8.1 项目部应每季向事业部合约估算板块提交成本分析报告,作为对项目期考核依据之一。

项目管理目标的考核由事业部项目管理板块牵头,经理部相关部门配合。

9 奖金颁发

9.1 奖励的考核和发放按照相关规定执行。达标奖和超额奖励发放须满足下列条件:

9.1.1 工程款已按计划实现各奖励兑现阶段的现金回收;

9.1.2 工程实施未出现重大质量、安全事故;

9.1.3 圆满完成本目标责任书中各项管理目标。

9.2 项目管理绩效奖励中超额奖励的分配比例为：

项目经理：_____

其他班子成员：1. _____

2. _____

3. _____

其他人员：_____

9.3 中途自行离职人员、被辞退人员不享受超额奖。

10 处罚

10.1 项目经理若未能按照本目标责任书的考核利润指标完成，则追查项目经理责任，由分公司事业部视具体情况建议予以处理。

10.2 若项目班子成员中途被业主或分公司撤换，将取消一切奖励。

10.3 为规范项目管理行为和控制项目管理风险，分公司认为有必要时可随时对项目部进行过程审计或效能检查。

10.4 违法乱纪、以权谋私、接受分包方或供应商红包或回扣或有不正当的经济往来关系，以及发生以下情况时，将根据公司规定，给予严肃处理：

10.4.1 管理不善给项目经营效益造成较大损失（如决策失误或管理控制力度不够造成工期拖延，或重大质量安全事故等）；

10.4.2 不执行分公司管理制度等，情节严重。

11 其他要求

11.1 项目经理应执行公司项目策划制度和项目月报制度，项目月报制度按照公司规定执行。

11.2 未尽事宜，另行补充说明。

11.3 本责任书由公司主管副总经理与项目经理签署，并自签字之日起生效。

主管副总经理（签字）：　　　　　　　项目经理（签字）：

　　年　月　日　　　　　　　　　　　年　月　日

第三章 合约管理

合约管理贯穿于工程项目建设的全过程。国际工程承包的合约管理是承包商项目管理工作的核心和基础,承包商项目管理的一切工作都必须按照合同条件的规定去实施。承包商要全面、严格地按照合同的约定履行自己的责任和义务,以满足业主的要求,获得业主的满意。因此可以说,工程项目的建设过程实质上是一系列合同的签订和履行过程。

第一节 合约管理概述

一、主要术语说明

（一）合同

合同(Contract)是一个契约,是平等主体的法人、自然人、其他经济组织之间,为实现某种目的而确定相互间权利和义务的文件。合同一经成立,即受法律保护。合同的类型繁多,如工程承包合同、采购合同、分包合同、保险合同、租赁合同、运输合同、技术协作合同、委托合同等。

合同的签订应本着自愿的原则,签订合同双方应坚持遵章守法、诚实守信和公平合理。

（二）招标和招标文件

招标(Call for Tender)是需方(招标人)以市场竞争的方式,选择为其提供产品、服务的组织的活动。工程招标则是业主方以市场竞争方式,选择承包商以实施发包工程项目的过程。

招标文件(Tender Documents)是招标人(业主方)采用市场竞争方式选择将为其提供产品或服务的组织(承包商、供货商)发出的阐述产品或服务(工程)项目的商务要求和技术要求的文件。

招标文件是签订合同的基础,是招标人(业主方)拟订的合同草案。招标文件的绝大部分内容都将进入合同。工程招标文件一般包括的内容为:投标人须知、招标资料表、合同条件、工程地质报告、图纸、技术规范、工程量表、投标书格式、各种保函格式、附加资料表等。

(三) 投标和投标文件

投标(Invitation to Bid)是投标人(承包商)根据发包人(业主)的招标文件(Bidding Documents)所提出的要求,以报价的形式参与项目竞标的过程。

投标文件是投标人(承包商)根据招标文件要求,向发包人(业主)表达意愿,按招标文件要求所提出的涉及投标事项的各种书面文件的总称。投标文件主要包括:经济标文件和技术标文件。

1. 经济标文件

工程经济标文件主要包括:投标书(报价、工期、质量目标、有关承诺)、合同条款及附件、技术条款及附件、授权委托书、带有标价的工程量清单与报价表、资格预审的更新材料或资格后审查资料、按《投标人须知》规定应提供的其他资料等(如授权书、完税证明、最近三年的财务报表、无犯罪证明等)。对于以上文件资料,有时还需按招标文件要求提供相应的公证件。

2. 技术标文件

工程技术标文件主要包括:投标人信息表、资质证明、营业执照、承包商业绩(近几年来)、拟进入本项目管理人员清单及其学历证明(工程师、建筑师)、物资清单和采购方式以及供货进度、施工进度计划、施工设备使用计划和清单、人员使用计划和清单、施工技术方案、带说明的施工现场总平面布置图等。

对于投标金额超过一定额度的,较多的国家还要求投标人向发包方(业主)提交投标保函(关于保函的相关内容见"第七章　保函管理")。对于欧美等一些经济发达国家和地区,还要求投标人同时提供拟实施的项目质量计划及项目 HSE 计划(项目职业健康安全及环境管理计划)。关于质量计划、职业健康安全计划和环境管理计划将分别见"第九章　质量管理"、"第十章　项目安全管理"和"第十一章　项目环境管理"。

(四) 合同条件

合同条件(Conditions of Contract)或称为合同条款(Contract Terms/Contractual Conditions)。工程合同条件通常由一般条件(通用条件)和专用条件(特殊条件)两部分组成。前者为对每一项目都适用的通用条款,后者为针对某一具体工程项目的专用条款。合同条件既是投标人投标报价的基础,也是合同签订之后,合同双方履行合同最主要的依据。

合同条件主要规定了合同双方(业主和承包商)的责任、权利和义务、受业主方委托参与项目管理者(如业主代表、监理工程师)的责任和权利,以及对在合同执行过程中出现各类问题时的处理原则和程序或需采取的措施等。

目前国际上的主要合同条件有:

1. 菲迪克(FIDIC)合同条件

菲迪克合同条件是由国际咨询工程师联合会(FIDIC)所制订一系列的国际间土木工程项目建造与管理的合同条件的总称。它被称为国际工程的通用语言,适用于各类建设工程,具有国际性、通用性和公正性、严密性的特点。如建筑工程使用最多的是适用于单价合同的 1999 年版《施工合同条件》(简称新红皮书)。关于菲迪克合同条件在本章第三节中将作详细阐述。

2. ICE 合同条件（土木工程施工）

"ICE"是英国土木工程师学会（The Institution of Civil Engineers）的简称。该学会是设于英国的国际性组织，创建于 1818 年，至今已有 190 余年的历史。ICE 制定的许多合同文件被世界各国广泛采用和借鉴，其中使用最多的就是《ICE 合同条件（土木工程施工）》，它也是 FIDIC（红皮书）制定所借鉴的主要文件。

1993 年 ICE 出版了《新工程合同条件 NEC》（New Engineering Contract），1995 年修订为第二版，更名为《工程施工合同》。

ICE 合同条件主要内容包括：工程师及工程师代表、转让与分包、合同文件、承包商义务、保险、工艺与材料质量的检查、开工、延期与暂停、变更、增加与删除、材料及承包商设备的所有权、计量、证书与支付、争端的解决、特殊用途条款、投标书格式。该合同条件并附有投标书格式、投标书格式附件、协议书格式、履约保证等文件。

3. AIA 合同条件

AIA 是美国建筑师学会（The American Institute of Architects）的简称。该学会始创于 1857 年，作为建筑师的专业社团已经有 150 余年的历史。AIA 出版的系列合同文件在美国建筑业界及国际工程界，特别在美洲地区具有较高的权威性，广泛应用。

AIA 系列合同文件分为 A、B、C、D、E 五个系列。A 系列是用于业主与承包商、承包商与分承包商间的标准合同文件，其不仅包括合同条件，还包括承包商资格申报表，保证标准格式等。A 系列中比较重要的是 A201《工程承包合同通用条款》和 A401《总承包商与分包商标准合约文本》。

A201《工程承包合同通用条款》作为施工合同条件的实质性内容，规定了业主、承包商之间的责任、权利和义务。该文件通常是与其他 AIA 文件共同使用，因此被称为基本文件。如 A201 和 A401《总承包商与分包商标准合约文本》一同使用，将构成完整的合同性文件，适用于大部分以固定总价合同方式的工程项目。

1997 年版的 A201《施工合同通用条件》主要内容包括：业主、承包商的权利与义务，业主与建筑师之间的合同管理，分包商、索赔与争议的解决，工程变更，工期，工程款支付与竣工，保险与保函，工程检查与更正、合同终止与暂停等条款。

二、国际工程合同及其特点

（一）国际工程合同的含义

国际工程合同是指参与国际工程建设的主体间，以实现特定目的而签订的明确各自权利、责任、义务关系的合同文件。

（二）国际工程合同的特点

1. 国际性

国际工程合同的国际性主要体现在，合同的签约方属于不同国家法人组织，多数情况下承包商是在我国之外的国家或地区履行其全部或大部分合同义务和责任，故会涉及到较多与我国外部环境所不同的复杂的法律问题。

2. 国际上有较成熟的合同范本

国际工程承包已有上百年的历史，在合约管理上已有很成熟的经验和做法。目前在国际上已有一批较完善的合同范本，如 FIDIC 合同条件、ICE 合同条件、NEC 合同条件、AIA 合同条件等。这些合同条件公正合理，职责分明，内容全面、翔实，覆盖了项目管理的各方面，并具有较强的可操作性。可供需用者借鉴或直接采用。

3. 需要提供各种担保

因国际工程一般合同额都比较大、工期比较长，故在工程承包中通常业主方都要求承包商向其提出各种保函（如履约保函、预付款保函）或担保，以保证业主方的安全和利益。

4. 合同风险大

与国际工程具有风险大的特点一样，国际工程的合同风险要比我国国内工程多，如合同条款理解的风险、合同价格风险、汇率风险、索赔风险等。如承包商的国际工程承包经验不足，不能有效辨识合同风险，并采取有效的预防或控制手段，往往会造成较大的损失。

5. 体现了及时调解争议的理念

国际工程合同都充分体现了及时调解的理念，如在 FIDIC 合同条件、美国的 AIA 合同条件、英国的 NEC 合同中都提出了不同的调解机制，即强调工程师在项目管理实施过程中应做好业主、承包商双方间争议的调解，而不提倡凡遇争议就提交仲裁或诉讼，以保证项目施工的正常进行。

三、国际工程合约管理的特点

国际工程合约管理对比我国国内工程来说，除去第一章所介绍的国际工程特点外，主要还具有以下几方面的特点：

1. 合约管理是承包商/项目经理部管理的核心工作

建设工程项目的一切工作都必须按照合同条件的规定去实施，即业主和承包商都是按照合同的规定去履行各自的责任和义务。承包商/项目经理部的合约管理工作水平在很大程度上决定了项目的管理效果。正因为如此，承包商在项目上一般都需要设专职的合约经理，与项目经理形成互相制约的 A、B 角。合约经理一般都是项目经理部领导班子的成员。

2. 风险管理是合约管理的重点内容

国际工程承包过程风险比较多，特别是合同风险比较大。这主要是由于国际工程承包受"买方市场"规律制约，业主在合约签订过程中始终处于主导地位，其起草合同文件经常表现在风险分配上不够合理，即业主和承包商所承担的合同风险不均等。如业主在合同条款中经常会去掉 FIDIC 条款中对承包商有利、显示公平的部分，甚至有时竟设置一些陷阱，对承包商/项目经理部来说，就形成了合同文件签订的风险。在承包商执行合同过程中，由于合同文件采用的语言多为英文或法文而不是承包商所熟悉的中文，往往会导致承包商与业主间对同一条款存在理解不一致的问题，都给承包商履约过程带来了履约的风险等。除此之外，还会有金融风险、汇率风险、物价上涨风险以及诸多不可抗力等较多的风险，所以说承包商对合约风险的管理工作量比较大。这就要求承包商必须增强合约风险管理意识，认真及时识别合同风险，并采取有效的预控措施。

3. 合同种类多且受多国法律制约

对于一个大型的国际工程项目,承包商面临的合同种类比较多,除去与业主间的主合同外,还有国际物资采购合同、分包合同、设计合同、咨询合同、保险合同、劳务合同等,一般都涉及了多个国家多个方面,承包商将面对不同的合同法律体系。因此就要求承包商必须熟悉掌握并遵守相关的适用法律、法规。除此之外,承包商有时还会遇到合同争议的解决,甚至有的争议会导致国际诉讼的问题,这处理起来都是十分复杂和困难的。

4. 对合约管理人员综合能力水平要求比较高

国际工程承包合同文本基本都是以工程所在国的官方语言或英语、法语为主,所以要求承包商的合约管理人员不仅要熟悉国际工程合约管理的国际惯例、FIDIC等常用的合同条件,而且要求有较高的外语水平,以确保对合同条件的表述能准确理解,对于有异议的内容能准确地交流、沟通,避免因理解、表述上的失误给承包商带来被动或损失。

四、国际工程合约管理的主要内容

对承包商/项目经理部来说,国际工程合约管理的主要内容包括:

1. 合同签订前的管理

(1)招标文件评审。

(2)编制投标文件。

(3)投标文件评审。

(4)合同评审。

(5)签订合同等。

2. 施工阶段的管理

(1)合同交底。

(2)工程变更管理。

(3)月度报表(实物量及工作量)管理。

(4)补充合同管理。

(5)工程索赔管理。

(6)计量与支付管理。

(7)分包商合同管理。

(8)物资采购合同管理。

(9)价格调整管理。

(10)合约文件资料管理。

(11)工程保函管理。

(12)竣工结算等。

第二节　国际工程招投标管理

一、国际工程招标

(一)国际工程招标方式

国际工程招标主要有3种形式:公开招标、邀请招标和议标。

1. 公开招标

公开招标又称无限竞争性公开招标。这种招标方式是发包方(业主)通过公开的媒体发布招标公告,使所有符合条件有意参与的承包商有均等机会参加资格预审;资格预审合格者即可购买招标文件,参加投标。

这种招标方式的特点是对参加投标人的数量没有限制,因此具有广泛的竞争性,由于其操作比较透明,能体现公平竞争。

2. 邀请招标

邀请招标又称有限竞争性选择招标或选择性招标。这种方式一般不发布招标广告,发包方(业主)依据自己的工程项目管理经验和所掌握的承包商资料,或依据业主委托的咨询公司所提供相关承包商的情况,经对若干家承包商的资信、业绩、能力(技术能力、工装能力、经营能力)等综合评价后,一般向不少于3家承包商发出投标邀请书,而后经过评议确定一家最佳者为中标人。

邀请招标的特点是,因其不需要发布招标公告和简化了资格预审程序,故可节省招标费用和招标时间;由于发包人(业主)对投标人(承包商)的综合能力、工程业绩等比较了解,故可降低承包商违约的风险。但此种招标方式,在一定程度上限制了充分性竞争。

3. 议标

议标也称为谈判招标或指定招标。议标一般是发包方(业主)有针对性地选择一家承包商直接进行谈判,以确定工程价格和工期。这种方式的特点是节约选择的时间;对投标人来说,通过议标可以澄清标书的条款,或改善合同条件。其不足的是,业主方不能获得有利的报价。

议标方式适用于业主方与特定的承包商间有过成功且愉快的合作经历、互相比较了解和信任的情况,或是工期紧、工程总价较低、专业性比较强的工程项目。

(二)国际工程的招标程序

对于国际工程的招标工作,发包方一般多按照以下程序运作:

1. 对投标人进行资格预审或资格后审

在国际工程招投标工作中,首要的工作是对投标人进行资格预审,其目的是预先选择出数家实力强、经验丰富的承包商授予投标资格。为了保证招投标具有一定的竞争性,一般宜选出通过资格预审4~6家候选承包商参加投标。

资格预审阶段工作主要包括：编制资格预审文件，邀请承包商参加资格预审，向承包商售发资格预审文件等。当为紧迫项目而需急开工时，或对一些一般的中小工程，可以暂不进行资格预审，而进行资格后审，即在评标阶段时再对投标人进行资格审查。

2. 招标文件发放及补遗

此阶段发包方的工作主要包括：

(1)发包方组织编制(或是聘请咨询公司来编制)招标文件　招标文件主要包括：邀标书、投标者须知、投标表格及附件、合同条款(包括一般条款和特殊条款)、合同协议书的格式、发包工程范围、工程量清单、工程进度表、设计图纸、投标保函及履约保函要求等。

(2)售发招标文件　招标文件只售发给通过资格预审的承包商(资格后审除外)。

(3)答疑　发包方对投标人经过对招标文件评审后所提出的需澄清的问题进行答疑，即发包方汇总所有投标人的问题用书面的形式或以会议的形式答复所有投标人。

(4)招标文件补遗　发包方对已售发出的招标文件做出必要的解释、修改或增删，即形成招标文件补遗，其中包括了对投标人在答疑会上所提出一些问题的解答和说明。招标文件补遗一般构成招标文件的一部分。

3. 接收标书

发包方在规定时间和地点对投标人报送的投标文件签收保存，待开标时启封。

4. 开标

发包方一般是采取公开的形式开标，有时也可采取限制性开标形式，即仅邀请投标人和相关人员参加开标。发包方在开标会议上当众启封每一投标人的投标书，并宣读每一投标人的名称、投标价格等。

5. 评审投标书及决标

此阶段工作主要包括：

(1)评标　发包方组织评标委员会评审投标书。

(2)投标人的必要解释　发包方在评审投标书后，会要求报价较低的若干投标人对其投标书中不能满足业主要求的一些方面做出解释。

(3)决标　发包方在综合分析各投标人的报价、技术标情况以及其他因素后，最后决定出中标的承包商。

6. 签订合同

此阶段工作主要包括：

(1)签发中标书　发包方在中标书中明确指出承包商所承包工程的范围及其合同价格。

(2)承包商向发包方提交履约保证文件　承包商在签订合同时或在招标文件规定的时间内，应按招标文件规定的保函或担保的格式、金额，向发包方提交其履约的保证性文件。一般情况下，如果中标的承包商不能按时提出履约保证(保函)发包方可与竞标排名第二的承包商谈判签约。

(3)签订合同　在商定的时间内，发包方与中标的承包商正式签订合同，合同的格式一般均是由发包方规定和准备。

(4)退还投标保函　中标承包商与发包方(业主)签订了合同协议书并提交了履约保证后，

业主将退还其投标保函。招标工作至此结束。

7. 通知未中标人

发包方通知未中标的承包商,同时退还他们的投标保函。

二、国际工程的投标程序

1. 投标流程

投标流程见图 3-1。

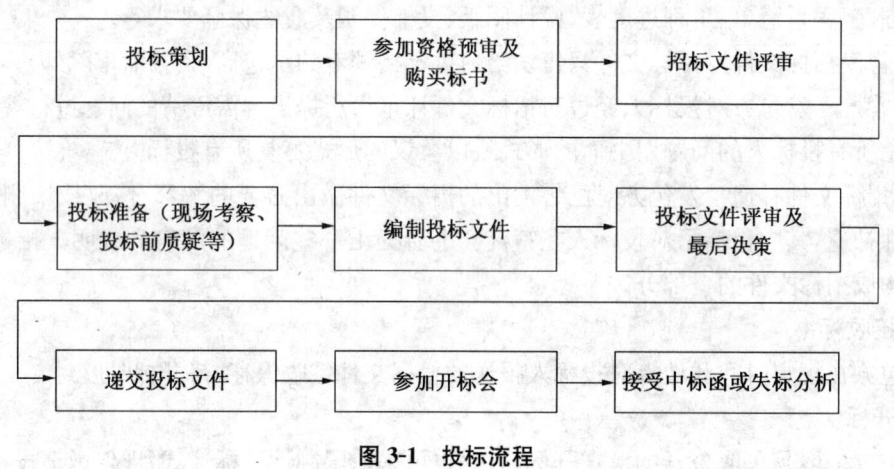

图 3-1 投标流程

2. 投标策划

投标策划是指承包商对在市场调研、跟踪过程中或通过招标广告等渠道了解的招标信息,以及对工程所在国的政治、经济、法律、市场、环境等形势以及业主的信誉及其资金来源的可靠性等方面进行初步分析后,根据自身的能力做出是否参与投标和如何启动投标的决策活动。承包商如果决定参与投标,则可购买资格预审文件,启动下步工作。

我国的一些承包商在进入国际工程建设市场的初期,往往是盲目投标、遇有招标情况就报资审文件,结果是因决策不当,不仅耗费了不少的人力和财力,而且多是无功而返,说明了企业缺乏有效的投标策划。承包商在投标策划工作中,如果判断欲投标对象不是自己的长项或对实现发包方要求没有比较大的把握时,那就不必勉强投标,也就是说承包商对于投标要进行正确的选择。因为承包商一旦通过资格预审后,如发现工程不适合自己而再决定不予投标,则将会影响以后与发包方(业主)的合作。

承包商在进行投标策划前应做好以下基础工作:

(1)了解工程所在国的政治形势,辨识政治风险 主要包括调查了解工程所在国的政治制度、各派政治势力,近期执政党更换趋势,发生政变、内乱乃至发生内战的可能性,并分析政局对工程实施可能产生的影响。了解工程所在国与我国的关系,分析近期可能发生的外交冲突或对我方进行阻挠限制等因素。

(2)了解工程所在国的经济形势 主要包括:该国经济发展状况;政府财政状况如外债支付、外汇收入和外汇储备;主要的发包方以往向承包商支付工程款的方式及拖延情况;交通运输如海运、航空、公路、铁路等运输条件,分析交通运输可能对工程实施产生的不利影响;当地建筑承包商在市场中的竞争能力、占有率及经营管理情况;当地建筑材料生产、设备供应情况;当地换汇限制、汇率及主要银行管理制度等。

(3)了解工程所在国的相关法律非规 主要包括:经济合同法、招投标法、公司法、劳动法、移民法、社会保险法、税收法、投资法、金融法以及及外汇管理制度等。

(4)对工程项目业主的分析 主要包括:工程项目业主的资金来源及其可靠性,工程项目资金是否已列入政府或上级单位已批准的预算计划,业主方的资信情况等。

(5)对竞争对手的分析 主要包括:竞争对手的实力、近年的工程承包业绩及现阶段的市场占有率情况。

3. 参加资格预审和购买标书

发包方对承包商进行资格预审是一项十分重要的工作。其目的是在投标前即评选出有能力、有实力和有相应工程施工经验的承包商,以允其参加投标。承包商按发包方提出的资格预审要求,准备相关文件资料,并按规定时间报出。当发包方通知承包商通过资格预审后,即可购买标书。

4. 招标文件评审

(1)招标文件评审的目的 承包商对获取的招标文件应进行评审,其目的是充分理解招标文件包括"投标人须知"和"合同条件"的要求,以明确中标后承包商的责任、权利和义务,并分析自身所具有实现发包方要求的能力程度,以决定投标策略或是否参与投标。

(2)招标文件评审的方式 招标文件评审的方式有会议评审和文件传递评审两种。承包商可按照本企业管理程序的要求,并根据项目的规模及复杂程度来决定评审形式。

会议评审的方式,一般组织者为承包商的主管领导,各相关部门(如合约管理部门、技术管理部门、劳务管理部门、市场管理部门、物资采购管理部门、工程管理部门等)参加。

对招标文件评审后,应形成评审记录并保存。

(3)评审依据资料 招标文件评审需提交的评审资料主要包括:完整的招标文件(包括图纸)、承包商市场管理部门提供的市场调研报告等。

(4)评审的重点 对招标文件评审需重点关注的是:

①工期 包括合同工期、开工时间、工期滞延罚款(如是否有罚款的最高限额限制)。

②关于技术质量要求 包括主要质量要求、执行的验收规范和技术标准。

③关于保函的规定 包括保函种类、对保函值及其有效期以及对银行限制的规定等。

④关于索赔的规定 包括工期索赔和经济索赔的条件及程序。

⑤工程款支付和结算货币的规定、外汇兑换比例和执行汇率的规定。

⑥关于保险的规定 包括对保险种类、保险公司及最低保险金额的要求。

⑦付款条件 包括工程预付款、材料预付款比例、付款程序及要求等。

⑧使用劳务人员的规定(包括承包商本国、工程所在国及第三国劳务人员的使用比例及要求)。

⑨不可抗力因素造成承包商损害的补偿(如战争和自然灾害等人力不可抗拒因素造成损害的补偿办法,中途停工的处理办法和补救措施)。

⑩工程验收交付方式、质量保修期的规定等。

(5) 规避投标风险　为防范招标文件的风险，确保投标工作质量，维护企业的利益，承包商应根据招标文件评审结果，辨识投标风险，以采取规避投标风险的措施。遇有特殊情况需要冒一定风险投标时，承包商需向其上级组织汇报以确定投标策略。当出现以下情况时，承包商可考虑放弃投标：

①合同计价货币存在严重汇率风险，且规定不可调整时；

②规定保函额度过高，(如超过10%)，保函含有可转让条款，保函没有明确时效期限时；

③规定竣工时间为无条件固定期限，或承包商没有理由可获得延长工期的以及对承包商工期滞延罚款没有控制上限时；

④规定业主可以单方面终止合同且不赔偿承包商相应损失时；

⑤合同期内无法调整合同价款时；

⑥业主支付进度款条件苛刻的；

⑦业主方不提供重要的工程现场数据资料(如地质报告)，但规定由承包商承担因其风险所造成损失的责任时；

⑧业主有权延长缺陷责任期但没有规定延期上限时；

⑨缺乏对业主方不支付或迟付工程款而应当承担违约责任的规定时；

⑩因不可抗力因素给承包商造成损失，规定不予补偿时等。

5. 投标准备

投标准备主要包括：组建投标小组、现场勘查、质疑、投标阶段项目策划、投标交底、询价、对竞争对手调查等工作。

(1) 组建投标小组　承包商要组织一个由多专业管理人员组成的投标小组，其组成人员应有较丰富的国际工程施工经验，熟悉合同管理和工程所在国相关法律，有一定的谈判经验。投标小组人员构成主要应包括：本单位合约管理的专家、高水平的各专业工程技术人员、造价师及一定数量的翻译人员等。

(2) 赴现场考察　投标小组在购买招标文件后，应及时组织到工程项目现场进行必要的考察。考察的内容主要包括：工程的地理位置、地形、地貌、道路交通、水文地质、气候条件、气象资料、社区环境、易发生的自然灾害情况等。

(3) 向发包方质疑　承包商在评审招标文件和现场考察后，根据已掌握的情况，就相关不清楚的事项与发包方进行进一步的问询和沟通，澄清有关疑问，以获取更为清晰的招标信息。质疑主要有两种形式：信函方式和会议方式。

采用信函方式时，承包商可在规定的时间内向发包方/咨询工程师书面提交需质疑的问题。发包方将汇总所有投标人的问题，集中以书面形式或会议形式予以答复。

采用会议方式时，承包商应在规定的时间内将质疑的问题提交给发包方，发包方组织会议集中回复投标方提出的问题，并形成会议纪要。一般情况下，此会议纪要将作为招标文件的补充。

(4) 投标阶段的项目策划　投标小组负责组织投标阶段的项目策划，策划的内容主要包括：项目管理目标(工期、质量、成本等)、项目组织机构模式及管理人员流量、物资采购方案、分包选择方案、施工机械设备配置方案、主要分部工程的原则施工技术方案等(关于项目策划的程序及内容参见"第二章　项目策划与项目管理目标责任")。

(5)投标交底　由投标小组向承包商内部所有涉及投标的职能部门与人员进行投标交底。其目的是交清各项投标要求,以保证按时、准确、有效地编制投标文件。

(6)询价　投标小组负责组织向相关供应商、分包商、租赁商、运输商等咨询各种价格,以便组价。

(7)对竞争对手调查　投标小组负责组织对相关竞争对手做必要的调查、分析,以便采取相关投标对策。

6. 编制投标文件

投标文件包括两大部分:经济标文件和技术标文件。

7. 投标文件评审及最后决策

在向发包方正式报出投标文件前,承包商应组织对投标文件进行评审。参加评审的人员包括:投标小组主要成员、相关职能部门的人员以及承包商的主管领导等。

评审的程序为:

(1)提交评审资料。投标小组向评审会议提出以下资料:

①项目投标说明　包括投标策略、标价的说明、市场情况、风险分析及对策等;

②主要经济技术指标分析;

③投标阶段的项目策划文件;

④主要分部工程施工技术方案等。

(2)承包商主管领导根据企业授权进行投标决策。正确的投标决策是投标取胜的关键。在国际工程投标中把握好投标决策更是十分重要。一般来说,承包商决策层应重点考虑以下几方面,以提高中标的可能性:

①靠优良施工质量及优质服务取胜　向发包方做出施工质量高水平、施工过程及竣工后提供优质服务的承诺;

②缩短工期　通过采取加大资源配置及合理的施工组织措施,做出缩短工期的承诺;

③降低利润　适当降低利润,做出降低报价的决策。承包商为开辟和占有一个新的国际市场,这一决策往往是很必要的。

(3)承包商各相关部门根据评审决策结果调整并定稿投标文件。

8. 递交投标文件

按发包方规定的报送招标文件时间的要求,承包商向发包方提供数套符合规定的投标文件。

9. 开标

投标小组主要成员参加业主组织的开标会。一般情况下发包方多是采取公开开标形式,有时也可约请投标人和有关人员开标。

10. 接受中标函和失标分析

在发包方决标确定承包商后,一般还会与中标的承包商方进一步谈判并形成谈判备忘录,而后承包商接受中标通知函。

未中标时,投标小组应及时组织失标分析,总结经验教训,指导以后的投标工作。投标工作至此结束。

第三节 国际工程合同

一、国际工程合同类型

主要介绍按计价方法进行分类的 3 种类型合同：总价合同、单价合同、成本补偿合同。

（一）总价合同

1. 总价合同的概念

总价合同（Lump Sum Contract）亦称为约定总价合同，或称总价包干合同。它是指业主根据合同规定的工程施工内容和有关条件，付给承包商一个规定的金额，即一次包死的价格，承包商则在这个总价下完成合同的全部工作。即是说，根据工程招标时的要求和条件，当施工内容和有关条件不发生变化时，业主付给承包商的价款总额不做变化。

2. 总价合同的特点

（1）工程总价固定　在合同执行过程中，一般情况下，承包商不能要求变更工程承包价格。

（2）工程易于结算　对于业主方及承包商都是一种简便的结算方式。即只要业主不改变工程的内容，合同约定的价款即是合同签订双方最终的结算价款。此种形式的合同对业主往往是有利的，即可有效控制工程造价不突破预算，并减少了大量的计算和核价工作。

（3）对承包商来说有一定的风险　此种合同形式，承包商要承担较大的价格与工作量的风险。价格风险的因素有报价计算错误、漏报项目、物价和人工费上涨等；工作量风险因素主要有工程范围未准确确定、工程量计算错误、施工过程中发生变更或因设计深度不够所造成的偏差等。而承包商不能因此实施索赔（只有当业主变更设计和增减工程量时才可以调整合同价款），因此说此种形式的合同在很大程度上限制了承包商索赔的机会。

3. 总价合同适用情况

（1）当招标文件和合同中对工程范围规定明确，设计比较详细，图纸完整，承包商能够依据图纸进行充分的工程量计算时。

（2）当工程量小、工期短，预计在工程实施过程中外部环境条件（特别是材料价格）变化小，施工条件稳定，与招标文件说明差异较小时。

（3）当工程结构、施工技术均比较简单，报价估算方便时。

（4）尽管工程比较复杂，但承包商投标工作时间较为充分，如可以详细考察施工条件及环境条件，有充裕的时间分析招标文件和复核工程量等，而能规避量、价等偏差的风险时。

（5）在国际上也常用于设计-建造和 EPC/交钥匙项目，这种情况下总承包商将承担较大的经营风险。

4. 总价合同的分类

总价合同一般采用两种形式：固定总价合同和调价总价合同。

(1) 固定总价合同

固定总价合同(Firm Lump Sum Contract)的价格计算是以招标文件的要求、图纸计算为基础,并考虑到一些费用的上升因素;工程任务和内容明确,业主的要求和条件清楚,合同总价一次包死而固定不变。只有当设计或工程质量要求有变更,或工期要求提前,则总价才可相应变更,即合同价格不会因环境条件的变化和工程量的增减而变化。在这类合同中,承包商承担了全部的工作量偏差和价格上涨的风险。因此,承包商在投标报价时应充分考虑所有费用的价格变动因素以及准确计算工程量,故其报价一般会比较高。

在国际上,这种合同之所以常被采用,是因为有比较成熟的法规和经验。

(2) 调价总价合同

调价总价合同(Escalation Lump Sum Contract),也称为变动总价合同。这种形式的合同是承发包双方在合同条款中商定:在发生重大工程变更、累计工程变更超过一定幅度或者其他特殊条件下可以对合同价格进行调整;由于通货膨胀引起材料及人工成本增加达到一定限度时,合同总价可相应调整。对于这种情况,需在合同中界定重大工程变更的含义、累计工程变更的幅度以及什么样的通胀条件才能调整合同价格。

(二) 单价合同

1. 单价合同的概念

单价合同(Unit Price Contract)是指按招标文件就分部、分项工程所列出的工程量清单,承包商明确每项工程内容的单位价格;业主实际支付工程款是根据实际完成的工程量乘以合同约定的单价进行计算的一种合同形式。需说明的是,单价合同的工程量清单内所开列的工程量为估计工程量,并非为准确工程量。

这种形式合同能够成立的关键在于承发包双方对单价和工程量计算方法的事先确认。

2. 单价合同的特点

(1) 单价合同允许随工程量变化而调整工程总价,业主和承包商两方面都不存在工程量偏差的风险,因此对合同双方都比较公平。

(2) 在招标前,发包方(业主)不必对工程范围做出全面、详尽的规定,从而可以缩短其招标准备时间;投标人只需按照发包方开列出的工程量表,报出自己的单价,从而缩短了投标的时间。

(3) 鼓励承包商通过提高工效等手段降低成本,提高利润水平。

3. 单价合同适用情况

单价合同主要适用于以下几种情况:

(1) 所发包的工程项目尚没有详细的设计图纸(如只有规划图和简要的工程说明),或是工程量不能准确确定的工程。

(2) 工期长、技术复杂、实施过程中发生各种不可预见因素较多的大型土建工程。

(3) 发包方为缩短工程建设周期,在初步设计完成后就进行招标的工程。

4. 单价合同分类

单价合同一般分为三种形式:固定单价合同、可调单价合同和纯单价合同。

(1) 固定单价合同(Fixed Price Contract)

这是经常采用的一种合同形式。业主按分部分项工程列出工程量表,并填入估算的工程量,承包商投标时在工程量表中填入各项的单价,据之计算出总价,作为投标价。在施工过程中,可以按相同的单价适当追加合同内容。在每月(或每阶段)工程结算时,业主根据承包商实际完成的工程量结算,在工程全部完成时以竣工图的工程量来最终结算工程总价款。

此类型的合同特别适用于在工程设计或有关施工条件(如地质条件)还不太清晰的情况下,而施工过程中需增加工程内容或工程量时的工程项目。

(2) 可调单价合同(Escalation Price Contract)

这是一种在工程招标文件中规定合同的单价可调整的一种单价合同。即根据合同约定,如在工程实施过程中物价发生变化时,合同中签订的单价可作调整。有的工程在招标或签订合同时,由于某些不确定因素而在合同中只能暂定某些分部分项工程的单价,在工程结算时,再按实际情况和合同约定合同单价进行调整,确定实际结算价格。

(3) 纯单价合同(Straight Unit Price Contract)

招标文件只给出工程各分部分项工程内的工作内容以及必要的说明和要求,而不提供工程量,承包商投标时只是给出工作项目内容中各项单价,施工时按实际工程量和报出的单价结算。这种形式的合同仅适用于在业主方不能及时提供施工图,或虽有施工图但不能比较准确地估算工程量时的一类工程。

(三) 成本补偿合同

1. 成本补偿合同的概念

成本补偿合同(Cost Reimbursement Contract, Cost Plus Fee Contract)又称为成本加酬金合同,简称 CPF 合同。它是由业主向承包商支付工程项目的实际成本的直接费,并按事先约定的方式支付酬金(管理费及利润)的一种合同方式。

2. 成本补偿合同的特点

(1) 由于业主承担项目实际发生的一切费用,因此也就承担了项目的全部风险。

(2) 承包商不承担任何价格变化或工程量变化的风险。

(3) 因承包商没有降低成本的积极性,即不会关注降低项目的成本,甚至有时因为是按一定比例提取酬金,则成本越高,酬金也会越高,故不利于业主对工程造价的控制。

3. 成本补偿合同适用情况

(1) 工程内容及其经济技术指标尚未完全确定而又需要立即开工的项目;

(2) 临时增加的不易计算工程量的项目;

(3) 新型工程的项目;

(4) 风险很大的项目。

4. 成本补偿合同的分类

(1) 成本加固定费用合同(Cost Plus Fixed Fee Contract)

承发包双方针对工程规模、工期、技术复杂性以及所涉及的风险等综合因素,商议确定一笔固定费用的报酬作为承包商的管理费及利润,其只有当工程发生变化而导致合同约定范围变化时才允许变动(如成本、工期变化时);而对人工、材料、机械台班等直接成本则实施实报实销。

在工程总成本一开始不易估计准确,且工程不会发生大的变化的情况下,可考虑采用这种合同形式。

(2)成本加固定比例费用合同(Cost Plus Percentage Fee Contract)

它与成本加固定费用合同类似,不同的是其在成本之外增加的费用不是一笔固定的数额,而是合同签订双方预先确定好的一定比例的费用。这种方式的报酬费将会随着成本的增加而增加。

这种合同方式对承包商是有利的,但对业主方来说就不利于降低工程成本了,故国际上较少采用这种方式,只是在工期紧迫,无法按常规编制招标文件进行招标时采用。

(3)成本加奖金合同(Cost Plus Incentive Fee Contract)

它与成本加固定费用合同类似,其报酬是以奖金的形式支付。奖金额度是根据承包商报价书中成本概算指标制定的。业主向承包商支付奖金数额不是固定的,是视承包商完成工程的实际成本额来确定。即当承包商的实际成本额在概算指标的高限(一般为概算的110%~135%)以下时,可以获取规定额度的奖金,反之将受到处罚。承包商如在概算指标的下限点(一般为概算的60%~75%)完成工程,则可获取加大酬金值或加大酬金比例的奖励。

这种方式可以调动承包商努力降低成本的积极性,又有利于业主方控制工程造价。

(4)成本加保证最大酬金合同(Cost Plus Guaranteed Maximum Contract)

它是在签订合同时,承发包双方商议一个成本加保证最大酬金额度,作为业主方支付承包商全部款项的最高限值。当承包商完工后,业主将支付给承包商形成施工成本的全部费用(包括直接费、管理费及利润),但其不得超过成本加保证最大酬金额度,即承包商成本超出了预先规定额度的部分,业主方不予支付。

(5)最大成本加费用合同(Maximum Cost Plus Fee Contract)

它是在总价合同的基础上外加一笔固定酬金的合同方式。即业主方以当初承包商投标时报出的最大成本价格和固定酬金的额度作为工程成本的控制手段。当承包商的实际成本超过合同中的最大成本时,业主方不予承担超出部分,而由承包商负担所有增加的费用;如承包商降低了成本,则降低的部分将由业主和承包商按一定比例分成。

这种方式适用于当设计深度已达到使承包商能实际报出成本总价时的工程项目。

二、国际工程合同的主要内容

按照国际上通用的"合同条件",国际工程承包合同一般包括以下内容:

1. 术语和定义条款

对合同文本中所使用的主要术语进行定义,如:雇主、承包商、顾问、中间验收、隐蔽验收、最终验收、项目管理文件中出现的仅限于本项目使用的操作代码等。

2. 合同标的条款

说明承包商承包的工程范围及工作量清单。

3. 工程造价条款

4. 责任条款

规定包括业主、承包商、工程师的责任、权限和义务。

5. 支付条款

包括对预付款、进度款、支付期限以及拖期利息支付的约定。

6. 工期条款

工期及工期调整的约定。

7. 物资控制条款

规定供应商选择、物资报验、物资采购、进场验证要求。

8. 过程控制条款

施工过程的质量检查、中间验收、安全监督的要求。

9. 中间验收、竣工交付条款

规定中间验收的程序及要求,规定竣工交付的条件及要求。

10. 保修条款

规定工程保修的范围及期限。

11. 不可抗力条款

明确不可抗力的范围及处理原则。

12. 违约惩罚条款

包括承包方违约及业主违约两方面的处罚条件与罚款额度。

13. 合同提前终止条件

规定提前终止合同的条件及处理原则。

14. 争议解决条款

对发生争议的处理原则及程序做出说明。

15. 特别条款

对其他特殊情况的约定。如合同变更、补充合同的签订、承包商转包、当地法律变更时的处理原则等。

16. 合同附件

三、FIDIC 合同条件

(一)FIDIC 简介

"FIDIC"是一个国际性的非官方组织,用其法文名称"Fédé-ration Internationale Des Ingénieurs-Conseils"的前 5 个字母代表。其中文名称是"国际咨询工程师联合会",英文名称是 International Federation of Consulting Engineers。

FIDIC 于 1913 年由欧洲 3 个国家的独立咨询工程师协会在比利时根特成立,现总部设在瑞士洛桑。自 FIDIC 组织成立至今,其成员已覆盖了世界 70 多个国家和地区,我国在 1996 年加入该组织。可以说,FIDIC 是目前国际上最具权威性的咨询工程师组织。

作为一个国际性的非官方组织,FIDIC 的活动宗旨主要是:促进各国咨询工程师组织联合成一个国际性的行业组织;支持还没有建立起这个行业组织的国家也能够建立起这样的组织;鼓励制订咨询工程师应遵守的职业行为准则,以提高为业主和社会服务的质量;研究和增进会员的利益,促进会员之间的关系,增强本行业的活力;提供和交流会员感兴趣和有益的信息,以增强行业凝聚力。

FIDIC 组织自成立近百年以来,一直向国际工程咨询服务业提供有关资源,根据成员需求提供交流信息,发行各种出版物(如各种会议和研讨会的论文集、外界信息、标准的资格预审格式、合同条件及应用指南和顾客/咨询工程师服务协议等),举办咨询业界的会议,组织培训,建立了雄厚的调停人、仲裁人和专家资源库,指导支持发展中国家的咨询业的工作等,对国际上实施工程建设项目,以及促进国际经济技术合作的发展等都发挥了重要作用。该组织的工作得到了世界各有关组织的广泛承认和肯定。可以说,FIDIC 由于其权威性、高水平的活动,推动了世界工程咨询服务业高质量的发展。

(二)FIDIC 合同条件及其特点

1. FIDIC 合同条件

FIDIC 专业委员会编制了许多规范性的文件,这些文件不仅为许多国家广范采用,而且也为国际性金融组织,如世界银行、亚洲开发银行、非洲开发银行等在工程项目开发中采用。FIDIC 最卓有成效并享有盛名的就是它制定的一系列工程合同条件。FIDIC 于 1999 年出版了一套崭新的合同条件,以取代以前发布的旧版合同条件。1999 年 FIDIC 出版的新合同条件包括:

(1)《施工合同条件》(Conditions of Contract for Construction)(新红皮书);

(2)《工程设备与设计-建造合同条件》(Conditions of Contract for Plant And Design-Build)(新黄皮书);

(3)《EPC/交钥匙项目合同条件》(Conditions of Contract for EPC/Turnkey Projects)(银皮书);

(4)《简明合同格式》(Short Form of Contruct)(绿皮书)。

2. FIDIC 合同条件的特点

FIDIC 合同条件是在总结了众多国家、地区的业主、咨询工程师和承包商等多方面合同管理经验的基础上编制出来的,是在长期的国际工程实践中形成、发展并成熟起来的,它是目前国际上被广泛采用的高水平、规范的合同条件。它是国际上公认的高水平的合同文件,具有很强的权威性,故它不仅被 FIDIC 会员国在世界范围内广泛使用,也被世界银行、亚洲开发银行、非洲开发银行等世界金融组织在招标文件中使用。

在 FIDIC 合同条件中,明确规定了业主、承包商以及工程师的责任、权利和义务。合同条件也体现了业主和承包商对工程风险合理分担的原则,体现了公开、公正、合理,对任何一方都不持偏见的精神。这种公平、公正及透明的原则亦符合世界贸易组织采购协议的原则,故 FIDIC 合同条件在国际工程中能得以广泛的应用。

FIDIC 合同条件结构严密,层次清晰、文字严谨,对合同建立及执行过程中可能遇到问题的处理都做了严格、细致又十分便于操作的规定,并十分强调书面文件证据的重要性,这是完全符合现代管理的质量保证思想的。

考虑到工程项目的一次性、惟一性等特点，FIDIC 合同条件分成了"通用条件"（General Conditions）和"专用条件"（Conditions of Particular Application）两部分。即每一种 FIDIC 合同条件文本主要包括两个部分，即通用条件和专用条件。通用条件是在应用于某一类项目的通用一般条款；专用条件则是针对某个具体的工程项目，并结合工程项目所在国或地区的法律、法规以及项目的具体特点和不同雇主对项目的具体要求，而对通用条件进行具体化，包括对通用条件的必要修改和补充。在合同条件具体使用时，凡遇到专用条件与通用条件有差异之处，则均以专用合同条件为准。这样对使用者来说，通用合同条件和专用合同条件就构成了一个完整的符合需要的合同条件。

FIDIC 合同条件对承包商提出了严格的要求。即要求承包商建立一套有效的项目管理体系，开展严格的过程管理，并接受现场工程师的全面控制。如在每一项工程的设计和实施阶段开始或物资正式采购之前，均应将所有程序的细节和相关的执行文件提交给工程师审查；在施工期间，承包商每月应向工程师提交进度计划和月进度报告，施工全过程中接受工程师的过程监督检查，接受并执行工程师的指令，向工程师提出过程符合要求的证据性文件等。

（三）《施工合同条件》（新红皮书）的主要内容

因为在国际工程承包中使用 FIDIC 合同条件最多的是《施工合同条件》（Condition of Contract for Construction，即"新红皮书"），故以下简要介绍新红皮书包含的主要内容。

《施工合同条件》（新红皮书）适于业主设计的或由咨询工程师设计的房屋建筑工程（Building Works）和土木工程（Engineering Works）包括房屋建筑、工业建筑、公路、桥梁、水利、港口、铁路等工程。

《施工合同条件》（新红皮书）包括："通用条件"、"专用条件编写指南"及投标函、合同协议书和争端裁决协议书格式等。

"通用条件"共 20 章条款，其主要内容简述如下：

1."第一章 一般规定"

包括：合同条件中所使用的主要术语的定义，施工合同文件的组成及其优先顺序，合同语言，承包商遵守法律要求，合同文件的使用及管理等。

2."第二章 业主"

包括：承包商进入现场的权力，业主对承包商的协助和配合，业主对项目资金的安排，业主方对承包商的索赔权。

3."第三章 工程师"

包括：工程师的职责和权力，工程师职责和权力的委托，工程师的指示与决定，工程师的撤换等。

4."第四章 承包商"

包括：承包商的一般义务，承包商履约保证，对指定承包商代表的要求，对分包商的要求，对承包商与业主、工程师合作的要求，对项目现场安全、环境保护管理的要求，对承包商建立质量保证体系的要求，对现场各类资源管理的要求，承包商提交进度报告的要求等。

5."第五章　指定分包商"

包括：指定分包商的定义，承包商对指定分包商的反对，对指定分包商的付款要求及付款证据要求等。

6."第六章　职员与劳工"

包括：承包商雇佣职员及劳工的要求，承包商遵守劳动法规及工作时间的要求，职业健康安全要求，对承包商人员素质的要求，对承包商项目管理工作的要求等。

7."第七章　工程设备、材料和工艺"

包括：对承包商组织施工的要求，向工程师报审物资样品的要求，业主方人员对工程物资验证的要求，工程师在施工过程中质量检验的要求，工程师对不合格品拒收的情况，对不合格品的处置要求等。

8."第八章　开工、延误和暂停"

包括：开竣工时间的确定，承包商进度计划编制的要求，承包商可索赔工期的情况，承包商原因致工期滞延情况下的误期赔偿，暂停施工及复工要求与相关索赔。

9."第九章　竣工检验"

包括：承包商在竣工检验过程中的义务，检验因故延误的责任，未能通过竣工检验的处理原则。

10."第十章　业主的接收"

包括：业主接受全部或部分工程的条件，承包商获取工程接收证书程序，因业主方原因致竣工检验不能按期进行的处置及承包商的索赔。

11."第十一章　缺陷责任"

包括：承包商在缺陷通知期内的责任和义务，缺陷修复费用的承担方，缺陷通知期延长的责任及处置，履约证书签发的条件，颁发履约证书后承包商的责任等。

12."第十二章　计量与估价"

包括：对承包商实际完成工程量的计量程序，对承包商完成工作量的估价程序，工程变更致工作内容删减时费用的处理。

13."第十三章　变更和调整"

包括：工程师变更工程的权力，承包商可就缩短工期、降低工程造价、提高工程运行效率等提出变更建议书，暂定金额（业主方的备用金）的动用权限及条件，法律变更和物价波动而导致工期及费用的调整处理等。

14."第十四章　合同价格与支付"

包括：合同价格的内涵，承包商向工程师提交包括价格分解在内的工程量表的要求，工程预付款的支付及扣还程序，承包商提交申请期中支付证书的要求，工程设备、材料款的支付，对业主延误付款的处理，保留金的支付，对承包商竣工报表的要求，对支付货币的要求等。

15."第十五章　业主提出终止"

包括：业主有权终止合同的条件，业主终止合同的程序，业主终止合同后对承包商已完工作的估价和支付程序、业主终止合同的权力实施及制约等。

16. "第十六章 承包商提出暂停和终止"

包括：承包商暂停工作的条件和权力，承包商提出终止合同的条件及权力，合同终止后承包商的义务，合同终止后业主对承包商的支付等。

17. "第十七章 风险与责任"

包括：业主和承包商分别为对方提供免予承担索赔、损失及相关开支的保障责任，承包商对工程担负的责任，业主的风险及其后果的处理，知识产权与工业产权的保护要求，对合同双方关于赔偿责任限度的规定等。

18. "第十八章 保险"

包括：保险的总体要求，对工程及承包商设备的保险要求，对办理第三方人员伤害及财产损失保险的要求，承包商为其雇用人员办理保险的要求等。

19. "第十九章 不可抗力"

包括：不可抗力的定义，发生不可抗力事件后合同双方的责任和义务，承包商因不可抗力事件导致的索赔处理程序，不可抗力事件导致合同终止的处理程序等。

20. "第二十章 索赔、争议和仲裁"

包括：承包商实施索赔的程序，争议裁决委员会组成方法，解决合同双方争议的程序，仲裁的程序等。

21. 附录和附件

(1)附录：争端裁决协议书一般条件

(2)附件：保函格式（附件 A、附件 B 附于投标人须知，附件 C 至附件 G 附于专用条件）

附件 A：母公司保函范例格式

附件 B：投标保函范例格式

附件 C：履约保函-即付保函范例格式

附件 D：履约保函-担保保证范例格式

附件 E：预付款保函范例格式

附件 F：保留金保函范例格式

附件 G：业主支付保函范例格式

(3)投标函、合同协议书、争议裁决协议书格式。

第四节 承包商的合约管理

一、合同谈判

(一)合同谈判概述

1. 合同谈判的含义

合同谈判是承发包双方为维护各自利益，针对工程合同条件进一步磋商，并通过调整各自提出的条件,以达成双方都能接受的最终合同条件的全部过程。

对于承包商来说,合同谈判是进一步向发包方展示自己能力和提出合理要求的有利时机,它既可弥补投标时因时间所限致掌握的资料欠缺可能出现的不足,也可以对在投标时不愿说清或无法定量的内容以及合同价格等问题与发包方做进一步的约定,以争取更大利益,这是为降低合同风险、创造良好施工条件的最好时机。因此可以说,合同谈判是承包商争取理想经济效益的一项十分重要的沟通过程。

合同谈判的重点主要是:合同条款的合理性、全面性和可操作性。

2. 合同谈判的目的

对于承包商来说,其目的主要在于:力争中标、完善合同条款、规避合同风险,合理维护自身利益。

为了实现这一目的,承包商应做好充分的谈判准备,在谈判中把握好失时机,并灵活运用谈判技巧,以争取获得好的谈判效果。

3. 合同谈判的阶段

合同谈判一般分为两个阶段进行,即决标前谈判和中标后谈判。

(1)决标前谈判　发包方在评标过程中,往往选出2～3家投标人就合同条件的有关问题和价格进行谈判,然后决标。一般情况,它主要是针对商务性条件内容进行谈判,为发包方决标提供条件。在国际工程招投标活动中,这一阶段谈判有时是允许发包人提出压价的要求,但在利用世界银行等国际金融组织贷款项目的招投标活动中,开标后不允许再压低标价,但可以就付款条件、贷款和利率,以及外汇比率等方面进行商谈。

(2)决标后谈判　这一阶段谈判的目的是将发包方与中标方在此前达成的协议具体化和条理化,为签署合同协议做好充分的准备。决标后的谈判将涉及商务性和技术性条款的具体内容,一般包括:

①承包范围和内容;
②技术要求和验收技术(质量)规范(标准);
③价格调整;
④工程款支付;
⑤工期和质量保修期;
⑥争议的解决等。

(二)合同谈判的准备

合同谈判能否达到预期的目标或是能否成功,与谈判前各项工作的准备情况有着重要关系。前期准备越充分,在谈判过程中就能提出对己方有利的文件资料或数据,而越能有力、有理、有节地进行沟通、交锋,而使自己处于有利地位。

1. 谈判组织的准备

谈判组织准备包括:成立谈判组和指定谈判组长。一般情况下,谈判组成员应包括以下方面的人员:

(1)商务人员　其要了解工程所在国有关合同法规方面的知识,熟悉招投标文件资料及合同条款。

（2）技术人员 其要熟悉工程所在国或招标文件所规定使用的技术规范、质量标准，以及针对本工程的特殊规范，并有较丰富的技术管理经验。

（3）翻译 其需熟悉工程所在国当地情况，了解工程管理的基本内容和要求。

（4）组长 其应有较丰富的专业知识，有较强的组织能力、应变能力，有一定谈判的经验，思路清晰、反应敏捷，能驾驭整个谈判过程。

谈判组成员的选择要考虑能充分发挥每一个人员的作用，最好保证每一成员都能既熟悉本专业，又有一定外语水平。此外，承包商还可根据实际情况，考虑适当安排一些财务和法律事务方面人员参加谈判。

2. 谈判方案准备

谈判方案准备包括：

(1)对己方想要解决的问题和解决问题的方案。

(2)确定对谈判组长的授权范围。

(3)整理出谈判纲要，明确欲解决的主要问题及其重要性的顺序和期望的目标。

3. 谈判内容的准备

国际工程承包合同文件的优先顺序(1999年版FIDIC《施工合同条件》中提出)为：合同协议书、中标函、投标函、专用合同条件、通用合同条件、规范、图纸、资料表以及组成合同的其他文件。按照这一优先顺序，承包商应重点关注以下方面：

（1）关注投标人须知 在投标人须知中，发包方对合同范围、资金来源、对承包商的各种要求等做出了规定。这些内容不仅是对投标工作所做出的指示，而且对后续合同的签订及工程项目的实施也是十分重要的。

（2）关注专用合同条件 当工程承包使用FIDIC合同条件或其他国际通用合同条件时，承包商是不能改变通用条件要求的，这时其关注的重点应是业主提出的专用合同条件。如承包商应注意关注付款方式和时间以及对报送给监理工程师或业主方审批的文件、物资样品等的答复期限。

（3）关注技术质量规范 对于合同所明确应遵循的国家规范，承包商一般不能更变，但可尽量争取在不降低质量标准的情况下，采用承包商熟悉的中国技术标准和质量验收规范。

（4）工程项目的特殊性 承包商应分析出本工程的环境条件、施工条件方面的特殊性，包括会额外增加费用或带来人为障碍困难、风险方面的问题。

4. 文件资料的准备

准备好谈判需要的各种必要文件资料，准备好需提交给对方的资料以及计划向对方索取的资料目录。

5. 谈判分析

知己知彼，百战不殆。只有在充分掌握大量信息资料的基础上，充分分析谈判双方的情况，有的放矢，才能取得成功。分析的方面主要包括：

(1)对己方能力的分析，包括优势和弱点。

(2)对发包方的优势及劣势进行分析。

(3)对双方地位的分析。
(4)谈判目标可行性的分析。

6. 谈判前的演练

谈判组在谈判前进行必要的演练,以熟悉谈判的内容及表达己方意愿的方式和技巧。

(三)谈判的技巧

1. 把握好谈判的进程

合同谈判,一般可分为三个阶段进行:探测、讨价与还价、达成一致意见。

(1)探测阶段　承包商谈判组一开始就要阐明己方立场,进而摸清对方的意图,了解对方主谈人员决定权大小、对方人员的分工等情况。谈判组在发言时,应集中阐明己方的观点,诸如基本态度、比较关心的问题、讨论问题的顺序安排等。对于对方的发言,谈判组要仔细听取,然后再发表自己的意见,包括提出需要对方进一步澄清的一些问题,须注意不轻易打断对方的发言。

(2)讨价还价阶段　这个阶段是双方为维护自身利益进行沟通和辩论的过程。承包商谈判组要论证己方要求的合理性,说明所提条件的依据或符合国际惯例的理由,要向对方表明接纳对方意见后的利弊等。这个阶段承包商要注意避免使用不礼貌的言辞,控制己方人员的情绪;避免激烈争吵,应争取求同存异,以逐步接近双方可接受的目标。谈判组长要注意在关键时刻把握谈判方向,缓和谈判气氛,以确保实现己方谈判目标。

(3)达成一致意见阶段　这个阶段是谈判双方按照"双赢"的理念,探讨双方都可以接受的方案。

2. 运用谈判技巧

(1)掌握谈判进程　要注意掌握谈判进程,引入己方所关注问题的讨论,抓住有利时机,一鼓作气,以达成对己方有利的协议。

(2)有效利用各种依据资料　为表明自己的要求、观点,应注意尽量出示有效的文字性依据资料,包括:数据及其分析、图表、调查资料、测试结果等,以事实服人。

(3)休会策略　当谈判遇到障碍或陷入僵局的时候,可采取有意拖延的策略。这样可以有时间冷静思考,重新研究策略,或者让头脑清醒一下再谈判。

(4)缓兵之计　当谈判人员要求被迫做出远非他能接受的让步时,他可声明自己没有被授予达成这种协议的权力。

(5)弄清对方意图　谈判时需注意不要轻易接受对方的许诺,要看其许诺背后的真实意图,以防被诱进圈套。

(6)声东击西策略　即有意识地将谈判的议题引到对己方并不重要的问题上,借以分散对方的注意力,达到己方目的。

(7)先苦后甜策略　即在谈判中,为了达到自己预定的目的,先向业主方提出苛刻要求,然后再逐渐让步,以求得双方一致的做法。在运用此策略时,一开始所提出的要求不能过于苛刻,即不能与通行的惯例和做法相差过大。否则,会使对方认为承包商缺乏诚意。

(8)充分发挥专家的作用　谈判很可能涉及广泛的学科领域,因此谈判需要充分发挥各领域专家的作用,这样既可以在专业问题上获得技术支持,又可以利用专家的权威给对方以心理压力。

二、合同评审

(一)合同评审的概念

合同评审是指在合同正式签订之前进行的,对合同涉及的与承包商责任、权利、义务有关内容所进行的全面评议和审查的活动。在合同执行过程中,如合同需要修改,则在修改的合同签订之前承包商也需要进行相同的评审活动。

(二)合同评审的目的

在 ISO 9001:2008《质量管理体系 要求》标准中的"与产品有关的要求的评审"条款中,对合同性文件的评审提出了要求,即:"组织应评审与产品有关的要求。评审应在组织向顾客做出提供产品的承诺之前进行(如:提交标书、接受合同或订单及接收合同或订单的更改),并应确保:a)产品要求得到规定;b)与以前表述不一致的合同或订单的要求已予解决;c)组织有能力满足规定的要求。"根据这一规定,我们可以认识到,合同评审的目的主要是:

(1)充分理解合同条款的内容和要求,评审承包商(项目经理部)是否有能力实现合同的要求。

(2)发现需要澄清和探讨的问题,特别是对合同谈判中双方达成一致意见的问题是否已做出反应或解决等,以便与业主进行进一步沟通,确保己方能接受合同的要求。

(三)合同评审的方式

合同评审的方式与招标文件评审的方式一样,分为会议评审和传递会签评审两种。承包商可按照企业管理程序的规定,来决定评审的形式。

1. 会议评审

会议评审是合同评审的主要采用的方式。一般是由承包商的合约管理部门组织,技术管理部门、劳务管理部门、财物资金部门、物资采购管理部门、工程管理部门、法律管理部门等参加。参加评审的人员分别就各自专业评审待签合同文本的的相关内容。

2. 传递会签评审

传递会签评审一般是针对规模较小或技术不甚复杂的工程,是对待签订的合同文件进行各部门(岗位)传递评审的办法,承包商各相关部门(岗位)分别对与本部门专业有关的内容进行审核,提出意见。

(四)评审的内容

1. 由合约部门、采购管理部门、工程管理部门、项目经理部门评审的内容

(1)合同造价的缺陷与风险;

(2)合同实施的可行性;

(3)工程范围与内容;
(4)工程价款的调整与工程款的支付方式;
(5)工程索赔;
(6)其他商务与成本风险。

2. 由技术部门评审的内容

(1)合同技术规范的可行性;
(2)有关工期、施工设备、现场设施等规定的可行性;
(3)设计变更、图纸提供、技术协调等规定的可行性;
(4)其他技术风险。

3. 由财务资金部门评审的内容

(1)财务资金管理需求;
(2)外汇风险(外汇比例、汇率);
(3)履约保函、预付款保函及其他担保的可行性;
(4)其他财务、资金风险。

4. 由法律部门评审的内容

(1)主体资格的合法性;
(2)合同约定双方权力、义务的合法性;
(3)合同实施的法律风险;
(4)违约责任条款;
(5)合同适用法律和纠纷解决条款的可行性;
(6)其他法律风险。

三、合同交底

(一)合同交底的意义

合同交底是承包商合同管理部门向合同执行者(项目经理部)就理解和执行工程承包合同相关事宜所进行的全面交底工作。

合同交底的意义主要在于,使合同执行者全面了解合同签订的背景和合同的主要内容,清晰执行合同过程中需重点关注的方面以及规避或降低风险的措施,确保项目经理部能准确、有效履行合同规定的责任义务,力争取获取最大效益。

承包商必须让项目经理部的主要管理人员清楚了解合同签订的背景及合同主要内容的具体含义,特别是价格的组成、合同的风险等,否则很容易出现合同执行过程中的被动,甚至会造成不应有的损失。

(二)合同交底的执行者与接受者

(1)合同交底的执行者为承包商参与合同谈判和签订全过程的主要合约管理人员。
(2)接受合同交底者为与执行合同有关的项目经理部的所有管理人员。

(三)合同交底的方式

合同交底的方式主要有两种,即会议方式及文件传递方式。具体采用何种方式应视工程项目的具体情况而定。对于用文件传递方式不能准确传达交底内容时,承包商应采取会议方式,因为此方式接受交底人可以随时发问以及时澄清一些问题,能有效保证达到合同交底的效果。

(四)合同交底所涉及的内容

合同交底内容应结合合同的特点及需重点予以关注的方面而定,一般可包括:
(1)与项目投标背景有关方面的内容;
(2)项目范围(工程产品范围和管理活动范围);
(3)签约双方的责任、权力和义务;
(4)合同造价条款缺陷与进度款支付的规定;
(5)关于工程担保的要求;
(6)工程目标的约定(工期、质量标准等);
(7)签约双方面临的主要风险;
(8)合同变更方式的约定;
(9)工程验收与交付约定;
(10)合同结算期限与结算工程款支付约定;
(11)质量保修期与保留金返还的约定;
(12)关于索赔的规定;
(13)合同所依据的法律与争议解决方式的约定;
(14)经营策略;
(15)成本控制措施;
(16)合约法律风险控制;
(17)其他需要注意的问题等。

附件 3 1 为某一国际工程项目的合同交底示例,供参考。

四、合约文件资料的管理

国际工程承包过程中将形成大量的各种类型、内容繁多的合约性文件资料,承包商要对这些文件资料进行科学有效的管理。在一定意义上,项目合同文件资料的管理效果直接影响着项目合同完成的效果和项目的经营效益水平。承包商/项目经理部应对此项工作给予高度的重视。

(一)合约文件资料的内容

1. 合同性文件

合同性文件包括:合同协议书、中标函、投标函、专用合同条件、通用合同条件、规范、图纸、资料表、合同变更文件以及组成合同的其他文件(包括分包商合同、物资采购合同等)。

2. 合同管理性文件资料

合同管理性文件资料包括:合约管理程序文件、授权文件、合同评审记录、合同交底记录、合同盖章用印申请等记录、合同台账等。

3. 合同执行过程中的文件资料

合同执行过程中的文件资料包括:文件收发记录、与业主、监理工程师、分包商、供应商等方面的来往信函、会议纪要、签证性资料、业主/监理工程师指令性文件、变更令、各类支付记录、索赔性文件、临时验收/最终验收证书等。

4. 保函、保险性文件

保函、保险性文件包括:履约保函、预付款保函、保险合同文件等。

5. 报表性文件

报表性文件包括:进度报表、工程报表、预付款报表等。

6. 施工日志

施工日志(或称工地日报)即为项目经理部每日记录的并经现场监理工程师签认的项目工程日志。

(二)合约文件资料管理的意义

(1)保证承包商全面、有效履行合同的责任、权力和义务。
(2)全面履行合同的证据。
(3)作为索赔和反索赔的证据。
(4)为处理合同争议提供证据。
(5)为承包商/项目经理部进行成本分析、改进合约管理工作提供基础资料。

(三)合约文件资料管理的主要任务

1. 建立项目合约文件资料管理制度

项目经理部应建立合约文件资料管理制度,如归档制度、借阅制度、分类编号规定、安全防范规定等。

2. 合同文件资料的收集

要求项目经理部的相关人员及时将合约性文件资料及时报送至合约档案管理人员。

3. 文件资料整理

对原始资料必须经过有意义的加工、处理才能成为有意义的信息资料,成为相关报表或报告文件。为此项目经理部应要求合约管理人员对其所收集到的各类资料进行检查(包括对不符合要求的,应要求提供者进行必要的处理)、分析、整理。

4. 保管归档

所有合同管理中涉及到的文件资料,必须建档分类保存,直到工程全部结束。为了查找和使用方便还需建立文件资料的文档标识与检索系统。

5. 随时调用

合约档案管理人员应确保可随时为承包商以及项目经理部的管理人员准确、快捷提供所需的合约文件资料。

(四)合约文件资料管理的要求

1. 基本要求

(1)真实准确　要求所有的文件资料是真实、准确反映过程的实际情况,不得随意涂改或弄虚作假。

(2)提供及时　要求项目经理部各管理岗位及时向项目合约管理者提供项目合约管理所需的文件资料,以满足项目合同管理的需要。

(3)及时存档　项目相关合约管理的各过程活动结束后,相关岗位责任人员应及时将整理好的文件资料交项目资料员处存档。

(4)备份文件　项目经理部既要保存与合约管理有关的各类纸质文件,又要同时保存电子文档文件,并注意电子文档文件要至少有一份备份文件。

2. 建立编码系统

因项目的合约资料繁多,为了保证保存及查阅使用方便、及时,项目合约文件资料管理应单独建立编码系统。

文件资料的编码应遵守的主要原则:

(1)确保所有存档的文件资料都有相应的编码。

(2)按文件资料的不同类别分别编码。

(3)建立方便的检索系统,以便于调阅使用。

五、合约风险管理

如前文所述,国际工程承包项目管理的核心与基础工作是合约管理。而合约管理的重点又是合约的风险管理。承包商能够及时、准确、有效地辨识合同及其管理工作中各种风险,并采取有效的预防和控制措施,就能取得工程承包项目的成功并获得好的经济效益。

(一)合约风险的分类

合约及其管理的风险包含在工程招投标、合同签订、履行合同的全过程,其涉及面比较广泛。国内外关于合约风险分类的方法很多,以下主要介绍三种常用的分类方法。

1. 按管理性质分类

按对风险管理的性质划分,合约风险划分为可控制风险和不可控制风险。

(1)可控制风险是管理者通过有序的管理,可及时有效辨识并采取措施予以控制的风险,如承包商的投标报价风险、合约签订风险。

(2)不可控制风险是由于外部政治、法律、经济环境以及不可抗力因素导致的,管理者不能实施有效控制的风险,如政治风险、外汇风险。

2. 按风险的控制范围分类

按风险的控制范围划分,合约风险可分为内部风险和外部风险。

(1)内部风险主要是由于组织内部相关方面管理不到位,如因未建立或实施有效的合约管理程序造成的合同条款风险、合同变更风险、索赔风险等。

(2)外部风险是指由于组织外部的不利因素所导致的风险,如合同欺诈、违约风险等。

3. 按风险的性质分类

按风险性质划分,可分为:政治风险、经济风险、技术风险、公共关系风险等。

(1)政治风险　它是指工程所在国国内的政治事件给国际承包商的经济利益带来不利影响的不确定性(有关政治风险的内容在本书"第十二章　项目风险管理与危机管理"介绍)。

(2)经济风险　它是指国际以及工程所在国的经济形势以及经济政策的变化可能给承包商带来的经济损失的不确定性。它包括了物价上涨的风险、外汇风险、保护主义风险等。

保护主义风险是指,有些发展中国家为保护其本国利益制定了约制国际承包商的措施而给承包商带来的风险。如一些国家对国际承包商与本国承包商参与投标不一视同仁,明确规定参与投标的国际公司的报价应比本国公司低10%或更高(有的竟高达25%)以上才可中标,或必须与当地承包商组成联合承包体(联合体的对方股份要占51%)才能投标。

(3)技术风险　它是指工程项目所处地区的不利自然条件以及不利的施工技术条件给承包商带来损失的不确定性。

(4)公共关系风险　它是指承包商/项目经理部在处理与外部相关方的各种利益关系而造成损失的不确定性。它包括了承包商与业主方、监理方、设计方、联合承包体、分包商、供应商、政府各相关部门在责权利等方面关系的处理可能会产生的风险。

(二)主要合约风险的分析

合约风险贯穿于工程项目实施的全过程,从可控制类风险的成因看,其主要来源于合同签订的双方当事人,即承包商和业主方(包括监理工程师),故以下仅重点分析来源于承包商和业主方的合约风险。

1. 承包商的因素分析

从合约风险管理工作的重点来看,承包商应首要分析自身可能导致风险的因素,因为这是最主要,也是最好分析和相对容易实施控制的。

(1)投标风险　由于承包商对国际市场或对工程所在国工程建设市场调查分析不充分,对业主考察不到位,对招标文件研究不透澈,以及对自身承包与投标工程的能力不能清醒地做出正确判断等而盲目投标,造成了中标后不能全面履约的后果。

(2)中介风险　承包商初到工程所在国,因对其国情以及市场操作程序不熟悉,而聘请咨询商作为中介。承包商由于过于听信中介的自我介绍,而未对其作认真考察和评估,加之承包工程心情迫切,造成被中介欺诈,而不能中标,或中标后蒙受经济损失的后果。

(3)报价风险　承包商未进行有效的投标策划,或投标策略失误,欲靠低价中标,或欲靠中标后的索赔来补偿或未充分考虑物价上涨的因素等而致报价过低,造成工程利润低甚至项目亏损的后果。

(4)签约风险　承包商未能有效利用或把握合同谈判的关键环节,加上未能认真履行合同评审程序,对于合同条款不合理的部分或风险分担明显不均衡的问题没有据理力争,导致合同签订后存在较多的诸如权责不对等、对承包商约制过多、条款阐述不准确(如模糊语言多)、主要术语定义不准确、条款遗漏多等诸多问题未能被发现或未得到有效处理,为承包商日后履约造成被动。

(5)履约风险　承包商不能全面正确履约,而导致业主索赔,造成项目经营效果不佳的案例众多。其原因主要有:

①承包商/项目经理部管理人员素质不高　包括管理人员没有认真学习合同,不能准确理解合同条款的内容和主要要求,而仅凭自己的工作热情在组织施工和管理项目,有时甚至连自己已经违约了都不清楚。

②合同翻译有误　承包商/项目经理部的专业外语水平不高,合同条款翻译不准确甚至翻译错误未被及时发现,导致项目违约。

③未认真进行合同交底　承包商合约主管部门没有对项目经理部管理人员进行合同交底或交底不到位,不能使项目管理者有效把握履约过程的风险及应采取有效的控制措施。

④承包商/项目经理部没有建立有效的合约管理程序,致管理松弛、管理漏洞多、文件资料特别是与合约索赔有关的证据资料不能及时收集和保管,影响合约管理效果。

⑤不能很好地利用合同规定的索赔权力和时机实施工程索赔,失去索赔机会或索赔效果不佳,导致利润流失。

2. 业主方因素分析

现今的国际工程承包市场,主要是受"买方市场"规律制约,业主始终是处于合约管理中的主导地位,使得业主和承包商所承担的合同风险不均等。这种客观的形势,尽管承包商有时是不能左右的,但是可以清醒地识别由此所导致的风险,并采取有效的预控措施。

(1)履约风险　业主方(包括工程师)的履约风险主要表现在:

①不能有效履行自己的职责和义务　如不能按要求提供施工用场地以及必要的水、电资源和道路条件,不能提供准确、全面的地质、水文资料,而影响承包商的正常施工。

②配合不及时　如因工作效率低,不能及时对承包商报批的文件进行批复,不能及时配合承包商的过程质量检验,不能按时提供施工图纸,不能及时提供由业主方负责采购的物资等,而影响工程正常施工。

(2)资金风险　业主资金筹措困难,工程资金不到位,不能按时向承包商提供工程预付款和工程进度款,而影响施工的正常进行。

(3)不诚信风险　国际惯例要求承包商在工程中标后签约时要向业主提供履约保证(保函),以保证业主方的安全,而目前国际上尚未形成要求业主向承办商提供履约担保的惯例,于是在一定程度上为业主违约提供了有利条件。即一旦业主方违约或不诚信时,承包商一般只有承受或仅仅提出异议而已,而没有有效的制约措施,这实际上是不合理的。例如我国承包商在国际上特别是在中东、非洲等一些发展中国家承包工程时经常会遇到业主不诚信,不按合同办事(如恶意拖欠工程款),或是对已承诺的事项,迟迟不兑现或过后就推翻、不认账的问题。对于这类风险,承包商必须高度关注。

(三)合约风险防范与控制措施

国际工程承包的特点之一就是风险大,特别是合约风险比较大。承包商只要能全面准确地辨识风险,并针对其采取有效的预防、控制措施,就能够保证工程施工的正常进行,并能有效实现项目预期的管理目标。为规避或降低合约管理风险,承包商应采取的预防、控制措施主要有:

1. 建立合约管理程序并组织落实

承包商应认真落实 ISO 9001《质量管理体系 要求》标准的要求,建立符合企业及国际工程承包实际的合约管理程序,并认真落实。该程序应包括:各部门(岗位)的合约管理职能、招标文件评审、投标策划、投标文件评审、合同谈判、合同评审、合同变更评审、合同交底、合约文件资料管理、保函管理、索赔管理、合约管理监察等方面的内容。

合约管理程序建立并获批准后,承包商应组织承包商/项目管理人员学习,并要求全面掌握和落实这些要求。承包商在进行企业内部管理体系审核时,应重点关注该程序的落实情况及效果,以及时发现和消除"不合格"项,并采取纠正措施,确保承包商/项目经理部的合约管理工作始终处于正常运行、受控状态。

2. 组织风险识别、评估并采取控制措施

承包商在准备投标工作时就应开始合约风险的辨识工作,及时准确排查工程各实施阶段的各种风险,并评估出需控制的关键合约风险因素。

承包商应针对评估出的关键风险因素制定风险控制计划,以对风险进行有效控制。有关风险识别、风险评估及风险管理计划方面的内容参见"第十二章 项目风险管理与危机管理"。

3. 强化合约的信息管理

承包商要强化合约方面的信息管理,包括对来自业主方、设计单位、分包商、供应商等方面的合同信息以及工程所在国相关法规信息的收集、分析、反馈及处理,以及时把握合同签订以及履约过程中的各种异常情况可能会导致的风险,并及时采取预防、控制措施。

4. 转移风险

转移风险是国际承包商经常采取的风险管理的重要手段。风险转移一般有两个途径:向分包商转移和向保险公司投保。

国际上工程承包的模式基本都是总分包模式。总承包商在与分包商签订合同时,可利用其主导地位,将已识别出来的有些合同风险转移给分包商,如将风险比较大的分部分项工程分包出去,同时亦将风险也转移给分包商。其实有时有的合同风险,对于总承包商是关键风险因素(如技术风险、质量风险、工期风险),而对于水平高的专业分包商并不构成风险,故这样的转移既是必须的也是可能的。

向保险公司投保也是承包商转移风险的一个重要手段。采取这种手段尽管需支付一定的保险费用,但对于风险损失来说毕竟是一个很小的数字,而且承包商可将保险费用计入成本(关于转移风险的内容在"第十二章 项目风险管理与危机管理"中已做阐述,关于承包商投保的内容参见"第十五章 工程保险管理")。

5. 谨慎选择合作伙伴

在国际工程承包中,承包商需选择的合作伙伴主要有业主、分包商、设计单位、供应商、代理商等,与这些组织合作承包商都有合同风险及履约风险的问题。

(1)选择顾客组织 承包商在进行投标策划前,应组织对工程所在国的政治经济形势进行分析,并对第一次合作的业主方做认真的考察和评价,即要与业主对承包商进行资格预审一样,对其资信、工程项目的真实性、发包工程资金来源及其可靠性、付款能力、以往与有关承包商合作的经历和效果进行调查分析,并做出是否能与其进行合作的评估。如果工程是政府项目,则应重点考察其财政状况,是否有因财政困难而拒绝或拖延支付工程款的劣迹;如果是私人项目,则应重点考察其资信及财务状况。

(2)选择供方组织　对于选择工程联合体的对象、分包商(包括工程分包和劳务分包)、供应商等合作伙伴时,承包商应严格按照ISO 9001《质量管理体系要求》标准所指出的"组织应根据供方按组织的要求提供产品的能力评价和选择供方"的原则评价和选择之,以规避因选择不当造成日后合作方违约的风险。

6. 重视证据化工作

承包商要强化项目管理全过程的证据意识,这是因为我国承包商在这方面的意识与国际惯例是有较大差距的,国内很多专家学者曾对我们国际工程承包事业的不足之一总结为:"重视施工组织管理,而忽视程序及证据管理"。我国承包商多年来的国际工程承包的经验教训已表明,由于国人证据意识不强,不注意建立、索要和保存相关证据,使得在争取、保证自身合法权益上经常处于不利地位,而造成不应有的经济损失。有关证据的重要性及要求在"第一章　国际工程承包项目管理概述"、"第九章　质量管理"、"第八章　索赔管理"等章节中均有阐述。

承包商需特别注意的是,对于业主方、监理工程师发出的任何指令必须形成文字性记录。关于这一点,在1999年版FIDIC《施工合同条件》(新红皮书)3.4条款中已指出:"雇主可向承包商发出为承包商根据合同履行义务所需要的指示。每项指示都应是书面的,并说明其有关的义务。"当业主或工程师发出口头指令时,承包商/项目经理部应注意,在执行前应要求他们立即跟随相应文件,如他们不及时提出,承包商应拟出其口头指令的文件,交其确认。关于这一点在1989年版FIDIC《土木工程施工合同条件》(第4版)的2.5款指出:"如果由于某种原因工程师认为有必要以口头形式发出指令,承包商应遵照执行。无论在这一指令执行前或执行后,由工程师发出的对这一指令的书面确认应被视为与本条规定的指令有相同的含义……,如果在7天内,承包商提出书面确认工程师的口头指令,未被工程师以书面的形式拒绝,这一指令应视为工程师的指令。"

7. 加强培训工作

提高承包商合约风险防范能力,关键还在于人,即承包商必须关注提高管理人员的管理素质和业务能力水平的工作。为此承包商应建立企业内部有效的培训机制,包括组织合约管理人员在内的相关管理人员的合约管理知识培训,学习相关合约法律法规和企业的合约管理程序,举办专题研讨会或专题讲座(如合同谈判、工程索赔、关于合约管理的正反两方面典型案例分析等)和管理经验交流会,并采取与个人经济利益挂钩的必要的考试测评手段以激励员工学习上进的措施等。承包商通过实施这样一系列手段和措施,将会对提高承包商/项目经理部管理人员的合约管理水平和风险识别及防范的能力水平发挥有益的作用。

8. 重视工程索赔工作

承包商利用合同条件所赋予的权力有效地实施工程索赔是降低或弥补合约管理风险所造成损失的一个重要途径,这也是目前国际上众多国际承包商普遍采取的风险管理对策。关于工程索赔的有关内容参见"第八章　索赔管理"。

六、合同争议的管理

国际工程的项目管理要比我国国内的工程复杂得多,因其管理过程涉及到不同国家的政治、经济、文化、法律和民族习惯等方面的背景,加上有时业主方或监理方工作不规范以及刚刚走出国门的承包商在一定程度上的不适应或对合同的对方不够了解,往往在施工过程中与合同的相关方产生各种矛盾,甚至发生争议,这是十分正常的现象。矛盾和争议覆盖了从合同重大原则问题到项目上的日常合约管理的方方面面,可以是工程的进度、施工质量、施工工艺、工程计量等方面,也可以是因业主、监理工程师、业主自己的分包商、当地政府相关部门出于维护各自利益的需要,向承包商提出其不能理解或不能解决的问题,导致了施工过程中项目管理的矛盾的多元性和复杂性。究其实质,这些争议可归结于3个方面,即:工期(进度)、工程质量和付款方面的问题。

一般情况下,在项目施工现场日常所产生的争议多数是可以通过当事人之间的沟通和协商以形成谅解或让步,只是当出现重大原则分歧时,即分歧双方之间的利益很难调和时,才有可能启动争议解决的程序。

(一)产生争议的主要原因

近十几年来我国工程承包商快速走向国际,承接越来越多的国际工程。随之而来的是,在工程建设全过程中,由于各种原因,经常会出现与合同对方的一些争议甚至有的导致为合同纠纷的问题。通过对大量的国际工程承包活动中出现争议问题的分析,我们可以将产生争议的主要原因归纳为以下几方面:

1. 承包商人员素质水平不高

承包商的项目管理人员,特别是劳务人员的整体素质水平不高,不适应工程所在国关于工程管理的习惯和做法,经常出现一些现场争议的问题,这是比较普遍的一种现象。例如对于国际工程承包的惯例不熟悉,对国外工程施工的难度估计不足,对业主或监理工程师的要求理解不到位或尽管理解但不认真落实,甚至在施工中将国内的一些低、老、坏的陋习带到国外,如不按施工程序操作,甚至偷工减料,弄虚作假,导致本来比较简单的问题复杂化。

由于承包商的项目管理人员流动频繁,基本上是两三年换一茬,国际工程项目管理的经验、教训不能及时总结和传递,往往是同样的问题重复发生。业主、监理工程师对此十分不理解,日积月累导致了对承包商项目管理人员的不满和成见,从起初的言辞过激发展到采取苛刻、刁难的制裁措施,给承包商正常组织施工造成了重重困难。

2. 合同本身存在问题,埋下了争议的隐患

(1)合同风险分担不合理　当初招标文件中将过多的风险推给承包商的问题没有引起承包商的重视和处理;承包商往往为了能中标,没有去据理力争提出保证己方合理、合法的正当权益的要求。

(2)合同条款用语不准确,使用模糊语言　如合同中没有使用准确性文字说明一些对工程实施过程中的一些重要的要求,而使用较多形容词和副词等模糊性语言来描述要求性条款,而这些问题承包商在进行合同评审时又没有被发现和解决。

（3）合同中对承包商约束条款多，对业主方约束条款少，责权不对等，承包商在签订合同时没有据理力争或是尽管力争但没有得到解决。

（4）承包商投标报价过低，希望通过工程索赔来赢利，以至于出现施工过程中的合理与不合理的索赔一起向业主方提出的情况，导致业主方的不满。

3. 合同实施过程中的问题

（1）承包商/项目经理部的合约管理素质水平不高，存在着翻译的合同文本未准确表达原合同的含义，或是合约人员对合同条款理解不准确、不熟悉FIDIC合同条件等问题。

（2）承包商参与合同签订的部门、人员，没有很好地向项目经理部有关人员作详细的合同交底，项目经理部人员不清楚执行合同中需要重点关注的方面和应注意的风险问题。

（3）项目经理部管理人员不重视合约性证据文件资料的收集和保管，相信业主方/监理工程师的口头承诺，而不注意及时形成文字证据。

（4）项目经理部管理人员不善于协调和沟通，与业主方人员、监理工程师关系紧张。

（5）承包商/项目经理部的翻译水平差，错误传递信息（翻译不专业，管理人员的外语水平差），造成理解业主/监理工程师的指令错误或不全面，导致工作失误。

（6）个别的监理工程师行为不规范，特别是一些发展中国家当地的监理人员，存在着整体素质水平不高的问题。

（二）争议的解决

无论是在国内还是在国际，对于发生合同争议，多是采取四种解决方式：协商、调解、仲裁和诉讼。

承包商在遇到合同争议，探讨采取何种解决方式时，应认真考虑对方当事人的态度、双方之间的合作关系以及自身的财力和人力资源等实际，权衡利弊做出对己方有利的争议解决对策。

1. 协商

协商（Consultation）又可认为是和解。具体说，协商是指当事人双方通过自行友好的交流、沟通，来解决出现的合同争议。协商其实就是争议双方之间讨价还价的过程，其最终的结果是将他们的期望值降到双方均能接受的程度上。实际上协商在现场总是有所发生，承包商/项目经理部的管理人员与业主代表、监理工程师之间的涉及合同履行问题的沟通与交流，都属于协商的范畴。实践证明，这种形式对于消除争议的根源和减少争议的产生都是十分有益的。

监理工程师在现场所做出的与合同履行有关的决定之前，与承包商做好事先的沟通是十分必要的，实际上这也是监理工程师的职责。如果承包商发现监理工程师在这方面做得不好或疏于履行合同规定的职责，承包商则有义务提示其认真履行协商的职责。

多年的实践证明，这种协商机制对于消除合同双方争议的根源或降低争议发生的频次是很有益的。在FIDIC"新红皮书"（1999年版）已将协商确立为一种合同机制，即规定工程师在对那些涉及合同双方利益问题做出决定前，须与当事双方做好协商工作。在FIDIC"新红皮书"（1999年版）中，"协商"术语共在25处被提及，并将"协商"作为工程师职责的一个重要内容。

在FIDIC"新红皮书"(1999年版)中已充分体现了协商的精神,如在文本中至少有21处反映了"协商"的做法,如:迟误的图纸与指令(1.9)、进入现场的权利(2.1)、放线(4.7)、不可预见的外界条件(4.12)、化石(4.24)、暂停的后果(8.7)、未能通过竣工检验(9.4)、部分工程的接收(10.2)、对竣工试验的干扰(10.3)、未修复缺陷(11.4)、承包商的调查(11.8)、估价(12.3)、删减(12.4)、价值工程(13.2)、因法律改变的调整(13.7)、支付计划表(14.4)、终止日的估价(15.3)、承包商暂停工作的权利(16.1)、雇主风险的后果(17.4)、不可抗力的后果(19.4)、承包商的索赔(20.1)等。

FIDIC合同条件通篇遵循着一个原则,即在合同履行过程中,发生任何争议事件时,须始终坚持业主与承包商之间的沟通以及发挥工程师的协调作用,以尽可能减少争议事件对工程施工的影响和避免导致合同纠纷。

采取协商解决合同争议是一种最好的方式,它既节约处理争议的时间,又避免发生不必要的开支,而且还能达到融洽双方关系,进而有利于工程的正常实施,因此可以说,它是解决争议的首选方式。

2. 调解

调解(Conciliation)实际上是由中立的第三方参与当事人双方的一种协商。中立的第三方站在公正的立场上,提出有说服力的论点来支持或反对当事人的观点,提出公平合理的妥协方案,让双方都能接受,以平息双方争议。如果当事人同意调解的方案,并签署解决协议,则当事人就应遵守该协议。

在实际运作上,工程师多是争议调解的第一人选。因为工程师最了解情况,这样处理可节省时间和费用,提出的解决方案也易于实行。在FIDIC《施工合同条件》(1999年版)也强调了工程师遇到争议的情况,首先要与双方协商,如不能达到一致,工程师就应充分考虑双方的意见,做出公平的决定。

由于实际运作中,往往是承包商提出的争议,工程师早就做出了决定,此时再由工程师作为中立第三方调解方就有一定的偏颇。为了能更好地进行调解,世界银行等机构提出了建立"争议评审委员会"(Dispute Review Board,DRB)的举措,即由其听取相关方的意见,对争议进行评判,提出建议,供当事人考虑采纳。世界银行实行这样的方式收到了很好的效果,于是在1996年的《工程采购标准招标文件》中正式规定以DRB替代工程师解决争议的方式。FIDIC对此做出了积极的反应,在1999年的新版文本中也提出了采用"争议评判委员会"(Dispute Adjudication Board,DAB)的类似方式。

DRB、DAB方式对于委员会成员的聘任都是规定由争议双方商定。如DAB成员的聘任,是由业主方及承包商各提出1名人选,由对方确认;然后再由已确定的两位成员商定第三位成员。委员会人员的数量可以是1个人,也可以是3个人,其必须独立于各当事人,并保持公正。委员会人员的人数,可根据工程的规模、施工周期来确定。FIDIC建议当工程造价超过2500万美元时,委员会由3个人组成。

3. 仲裁

仲裁(Arbitration)是合同双方当事人将合同争议提交给仲裁机构,由仲裁机构依据仲裁规则居中裁决的一种解决方式。

提请仲裁的前提是合同双方当事人已经在合同中写入了仲裁条款或是争议发生后订立了仲裁协议,即没有仲裁约定,不能申请仲裁。合同中的仲裁条款或者附属于合同的协议,被视为与其他条款相分离而独立存在的一部分;合同的变更、解除、终止、失效或者被确认无效,均不影响仲裁条款或者仲裁协议的效力。合同当事人可以在合同条款或仲裁协议中约定仲裁机构名称、仲裁地点以及仲裁规则。

进入仲裁程序以后,仲裁人员可采取调解与仲裁相结合的方法,既先调解,后仲裁。调解成功达成协议后,仲裁庭即制作调解书或者根据协议的结果制作裁决书,调解书和裁决书都具有法律效力。近年来,国际上对仲裁与调解相结合的解决争议的方式采取了更加宽容的态度,并且这一趋势也在进一步加强。

因在仲裁过程中,仲裁人员需对当事人双方提出的大量相关文件和证据进行细致的审阅并和合同以及相关法律对照分析,故一般都要花费较长的时间,所以,仲裁方式与DRB(争议审议委员会)或DAB(争议裁决委员会)等争议解决的程序相比,其仲裁历时长、当事人的花费也就会不菲(如包括指定仲裁庭的费用、仲裁员的费用、当事人的包括律师、咨询专家、专家、证人、听证审判等费用等)。

关于仲裁机构,FIDIC推荐的是国际商会(Intenationl Chamber of Commerce,ICC)。ICC是一个非政府组织,创建于1919年,总部设在巴黎。ICC下设国际仲裁法院,在解决国际商业纠纷中有着很高的声誉。

4. 诉讼

诉讼(Litigation)是在争议双方当事人的参与下,司法机关依法审理并做出裁决的解决争议的一种形式。

如工程合同中没有写入仲裁条款,发生争议后也没有达成书面的仲裁协议,或者达成的仲裁协议无效,合同的任何一方当事人,都可向司法机关提起诉讼。

目前国际上还没有专门的法院来受理工程合同争议的诉讼,也没有适用的国际惯例的民事诉讼法。故工程承包合同双方的任一方此时应向有管辖权的法院提出诉讼,法院将按所在国的法律进行审判。

采取诉讼的方式一般耗时较长,一般需要1年以上,而且支付的费用很高,而将影响当事人双方今后的合作,因此一般都较少采用。

FIDIC对争议的最终解决没有提出诉讼的方式,而将仲裁作为最终的解决方式。其原因是诉讼花费的时间和费用均比仲裁要高很多,而且司法机关不可能像仲裁机构那样会拥有相关专业内的既熟悉商务、法律,又精通工程技术业务的权威专家,因此法庭审理相对是比较困难。

七、FIDIC合同条件中关于合同管理的主要内容

在1999年版《施工合同条件》(新红皮书)中涉及合同管理的主要条款(不包括工程索赔),见表3-1。

表3-1 FIDIC《施工合同条件》中与合同管理有关的主要条款

序号	类别	条款号	主要内容
1	承包商权力与义务	1.6	承包商在接到中标通知28天内与业主签订合同协议书
2		13.1	承包商应执行工程师所做工程变更的指令,工程师没有发出变更指令,承包商不得对工程做任何改动
3		13.3	承包商应按工程师的指令提交工程变更建议书
4		14.1	承包商在开工后28天内向工程师报送供其作支付参考之用的工程量表
5		14.3	承包商于每月末向工程师提交包括应获得款项的月报表
6		15.5	当业主做出中止合同决定生效后,承包商应停止工作并将其施工设备运出现场
7		16.1	承包商有权在业主方资金等方面原因影响正常施工时暂停或放缓工作速度
8		16.2	承包商有权在业主/工程师方的责任内工作配合不到位等原因而影响施工进行的情况下终止合同
9	业主方权力	13.1	工程师有做出工程变更的权力
10		13.3	工程师有权要求承包商就工程变更提出建议书
11		14.2	业主应向承包商支付工程预付款,并按约定在支付进度款时扣还
12		15.2	当承包商有本条款所列的任意违约行为时,业主有权终止合同
13		15.5	业主有权认为需要时终止与承包商的合同
14	合同争议	20.2	合同双方应在规定的时间内共同任命一个争议评判委员会(DAB)
15		20.4	合同任一方可将争议事宜提交给DAB
16		20.5	合同双方在仲裁前应尽量以友好方式解决争议
17		20.6	如DAB未能最终解决,可由国际仲裁机构做最终裁决
18		20.7	合同双方对DAB的决定在规定的时间内未提出异议,则此决定对双方均有约束力

附件 3-1

×××国2万套住宅工程合同交底记录(示例)

一、工程概况

业主	×××国住房与城市规划部
业主代表	国家住房部所属的房地产管理局(OPGI-HUSSEIN DEY)
设计	ATSP设计院
楼型	R+5或C+5,层数均为6层,一梯4户
户型	F3型,即居住面积 $67\pm3m^2$,K≈0.7
地块	10个地块,计2万套住宅
总建筑面积	198.6万 m^2
合同造价	×××××万美元

二、工程范围

1. 本合同项下的工程承包范围(具体参见合同第 5、7 条)。

2. 设计+建造:所有住房及商业层所属的土方、结构、装修等全工种。但商业部分及基础超过 2 米的地下部分,价格不在合同包干价范围内。

其中设计部分由工程部统一协调,各项目组进行技术对接。设计部分的请款及设计院支付,由工程部统一负责。

三、双方的责任和义务

1. 业主的主要责任和义务(见合同第 18 条)

(1)取得土地产权并完成拆迁工作和完成场地中树木砍伐及全部垃圾清运出场。

(2)建立以项目经理为首的有资格的项目领导小组,以业主的名义指导各项目。

(3)指定项目工程监理工程师。

(4)指定 CTC(第三方质量监督机构)。

(5)负责协调权利部门(SONELGAZ、民防等)对施工文件的审核和批复。

(6)提供最终地形测量图和地块的详细地址勘探报告,并向承包商提供工程定位点。

(7)根据承包商提供的各类施工文件协调办理项目的施工许可及其他必要的政府部门的审批。

(8)负责向国家权力机关获得关于本工程外国人员的工作配额和工作签证,在承包商向业主提供资料后的 1 个月内完成。

(9)提供施工现场临时用水、用电接入至施工现场内,并满足承包商施工所需的容量;负责将施工用电接入现场变电站(含变压器购置、变电站建设等);这些工作应在下达该地块开工令之前完成。

(10)在施工现场附近提供生活区,以满足承包商工作和住宿需要;生活区大小由双方协商决定。

(11)负责与国家权力机关交涉,保证承包商用于本工程的进口材料和设备及时快速清关。

(12)协助承包商获得图纸及其他文件的审批,发生的费用由业主负责。

(13)在需要时,联系国家有关机构为项目现场和生活区提供安全保护。

(14)协助承包商获取水泥计划所需的水泥用量。

(15)在约定的期限内(14 天内)完成对承包商所递交的各类设计和施工文件的审批。

(16)提供地下网络的情况,负责迁移工程并承担相应费用(见合同第 17 条)。

2. 承包商的主要责任和义务(见合同第 17 条)

(1)负责工地现场临时设施的建设及管理。

(2)针对可能的坏天气、水灾和场地塌陷等,负责工地现场的保护(除不可抗力的情况),并承担此安全保护的所有必要的临时工程。

(3)根据总图确定的范围占有施工需要的全部场地。

(4)采取所有必要措施以修复补救其对第三方造成的所有损害及不便。

(5)采取安全措施以避免发生工地及周边的安全事故。

(6)向业主递交一份工地组织机构图及职责说明书。

(7)指定一名代表,在周例会上和整个合同执行期间有足够权力代表承包商并做出与工地相关的决定。如果业主认为代表的资格不足够,承包商应按业主要求在其认为必要时替换代表或添加助手。

(8)工地必须保证有效的进度且不会中断。

(9)及时清理工地,保证工地清洁(执行合同第 31 条)。

(10)合同其他条款中描述的责任和义务(详见合同)。

四、合同价格

1. 价格类别

包干价合同

2. 包干价范围内的工作内容(详见合同第 7 条)

(1)设计部分:住房、商业层和 VRD 及室外整治。

(2)施工部分:埋深 2 米之内的住房部分的建造。

3. 合同总价计算

(1)目前合同价格是在暂定面积下计算的暂定价格,即合同总价。

(2)待设计图纸完成后,需要根据批复的 EXE 图纸的面积重新进行最终计算,差额将在补充合同中体现。

五、工期及开工令

1. 工期

合同工期(见执行合同 12 条):24 个月,其中设计工期 5 个月,施工工期 21 个月,期间有 2 个月的交叉期,将从执行合同开工令签收日期开始计算。

2. 开工令

业主分地块下达开工令,承包商认为其不具备合同所预计的开工条件,则在 10 日内提出书面要求。

3. 业主没有在开工令下达后的 3 个月期限内完成下述规定的义务,需在项目 3 个月时间期满前向业主发函说明,工期自动暂停直到业主完成上述义务(执行合同第 14 条)。

(1)接入必要的水、电,其能力要满足工地内的工程施工。

(2)向承包商提供生活营地场地,其面积将由双方商定(生活营地已经确定在工地内部)。

(3)完成拆毁现存建、构筑物,清移树木和运走垃圾。

六、延期罚款

$$P = M/10 \times D$$

P=每日罚款总额;M=加上可能的补充合同后的合同总额;D=以日历天表示的施工工期。

罚款最高金额不超过合同造价的10%。

对于总分包项目,根据分包合同第26条规定:由于工期延误导致的所有业主工期罚款均由分包方承担。延期罚款的金额及限额同主合同的相关规定。

七、质量

(1)材料质量:须符合执行合同中附件3施工说明书及符合现行规范的规定,并且须得到业主的审批(审批周期在2周之内);

(2)工程质量:满足合同及相关规范要求。

八、结算方式

1. 工程结算方式

根据工程进展的形象进度,按照总价分解表(执行合同附件4)的规定,进行合同报表制作及结算。

2. 请款流程(执行合同第32、33条)

(1)制作工程量明细(METRE):现场责任工程师与监理工程师签字确认。

(2)制作工程量单(ATTACHMENT):项目合约每月25日之前制作好,5日内与监理、业主现场代表签字确认。

(3)制作月报表(SITUATION):ATTACHMENT签订后,项目合约制作SITUATION,上交给监理及业主,并在7日内与业主签字确认。工程部合约协助催促工程款到账。

工程部将统一协调确定标准报表格式,各项目应遵照执行。针对报表格式及填报要求,工程部将专门组织培训。

九、合同外工程

合同外工程(参考合同第7条):

1. 住房合同不包含商业层及VRD部分的施工,须另签合同。
2. 基坑埋深2米之外的部分不包括在包干价内,按实结算。
3. 地块场地清理、植物土清除,基坑抽水和支护按实结算。
4. 业主批复的改良工程。
5. 可能出现的其他合同外工程。

注意点:合同外工程施工前须业主书面许可,这些工作须有明确的开工令并签订补充合同。在设计图纸(EXE)完成后,项目应先组织测算可能的额外工作的工程量,和业主确定单价,并签订补充合同,以便随施工的进行可尽快申报工程量并请款。

十、合同风险及应对

1. 工期风险

合同总工期24个月非常紧张,各项目应合理配备资源尽量满足工期要求。同时,从工程开工起就应注意书面资料的整理,汇总存证其他方影响工期的事件,并及时通知业主、监理在

出现以下几种情况时,承包商有权获得工期延长(见合同16条):

(1)最终地质研究交付期限超过1个月。
(2)业主付款延误。
(3)不可抗力。
(4)恶劣气候条件。
(5)地块地质条件发生变化,与确定的基本地质条件差距大。
(6)业主方要求对设计的重大更改。
(7)合同外工程。
(8)不属承包商责任的工程进度的障碍。
(9)文件的审批超出预计期限(14天)(执行合同第18条)。
在出现这些情况时,项目应及时书面通知业主和监理。

2. 合同外工程(见执行合同15条)

(1)需要先签署补充合同(涉及到额外费用和工期),再进行施工,尽量做到工程款不拖欠。避免干完后再与业主谈施工单价。
(2)对于业主可能提出的无法确定工程量,不能签订补充合同的借口,应协调业主首先按照图纸进行工程量初步核实,依照图纸核算的工程量签订补充合同;最后再依据现实的工程量进行调整。

十一、其他

1. 工地日报的制作与提交(见合同第21条)

工地日报告的内容:

(1)关于施工及合同规定的行政手续,比如:工作令的下达,施工图纸的审批和签发等。
(2)观察到的气候条件(降雨量、风力、气温等)。
(3)工程相关利益的缺陷和细节,以及施工的实际持续时间。
(4)向业主方/工程师提出的意见以及业主方/工程师对承包商做出的指令。
(5)日报表后面每周要附上由承包商特别指定的一名代表制定的详细报告(具体见合同)。
(6)可能使承包商有理由提出索赔的施工中发生的事件。
(7)当日各类资源投入情况。

说明:工地日报每日由项目现场经理整理后译成法文报监理确认并存档。

2. 执行合同附件2、合同第7条

(1)住房与商业的界限、上部和下部的界限(图3-2)。
(2)底层既有商业层又有住房时,须注意,商业和住房层高相差部分按实结算(图3-3):
——在商业合同中结算。
(3)下部结构的按实结算工程部分(图3-4)。
(4)"底层有商业时,承包商应收取相关住房的屋面防水、地下工程比率的等价,即平米包干价增加1/5"的理解(合同第7条及合同附件2)。

以屋面防水为例:

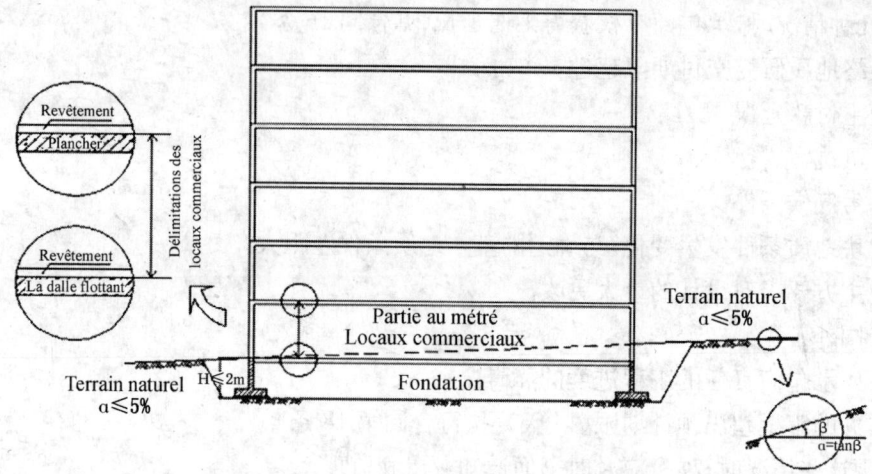

图 3-2 住房与商业的界限、上部和下部的界限

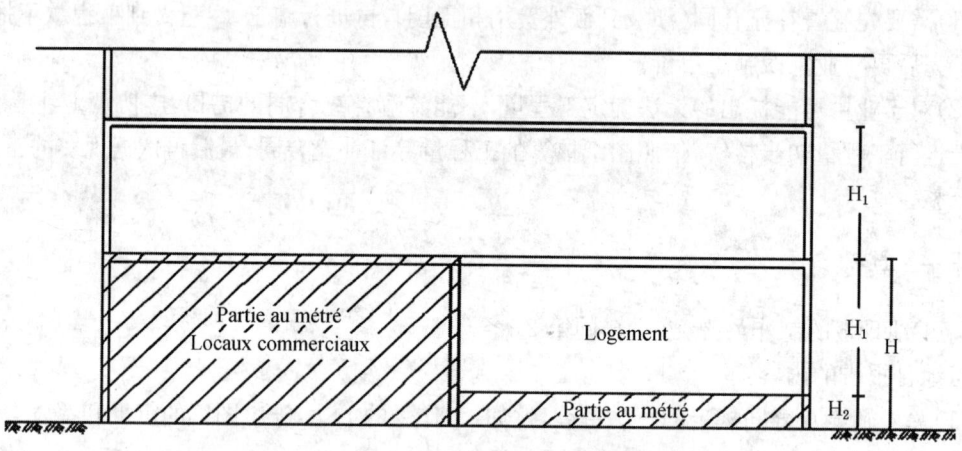

图 3-3 商业和住房层高相差部分按实结算部分

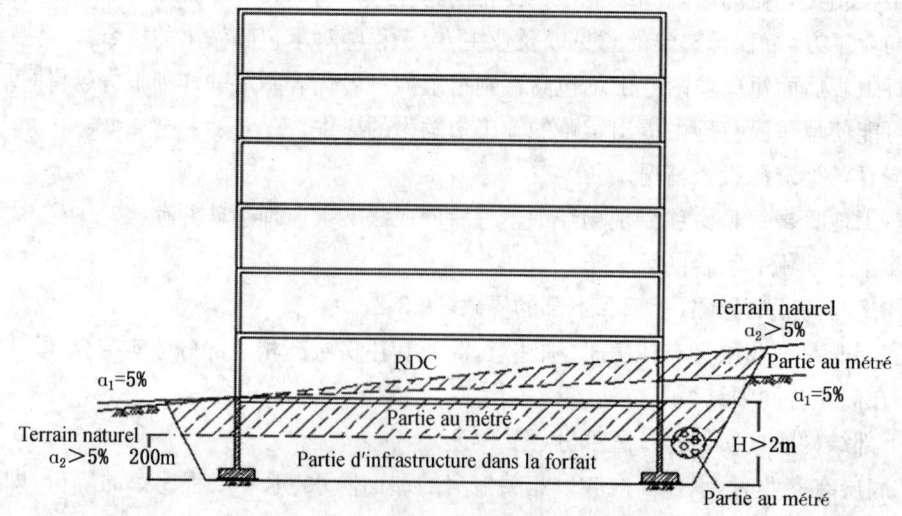

图 3-4 下部结构的按实结算工程部分

底层为商业层时,屋面防水的增加值:屋面防水总价的 1/6;或:住房部分的平米包干价中的屋面防水部分单价增加 1/5。

3. 价格调整及价格现实化的概念

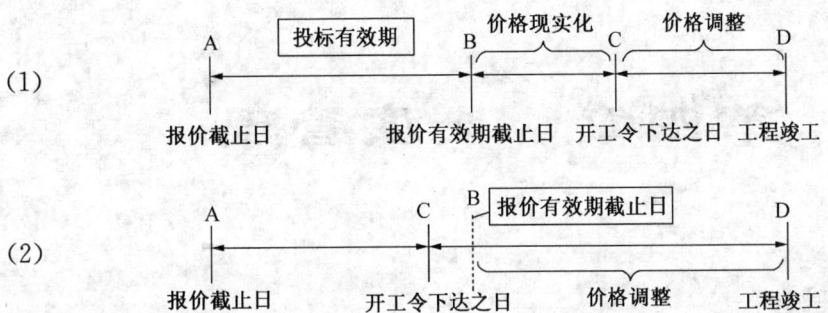

(3)价格现实化(执行合同第 39 条)

价格现实化公式:$U=(V-0.15)/0.85$

(4)价格调整(执行合同第 39 条)

调价公式:略。

调整周期和范围:

价格调整至少是每 3 个月,或者是双方商定的更短的周期。

价格调整针对项目所有的合同(原合同和所有的补充合同)。

4. 保险(工地全险、十年责任险)

合同要求:在开工之前上交保险;

保险由工程部统一购买;

对于总分包项目,按照分包合同规定,费用均由分包方承担。

5. 施工说明书(合同附件 3)——施工标准

6. 工程报表格式,见合同附件 4

第四章 进度管理

一、进度管理概述

(一)进度管理概念

在 GB/T50326:2006《建设工程项目管理规范》中对进度管理给出的定义是:"为实现预定的进度目标而进行的计划、组织、指挥、协调和控制活动"。具体说,进度管理即是在确定的工期目标的基础上,制定合理的进度计划和相应的辅助计划并组织实施,进而实现项目工期目标的全部工作。

进度管理是项目管理的三大目标(进度、成本、质量)的首要工作。在工程项目承包合同中对工期做出了明确的规定,并对因承包商原因导致工期拖延,还做出了业主将对承包商实施罚款的规定。由于承包商的原因不能按期完成工程建设任务,不但将遭受业主方的罚款,而且还会因工期拖延,加大管理成本进而影响承包商的经济效益。我国一些承包商在国际上承包工程建设项目,由于各种原因导致工期延误而遭到业主罚款的事例不少,较大程度地影响了承包商的经营效益。因此承包商在国际工程承包工作中,必须将工程项目的进度管理作为一项十分重要的工作来对待。

(二)影响工程进度的因素

承包商在组织项目施工的过程中,总会遇到因各种内外部制约因素影响工程进度的问题。综合分析,制约进度的因素主要有以下几方面:

(1)**施工组织管理** 包括项目经理部的计划管理、施工组织与协调、现场管理等方面的能力水平。

(2)**人力资源** 主要包括项目经理部管理人员数量及人员素质、能力水平,劳务工种的配套程度、劳务人员的数量及其技术操作水平。

(3)**设计或图纸提供能力** 对于承包商自行设计时,表现为其设计资源配置及能力水平;对于外委设计或业主提供设计图纸时,外部设计单位的出图速度及设计质量等将直接影响项目的施工进度。

(4)**施工技术能力** 包括采用的施工技术方法的先进性、施工技术手段的能力等。

(5)**工装设备能力** 包括施工机具设备配备程度及其出力、完好状况等。

(6)资金提供能力　包括项目经理部资金到位情况,筹措资金的能力。

(7)业主方面配合　包括业主、监理方面的配合程度(如文件、样品的审批效率、工程款的支付及到账速度、现场检查验收的及时性、工程变更的程度等)。

(8)外部环境条件　包括项目周边社区环境的影响、政府相关部门的工作支持、配合程度。

(9)自然条件　包括工程项目的地质、地下水、气象以及自然灾害等情况。

(10)物资供应能力　包括物资采购、发运、清关(进口物资时)、运输等运作效率以及物资质量情况。

(11)政治经济因素　包括工程所在国社会政治、经济稳定情况、与国际的关系以及与我国的关系等情况。

(12)其他方面　包括施工过程可能面临的风险,如安全风险、质量风险、劳务工人罢工风险、传染疾病风险、分包商风险等。

以上所列的制约因素,有的是主观的制约因素,有的是客观的制约因素。承包商进度管理很重要的任务之一就是要求项目经理部的管理者能及时、正确分析这些主、客观制约因素的影响,并能及时采取有效的预防措施或采取降低进度风险的措施,克服不利因素的影响,进而保证工程进度满足工期目标的要求。

二、进度计划编制

(一)进度计划概述

进度计划是管理者对施工的各个过程进行分解,按施工的流程进行科学合理组织,客观反映施工顺序和各阶段工程相互衔接关系以及实施时间控制要求的统筹组织安排的工作计划。

1. 进度计划的分类

进度计划最主要的是按工期控制的时间长短来分类,包括:

(1)总进度控制计划　它是控制项目实施全过程的总工期计划。

(2)阶段性控制计划　它包括项目的年度、季度、月度施工进度计划和周(旬)作业计划等。

2. 进度计划编制的依据

进度计划编制的依据主要有:

(1)合同对工期的要求。

(2)项目策划中的工期目标。

(3)项目各项资源配置能力。

(4)项目物资采购及供应能力。

(5)设计图纸的提供能力。

(6)项目的外部条件等。

3. 编制配套的支持性计划

为保证进度计划的有效实施,项目经理部还需要根据相应的进度计划编制相关的配套计划,如:设计进度(出图)计划、物资采购及其进场计划、人力资源计划、资金计划、设备机具进场计划、技术文件编制计划等。

(二)国际工程承包中通行的进度计划编制方法

1. 甘特图法

甘特图法是以美国工程师亨利·甘特(Gantt)的名字命名的一种进度计划编制的方法,俗称为横道图法。

甘特图一般是以施工内容为纵坐标,以时间(日期)为横坐标,将各项施工活动的起止时间和先后顺序用横线条表示出来的一种计划编制方法。甘特图法的优点是十分直观、易懂、一目了然、编制容易,如果涂以不同的颜色,效果会更好;其另一优势是,它在各种外部原因影响的情况下,调整计划比较方便。它的缺点是不能全面反映各项过程活动之间的相互关系和影响,不能突出管理的重点或不能显示主控方向。但因甘特图法的优点明显,加之国外工程施工,影响进度的因素众多,需要经常调整计划,故甘特图法使用仍十分广泛。

目前甘特图的应用有了新的发展,已将其与先进的关键路径法相结合,发展形成了新的应用方法即带有时差的甘特图法和具有逻辑关系的甘特图法。

2. 关键路径法(CPM)

关键路径法(Critical Path Method,缩写为 CPM),我国国内一般多称为网络图法。它是将项目分解成多个独立的过程活动并确定其每一个过程所需时间(工期),而后以过程间逻辑关系,将它们连接起来而表示进度计划的一种方法。它的优点是把项目施工全过程的各种过程活动组成了一个有机整体,故能全面反映各过程活动间的相互联系和制约关系;它能在复杂的施工组织活动过程中,从错综复杂的计划中理出影响工程进度的关键线路,十分便于管理者关注施工的主要矛盾,从而有效保证进度管理目标的实现。它的不足是,刚刚接触它的时候感觉比较复杂难懂,要求编制人员有较强的专业知识,有较强的逻辑推理能力及较强的组织协调能力;在外部影响进度因素多且复杂的情况下,调整计划较甘特图法为困难。

目前在国际工程进度管理中,众多承包商使用计算机相关软件编制项目网络进度计划、监控进度,已十分普遍。这是因为它不仅能科学、准确和高效地利用网络计划技术来实现管理者的意图,而且还反映它在修改、更新、模拟分析以及资源优化等方面都有着十分明显的优势。

(三)项目计划编制方法的采用

由于甘特图法及关键路径法各有优点,项目可充分利用它们的长处,即在编制项目总体进度控制计划时采用关键路径法,以期能够显示关键路线及不同任务间的复杂的依赖关系;可以在向分包商或作业班组下达月进度计划时采用甘特图法。这样就可以充分发挥这两种方法的优势,有利于项目施工进度的管理。

三、进度控制

进度控制主要是,项目管理者不断监控进度计划的实施情况,不仅掌握进度是否按计划进行,更重要的是及时发现、分析影响进度计划实施的不利因素,及时采取有效措施,以确保工程进度始终处于掌控之中,从而实现工程工期目标。

(一)进度控制流程

进度控制流程参见图 4-1。

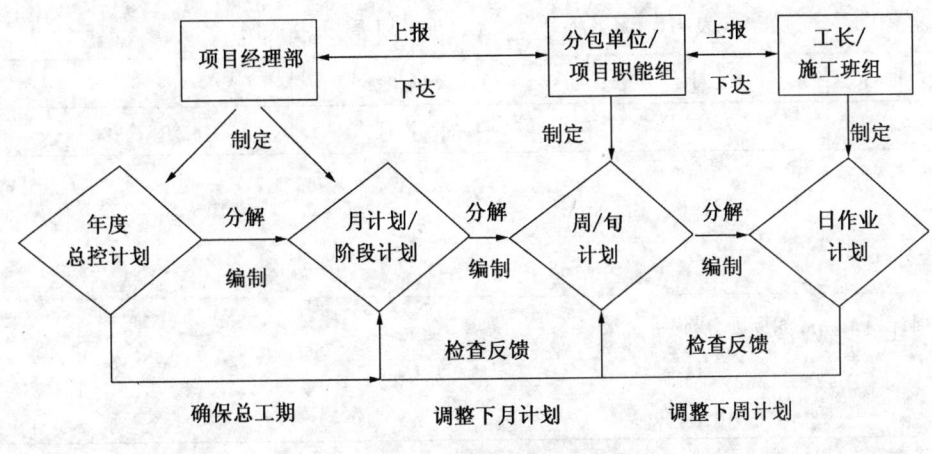

图 4-1 进度控制流程

(二)组织实施进度计划

1. 层层分解进度计划

(1)项目经理部的工程管理部门负责将经审批的阶段性计划(如月计划)向作业队/分包商传递,并作必要的计划交底。

管理者在作计划交底时,应既交待计划安排,又要强调关键点和执行计划中应关注的问题,使作业队/分包商充分理解计划的内容及实施要求。

(2)作业队/分包商根据阶段性计划(如月计划)编制周/旬计划向作业班组传递,并作计划交底。

(3)作业班组根据周计划/旬计划编制日作业计划。

2. 组织落实支持性计划

项目经理部工程管理部门及其相关部门组织落实各自的专业支持性计划。

(三)检查计划的实施情况

项目经理部的工程管理部门要跟踪、检查计划的实施情况。项目经理部的管理者通过检查和收集相关数据,发现进度计划实施过程中出现的问题,分析影响进度的原因,并及时采取措施。

1. 进度数据的收集的渠道

项目获取进度数据的途径主要有:

(1)定期召开会议 一般多是采取 1 周 1 次或 2 次的现场调度会或计划检查会的形式来检查项目进度计划的完成情况。

(2)深入现场调查 项目经理部工程管理人员应经常深入施工现场,了解进度计划的实施情况,特别要关注关键线路的施工进度计划的实现情况。

(3)利用统计报表 要求项目的各分包单位或承包商自己的各作业队、组按要求填报进度数据或进度报告。如表 4-1 为施工进度计划周报的一种格式。

表 4-1 ××栋号 施工进度计划 周报(格式例)

周计划时间	月 日— 月 日	周报编号	
施工单位		责任人	

一、周计划完成情况
1.
2.

二、本周计划未完成的原因分析
1.
2.

三、保证计划完成的措施及责任人
1.
2.

四、下周计划安排(自 月 日至 月 日)
1.
2.

2. 进度分析

针对获取的进度数据,项目经理部要对进度计划完成情况及存在的问题、原因进行分析。表 4-2 为月进度计划执行情况的统计分析表的一种格式。

表 4-2 施工进度月计划分析表(格式例)

序号	未完成工作子项	责任人	滞后时间	原因分析	采取措施	
					措施	责任人
1						
2						
3						

(四)调整计划

项目经理部通过定期地将实际进度与计划进度作比较,发现进度计划实施的问题或计划编制的问题,及时采取必要的对策措施,是十分重要的。这一阶段工作包括了 3 个方面:

1. 分析影响进度的原因

对于工程进度滞后,项目经理部主管部门(人员)应做出准确的分析,即分析进度滞后对总工期的影响,分析进度滞后的影响因素及其影响程度,以便于采取相应措施,消除或降低不利因素对进度的影响。

2. 实施工期索赔

对于系外因或因业主方原因影响进度的,可根据合同中的工期索赔条件,与工程师/业主沟通,实施工期索赔。

3. 调整进度计划原则

根据影响进度计划的因素的实际情况,及时调整进度计划。调整计划应坚持以下几个原则:

(1)必须保证总进度计划的工期目标(工期索赔后的目标)的实现。

(2)充分发挥项目各类资源的效率。

(3)保证施工安全和工程质量。

4. 进度计划调整的依据

进度计划调整的依据主要有:

(1)总进度控制计划。

(2)项目内外部条件的客观变化情况。

(3)工期索赔结果。

5. 调整进度计划的途径

调整进度计划一般有以下几种途径:

(1)调整关键过程。调整关键过程是首先应予以考虑的,因为它是影响进度工期的关键。当关键过程的实际进度滞后时,应调整后续的关键过程所需的时间。

(2)改变过程活动的逻辑关系。这种方法是改变关键过程和非关键过程之间的逻辑关系。例如,将流水作业尽量改变为平行作业。

(3)根据工期索赔的结果,将进度计划作重新调整,即相应顺延工期。

四、FIDIC 合同条件下的进度管理

(一)基本要求

(1)工程开工之前,承包商应向监理工程师提交项目进度计划,供其审批;并应按审批后的进度计划组织施工。

(2)监理工程师在工程实施过程中检查计划的实施情况,若发现施工进度与进度计划不符,其将向项目经理部提出;项目经理部则应根据监理工程师的要求,提出修订的进度计划。修订后的进度计划仍需报监理工程师批准。

(3)为保证工程在合同期内竣工交付,合同条件中规定了因承包商原因而致工期延误,业主有权对承包商实施罚款的内容。这即是对承包商误期的惩罚。

国际工程承包中,也有的在合同条件中规定了阶段性罚款的内容,即当月进度计划没有完成,监理工程师将在下月发出罚款通知,但暂不兑现;如在下月的施工中已将上月拖期的计划内容完成,并完成当月的进度计划,则此罚款注销;如下月计划仍未完成,则开始实施进账罚

款。其目的是保证计划的严肃性,从而保证总进度目标的实现。

(二)工期索赔

工期索赔内容见"第八章　项目索赔管理"。

(三)FIDIC《施工合同条件》中有关进度管理的条款

表 4-3 为 1999 年版《施工合同条件》(新红皮书)中涉及进度管理的主要条款。

表 4-3　FIDIC《施工合同条件》中与进度管理有关的条款

序号	类别	条款号	主要内容
1	施工准备	1.13	承包商应按适用的法律中关于设计、施工的要求办理所需许可批准手续,并办理纳税等事宜
2		4.4	承包商应在分包工作开工前 28 天通知工程师
3		6.5	除特殊情况外,在规定的正常工作时间以外及当地公共节假日期间,承包商不得进行工作,除非另有许可
4		8.1	工程师应至少提前 7 天向承包商通知开工日期,承包商应在收到中标函 42 天内开工
5		1.1.3.2	工程师通知承包商开工的日期
6		1.1.3.3	关于竣工时间的规定
7	进度计划	8.3	承包商应在收到开工通知 28 日内,向工程师提交详细的进度计划,当进度有变动时,应提交修订的进度计划。工程师在收到计划 21 日内未对承包商进度计划提出意见,承包商可认为计划被批准。当工程师指出进度计划不符合要求时,承包商应提交一份修订的进度计划
8		8.6	如工程进度过于缓慢,承包商又不能索赔工期,工程师将要求承包商提交加快进度的工作计划
9		13.3	工程师在发布变更令前要求承包商提交建议书时,承包商应予以答复。承包商的建议书应包括变更工作的实施方法和计划
10		4.21	承包商每月编制进度报告,报工程师。在本条款中规定出进度报告的内容
11		8.2	承包商应在竣工时间内完成整个工程
12		8.8	工程师可随时指示暂时停工,并提出停工的原因
13	进度控制	8.11	如 8.8 所述的暂停超过 84 天,承包商可向工程师申请复工,如申请后 28 天未得到复工的许可,承包商可以将暂停的工程删减,甚至可终止整个工程
14		13.1	在颁发接收证书前,工程师有权提出工程变更,并可要求承包商就变更提出建议书
15		14.3	承包商应在每月末,向工程师提交月报表,说明有权得到的款项,并附上表明进度的证明文件

第五章 分包商管理

国际工程承包中普遍采用工程总分包管理的模式，完全依靠承包商自己的力量单独去完成某项工程任务一般是不可能的，尽管有的承包商的企业规模比较大和综合实力比较强。这是因为国际工程项目一般都具有体量比较大，技术比较复杂、综合管理难度比较大等特点，必须依靠智力、管理密集型的总承包商去组织运作境内外社会的各类资源，即要将工程的一部分或按专业划分的若干分部分项工程实施工程分包，以充分发挥总承包商与各专业分包商的各自优势，才能高效地完成一个工程项目的全部建设任务。

从国际建筑市场上看，规模较大的总承包商，管理人员比例甚高，甚至很多总承包商是纯粹的管理型公司，即专门从事工程项目的管理工作。这样发展的基础就是，建筑市场中有十分完善的专业分包队伍。近年来我国国内这种管理模式也有了很大的发展，即纯管理型的公司在国际上开始大量承揽工程。这也是适应国际工程承包的惯例，即根据实际实行工程总分包。作为工程分包的中小型公司一般都是专业水平高、施工经验丰富、专业设备齐全、相应专业人员素质水平高的专业施工队伍。

为了适应国际工程总分包事业的发展，世界各国都培养了众多的适应工程总分包形式所需要的专业分包商。在很多国家的建筑法中，都对承包商的专业划分作出明确规定，从而促进了总分包市场的发展。国际上，专业承包商数量很多，专业承包商在某些领域内有其专业特长，如擅长深基础工程、钢结构工程、防水工程、高级装饰工程、机电工程等等，因其专业化程度高、人员精干以及具有独到的专业技术管理能力，因而他们在施工成本、质量、工期控制以及专利技术等方面具有明显的优势。专业承包商的人数一般都不多，少则几人多则十几人、几十人，而达到上百人规模的则很少。例如在英国，多数小型专业公司人数都在15人以下。这样从承包工程的各类施工队伍的规模和发挥各自优势的格局来看，建筑市场上形成了大小企业并存，专业分工不同、各自发挥其优势的局面，从而既有利于建筑市场的发育，又有利于提高工程项目的建设效率。

对于工程总承包商来说，他们往往是将利润相对较高的施工内容留给自己做，而将利润偏低或技术、质量风险较大的施工内容分包给专业分包商，这也是承包商转移经营风险的一种重要措施。

一个好的总承包商，不仅要有自身强大的管理团队，而且还要有一批与之合作的专业分包商队伍和劳务分包队伍，这样才能在国际建筑市场中占有一席之地，才能有利于越来越激烈的市场竞争。

实行工程总分包管理,总承包商的一项十分重要的工作就是要选择好、管理好分包商,对分包商的管理实行全面的监督、指导和提供必要的服务。

第一节 分包商的评价与选择

工程项目实施总承包管理,承包商面临的一项首要的工作就是选择好分包商。实践证明,分包商选择的结果在很大程度上影响着工程承包的经营效果甚至是决定了工程承包的成功与否。

一、分包商评价选择概述

(一)分包商评价与选择的目的

对分包商进行评价的目的是为了选择,即为选择分包商创造基础条件;选择分包商的目的即是为(总)承包商确定最佳的合作伙伴。

(二)分包商评价与选择所依据的基本原则

目前国际上对分包商进行评价与选择基本都是按照国际惯例,即按照 ISO 9001 标准中关于对供方的评价与选择的要求来开展这项工作。在 ISO 9001:2008《质量管理体系 要求》标准中,对这项工作要求是:"组织应根据供方按组织的要求提供产品的能力评价和选择供方","应制定选择、评价和重新评价的准则"。ISO 9001 标准中所说的"组织",在这里即指(总)承包商,"供方"即指分包商。

(三)分包商评价选择流程

分包商选择流程见图 5-1。

二、对分包商的评价

(一)资格审查

一般来说,多是由承包商/项目经理部的合约管理部门牵头组织对备选分包商的资格审查工作。资格审查的内容包括:
(1)企业基本情况。
(2)工程业绩(重点为国际工程业绩)。
(3)营业执照、资质证书。
(4)质量、环境、职业健康安全管理体系认证证书。
(5)近期已完工工程及在施工程明细。
(6)法定代表人身份证明或法定代表人委托书原件。

第五章 分包商管理

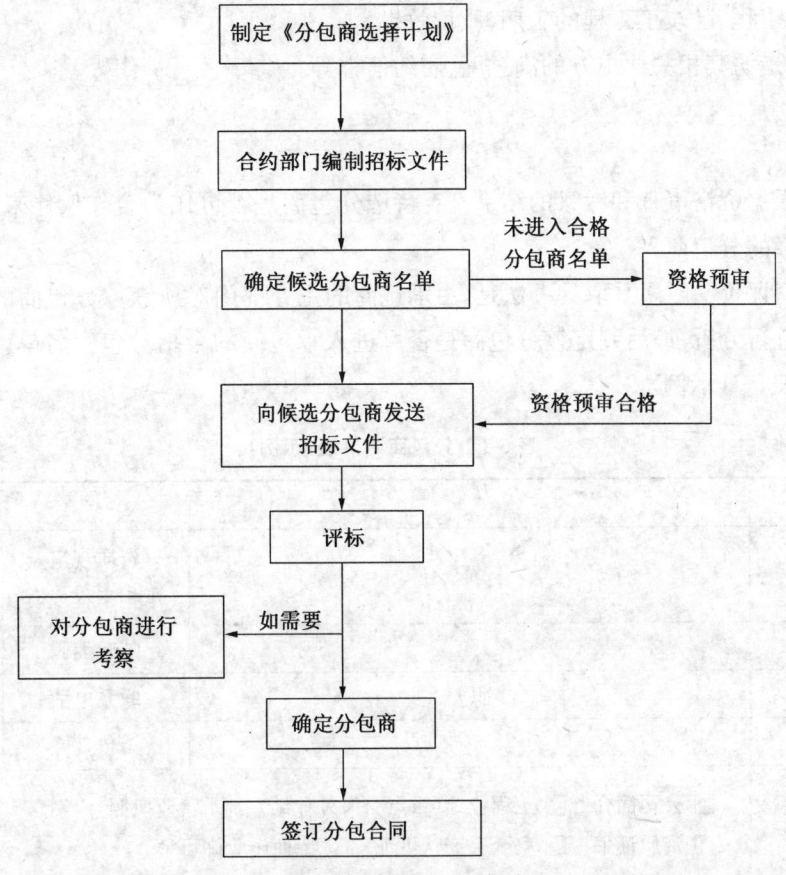

图 5-1 分包商评价选择流程

(7) 可从事项目管理的人员及主要工种熟练工人情况。

(8) 企业自有的主要机械设备。

(9) 企业资信证明文件等。

若分包商已纳入承包商年度《合格分包商名单》，则无需再次进行资格审查，即可直接参加投标；或其虽未纳入承包商年度《合格分包商名单》，但本年度已进行过资格审查并获通过的分包商，也无需再进行资格审查。

承包商/项目经理部在对分包商进行资格审查时，应将他们国际工程的施工经验及其信誉作为重点评价内容。

(二) 对分包商的考察

当对分包商的实力及业绩了解不深时，承包商可组织对分包商进行必要的考察。考察的内容可为：

(1) 管理人员及技术熟练工人力量。

(2) 施工机械设备能力。

(3) 近年来财务状况、负债状况。

(4) 在施工程、已竣工工程的工期、质量效果。

(5) 调查走访其相关业主方的满意度、履约信誉等。

(三) 评价

承包商根据资格审查和考察的结果判定待选分包商是否可作为合作伙伴来考虑，即判定其是否为合格的分包商。

对分包商评价一般多采取的办法是，由承包商的主办部门对所获取分包商的资料及实际考察的结果进行分析，最后判定该分包商是否可进入承包商的合格分包商名单。其评价记录的格式参见表 5-1(示例)。

表 5-1 分包商评价表(示例)

公司名称					
工程资质类别及等级				资质规定承担工程规模	
公司地址				邮政编码	
联系人		职务		联系电话	
邮箱地址				传真	
分包商提供资料清单	□ 公司简介　□ 工程业绩(重点　海外业绩)　□ 营业执照 □ 资质证书　□ 安全生产认可证　□ 特种作业许可证 □ 质量、环境、职业健康安全管理体系认证证书 □ 近期已完工程及在施工程明细表 □ 项目所在地分包施工许可证 □ 法定代表人身份证明或法定代表人委托书原件 □ 企业人员构成，项目管理人员明细表 □ 企业自有的主要机械设备 □ 企业资信证明原件 □ 其他： 审查部门：				审查人/日期：
审核意见	1. 分包商提供的资料是否属实？ □ 是；□ 否 2. 分包商的资质是否满足要求？ □ 是；□ 否 3. 审核结论：建议纳入候选分包商名单？ □ 是；□ 否 评价部门：				负责人/日期：
批准意见	1. □ 同意纳入候选分包商名单 2. □ 不同意纳入候选分包商名单 				批准人/日期：

三、选择分包商

选择分包商是一项十分慎重的工作。由于对此项工作重视不够,没有认真履行评价选择程序,往往会出现所选择的分包商,在进入现场后,才暴露出其能力、施工水平不能满足施工需要的问题,这将给项目经理部的施工组织带来很多不利的影响。对于不符合要求的分包商,尽管可以按分包合同对其进行处罚或终止合同,但其给承包商造成的损失往往是巨大的,何况在施工进行过程中更换分包商也是一件比较困难的事。因此承包商必须严肃认真地对待这项工作。

一般情况下,承包商应从企业的合格分包商名单中选择三家以上的合作伙伴进行询价,然后从中确定最佳的分包商。

(一)分包商选择过程

1. 与候选分包商沟通和询价

承包商向分包商提供必要的本工程项目的相关资料,介绍需要进行分包的工程及其主要要求,并要求其报价。

2. 招标

对于工程量比较大的分部分项工程,可采用招标方式,向3~5家候选分包商招标。对于与承包商合作过或承包商比较了解的分包商,有时也可采用议标方式进行招标。

3. 评标、确定分包商

综合评价各分包商的投标文件,确定最佳的入选分包商。

(二)分包商选择的方式

分包商的选择方式可分为投标前选择和中标后选择两种形式。

1. 投标前选择分包商

投标前选择又分为事先选择并确定和事先选择但不确定总分包关系的两种情况。

(1)投标前选择并确定分包商 承包商通过询价,或通过对若干家分包商的报价比较,在向业主正式投标前即确定一家分包商,与其确定分包合同的内容和分包价格,并签订合作意向书或协议书。承包商一旦中标,双方的合作关系即自动成立。这种选择的方式,由于承包商和分包商的合作关系事先已得到确认,甚至是共同投标,因此双方将共担风险;这种方式有利于分包商与承包商的合作,而且分包的价格也相对比较合理。采用这种方式时,承包商为规避风险,应要求分包商提交投标保函。

这种事先确定分包商的选择方式,一般在投标时需向业主说明。在中标签订业主合同前,承包商应向业主方说明确定分包商的意向,如业主没有提出异议,则承包商所选择的分包商无须再经过业主批准。因为选择该分包商参与本工程项目施工是承包商投标时的一个条件,业主既然接受了承包商的投标,即意味着批准了该分包商。

(2)投标前选择分包商,但不确定总分包关系 这种方式是,承包商针对将分包的分部分项工程,邀请3~5家分包商报价,与其洽谈合同条件和分包价格,但是双方间不签订意向或协议性文件,承包商也不对分包商做出任何承诺,即保留其中标后确定分包商的权力。在这种情况下，承包商在中标后可仍按自己的标准选择合适的分包商；对参与报价的诸分包商也相应是无约制的，即分包商当初的报价也是可调整的。采用这种方式，承包商将承担分包商会提高报价的风险，特别是在物价波动较大的国家。

2. 中标后选择分包商

一般情况下，承包商在拿到招标文件至递送出投标文件的间隔时间都是比较短的，即投标过程十分紧迫，往往没有更多的时间再同时进行分包商的选择工作，因此较多情况还是中标后才着手选择分包商。

在承包商中标后，在主合同条件及合同价格已经确定的情况下，承包商有相对较充裕的时间着手选择分包商。但是因主合同一旦签订，业主往往会立即发出开工令，实际留给承包商选择的时间并不充裕，这时容易发生分包商借机要挟承包商，提高分包价格的问题。因此，承包商要在投标前就开展一些分包商选择的有关准备工作，避免因操作过程时间过短，不能选择出最合适的分包商。分包商的选择应根据工程进展先后顺序来实施，如对于建筑工程，必须事先做好基础工程、主体工程分包商的选择，而装修、机电安装的分包商选择工作可稍后甚至在主体施工进行阶段中再操作。

在选择确定分包商前，承包商应按主合同的有关要求，向业主和工程师报告，待批准后再正式通知中选分包商。

3. 指定分包商

在工程总承包中，时常出现指定分包商的情况，即业主或工程师选择或指定分包商给总承包商，作为总承包商的分包商参与施工。对于这种情况，可以是业主在招标文件中指定，或开出一些可供选择的分包商名单，由承包商从中选择；也可以是在中标后由业主或工程师直接指定分包商。

(1) 指定分包商与承包商的关系　尽管分包商由业主指定，但被指定的分包商并不与业主直接签订合同，而是要与承包商签订合同。指定分包商一旦被雇佣，他和承包商的关系即在承包商与之所签订的分包合同中被确定，而与业主或工程师无任何关系。

(2) 承包商对指定分包商的反对　对于指定的分包商，承包商仍应按 ISO 9001 标准的要求，对其进行全面评价，当其被评价为不合格时，承包商可以拒绝业主或工程师所指定的分包商，这是承包商的权力。但承包商拒绝的理由必须充分，并有相应证据向业主或工程师提供。因为项目承包是总包负责制，当指定分包商不能按合同履行其责任和义务时，将会给承包商的项目施工及管理带来不利的后果，业主仍然要按主合同追究承包商的责任。承包商可做出这样的决定在国际惯例上也是有一定依据的，即在有些合同条件中已对业主或工程师指定分包商做出限制性条款，如 1999 年版 FIDIC《施工合同条件》（新红皮书）中针对"指定分包商"，做出这样的规定：承包商如有充足的理由和证据，则有权拒绝业主/工程师指定的分包商，但此时承包商应向工程师提出相关证明材料。承包商反对的理由可以是：

①分包商没有足够的能力、资源或财力。

②分包合同中未规定保障承包商免受因指定分包商疏忽或误用材料引起的损失。

③分包合同中未规定，指定分包商承担的工程一旦出了问题，应承担其相应责任，而不应由承包商承担相应的合同责任。

第二节 对工程分包商的管理

一、分包合同的管理

(一)分包合同文件编制

分包合同是管理好分包商的基础条件。分包合同文件编制可借鉴 FIDIC 的《土木工程施工分包合同条件》,它是被推荐与《土木工程施工合同条件》(1987 年第 4 版,1992 年再次修订后重印)配套使用。此分包合同条件稍加修改同样适用于业主指定分包商的情况。

1. 明确分包工作的范围

承包商应注意在分包合同中明确说明分包工作的范围,包括分包工程的内容、范围和管理工作的内容、范围。一般一个主合同之下往往覆盖多个分包合同,当分包合同之间有结合部位时,承包商则应对各个分包工程的内容作详细、准确的界定,以便明确责任,防止施工过程中就工作范围不清问题发生矛盾或出现争执而影响工程的正常进行。

2. 文字的准确完整无歧义

分包合同的文字阐述应力求准确、完整,为避免理解偏差,合同不但要做出正面要求,而且还要做出反面的规定。其目的是,当分包商一旦违约,总承包商可依据这反面规定对分包商采取必要的处理措施。如对于分包工程合同,在规定分包商必须保证按总包商进度计划要求完成工程施工任务的同时,还应规定,如违反这一要求,总承包商有权对分包商采取相应的处罚。

3. 分包合同与主合同的一致性

业主是以主合同来要求、制约承包商的行为与过程的结果,因此就合同的主要要求,分包合同与业主合同必须保持一致。对业主来说,分包商出现任何没有执行合同要求的行为,都将被视为总承包商违约。由于签订分包合同时,不可能将主合同的相关内容和要求全部写入分包合同中,因此总承包商为了能以主合同的要求来约制分包商,使总承包商免予承担因分包商违约造成后果的责任,除了要将主合同复印件作为分包合同附件传递至分包商外,还应在分包合同中写明:"分包商业已认为了解主合同并清晰主合同所规定的所有相关要求,分包商亦全部接受主合同中制约承包商的条款,并承认这些条款对其分包所涉及的全部工作有同样的约束力,分包商必须全面落实主合同规定的相关要求。"又例如,当主合同做出这样规定时:"在最终款项结算之前,总承包商要提供一份保证书,保证并证明业已支付了在工程实施过程中发生的一切债务,包括其分包商所发生的债务。"总承包商亦应在分包合同中提出同样的要求。

(二)工程分包的获准和缺陷保修期的转让

按照国际工程承包的惯例,有时在主合同中规定,总承包商不得对整个项目全面进行分包;可对工程进行部分分包,但须报经业主批准。这样规定是因为分包商的施工能力及管理水平将直接影响工程项目的质量和工期效果,必须保证分包商本身的能力符合主合同的要求。

还需要指出的是,有些国家的有关建设法规规定,对于一些技术含量高,工程交付使用过程中容易出现质量问题的分部分项工程如机电设备采购和安装,这些工程的质量保修期往往要长于主合同的缺陷保修期,因而业主会在合同中要求,在主合同的缺陷保修期届满时,要求总承包商将其在分包合同中规定的保修未到期的权益转让给业主。这样,尽管总承包商已经撤离,业主仍可在相关分包工程出现质量等问题时直接与相关分包商联系,要求其按原合同规定履行其质量保修责任和义务。

二、对指定分包商的支付

对于分包商工程款的支付,均是由总承包商负责。但对指定分包商的支付还不完全等同总承包商自选择的分包商。其区别是,当承包商无正当理由,对指定分包商截留或拒付时,业主有权根据工程师的相关证明直接向指定分包商进行支付,并从应向总承包商的支付款项中扣回相应数额的款项。

当总承包商有充分理由和证据表明不向指定分包商支付,应在做出此项决定前向工程师提出书面说明和相关证据资料,包括向分包商发出的拒付通知件等,经由工程师/业主批准后再实施。

三、对业主直接分包工程的分包商管理

在业主组织工程项目发包工作中,经常会出现业主对某些重要的分部分项工程不通过总承包商而直接另行分包,如建筑工程的精整修工程、机电安装工程等。在这种发包形式下,业主直接与分包商签订合同,与总承包商间无合同关系。这种情况下,业主为了减少其施工组织的工作负担,其往往会在主合同中规定,业主直接分包工程的分包商要纳入总承包商的管理之中;业主同时与总承包商签订代为管理协议,并支付总承包商一笔综合管理费(一般为其直接分包工程合同额的2%~5%)。

这样的管理模式,总承包商一般不对分包商的进度、质量等实施管理,主要是对现场总平面规划、临水临电、道路、安全及文明施工、环境保护等实施统一管理。

对业主直接分包工程的分包商管理,因分包商与总承包商间无合同关系,总承包商实施现场的综合管理有一定的难度。这时总承包商应按照 ISO 9001:2008 标准"7.5.4 中的顾客财产"的要求处理所出现的问题,即当发现业主直接分包的分包商有问题或不听从统一管理时,应及时向工程师或业主书面报告,以规避总承包商的自身管理责任。

四、分包管理中应注意的问题

1. 遵守当地雇用分包商管理的法规

雇用当地分包商之前,承包商应充分调查了解并遵守工程所在国关于雇用分包商的有关规定,包括合同形式、工程预付款支付、总承包商是否有义务代扣分包商应缴纳的各类税款,是否对分包商在实施分包工程发生的债务承担连带责任等。

2. 强调分包商直接对口总承包商

根据总承包商与分包商所签订的合同,分包商不能直接对接业主,不能跨过总承包商直

接接受业主代表、工程师的指令。总承包商应注意在合同中说明,如果分包商不经总承包商擅自接受并执行业主或监理的指令,总承包商不但应追究其违约责任,而且还不为其后果负责。

有时为了工作的便利,业主、总承包商以及分包商三方可以共同商定沟通协调程序,明确在何种情况下,业主代表/工程师可以直接向分包商发布指令。

3. 不能以包代管

总承包商应派专人监督和管理分包商的工作,不能以包代管,放任自流。特别是我国承包商在建筑工程上多是从国内选用民营企业分包商,而这些分包商的管理力量和管理意识多比较薄弱,更需要加强监督管理。如有些分包商过分关注效益而不注重信誉,因总包商以包代管,监督不到位,出现了不少诸如弄虚作假、偷工减料的问题,甚至酿成重大质量事故,造成重大的经济损失,直接影响了总承包商的声誉。

总承包商还需注意与分包商国内总部的沟通与联系,及时反映分包商自身管理上存在的问题,以求得其国内总部的支持。

4. 建立分包商档案

承包商应注意做好涉及分包商合同管理的全部工作,建立分包商合同管理档案,收集保存与分包商管理有关的各类资料。特别是与支付、索赔有关的资料文件要保存原件,为解决与分包合同实施过程中出现的争端提供依据,同时也为解决与主合同的争端时提供必要的证据资料。

5. 做好指导与服务工作

承包商要加强对分包商人员的培训指导工作。对分包商除了要进行全面的工程交底外,还要对分包商的管理人员进行提高管理水平方面的培训,使其管理完全纳入总承包商的管理体系之中。

因为承包商和分包商的关系应该是风险共担、合作双赢的关系,所以承包商还要注重对分包商的服务工作,即尽可能地帮助分包商解决施工及管理中遇到的实际困难和员工生活中的一些实际问题,使分包商感到与总承包商的确是利益共同体,是为了一个目标而共同工作的整体,从而能更好调动分包商的积极性。当项目上有两个以上分包商的时候,总承包商在加强对外关系协调的同时,更要注重内部的沟通协调,使项目形成一个协调、和谐的整体。

五、分包商风险控制

选择合适的分包商和管理好分包商是项目成功的关键。近年来我国对外承包工程多次发生因分包商的素质及管理方面的问题,导致总承包商在施工过程中不得不更换分包商的被动局面,这不但严重影响承包商的合同工期和效益目标的实现,而且严重影响了我国对外工程承包的声誉。因此承包商必须高度关注、认真对待分包商的选择工作。分包商选择过程中存在着许多风险,承包商应认真预测、分析,并采取相应的对策,以规避或降低风险。

(一)招投标风险的控制

当承包商于投标前选择,采取仅选择但不确定总分包关系方式时,因此方式对分包商约制力弱,承包商将承担中标后分包商对其当初报价进行提价的风险。为规避此种风险,承包商不能简单地以最低的分包商报价作为自己报价的依据,需对分包商的报价做是否合理的审核。除此之外,还应要求分包商在其投标书中表明相关价格的有效期,且要求其有效期应比承包商向业主投标的有效期长,这是考虑到主合同签订与分包合同签订中间会有一段间隔的时间。如不这样做,很可能会给分包商在签订分包合时要求提价留有余地。

(二)分包商欺诈风险的控制

有的分包商为了能中标而承担部分工程,采取欺诈手段,包括不如实填写"分包商调查表",不真实反映其具体情况;在接受承包商考察时提供假现场或制造假象以蒙蔽考察者;采取表面做出十分诚恳的承诺,中标后不兑现等等。这样的分包商一旦蒙混过关,势必会给承包商带来麻烦和损失。为了规避此种风险,要求承包商对准备与其第一次合作的分包商采取:

(1)选派责任心强的人员负责对分包商调查,不仅听其言,更要认真按考察提纲进行调查,填写"分包商考察表"。

(2)向分包商提供的所承担工程的业主作调查,核实分包商介绍情况的真伪。

(3)必要时,要求分包商提供履约保函。

(4)在选定的分包商进场时,承包商要严格履行进场验证程序,确保其进场队伍及相关资源配置等与当初所承诺的相一致。

(三)对指定分包商的风险控制

有一些国家出于保护本国施工企业,培育、发展本国建筑业,以及促进本国就业、维护社会稳定等方面考虑,一般都会有指定分包商的要求,有的甚至在招标文件中就做了明确规定,要求承包商必须选定当地分包商作为联合体才能有资格参与工程投标。有些国家,出于保护本国就业的考虑,对承包商的劳务输出限制严格,要求承包商必须雇用当地一定数量的雇工作为附加条件,这实质上也带有指定的意味,

对于业主或工程师指定的分包商,承包商应坚持原则,不能碍于面子或怕影响日后合作的关系轻率地接受之,必须对其进行认真考察、评价而决定是否接受,否则不合格分包商所造成的损失将由承包商承担,而业主或工程师毫无责任。

(四)分包合同风险的控制

承包商须注意在分包合同中,应尽可能地详细明确工程的范围和内容,如以详细的工程量表和施工要求说明分包商的工作内容;对于采用包工不包料的分包形式时,总承包商要提供详细的合同附件。因分包商与业主之间并不存在任何契约关系,因此在合同中必须明确总承包商和分包商的责任和义务,并规定分包商不能直接接受业主或工程师的指示和要求,外部所有指示、要求事项均须经总承包商确认并同意后方可落实。

六、FIDIC 合同条件中对分包商控制提出的主要要求

在 1999 年版《施工合同条件》(新红皮书)中涉及分包商管理的主要规定,参见表 5-2。

表 5-2　FIDIC《施工合同条件》中涉及分包商管理的主要规定

序号	类别	条款号	主要内容
1	承包商责任和义务	4.4	承包商不得将所承包的工程全部分包出去
2		4.4	承包商所选择的分包商须经工程师批准（合同中已注明的分包商除外）
3		4.4	承包商将承担分包商的一切行为或违约的责任
4	分包合同权益的转让	4.5	在缺陷通知期期满后，承包商应将相应分包合同的权益转让给业主；在转让生效后，承包商不再对业主承担该分包商的责任
5	对指定分包商的管理	5.2	承包商如有充足的理由和证据，有权拒绝业主所指定的分包商，但此时承包商应向工程师提出相关证据材料
6		5.3	承包商应依据分包合同规定向指定分包商付款，并须经工程师签认
		5.4	承包商应按工程师要求，向其提供已向指定分包商支付款项的证据，否则业主可自行向该指定分包商支付，但要从对承包商的支付款中扣减

第三节　对劳务分包商管理

一、劳务分包管理概述

（一）劳务分包管理的产生和发展

国际上工程项目施工用工体制自 20 世纪 70 年代起发生了深刻的变化，即劳务层逐步与承包商的管理层分离，工程承包商的职能向主要提供工程建设管理服务的方向转化，劳务层则逐步转化为仅提供施工劳动服务的劳务分包商。我国从 20 世纪 80 年代起基于推行项目法施工的需要，建筑企业的管理层开始与劳务层逐步分离。在这样的形势下，承包商在工程建设过程中选择、管理劳务分包商则成为了项目管理中的一项十分重要的工作。

随着我国对外开放，越来越多的中国建筑企业走向国际，目前已逐步形成了一个以国际承包商为龙头、以劳务分包商为纽带、以农民工为劳务主体的产业链。这个产业链涉及了国内和国外、企业和个人、城市和乡村的多种经济体并存的庞大社会组织。这个组织为我国建筑企业推进"走出去"战略、促进广大农民工就业，以及推动地区经济增长发挥了重要的作用。

（二）劳务分包商的概念

1. 劳务

劳务是以活劳动形式为他人提供某种使用价值的劳动。劳务包括了生活劳务和生产劳务两大类。本文所言的劳务专指生产劳务。

2. 劳务分包

劳务分包是指承包商将其承包工程中的劳务作业发包给专职劳务工作组织的行为或

活动。

3. 劳务分包商

劳务分包商是指以计件或者计时的方式承接工程劳务工作的专门承包人,其与承包商签订劳务分包合同,并按约定从承包商处获取劳动报酬。

(三)劳务分包的形式

目前我国在国际工程中劳务分包的形式主要有两种:

1. 成建制的劳务分包

成建制劳务分包是指分包商以法人组织形式与承包商签订劳务合同,承担相关劳务作业。这种形式的劳务组织包括了承包商国内的劳务组织和工程所在国或第三国的劳务组织。

2. 零散的劳务分包

零散的劳务分包是指承包商临时用工,其承担零散劳务工作或不易计件作业的一种分包方式。

(四)我国外派劳务分包形势及加强劳务分包管理工作的意义

据有关部门2008年统计,目前活跃在世界各国的外籍劳工达8100万,全球每年流动劳务约3000万~3500万人,比20世纪80年代初增长了50%以上。中国对外承包工程商会2010年5月发布的《中国对外劳务合作发展报告2009—2010》中披露,2009年我国外派各类劳务人员394 833人次,其中工程项下派出劳务人员214 208人次,占全部外派劳务的54.25%。此部分劳务人员还仅仅包括我国对外承包工程项下外派劳务人员,尚未包括以纯劳务形式外派的建筑劳务人员,如包括这部分劳务,工程项下劳务占整个劳务外派的比重还会更高。

我国对外工程承包劳务合作市场目前已扩展到世界180多个国家和地区,主要分布在日本、越南、新加坡、韩国、阿尔及利亚、阿联酋、苏丹、利比亚、刚果(布)、赤道几内亚、俄罗斯、美国、毛里求斯等地。"十五"期间,我国对外劳务合作营业额年均增长11.5%,高于同期国内生产总值的平均增速。据国内专家测算,我国外派劳务每年汇回和带回的外汇收入约20亿美元,使得300多万外派劳务人员的家庭经济状况得到改善,这不仅在一定程度上缓解了国内就业的困难,还带动了务工者周边的人一起发家致富,凸显了可观的经济效益。

但是不能不看到,随着工程项下外派劳务人员数量的不断增长,劳务纠纷事件也呈逐年上升趋势。由于我国一些国际工程承包商不够重视对外派劳务队伍的选择,以及在一定程度上忽视对劳务队伍使用过程中的的监督管理,甚至使用不合格的劳务分包商,导致了近年来因劳务纠纷以及演变为劳务事件甚至导致为暴力事件和外交事件频频发生,特别是在2006年至2008年间有愈演愈烈的趋势。对外承包工程时常发生劳务罢工或聚众闹事暴力事件,这不仅影响了工程承包企业和大多数劳务人员的利益,并在一定程度上影响了我国的外交形象,影响了我国国际工程承包事业的健康发展。

为建立完善的劳务分包制度,提高劳务队伍的职业素质,以适应劳务事业的健康发展,2005年原建设部出台了"关于建立和完善劳务分包制度发展建筑劳务企业的意见"(建市〔2005〕131号),要求总承包企业和专业承包企业必须使用相应资质的劳务企业。为加强对外劳务合作管理，规范外派劳务市场秩序，遏制违规违法行为，有效防范劳务风险，实现管理关口的前移，2008年国家四部委（商务部、外交部、公安部、国家工商总局）又联合发布了《关于实行外派劳务招收备案制的通知》（商合发〔2008〕343号），对招收并向境外派遣劳务人员实行备案制度，以强化劳务派出地政府对劳务人员的监管，把好劳务派出关，对保护涉外工程承包企业和劳务人员的合法权益都将起到积极的作用。

承包商/项目经理部是劳务分包商的使用单位，是劳务管理工作环节的终端，也是劳务事件爆发地和直接受其影响的受害者。我国在国外承包工程中所发生的大量劳务事件表明，因承包商/项目经理部不重视劳务管理，特别是不重视劳务工作中的经济管理和不重视维护劳务人员的合法权益，是导致劳务事件发生的的最重要原因。劳务管理是国际工程项目管理的一个十分重要的环节，其管理水平及效果直接影响到项目的成本、工期、质量等目标的实现，因此可以说它是国际工程项目承包成败的关键因素之一。我国已故著名项目管理专家张青林曾不无感慨地说，国际工程的承包是："成也劳务，败也劳务"，这在一定程度上说明了劳务管理的特殊性和重要性。

二、项目劳务管理的主要工作

（一）劳务管理工作流程

劳务管理工作流程见图5-2。

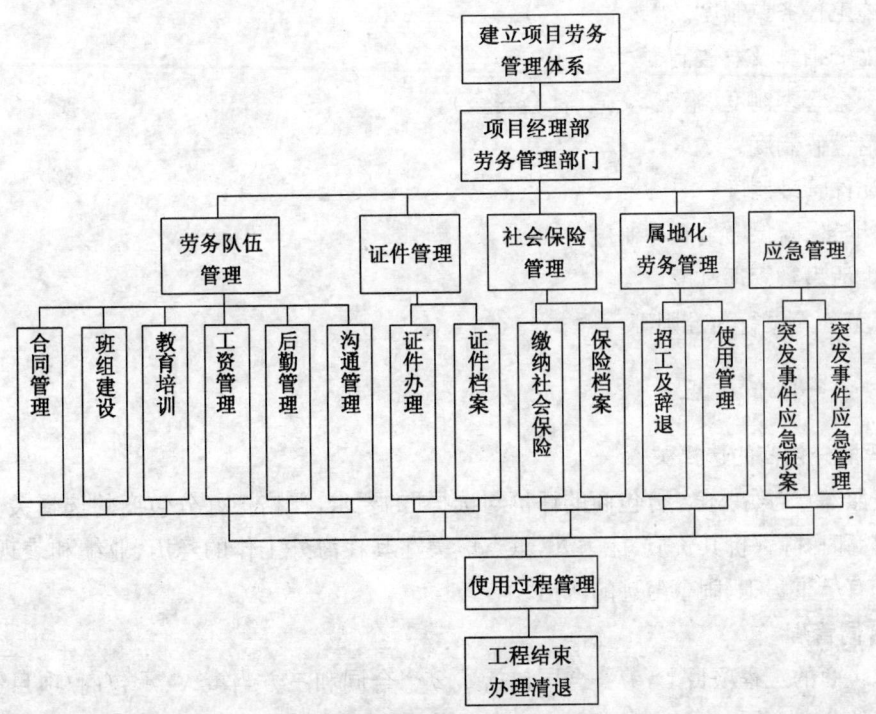

图5-2 劳务管理工作流程

(二)建立项目劳务管理体系

承包商为搞好劳务管理,首要的工作是建立有效的项目劳务管理体系,包括:

1. 设置项目劳务管理部门/岗位

根据工程项目的规模及使用劳务人员的数量,承包商应在项目经理部建立与其管理相适应的劳务管理部门或岗位,以专职做好项目的劳务管理工作。

2. 成立项目劳务管理领导组织

为了统筹做好项目的劳务管理工作,承包商应在项目经理部建立项目劳务领导组织,成员包括项目经理、项目劳务部门主管、分包商负责人、分包商劳务主管等。该组织的职责主要是研究、决策项目劳务管理的政策、制度,以及处理劳务管理工作中遇到的重大问题。

3. 明确劳务管理职责

承包商应规定项目经理部各相关管理部门及主要管理岗位的劳务管理职责。层层落实责任制是做好劳务分包管理工作的关键。承包商必须将各项管理职责落实到从劳务分包队伍的引进、劳务分包合同的签订、直至对劳务队伍的各方面管理工作中去。

4. 建立项目劳务管理制度

承包商应建立项目劳务管理的相关管理制度,以规范项目的劳务管理,如主要需要建立:

(1)培训教育制度。

(2)考勤、用工制度。

(3)施工任务单制度。

(4)工资结算及发放制度。

(5)安全管理制度(施工、交通、社会安全)。

(6)请销假制度。

(7)证件管理制度。

(8)社会保险保缴纳管理制度。

(9)生活后勤管理制度。

(10)劳务人员行为准则等。

(三)劳务队伍管理

1. 严把分包商的选择关

要按照本章"第一节 分包商的评价与选择"的要求,严格把好分包商的选择关。在评价劳务分包商时,除评价其资质、能力外,重点应关注其在海外工作的经历、业绩和表现,严禁使用在海外有严重罢工、闹事劣迹的队伍。

2. 合同管理

在承包商的工程项目上,劳务合同包括了2个合同和三方当事人:承包商/项目经理部与分包商间的劳务合同,分包商与劳务工人间的劳动合同。承包商/项目经理部不仅要关注与劳务分包商的合同,还要十分关注劳务分包商与劳务工人间的劳动合同,因为劳务事件爆发很多情况都是因劳动合同制定不合理或不能有效履行所引发的。

劳务分包合同是明确承包商/项目经理部与劳务分包商双方责任、权力、义务的法律性文件。为正确有效履行双方职责、权力和义务,劳务分包合同至少应包括:承包商/项目经理部职责、权限和义务、劳务分包商职责、权限和义务、劳务分包工作对象及提供劳务内容、工作期限、质量标准、安全施工、安全防护、事故处理、保险、材料和设备供应、施工机具及周转材料配置、工时与工程量的计算及确认、劳务报酬及支付、施工变更、施工验收、违约责任、索赔、争议处理、合同解除或合同终止等方面内容。

3. 班组建设

承包商应重视劳务分包商的班组建设工作,其主要包括:

(1)项目开工前,承包商协助分包商结合项目实际,按专业需要组建相应的班组。班组人员的组合要考虑其技术能力水平和管理难易程度,力求达到合理组合、易于管理。

(2)经过民主选举或与分包商负责人任命相结合的方式,确定作风正派、有一定组织能力的人员担任班组长。

(3)劳务班组应建立班组管理台账,主要包括:班组花名册、人员考勤表、施工任务书、工资结算单、证件和社保台账等。

(4)建立班务会制度,以沟通班组内部信息,研究解决施工生产任务、人员生活等问题,促进形成班组和谐环境。

4. 教育培训

对走出国门的劳务人员的培训教育是十分重要的,其目的主要是使他们遵守工程所在国、地区的法律法规,尊重当地的风俗习惯,了解涉外的基本知识,严格执行劳动合同,以便与承包商更好地合作,圆满完成所承担的施工建设任务。通过这样的工作,力求把劳务工人培育成"有理想、讲文明、守纪律、懂技术、会操作"的新一代建筑工人,全面提高劳动者的素质以适应国际工程承包劳务分包市场发展的需要。

培训教育的内容主要包括:遵纪守法教育、职业道德教育、安全生产及社会安全教育、施工生产技能培训等。对于从事特殊岗位作业的人员,除要求其必须持证上岗外,承包商还应结合工程所在国的实际,进行必要的培训和考核。

5. 工资管理

工资收入是否公平合理,能否得到可靠保障,是劳务工人最关心的问题之一。大量实践表明,多年来劳务队伍不稳定甚至演变成罢工、聚众闹事劳务事件的主要因素是工资水平及其兑现方面的问题。

(1)承包商要高度重视对劳务人员工资的管理,应按劳务合同、劳动合同的约定,按时、足额发放劳务工人的工资。

(2)承包商应建立对成建制分包商工资发放的制约管理制度,如要求分包商必须做到工人收入分配透明,工资结算单须经劳务工人本人签字确认,承包商要定期到劳务工人班组中走访调查核实等,以及时发现和处理与劳务工人经济收入相关的问题,及时排除可能导致劳务事件的各种隐患。

6. 后勤管理

(1)承包商应按照有关法规和标准为劳务工人提供符合安全、卫生标准的居住条件和食堂、浴室、厕所等生活设施。

(2)根据后勤管理制度,承包商要定期检查劳务工人的生活条件及其生活现状,并及时解决工人提出的合理要求和检查中发现的问题。

(3)承包商要为劳务工人提供必要的医疗服务条件,如设置项目医务所,配置医务人员和必要的医疗设施和药品,与工程项目附近的医院或诊所联系,签订医疗保健协议,以便在劳务工人发生疾病或意外伤害时能得到及时诊治。

7. 沟通管理

承包商应与劳务队伍建立有效畅通的沟通渠道,建立定期沟通的制度,随时掌握劳务人员的思想情绪,收集他们的意见建议,及时发现不稳定因素,力争将矛盾化解在萌芽状态,确保劳务队伍的稳定和正常的施工生产秩序。

承包商也应看到,劳务人员尽管在很大程度上追求工资待遇,但他们也存在着归属感、自尊心和自我实现方面的需求。为此承包商要注意实施人性化管理,将以人为本的理念当作企业发展和成功的催化剂、凝聚人心的黏合剂,发挥企业文化的作用,关心人、体贴人,为劳务人员创造精神舒畅、团结向上的和谐环境氛围。如项目经理部可以举办各种文体活动,开展劳动竞赛,总结表彰先进个人,树立先进典型等,以增强分包队伍与承包商/项目经理部的协作、配合的力度。

(四)证件管理

劳务人员进入工程所在国,项目经理部应按照当地政府有关部门的要求为他们办理劳动许可证或就业准证/工作准证,而后再按要求办理居住证等合法居住手续。

项目经理部劳务主管人员应建立劳务证件管理档案,跟踪和更新证件办理和领取的信息,证件递送、交接过程均应有相关的文字手续备案。确保所有劳务人员在当地所办理的相关证件及时更新,确保证件齐全、有效。当劳务人员回国时,项目经理部劳务主管人员应按工程所在国的要求,做好退还证件的相关工作,确保劳务人员平安无误地返回国内。

(五)社会保险管理

承包商在接到开工令后,应按工程所在国的相关规定到社会保险机构办理社会保险注册。一些国家规定,办理注册须提供:工程合同复印件、开工令复印件、项目经理护照复印件、项目经理部办理的银行开户证明复印件、税卡复印件、商业注册证明等。

项目经理部劳务主管人员应在劳务人员进场后,按工程所在国、地区的规定,为劳务人员办理相应社会保险(如医疗保险、工伤保险),按时交纳保险费,并建立保险档案。

(六)属地化劳务管理

当前世界许多国家出于保护本国劳动者利益,正在不断收紧劳工签证政策,特别是对低技能建筑工人的工作许可越来越严。一些国家为了保证本国的充分就业,对外国劳务人员进入做出了严格的规定,有的国家仅允许有技术专长的技术人员在工程项目中从事技术管理工作,而不允许劳务工人进入;有的尽管允许中国劳务工人进入,但是有严格的配额限制,即在保证招收一定比例当地劳务工人的条件下,才允许少量的中国劳务工人进入工程所在国。在这种情况下,对于中国承包商就面临了劳务工人属地化的问题,即除需要寻求若干当地的工程公司作为工程分包商,由其承担其工程中耗用劳力较多的部分工程外,还需要聘用一定数量的当地劳务工人直接作为项目经理部的劳务分包。

除工程所在国对外来劳务人员限制的原因外,承包商为了降低工程成本,也是需要尽量利用工程所在地区的相对廉价劳动力的。

承包商处于异国他乡,使用当地劳务人员的管理毕竟与使用自己国内派出的劳务分包商有很多不一样的地方,如管理不当,使用不好,会给项目经理部的工作带来比较复杂的涉外问题或法律纠纷,甚至可能导致外交问题,因此承包商必须对此项工作予以高度的关注,避免发生争端或诉讼事件,确保项目经理部各项工作能顺利进行。

承包商做好属地化劳务管理,主要应关注以下方面工作:

1. 设置专门管理机构(岗位)

项目经理部应根据工程规模设置适当的专职管理机构或岗位,配置具有一定工作能力的人员,包括招聘属地化的管理人员。

2. 建立项目属地化劳务管理制度

项目经理部应结合工程所在国的国情以及工程项目的实际情况,建立项目的属地化劳务管理制度。项目经理部所建立的管理制度应经法律顾问审查后报当地劳动监察部门备案。

3. 劳务招聘方式

项目经理部应按照工程所在国劳动法的有关规定,向劳动就业管理机构提出用工申请,按照批准的数额及相关要求招募劳务工人。劳务工人的招募方式一般有两种:

(1)以劳务分包的形式招聘成建制劳务。

(2)招聘一部分零散劳务,如施工机械操作手、司机、清洁工、门卫等。

4. 劳务人员管理

(1)劳务合同 项目经理部必须与劳务人员签订符合工程所在国相关法律法规要求的劳务分包合同或劳务合同。

(2)培训教育 项目经理部要用当地使用的语言、文字对劳务人员进行包括项目管理制度、安全施工、技术操作等方面的培训、交底,并要做好记录、交底人与接受交底人均要签字确认。

(3)劳务人员工资 项目经理部应执行工程所在国规定最低工资标准,即使当地失业率较高,或是只是使用力工,其工资水平也不能低于规定的最低工资标准。各个国家劳务人员工资发放周期不尽相同,有按月发的,有按周发的,但不管是哪种方式,都必须按时足额发放,绝不能拖欠。

(4)社会保险 项目经理部应按照工程所在国的相关规定,为劳务人员办理社会保险。尽管可采用固定工资较少、浮动工资或其他酬劳较多的办法以降低社保缴纳数额的一种变通办法,但须注意不能违反工程所在国劳动法的相关规定。

(5)节假日工作 项目经理部应遵守工程所在国的关于节假日放假的规定,对于必须加班,劳务人员又同意自愿加班的情况下,应按照节假日计酬规定,足额发放工资。

(6) 人性化管理　项目经理部要充分尊重当地劳务人员的风俗习惯,以人为本,感化劳务,凝聚人心,将"人性化管理"融入到日常管理之中。

项目经理部要关心属地化劳务人员,在生活福利、劳保用品发放、节假日关怀等方面要制定较优惠的政策,以调动他们的积极性;在进行员工评比表彰活动时,也要考虑一定数量的属地化劳务人员的名额,以尊重他们的自尊心和荣誉感,激励他们能更积极地工作。

(7) 解聘　对劳务人员的解聘要按照当地劳动法的规定执行,即使是对犯错误需解聘的,也要提前告知,并注意保存相关书面证明和被解聘人员的签认记录,以备日后发生诉讼之用,免除项目经理部的法律责任。

(8) 利用当地人管当地人　韩国三星公司实行"属地化"策略的一个成功经验是用当地人来管理属地化劳务人员。项目经理部要注意发现培养一些愿意长期跟随承包商施工的属地化骨干力量,作为属地化劳务人员的管理者,这样可以充分发挥他们在语言、文化、社会关系、沟通协调方面的优势。项目经理部可给予相对较高的薪酬,以调动其积极性。这样不但有利于工作的开展,避免与中方直接发生矛盾,而且还可以使项目经理部能更清晰地掌握属地化人员的思想动态,对于滋生的不满情绪或者出现的异常动向,可及时采取有效措施,避免劳务事件发生。

(七) 境外劳务事件的应急管理

1. 关于境外劳务事件

在商务部、外交部2009年颁发的《防范和处置境外劳务事件的规定》(商合发[2009]303号)中,对境外劳务事件是这样定义的:"境外劳务事件是指外派劳务和境外就业人员在外务工过程中,因劳资纠纷、经济纠纷、合同纠纷以及由战争、恐怖袭击、社会治安等原因引发的权益保护案件。"

随着我国对外承包工程事业的发展,劳务纠纷和突发事件时有发生。这些事件通常具有群体性、突发性和复杂性,如承包商对此重视不够或处理不当,不仅影响我国对外工程承包及劳务合作事业的发展,还影响我国的声誉和形象。所以,境外承包工程的承包商必须高度关注劳务突发事件的管理。

目前境外发生的劳务事件多为因劳务纠纷引发的劳务人员群体事件,其形式多为罢工、上街游行、到我国驻外使馆静坐示威等。多年来爆发的一系列劳务事件表明,其原因尽管是多方面的,但归纳起来主要是劳务人员经济收入兑现方面的原因,其根源为:

(1) 承包商招聘劳务分包商未履行严格程序。承包商通过非法中介组织聘用不合格的劳务分包商;非法中介组织对劳务人员宣称可达到的高收入水平与劳务人员在境外的实际收入反差过大,这多是因为中介组织所纠集的多数外派的劳务人员未经过严格培训,缺乏基本的技术技能,综合素质较差,因此在施工现场很难达到承包商的质量、工期要求,导致实际收入不可能达到预期标准。

(2) 承包商与劳务分包方对各自的责、权、利约定不明确,项目经理部劳务管理规章制度不健全,对劳务人员管理不到位。

(3) 项目经理部管理人员,缺少与劳务人员的沟通和交流,对出现的处于萌芽状态的问题不重视或不能及时化解,使矛盾逐步积累和深化,对个别领头的劳务人员采取串通、威逼、引诱手段酝酿事件的,不能及时采取有效应对措施。

2. 境外劳务事件应急预案

境外劳务事件应急预案是指,对已造成或者可能造成严重社会影响的事故灾难、劳务事件和社会安全事件,所采取应急处置措施予以应对的专项方案。

承包商应建立项目突发事件应急预案,其目的是,对于一旦发生突发劳务事件能迅速应对及处理,以最大限度地降低社会影响和经济损失。

按照2007年8月全国人民代表大会常务委员会通过的《中华人民共和国突发事件应对法》规定,应急预案的内容应符合:"应急预案应当根据本法和其他有关法律、法规的规定,针对突发事件的性质、特点和可能造成的社会危害,具体规定突发事件应急管理工作的组织指挥体系与职责和突发事件的预防与预警机制、处置程序、应急保障措施以及事后恢复与重建措施等内容。"

具体说,项目突发劳务事件的应急预案主要包括:

(1)应急的组织机构与职责 项目经理部应成立应急事件处理小组,成员包括项目经理、项目劳务负责人、劳务分包方负责人等。应急事件处理小组要进行分工,明确各自职责。

(2)应急程序。

(3)善后处置程序。

(4)相关方的电话及地址(如我国驻外使(领)馆电话、最近医院的电话及地址)。

3. 突发事件的处理

(1)应急小组成员立即赶赴现场,并向劳务分包单位上级和承包商上级报告。

(2)控制现场局面,疏导相关人员,妥善处理事件。

(3)按照商务部"关于处理境外劳务纠纷或突发事件有关问题的通知"(商合发[2003]249号)精神,向我国驻工程所在国使(领)馆报告,以取得指导和支持,避免造成有损我国声誉或引起外交争端的涉外事件。

(4)依据事件的性质,拟定解决问题办法,妥善处理善后相关问题。

(5)调查发生劳务纠纷或突发事件的原因,并将有关情况、建议或要求向相关上级报告。

(6)事件过后,项目经理部应及时进行总结、分析劳务事件的原因,查找根源,并采取纠正措施,防止类似事件的再次发生。

(八)使用过程管理

承包商在使用劳务分包或劳务人员过程中,应注意做好以下几方面工作:

(1)按照有关法律、法规和标准为劳务人员提供符合安全、健康水平的施工生产环境、生活设施、作业条件、机械设备和劳动保护用品。

(2)指导劳务分包方建立健全安全施工管理制度,并监督其有效落实。

(3)项目经理部应建立安全施工生产教育培训制度,对新进场的劳务人员进行安全生产教育培训,考核合格后方准上岗作业。

(4)项目经理部负责对劳务人员进行班前安全技术交底,要求接受交底者在交底记录上签字确认,以备万一发生安全事故追究责任之用。

第六章 物资采购管理

第一节 国际物资采购概述

一、国际物资采购的含义

国际工程采购对承包商来说,按其目的可划分为分包商采购、物资采购、服务采购等。分包商采购即是承包商对分包商评价与选择的过程;服务采购主要是评价、选择咨询公司或咨询专家等的工作。本章阐述的国际物资采购,是指承包商/项目经理部为了完成工程项目建设任务,在国际上进行评价、选择供应商,采购工程所需物资,直至进入工程项目现场准备投用之前的全部过程。

二、国际物资采购的重要性

国际物资采购是项目管理的一项十分重要工作。其重要性主要表现在:

1. 直接影响工程项目成本

在工程项目的建设中,物资费用一般要占项目成本的60%左右,对于设备安装工程量大的工程,这个比例还会更高。项目成本降低目标能否实现,项目利润水平的高低,在很大程度上取决于物资采购工作的质量。

2. 对工程质量有着重要影响

工程施工能否正常进行,能否顺利交工,物资的质量起着重要的作用。采购的物资质量不合格会影响工程质量,甚至会导致工程返工,进而影响项目的效益。

3. 对进度有着重要影响

工程施工的基础就是物资,物资不能按时进场,或因处理不合格物资问题,都会对工程进度产生重要影响,甚至会导致工期延误和业主的罚款。

三、国际物资采购的特点

与国内工程物资采购相比,国际物资采购具有以下明显的特点:

1. 境外采购工作量大

我国承包商在国际上的主要建筑市场多为发展中国家,而这些国家的工程建设物资资源多十分匮乏,工程所需大量的物资特别是如公共建筑工程的的高档装修材料、机电设备物资、工业安装物资等多需要进行国际采购。一般情况下,业主均会在招标文件中明确物资境外采购的方向和要求,承包商应按业主的要求开展相应的国际物资采购工作。

2. 采购程序复杂,采购周期长

国际物资采购的过程一般都十分复杂,涉及面也十分广泛。一般来说,物资境外采购的运作过程主要包括:提出需求计划,制定采购计划,市场调查,组织询价、比价,索取物资样品及其技术质量资料并将其报送监理工程师/业主审核,供应商的评价与选择(必要时还包括对供应商的考察),以及确定供应商后的合同谈判,签订合同,申办进口许可,办理支付手续(如银行支付信用证),组织物资海路(航空)运输,到货港口接货和商检,办理清关、银行付款或索赔手续,组织陆路运输、进库验收和贮存、进场验证。如果承包商承包的是免税工程项目,为了办理清关手续,承包商还会要办理税收银行保函或交付押金;对于属于临时进口承包商施工所需的施工机具设备,则还需要办理临时进口税收银行保函或缴纳押金等。一个完整的采购过程需履行这样得多的程序,说明了采购过程相当复杂。

经历以上这些过程不仅程序繁杂,而且所涉及的政府部门和社会团体组织还十分广泛,如税务部门、海关、银行机构、供应商、清关代理人、运输商、保险公司、政府质量监督部门、律师事务所等。为应对这些部门、组织以及履行相关的十分繁杂的程序,给承包商带来的是工作量既大又复杂。承包商为此所投入的人力及耗费的精力都比较大,有时甚至是因为采购过程中某些方面的设卡、刁难,或承包商一点小小的疏忽,都会影响采购过程的正常进展,严重的甚至因时间滞延导致物资迟迟不能到场,而直接影响工程按进度计划正常进行,致使工期延误。

承包商经过上述一系列复杂程序的运作,物资达到进场条件往往都需要几个月的漫长时间。因此承包商在制定采购计划时必须要保证有宽裕的采购提前量,否则会影响工程项目施工的正常进行。

3. 制约物资价格的因素众多

影响国际物资采购价格的因素众多,如物资品种、规格和质量水平,采购的数量的多少、产品的品牌、交货方式、付款条件、服务要求、运输方式、汇率变化等都影响着物资采购的价格。

由于影响物资采购价格的因素很多,承包商应关注国际物资供应市场和国际金融形势的变化,随时调整采购策略,以尽量降低采购成本。

4. 采购风险大

不同国家和不同的供应商、运输商、代理服务商等的资信安全性是不同的。国际知名大品牌厂商一般信誉都比较高,他们多数是遵守商业道德,讲诚信的,但国际供应商队伍中也不乏唯利是图的诈骗者,他们惯用一拖、二赖、三诈的伎俩与采购方周旋,使采购方落入陷阱而蒙受损失。特别是对国际采购运作不熟悉,急于求成者,很容易上当受骗。所以承包商必须把评价、选择供应商等合作伙伴的工作当作一项十分重要的工作来对待,决不能走形式地评价和选择或不履行严格的管理程序匆忙实施采购。

5. 采购合同比较复杂

国际采购合同与我国国内采购合同相比要复杂得多，除包括我国国内采购合同的内容外，还涉及到有关国际运输、保险、关税以及支付方式中的汇率、支付手段等方面的问题。因此要求承包商在签订采购合同前，必须组织进行认真的合同评审，以确保在合同正式签订前能及时发现和处理合同上的漏洞。

6. 贯彻国际惯例的工程物资审查认可制度，质量要求十分严格

国际工程的业主、监理工程师对投入到工程上的各类物资质量要求是十分严格的，特别是对功能性指标有重要影响的物资，他们往往是十分苛刻的。对物资出现的一些质量问题，承包商采取与监理工程师通融方法去处理往往是不可能的。

为了确保投入到工程之上的各类物资是符合要求的，很多国家都执行关于控制工程物资的国际惯例（如 FIDIC 合同条件等），坚持对欲投入到工程上的物资实施监理工程师的审查认可制度。监理工程师通过对物资样品的认可和投用前的把关，以控制物资质量，杜绝不合格品的投用。

7. 对承包商物资采购人员的综合能力水平要求比较高

由于以上特点决定了承包商的物资采购人员必须是精通国际物资采购业务，熟悉国际及工程所在国的物资市场及其价格情况，熟悉贸易支付、保险、运输等国际贸易惯例，掌握国际商务知识、物资技术质量标准，头脑灵活，工作细致，善于谈判和沟通，其最好应具备能直接用外语与采购工作的相关方进行沟通和交流的能力。这样不仅可大大降低采购风险，保证采购质量，而且能在一定程度上降低采购成本。

四、物资采购程序

1. 物资采购流程

物资采购流程参见图 6-1。

2. 物资采购过程的主要工作

国际物资采购过程是一项比较复杂的操作与管理过程，其每一环节的工作都须严格遵循一定的管理程序。采购过程的主要工作至少包括以下几方面：

(1) 编制物资需求计划及制定物资采购计划。
(2) 对供应商的评价与选择。
(3) 签订采购合同。
(4) 办理物资保险。
(5) 办理货款支付手续（办理信用证）。
(6) 组织清关。
(7) 物资进场验证等。

五、采购方式

国际物资采购方式主要有四种，即：招标采购、询价采购、直接采购和简易采购。

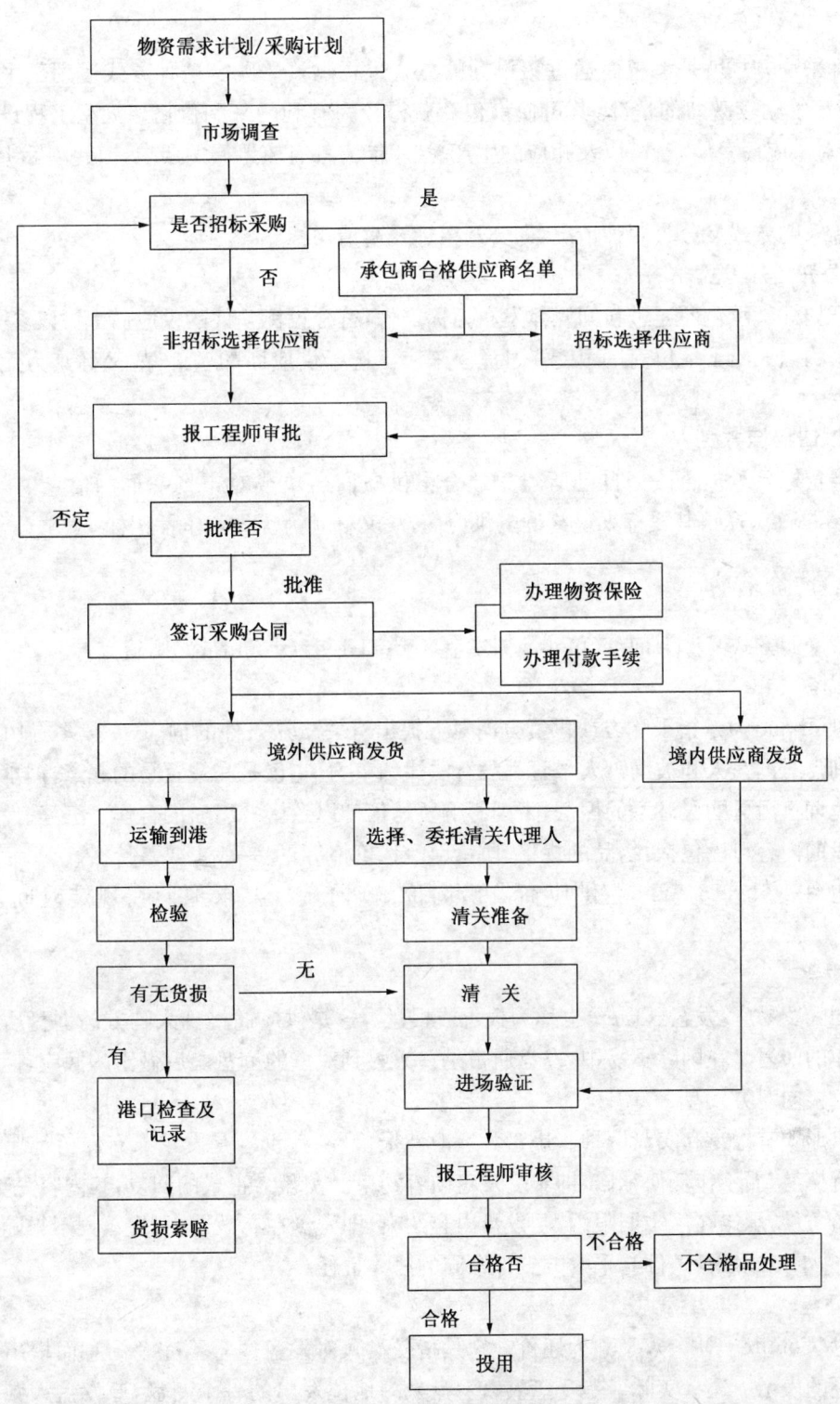

图 6-1 物资采购流程

(一)招标采购

招标采购方式就是承包商通过招投标的方式进行物资采购。这种方式适用于采购额较大、市场竞争比较激烈的情况,其可使承包商获得较为有利的采购价格。大型工程设备的采购,由于对供应商资质条件,以及相应的生产、技术能力都有较严格的要求,因此国际上多采用招标的方式。

招标采购方式又分为两种情况,即公开招标及邀请招标。

1. 公开招标方式

公开招标是承包商通过新闻媒体发布招标广告,符合投标条件的供应商都可以参与投标。这样的采购方式给了承包商一个能通过竞争来广泛选择供应商的条件,故又称其为无限竞争性招标。

2. 邀请招标方式

邀请招标是承包商依据自己所建立的合格供应商名单或对市场掌握的信息,一般选择3家以上供应商,邀请其投标来最终确定供应商,故又称其为优先竞争性招标。

(二)询价采购

询价采购方式又称为询盘(Inquiry)-发盘(Offer)-还盘(Counter-Offer)方式。

1. 询盘

询盘(Inquiry)是指采购方或供货方向对方提出有关交易条件的询问,一般多是由采购方询盘。询盘对询盘人和被询盘人尽管都没有法律约束力,它仅是一笔贸易的起点,但承包商要尽量避免询盘后无购买诚意的做法,否则影响贸易信誉以致影响以后的合作。

询盘的内容可以包括:物品的规格、质量、数量、价格等,但一般主要是价格。

承包商一般向3家以上供应商发出询价函(询盘),要求他们在规定时间内报价(发盘)。

2. 发盘

在国际贸易中,发盘(Offer)也称为报价或报盘。这是供应商接到采购方的询盘后就交易条件所作的回复。在国际贸易中,发盘通常是一方收到对方的询盘之后做出的回应,但也可不经询盘直接向对方发盘。

发盘形式有虚盘和实盘两种。虚盘为一般性报价(参考价),是发盘人有保留地愿按一定条件进行交易,而不作任何承诺,即不受发盘内容约束。实盘为正式的回复,其内容完整,明确提出交易条件,承诺在一定期限内,受发盘内容约束,即发盘在有效期内,发盘人不得随意修改或取消,并承担按发盘条件与采购方签订合同的法律责任。

3. 还盘

还盘(Counter-Offer),又称为还价。它是指受盘人对发盘内容不完全同意而提出修改意见或变更的表示。还盘实际上是受盘人以发盘人的地位发出的一个新盘,原发盘人则为新盘的受盘人。

还盘可以在买卖双方之间反复进行,还盘的内容一般只是说明变更的条件,对已统一意见的部分不再重复。

4. 接受

接受(Acceptence)是指交易双方在接到对方的发盘或还盘后,向对方表示同意,愿意按既定条件达成交易、订立合同的一种肯定的表示。

接受和发盘一样,既属于贸易行为,又属于法律行为。

承包商通过询盘、还盘、接受的过程,而与最终选定的供应商签订采购合同。这是一种较为常用的采购方式,适用于价值较低的现货采购。

(三)直接采购

直接采购方式又称为买方发盘-直接采购方式,其操作是承包商直接向供应商发盘,要求供应商还盘,供应商接受承包商的价格时,双方签订合同。此种形式要求承包商准确把握市场行情,然后提出自己的交易条件。

承包商向两家以上的供应商发盘,并规定还盘和接受的有效期,要求有意合作的供应商做出抉择。这种采购方式适用于:

(1)当不适于采取招标方式或询价方式时。
(2)采购对象为专卖性物资。
(3)限于工程项目所处地理位置和外部环境条件,没有更多选择机会时。
(4)急需的物资或应急的当地物资。
(5)施工手段性物资,如小型机具设备等。

(四)简易方式

简易方式即是不需签订采购合同,即项目经理部采购人员可直接到市场上购买的方式。此种方式适用于品种多、价格低的零星材料的采购。

第二节 物资需求计划与物资采购计划

一、物资需求计划

1. 物资需求计划的概念

物资需求计划是项目经理部专责技术人员(责任工程师)根据施工图纸及施工技术方案所计算出的,并向承包商物资采购部门提出的某分部分项工程的物资需求清单。

2. 物资需求计划的主要内容

物资需求计划至少应包括:物资名称、规格、型号、材质、数量、样品提出时间、物资最晚进场时间、相关技术质量要求等。物资需求计划的格式例参见附表6-1。

3. 物资需求计划提出时间

承包商的物资采购部门应规定物资需求计划提出的最晚时间。其最晚时间系根据境内外采购全过程实现的预计时间加上适当的宽裕量来计算。

4. 物资需求计划的作用

(1)为承包商的物资采购部门编制物资采购计划提供基础资料。

(2)是采购过程的证据性资料,以便必要时实施管理性追溯。如出现采购品种、规格、数量、质量等不符合要求的问题时,管理者可通过物资需求计划,直接判定项目经理部专责技术人员是否有计划失误的责任。

二、物资采购计划

1. 物资采购计划的概念

物资采购计划是承包商物资采购部门专责人员(如物资工程师),汇总物资需求计划,根据承包商对市场掌握的实际情况以及项目策划,所编制的实施物资采购的计划。

2. 物资采购计划编制的依据

(1)项目策划文件中关于物资采购的策划。

(2)项目物资需求计划。

(3)承包商合格供应商名单。

(4)承包商采购运作的资源及实际能力。

3. 物资采购计划的主要内容

物资采购计划至少包括:物资名称、规格、型号、材质、主要技术质量要求说明、采购人员、采购方式、采购时间、候选供应商名单、验证方式与要求等。物资采购计划格式参见附表6-2。

4. 物资采购计划的作用

(1)确保采购过程的准确性　采购人员根据采购计划的规定实施采购全过程的每项活动,可保证过程的准确和工作质量。

(2)避免个人行为　采购过程全部按计划实施,承包商可对采购过程实施必要的监督,因此在很大程度上制约了个人行为。

(3)它是采购过程的证据性资料,以便必要时实施管理性追溯。

第三节　供应商的评价与选择

一、供应商的评价概述

(一)供应商评价的含义及意义

1. 供应商评价的含义

供应商评价是,承包商根据调查掌握的各方面信息,对供应商进行全面审查、评议,以确定其是否可作为自己合作伙伴的全部工作。

在ISO 9001:2008标准的"采购"一章中对供应商的评价工作是这样要求的:"组织应根据

供方按组织的要求提供产品的能力,评价和选择供方。应制定选择、评价和重新评价的准则。"标准中所说的"组织"在这里是指承包商(采购方或需方),"供方"即指供应商。

2. 供应商评价的意义

(1)为正确选择供应商提供有利条件。承包商选择供应商是在众多合格供应商中进行的。供应商不能满足承包商的要求(即不合格),就不能进入承包商的选择范围。

(2)规避或降低采购风险。合格的供应商,能提供质量符合要求的产品和必要的售后服务,而且有良好的信誉,就会大大降低了承包商的采购风险。

(3)提高采购工作的效率。合格的供应商有规范的管理和高水平的工作效率,能积极配合承包商的采购操作和提供优良的过程服务,必将提高承包商采购工作的效率。

(二)对供应商评价的输入

在 ISO 9004:2000《质量管理体系 业绩改进指南》标准"控制供方的过程"一节中指出:"控制供方过程的输入可包括:

——对供方相关经验的评价;

——供方与其竞争对手相比的业绩;

——对采购产品的质量、价格、交货情况及对问题处理情况的评审;

——对供方管理体系的审核和对其有效地按其提供所需产品的潜在能力的评价;

——检查供方有关顾客满意程度的资料和数据;

——对供方的财务状况进行评定,以确信供方在整个预期供货及合作期间的履约能力;

——供方对询价、报价和招投标的反应;

——供方的服务、安装和支持能力以及满足要求的历史业绩;

——供方对相关法律、法规要求的意识和遵守情况;

——供方的物流能力,包括场地和资源;

——供方在公众中的地位和所起的作用以及被社会认可的情况。"

标准中所说的"供方",在这里即是指供应商。

(三)承包商对供应商的评价

1. 供应商资格预审

承包商可通过信访的方式了解、获取供应商的基本情况资料,而对其进行资格预审。资格预审的内容主要可包括(不局限于此):

(1)企业营业执照、资质证书复印件;

(2)产品说明书和质量证明文件;

(3)企业质量/环境/职业健康安全管理体系认证证书;

(4)产品符合环保要求的证明;

(5)近年来产品销售量及销售对象说明;

(6)售后服务内容;

(7)能否提供银行保函;

(8)企业信誉和产品质量声誉等。

如采购是通过代理商进行,则应要求代理商提供供应商的相关资料。

2. 对供应商的考察

为进一步核实供应商提供的情况或为进一步深入了解供应商,承包商可采取对供应商实地考察的措施,以对其判定是否合格提供更充分的依据。

承包商对供应商考察之前应拟定考察提纲和需重点了解的方面,合理分配考察时间,以有效达到考察的目的。

3. 建立承包商的合格供应商名单

承包商根据对供应商的资格预审和考察,依据承包商的评价准则对供应商做出是否合格的最终评价,并将确定为合格的供应商列入合格供应商名单中,以备选择之用。

合格供应商名单包括的主要内容:

(1)供应商名称;

(2)供应商地址、联系电话及联系人;

(3)供应商资质方面情况;

(4)主要产品范围;

(5)管理体系认证情况;

(6)承包商以往与其合作的经历及效果。

二、供应商的选择

(一)招标方式选择供应商

1. 招标选择供应商流程

招标选择供应商流程见图 6-2。

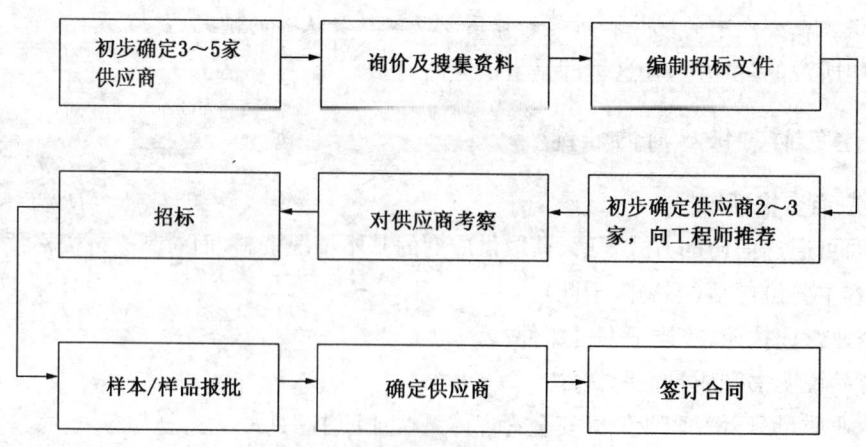

图 6-2 招标选择供应商流程

2. 招标选择程序

(1)根据以往的合作经验和市场调查的结果,从合格供应商名单中初步确定候选供应商3～5家。

(2)向候选供应商询价和搜集相关技术资料　承包商主要是采取编制询价包并发送给供应商的方式来获取供应商的相关信息。询价包主要包括：

①承包商及其所承包的工程项目简介。

②汇总后的"询价清单"（物资品种、规格型号、暂估量）及相关技术条款。

③询价商务信函。包括报价内容及范围、报价要求、报价时间、提交报价的方式等。

(3)编制招标文件　包括投标邀请书、投标方须知、技术规范与要求以及合同示范文本等内容。

(4)向候选供应商发放招标文件，并陆续实施收标、开标、评标。

(5)根据工程实施的需要，承包商可有针对性地对供应商进行考察。

对供应商考察的主要内容可以是：生产及管理人员配备、生产及供货能力、产品质量、原材料来源、机械设备、管理状况、售后服务以及供应商提供保险、保函能力等内容。考察后应形成记录，以作为选择供应商的基础资料之一。

(6)通过技术审核、商务初步谈判、比价等工作初步确定2～3家供应商后，向项目监理工程师/业主推荐。

(7)样本/样品报批　物资采购工作实施之前，承包商应与工程师共同拟定送审物资明细，即列明哪些物资必须提交送审。采购主办人依据谈判结果，要求供应商提供产品样品/样本，送工程师审定。在送审样品/样本的文件中，应阐明物资的投用时间，要求工程师最晚的批复时间，而后报工程师。承包商应注意并保存好工程师的签收记录，以备将来可能的索赔之用。

(8)确定供应商　经工程师/业主批准后，承包商即可与确定的供应商进行最终合同谈判，在确定价格等主要条款后签订合同。

对于招标程序采购还有一种特殊形式，即是独家议标采购。独家议标采购原则上只适用于业主直接指定的供应商。在特殊情况下，如市场上仅有一家供应商或认为直接确定一家供应商更为有利时，可以采用独家议标的方式确定供应商，但应经工程师/业主方的认可。

(二)询价采购方式——询盘-发盘-还盘方式

1. 询盘-发盘-还盘方式选择供应商流程

询盘－发盘－还盘方式选择供应商流程见图6-3。

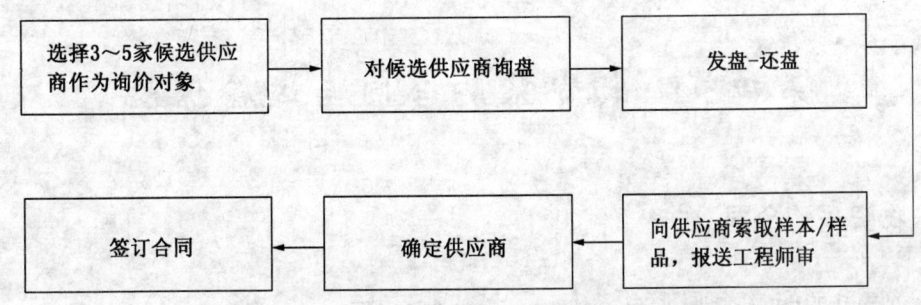

图6-3　询盘－发盘－还盘方式选择供应商流程

2. 选择程序

(1) 从合格供应商名单中，选择 3~5 家候选供应商作为询价对象。

(2) 向候选供应商询盘(Enquiry of Offer) 此项工作主要是对供应商供货价格及供货条件的询问。承包商应向供应商说明：欲采购的物资名称、规格、数量、技术质量要求。这种询盘可以要求供应商做一般报价，也可以做正式的发盘或称发实盘。

承包商询盘时应注意：

① 应同时向不同(国家、地区)的供应商分别询盘，以了解国际行情，争取最好的采购条件；

② 不仅询问价格，还要了解品种、规格、质量、数量、包装等相关详细的信息，以免日后往复询答，耽误时间；

③ 对有一定垄断性的物资，应提出多品种方案，并要求分别报价，以防供应商趁机抬价。

④ 坚持简明切题和礼貌诚恳的原则，以求对方能快速做出发盘反应。

(3) 还盘、拒盘(Rejection) 承包商在接到供应商按要求发盘后，立即进行研究，以决定是否接受或还盘。还盘是承包商对供应商发盘的条件不完全同意而提出调整的表示。这时如果供应商对承包商还盘不同意，可以再还盘。如承包商不同意发盘的主要条件，可以直接表示拒绝，即为拒盘，此时供应商的发盘的效力即告终止。

(4) 接受 如果承包商同意供应商的发盘条件，则可表示接受。

但承包商决定接受时，应注意：

① 如果对供应商发盘表示接受，就不得再提出附加条件或限制条件，否则即构成还盘。

② 接受须在发盘的有效期内传达到供应商。

对于接受的生效时间，世界各国所遵循的原则不一致。美、英等国家采用"投邮生效"原则，即"接受"送达发盘人生效；当以信函或电报形式表示"接受"时，则该信函或电报发出时即生效。大陆法国家(如欧洲大陆上的法、德、意、荷兰、西班牙、葡萄牙等国和拉丁美洲、亚洲的许多国家都属于大陆法系)采用"到达生效"原则，即"接受"文件(信函、电报)须在发盘有效期内到达发盘人时，"接受"为有效。如果该信函在邮递途中耽搁而误期或遗失，则"接受"失效。因此承包商应注意在这类国家或地区采购采取信函的方式表示接受的同时，还应采取电报或电话通知形式做以辅佐。

(5) 向供应商索取样品/样本，报送工程师审批 此部分操作与招标方式相同。

(6) 确定供应商 此部分操作与招标方式相同。

(7) 签订合同 此部分操作与招标方式相同。

第四节 物资采购合同与运输保险

一、物资采购合同

(一) 常用的采购合同形式

国际上物资采购较多采用的合同形式主要有：到岸价(CIF)、离岸价(FOB)、成本加运费价(CFR)、"成本、保险费加运费(指定目的港)价"(CIP)等合同形式。

1. 到岸价合同

到岸价(Cost, Insurance and Freight, CIF)计价方式是国际上采用最多的合同类型,也可称之为成本、保险加运费合同(指定目的港)。它是指当货物在装运港越过船舷时(实际为装运船舱内),供应商即完成交货。货物自装运港到目的港的运输费、保险费等由供应商支付,但货物装船后发生的损坏及灭失的风险由采购方承担。其对应的物资价格可表示为"CIF ×××港口交货价"。

到岸价合同和以下介绍的离岸价合同中的"岸",可引申为口岸或国境线,口岸不仅指海口港,也指陆上交通口岸和航空港。

到岸价合同条件下供应商的主要责任和义务是:

(1)在合同规定的期限内,在装运港将符合要求的物资运输交至运往目的港的船只上,并向采购方发出装船通知。

(2)办理物资出口手续,获取出口许可证或其他核准证书。

(3)租船或订舱并支付到目的港的海运费。

(4)承担物资在装运港越过船舷前的一切费用和风险。

(5)办理货物运输保险,并承担保险费用。

(6)提供商业发票,保险单和货物已装船提单等。

采购方的主要责任和义务是:

(1)在进口国办理进口手续,取得进口许可证或其他核准书。

(2)承担物资在装运港越过船舷后的一切费用和风险。

(3)验收供应商交付的物资,接受与合同规定相符的所有单据。

(4)按合同规定支付采购费用。

2. 离岸价合同

离岸价(Free on Board, FOB)合同即为"船上交货(指定装运港)合同。这是装运港船上交货,并指定具体装运港名的一种合同形式。所谓离岸价是指离开装运港口的价格,包括离开港口前的各种成本费用,但不包括离开港口后的运输、关税、保险等费用(供应商可事后向采购方索取)。

离岸价合同与到岸价(CIF价)合同的主要区别在于费用承担责任的划分不同。离岸价合同由采购方负责租船定仓,办理好有关手续后,向供应商通报装船时间、船名以及泊位等。供应商则负责包装、办理出口所在国的内陆运输、出口手续。这种形式合同意味着采购方从离岸时起,应负担一切费用和货物灭失及损坏的风险。

这种合同的风险转移的界限是以货物装运至船上越过船舷空间的时间为准。

3. 成本加运费价合同

成本加运费价(Cost and Freight, CFR)合同与到岸价(CIF)合同的主要差异,在于办理海运保险的责任和费用的承担者不同。对于到岸价合同双方责任的划分,尽管合同规定由供应商负责办理海运保险并支付保险费,但这是属于供应商为采购方代办性质,因为合同规定供应商承担风险责任仅限于货物在启运港装运过船舷空间时为止。也就是说,虽然由供应商负责办理海运保险并承担该项费用支出,但在海运过程中出现货物损坏或灭失时,他不负有向保险公司索赔的责任,仍由采购方向保险公司索赔,供应商只承担采购方向保险公司索赔时的协助义务。基于这种情况,从到岸价合同演变为成本加运费价合同,除其他责任和费用都与到岸价合同规定相同,只是将办理海运保险一项工作转由采购方负责办理并承担其费用支出。

采用CFR形式合同承包商(采购方)需注意:

(1)应要求供应商及时发出装船通知 因为按此方式采购,是由供应商安排运输,由采购方办理货运保险。如供应商不及时发出装船通知,则采购方就不能及时办理货运保险,甚至可能会出现漏保货运险的问题。因此,采购方应要求供应商装船后务必及时发出装船通知,否则,供应商应承担货物在运输途中出现的风险和损失。

(2)谨慎行事 按CFR合同形式采购,由于是供应商负责装运,承包商负责办理保险,故承包商应注意一定要选择信誉好的供应商,并对船舶提出适当要求,以防供应商与船方勾结,出具假提单,租用不适航的船舶,或伪造质量证书与产地证明。

4. 成本、保险费加运费(指定目的地)价合同

CIP是指"成本、保险费加运费"(Carriage and Insurance Paid To, CIP)。这种方式合同是指供应商支付将货物运至目的地的运费,办理物资在运输途中灭失或损坏风险的保险并支付保险费;采购方承担供应商交货之后的一切风险和额外费用。即交货后货物灭失或损坏的风险及由于各种事件造成的额外费用由采购方承担。

CIP与CIF有许多相似之处。如在其价格构成因素中,都包括通常的运费和约定的保险费,故供应商都承担组织运输,保险的责任并支付有关的运费与保险费,其合同性质都为装运合同,故货物在运输途中的风险,均由采购方承担。其不同之处主要在于,其适用范围不同,CIF仅适用于水上运输方式,而CIP则适用于任何运输方式,其中包括多式联运。

5. 完税后交货(指定目的地)合同

完税后交货(Delivered Duty Paid, DDP)是指供应商在指定的目的地,办理完进口清关手续,将在交货运输工具上尚未卸下的物资交与采购方,即完成交货。供应商承担将物资运至指定目的地的一切风险和费用,包括在需要办理海关手续时在目的地应交纳的任何"税费"(包括办理海关手续的责任和风险,以及交纳手续费、关税、税款和其他费用)。这种方式大大简化了采购方的采购手续,几乎将一切繁杂的手续都交给了供应商去办理。当国际供应商在工程所在国有其代理机构时,承包商可考虑采用"完税后交货(工地)"(DDP)的采购方式,特别是当物资需要通过多式联运,甚至要通过第三国过境运输时,采用这种方式,可大大降低承包商的采购风险。

6. 其他方式

当选择的供应商就在工程所在国(地区)时,承包商可考虑采用"工厂/仓库交货"(EXW)方式;如果承包商没有足够的运输能力或自己组织运输不经济时,可采用"运费付至(项目工地)"(CPT)的合同方式。

(二)常用的国际贸易价格形式

在国际商会(International Chamber of Commerce, ICC)制订的《国际贸易术语解释通则(2000)》中,共定义了13个贸易计价的价格术语,见表6-1。

表 6-1　13 个贸易计价价格术语

1. 运抵		
EXW	EX Work	工厂交货(……指定地点)
2. 主运费未付		
FCA	Free Carrier	货交承运人(……指定地点)
FAS	Free Alongside Ship	船边交货(……指定装运港)
FOB	Free on Board	船上交货(……指定装运港)
3. 运费已付		
CFR	Cost and Freight	成本加运费(……指定目的港)
CIF	Cost Insurance and Freight	成本加保险费、运费(……指定目的港)
CPT	Carriage Paid To	运费付至(……指定目的地)
CIP	Carriage and Insurance Paid To	运费及保险费付至(……指定目的地)
4. 到达		
DAF	Delivered at Frontier	边境交货(……至指定地点)
DES	Delivered Ex Ship	目的港船上交货(……指定目的港)
DEQ	Delivered Ex Quay	目的港码头交货(……指定目的港)
DDU	Delivered Duty Unpaid	未完税交货(……指定目的地)
DDP	Delivered Duty Paid	完税后交货(……指定目的地)

(三)采购合同的基本内容

采购合同应明确买卖双方的责任、权利和义务,是买卖双方履约的依据。采购合同主要包括以下内容:

(1)主要使用的术语定义解释。

(2)物资的品名、规格、材质等。

(3)物资的数量、单价和总价,交货状态。

(4)技术质量要求,包括应符合的技术质量标准、规范。

(5)供应商对物资质量的承诺及缺陷维修保证期说明。

(6)采购方的变更指令及供应商做出相应调整(如价格、交货期)的说明。

(7)包装及标识要求。

(8)赋税和关税的说明。

(9)检验和测试要求。

(10)装运,如说明装运港、目的港,装运期限等。

(11)保险,如规定保险的险种和投保金额。

(12) 支付货款的方式及要求。
(13) 供货误期赔偿,包括赔偿条件、赔偿费说明。
(14) 违约罚则及终止合同的条件。
(15) 不可抗力的免责说明。
(16) 争端解决方式。
(17) 合同主导语言及适用的法律说明。
(18) 合同的有效时间。
(19) 其他。

二、国际物资运输保险

国际采购的物资一般都要经过长途运输,其面临的风险很多。当事人需要办理各种运输保险,以转移风险,从而可在一旦遭受损失时获得补偿。国际上货运保险(International Cargo Transportation Insurance)业务按运输方式,分为海上运输保险、陆上运输保险、航空运输保险及邮包运输保险4类。在国际工程物资采购中须办理的大多是海上运输保险。

(一) 海上运输保险

海上运输保险是保险人和被保险人通过协商,对船舶、物资及其他海上标的所可能遭遇的风险进行约定,被保险人按约定支付保险费后,保险人则承担在约定的时间内发生约定的风险时,给予被保险人经济补偿的商务活动。

海上运输的险别主要有3种:平安险、水渍险、一切险。保险人的保险责任范围分别是:

1. 平安险

平安险(Free From Particular Average, F. P. A.)的责任范围主要包括:

(1) 在运输过程中,由于自然灾害(如恶劣气候、地震、洪水)造成整批物资的实际全损或推定全损。

(2) 由于运输工具(船舶、火车、汽车)发生意外事故而造成的物资全部损失或部分损失。

(3) 在装卸转船过程中,被保物资一件或数件落海所造成的全部损失或部分损失。

(4) 运输工具遭自然灾害或意外事故,在避难港卸货所引起被保险货物的全部损失或部分损失。

(5) 发生共同海损所引起的牺牲,或分摊救助费用等。

2. 水渍险

水渍险(With Particular Average, WPA.)又称"单独海损险",英文原意是指单独海损负责赔偿。这里的"海损"是指因自然灾害及意外事故,导致货物被水淹没,引起物资的损失。水渍险的责任范围除了包括"平安险"的各项责任外,还负责被保险物资由于恶劣气候、雷电、海啸、地震、洪水等自然灾害所造成的部分损失。

3. 一切险

一切险(All Risks, AR)是承保责任范围最为广泛的一个险种。

一切险是海上运输保险的基本种类之一,它除了承担平安险和水渍险的各项责任外,还承担物资在运输途中由于外来原因所导致的全部或部分损失,即不论损失程度如何,均负赔偿责任。

一切险承保责任包括了平安险、水渍险和一般附加险(如盗窃、受潮、沾污、渗漏、锈损等)的责任,但不包括因战争、罢工、进口关税、交货不到等原因所致的被保物资的损失责任。投保人选择一切险往往是因附加险的种类繁多,为避免遗漏,保障物资安全而选择的一种安全性较大的险种。通常是在所发运物资容易发生碰撞致碎、受潮受热、雨淋发霉、渗漏以及混杂污染等情况下投保一切险。

因险别不同,被保险的物资,以及发运的目的地不同,保险费用有很大的差异。

(二)陆上运输保险

陆上运输保险分为两种:陆上运输险和陆上运输一切险。

陆上运输险的保险责任为,承保被保险物资在运输途中遭受暴风、雷电、地震、洪水等自然灾害,或由于陆上运输工具(主要是指火车、汽车)遭受碰撞、倾覆或出轨所造成的损失。

陆上运输一切险则是在陆上运输险的基础上再加保因盗窃等原因所造成的物资损失。

(三)航空运输险

航空运输险也分为两种:航空运输险和航空运输一切险。其承保责任同陆上运输保险的相应险种。

(四)邮包运输保险

邮包运输保险是指承保邮包通过海、陆、空三种运输工具在运输途中由于自然灾害、意外事故或外来原因所造成的包裹内物件的损失。

邮包运输险也分为两种:邮包运输险和邮包运输一切险。其承保责任同陆上运输保险的相应险种。

第五节 物资清关及物资验证

一、物资清关

只有在履行各项义务,经过海关申报、查验、交税等手续后,物资才会被放行,货主或申报人才能提货。物资在结关期间,不论是进口、出口还是转运,都是处在海关严密监管之下,不准自由流动。承包商的国际物资采购工作均应按照工程所在国的海关规定,办理物资清关(Customs Clearance)手续。

(一)清关流程

清关流程参见图6-4。

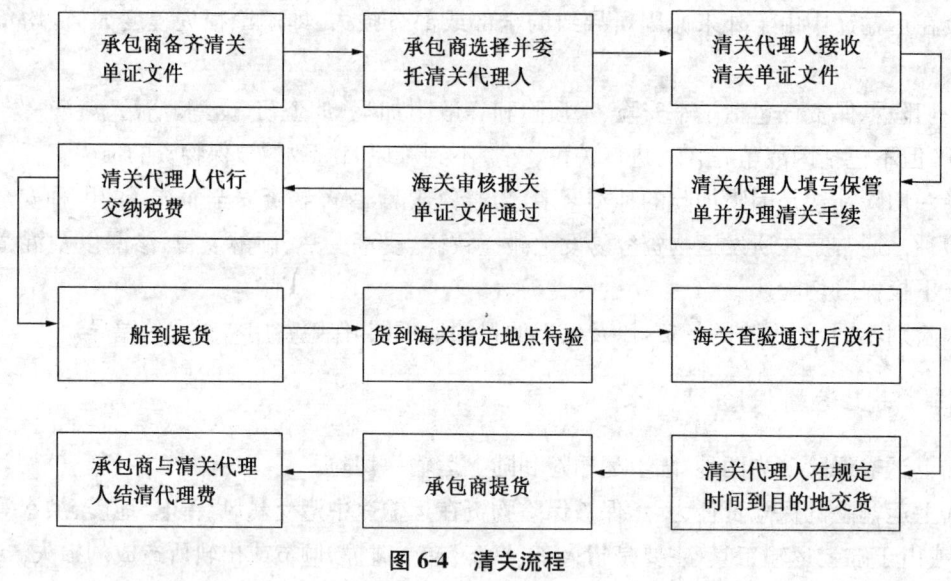

图 6-4 清关流程

(二)清关准备

1. 承包商准备清关单证文件

清关单证文件一般包括：物资(货物)采购发票、物资提单(装运单)、装箱单、海运保险单、原产地证明、出厂合格证、进口批件等。为及时获取这些文件，承包商应要求供应商于装船后立即将提单和发票等迅速转至承包商，以供承包商办理进口许可证和清关之用。

2. 办理进口许可手续

进口许可制度是指一国为加强进口贸易管制，规定某些商品的进口需由进口商向进口国有关当局提出申请，经过审查批准获得许可后方可进口的一种制度。进口许可制度是国际贸易中的一种非关税限制措施，是各国管制贸易特别是进口贸易的普遍做法。

各国对办理进口许可的程序及要求不完全一致。办理进口的责任方，一般有两种情况，一种是由业主组织办理，承包商(项目经理部)向业主提出进口物资的清单和有关文件后，业主分别向进口物资所对应的政府各相关专业主管部门申请，以获得同意进口的批复件。第二种情况是由承包商向业主提出进口物资清单，业主审查无误后写出确认物资为工程所需物资的函件，承包商持此连同物资清单等单证分别向政府相关物资的专业主管部门报审(如消防器材设备向政府消防主管部门报审)，通过审核后获取同意进口许可的批件。一般情况下，因为履行此程序比较复杂费时，对于承包商来说是件十分困难的事，因此多都是委托清关代理人或在采购合同中就明确要求供应商在工程所在国的代理商负责办理。

许多国家根据物资是否再出境，将进口许可证又分为两种形式，即永久进口和临时进口。

(1)永久进口

永久进口(Importation Definitive)是指是一次性进口至工程所在国，不再运出该国口岸的物资。这类物资基本上是将消耗在工程上，或产权将归属业主的。如用于安置生活基地的物资、工程物资以及不再运出的施工机具设备等。对这类物资，承包商要按工程所在国的相关规定一次缴清全部关税及其他税费。

申请物资永久性进口,各国的要求尽管不完全一致,但基本上需要提交以下单证文件:工程承包合同复印件及其公证件、业主出具的表明该批物资确实是用于本项目工程之上的证明、进口人的永久进口申请、物资采购发票、进口物资原产地证明、承包商在工程所在国的存在证明、承包商的税卡复印件及其公证件等。

(2)临时进口

临时进口(Importation Temporary)的物资一般是指需要再出境的物资,如承包商的施工机具设备、车辆等,这些物资在工程结束后需要全部运出工程所在国。因为我国较多的承包商在工程所在国属于非商业临时机构,没有物资正式进口权,因此多是需要办理临时进口手续。

临时进口许可证均有时间限制,一般多是根据工程项目的工期及其维修期来确定。如因工作需要,临时进口物资需要延期使用,承包商应提前到海关办理延期手续;工程完工后,临时进口的物资必须办理出境,否则将会受到海关的处罚。

临时进口物资一般不需缴纳关税,进口时应向海关提交相应的关税保函(于出口时再返还)。

申请临时进口,一般需要提交以下单证文件:工程承包合同复印件及其公证件、业主出具的表明该批物资确实是本工程所需的证明、海关临时进口保函、物资采购发票、进口物资原产地证明、产品合格证(大型行走机械使用,以便日后办理机械设备的行驶证)、承包商于所在国的存在证明等。

(三)选择清关代理人

1. 关于清关代理人

在国际工程承包中,都会有大量物资需要进口到工程所在国,所以清关就成为承包商物资采购中一项很重要的工作。鉴于每个国家对海关控制严格,加之清关手续十分繁琐的情况,为了保证顺利快捷清关,承包商须委托十分熟悉清关业务的当地的清关代理人(Clearance Agent)。而且,很多国家都有专门规定,外国承包商在海关办理物资进出口清关,必须委托在当地注册的、持有营业执照的清关代理人。清关代理人既要对物资所有人负责,又要向海关负责,属于双向负责的中介代理机构。

清关代理人即清关公司,它是专门从事国际代理报关纳税业务的企业。清关代理人受进出口物资所有人(承包商)或发货人的委托,承办物资进出口、转关、延期、再评估、报废等一系列涉及海关业务等方面的工作,如填写进出口货物报关单、报关数据的预录入、向海关申请企业备案登记手续、陪同海关验货、对货物税则归类、计算税费、提货、代办申请减免关税、办理关税保函手续、合同备案登记等,甚至还可以为承包商提供物资的运输及其他咨询性服务。一个好的清关代理人不仅可以保证进出口物资的清关效率,而且还可降低清关成本和节约费用。所以对于承包商来说,选择一个好的清关代理人是十分重要的工作。

2. 选择清关代理人应关注的几个方面

承包商选择一家好的清关代理人,既可以提高清关效率,又可降低过程风险。为此,承包商在选择清关代理人时应关注以下几方面:

(1)选择清关代理人的程序及要求同供应商的选择。承包商也应建立不同类型的合格清关代理人的名单。

(2)注意对多家已使用过清关代理人的有关承包商了解某清关代理人的相关情况,以便对清关代理人进行分析对比。承包商通常是采用招标方式,让清关代理人互相竞争以降低清关成本。

(3)选择组织机构健全的、有丰富清关经验、有良好信誉的。

(4)最好选择一家与政府相关部门,特别是与海关有一定关系背景的。

(5)价格合理、条件优惠、服务全面的。

(6)承包商如不了解对方,为把握起见,可采取少量试办几批价值比较低的物资,而后再视情况决定是否签订正式合同。

(四)办理清关

1. 办理时机

物资到港后,承包商应立即组织清关工作。因为物资如果不能及时出港,其滞港时间超过规定期限,承包商将缴纳滞港费。为避免在码头发生不必要的相关费用,承包商可申请将物资从船上直接卸到承包商或清关代理人组织的运输工具上。如有些物资是政府重点工程而急需的,为保证工程的正常施工,承包商或清关代理人可请工程的政府主管部门出面与海关沟通,或利用清关代理人的特殊关系,在未办完清关手续的情况下申请将其提前放行。但须注意在海关放行的同时继续办理或过后要及时补办清关手续,否则日后将会受到处罚。

2. 清关费用组成

清关费用一般由以下几部分组成:

(1)关税——交海关

(2)增值税——交海关

(3)卸船费——交船运公司

(4)港口搬运费——交船运公司

(5)港口仓储费——交海关

(6)验货费——交海关

(7)陆路运输费——交陆路运输公司

(8)清关代理费——交清关代理人

(9)空集装箱返还费——交船运公司

以上费用,一般情况是除大额的关税外,其他清关费用由清关代理人垫付,待清关结束、物资到场后,承包商再与清关代理人作最终的结算。

(五)应注意做好的几项有关工作

为做好项目的清关工作,承包商应注意以下几方面:

(1)承包商应指定专人负责此项工作。该人应熟悉清关业务,学习当地的有关税法等法律法规,以防止清关代理人利用承包商对该国有关法规、海关清关业务不熟悉,而出难题或提高收费等的被动,并尽量多地亲自参与清关全过程的工作,以逐步熟悉清关方面的业务,为以后委托清关代理人积累经验。

(2)承包商与清关代理人办理最后结算手续时,应及时要求清关代理人须将全部清关文件,转交给承包商,以便以后办理再出关时使用。

(3)清关全部工作结束后,承包商应对该清关代理人的全部清关工作及效果进行评价,以确定其是否能继续保留在自己的合格清关代理人名单中,即确定是否还保持继续合作关系。通过这样的工作,使自己能有若干个适应不同类型物资的、稳定的、能保持长期合作关系的合格清关代理人。

二、物资验证

(一)关于验证的概念

1. 验证的含义

按 ISO 9000 标准对验证(Verification)的解释是:"通过提供客观证据对规定要求已得到满足的认定。"

2. 验证与验收的区别

按照 ISO 9000 标准的定义,可以认识到,验收和验证是两个不完全相同的概念,尽管都有"验"的概念,但其目的是不一样的。验收的目的是判定既定的物资能不能够接收(或入库);验证的目的是判定既定的物资能不能够投用。因此两者的实施方式和内容也不完全相同。验证的核心工作是通过有关途径取得物资可以投用的可靠证据。

3. 验证的依据

(1)物资采购合同规定的技术质量要求。

(2)相关法规及技术质量标准。

(3)其他约定性要求。

4. 验证的内容

(1)物资的规格、材质、数量。

(2)外观质量。

(3)产品标识。

(4)包装。

(5)产品合格证、质量证明文件。

(6)装箱单。

(7)必要的复验或监理工程师/业主要求的必要产品性能抽样复验等。

5. 必要复验的条件

不是对所有的进场物资都需要进行复验,只是当出现以下情况之一时,才决定对其进行复验:

(1)有关技术法规要求必须作复验的。

(2)无质量证明文件或证明文件不全时。

(3) 对供应商提供的质量证明文件有怀疑时。
(4) 供应商提供的质量证明文件与相应物资不符时。

6. 复验的实施要求

为保证复验工作的有效性,承包商组织复验时应注意:
(1) 物资的复验应有代表性。
(2) 抽样应请监理工程师或业主代表参加并确认。
(3) 复验前,应与监理工程师统一复验内容、试验方法和试验合格标准。
(4) 复验工作应委托至监理工程师认可的试验室。

(二) FIDIC《施工合同条件》中与物资验证有关的规定

在1999年版《施工合同条件》(新红皮书)中涉及物资验证的主要条款,见表6-2。

表6-2 FIDIC《施工合同条件》中与物资验证有关的条款

序号	类别	条款号	主要内容
1	施工准备	4.1	承包商对合同要求的工程设备和材料的设计负责
2		4.16	承包商应将准备进场的工程设备和其他主要物资提前21天通知到工程师
3		4.20	承包商对于业主提供的物资,应核查其数量和质量;如检查发现问题应及时通知工程师;承包商对所接受业主提供的物资有保管和控制的责任,但不解除业主对以后仍发现该物资有问题的责任
4		7.2	在工程物资正式投用前,承包商应向工程师提交其样品和相应资料,以获取工程师的同意
5	施工过程	7.3	业主方人员有权在生产或施工期间进入现场对材料进行检查
6		7.5	对通过检验发现任何工程设备、材料检验不合格时,工程师有权拒收之,承包商对此应立即予以处置,工程师有权决定对其作修复后的重新检验
7		7.6	尽管已进行过检验并颁发了证书,但工程师仍可要求承包商对不符合要求的材料和工程设备给予处置,包括替换或移走

第六节 货款支付与信用证管理

一、物资货款支付

物资货款的收付,是买卖双方的基本权利和义务。货款的收付不仅影响买卖双方资金的周转,还有着应对各种金融风险和费用负担的问题,因而直接关系到买卖双方的切身利益。在谈判物资采购合同时,承包商与供应商往往都会力争规定对己方有利的收付条件。

常规的物资货款支付方式主要有:

1. 先交货，后结算

先交货，后结算的支付方式明显是有利于采购方，而不利于供应商。即是说，货发出后，供应商可能迟迟收不到货款（如相互间的扯皮、有意拖欠、外汇管制等原因），这时供应商就十分被动。

2. 先交运，后结算

先交运，后结算方式是，供应商租船发运，货物发出后供应商向买方收款。可以是在卸货港付收，也可以在运输途中采购方付款，供应商提交单证。这种交付方式，对供应商也是有风险的。如在市场物资价格下滑时，采购方会向供应商提出降价，否则不接收单证，这样往往会给供应商造成被动。

3. 先付款，后交货

先付款，后交货的方式，对采购方来说，将承担一定风险。如遇到发货后，市场物资价格上涨，供应商会要求提价，否则不付货，这时采购方就会陷入被动。

4. 信用证

以上几种支付方式对买卖双方来说都各有一定的风险，因而影响了正常的贸易活动的效果。为走出这一困境，目前国际上采用最多的支付方式是使用信用证。

二、信用证

（一）信用证的概念

在国际贸易活动中，买卖双方可能互不信任，买方担心预付款后，卖方不按合同要求发货；卖方也担心在发货或提交货运单据后买方不付款。因此需要两家银行作为买卖双方的保证人，代为收款交单，以银行信用代替商业信用。银行在这一活动中所使用的工具就是信用证（letter of Credit，缩写为：l/c 或 LOC）。

信用证是银行有条件保证付款的证书，是目前国际贸易活动中常见的结算方式。它是开证银行应申请人的要求并按其指示向第三方开立的载有一定金额的，在一定的期限内凭符合规定的单据付款的书面保证文件。具体说，信用证是指开证银行应采购方（承包商）的要求并按其要求向供应商开立的载有一定金额的，在一定的期限内凭符合规定的单据付款的一种书面文件。

（二）信用证的特点

信用证的特点主要是：

(1)它是一种银行信用，是银行的一种担保文件。即通过银行信用，来保护和控制买卖双方的交易行为。

(2)它是凭单付款，不依附于物资供应合同。银行在审单时强调的是信用证与基础贸易相分离的书面形式上的认证。只要单据相符，开证行就应无条件付款，对于不符合信用证条款的单据拒绝接受。

（三）信用证的使用程序

信用证的使用程序为：

(1)采购方(承包商)通过开证行,向供应商(卖方)开出信用证。

(2)供应商(卖方)按照信用证上所表述的货物质量、数量要求、交货时间(就是信用证有效期)以及按采购合同等规定进行备货和组织运输,在信用证明确的期限内向银行提交货物运输单证(与信用证中的要求必须一致)后,就能从银行提取相应货款。

(3)采购方(承包商)到银行付款后,获得所采购物资的货运运输单证等,继而办理相关清关提货等手续。

(四)信用证对承包商的作用

使用信用证,既解决了承包商与供应商双方间互不信任的矛盾,又为双方资金的周转提供了便利,它的广泛使用对国际贸易的扩大和发展起到了有力的促进作用。具体对于承包商来说,信用证主要还有以下几方面的作用:

(1)信用证可以保证承包商在支付货款时即可取得相应物资的单据,并可通过信用证条款来控制供应商按量、按时交货。

(2)可按时收到质量及数量符合要求的货物。

(3)凭承包商的资信及开证行对自己的信任,可少交或免交部分押金,避免资金占压。

(五)信用证的主要内容

信用证的内容主要包括:

(1)对本信用证的主要说明。如其种类、性质、有效期及到期地点。

(2)对货物的要求,按照供货合同进行说明。

(3)对运输的要求。

(4)对单据的要求。即货物单据、运输单据、保险单据及其他有关单证。

(5)开证行对受益人(供应商)及汇票持有人保证付款的责任说明。

(6)银行间电汇索偿条款。

(7)特殊要求。

(六)信用证的分类

主要介绍以下几种常用分类方法的信用证。

1. 按信用证项下的汇票是否附有货运单据划分

按信用证项下的汇票是否附有货运单据划分,分为跟单信用证及光票信用证两种。

(1)跟单信用证(Documentary Credit) 它是凭跟单汇票或仅凭单据付款的信用证。这里所言的的单据是指表明货物所有权的相关单据(如海运提单),或表明货物已交付运输的单据(如航空运单、铁路运单等)。

(2)光票信用证(Clean Credit) 它是不附单据,受益人可以凭开立收据或汇票分批或一次在通知行领取款项的信用证。光票信用证下的单据没有货运单据,因此对采购方的风险比较大,即无法通过各种单据对货物的交付、质量、数量等予以控制。

在国际贸易的货款结算中,基本上都是使用跟单信用证。

2. 按开证行所负担的责任划分

按开证行所负担的责任来划分,可分为不可撤销信用证和可撤销信用证两种。

(1)不可撤销信用证　它是指信用证一经开出,在有效期内,未经受益人及有关当事人的同意,开证行不能单方面修改和撤销,只要受益人提供符合信用证规定的单据,开证行即应按数付款。

(2)可撤销信用证　它是指开证行不必征得受益人或有关当事人同意有权随时撤销的信用证。对于此种信用证,在其上需注明"可撤销"字样。

3. 按有无保兑银行划分

按有无另一银行加以保证兑付来划分,可分为保兑信用证和不保兑信用证两种。

(1)保兑信用证　它是指开证行开出的信用证,由另一银行保证兑付和信用证条款规定的单据履行付款义务。

(2)不保兑信用证　它是指开证行开出的信用证没有经另一家银行保兑。

4. 按付款时间划分

按付款时间划分,主要分为即期信用证和远期信用证两种。

(1)即期信用证　它是指开证行或付款行收到符合信用证条款的跟单汇票或装运单据后,即行付款的信用证。

(2)远期信用证　它是指开证行或付款行收到符合信用证的单据时,在规定期限内予以付款的信用证。

5. 按受益人对信用证的权利可否转让划分

按受益人对信用证的权利可否转让来划分,可分为可转让信用证和不可转让信用证两种。

(1)可转让信用证　它是指受益人(第一受益人)可以要求授权付款、承担延期付款责任,承兑或议付的银行,可以要求信用证中特别授权的转让银行,将信用证全部或部分转让给一个或多个受益人(第二受益人)的信用证。此时,开证行须在信用证中要明确注明"可转让"(transferable)。可转让信用证只能转让一次。

(2)不可转让信用证　指受益人不能将信用证的权利转让给他人的信用证。凡信用证中未注明"可转让"的,均为不可转让信用证。

(七)与信用证相关的责任方

(1)开证申请人(Applicant)　即是向银行申请开立信用证的人(在本章中即指承包商),在信用证中又称开证人(Opener)。其主要义务是:根据合同开证,按规定比例向银行交付押金,及时付款赎单。其主要权利是:以信用证为依据验、退赎单;验证物资,对不符合要求的予以退货。

(2)受益人(Beneficiary)　即是信用证上所指定的有权使用该证的人,在本章即指供应商。其主要义务是,核对所收到的信用证是否与合同相符;通知收货人,在规定时间内向议付行交单议付,对所提供的单据的正确性负责等。其主要权利是,核对信用证发现与合同不符时,有权要求开证行修改或拒绝接受或要求开证申请人指示开证行修改信用证;当以上要求被拒绝或修改后仍不符合时,有权在通知开证申请人(承包商)后单方面撤消合同并拒绝信用证;

交单后若开证行无力支付或无理拒付可直接要求开证申请人付款。

(3) 开证行 (Opening/Issuing Bank) 即是接受开证申请人的委托开立信用证的银行。它的义务是,按要求正确开出信用证,承担保证付款的责任。其权利是:按规定收取手续费和押金;有权拒绝受益人或议付行所提交的不符合单据;付款后如开证申请人无力付款赎单时有权处理相应物资。

(4) 通知行 (Advising/Notifying Bank) 即是受开证行的委托,将信用证转交受益人(供货商)的银行。它是供应商所在地的银行,其只证明信用证的真实性,不承担其他义务。

(5) 议付银行 (Negotiating Bank) 即是买入受益人交来跟单汇票的银行。其根据信用证开证行的付款保证和受益人的请求,按信用证规定对受益人交付的跟单汇票垫款或贴现,并向信用证规定的付款行索偿。

(6) 付款银行 (Paying/Drawee Bank) 即是信用证上指定付款的银行,一般情况下,付款银行就是开证行。

(7) 保兑行 (Confirming Bank) 是指物资出口国或第三地的某一银行应开证行的请求,在信用证上加注条款,表明该行与开证行一样,对收益人所提出的符合信用证规定的汇票、单据负有付款、承兑的责任。

保兑行自对信用证加具保兑之时起,即不可撤销地承担承付或议付的责任。

(八)信用证方式的操作流程

信用证方式操作流程见图 6-5。

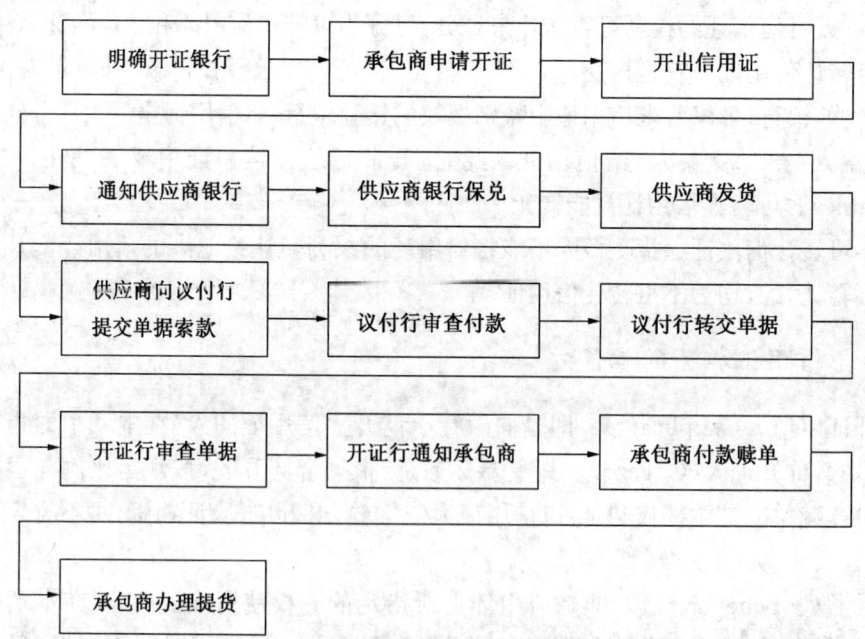

图 6-5 信用证方式操作流程图

(九)承包商采用信用证方式的操作程序

1. 明确开证银行

在采购(供货)合同中,明确开证行。开证行可以在工程所在国当地选择,也可以在我国国内选择。在工程所在国选择困难时,可考虑在我国国内选择,或选择我国银行在国外的分行。

2. 申请开证

承包商向选择的开证银行提出办理信用证的申请。办理信用证的手续费主要包括:开立手续费、改证费、审单费、修改费、付款手续费等。

3. 开出信用证

开证行接受承包商的申请,并按要求开出信用证。

4. 通知供应商银行

开证行通知并寄交信用证给供应商所在地通知行,并由该行向供应商说明开证情况并转交信用证。

5. 供应商银行保兑

当采购(供货)合同规定了履行保兑程序时,供应商所在地的银行对信用证予以保兑。

6. 供应商审核无误后发货

供应商审核信用证,认定与合同规定相符后,按信用证规定装运货物、备妥单据并开出汇票,在信用证有效期内,送议付行议付。

7. 供应商向议付行提交单据文件

供应商向议付行提交信用证规定应提交的的全套单据文件。

8. 议付行审查付款

议付行按信用证条款对供应商提交的单据进行审核,确认无误后,把货款垫付给供应商。

9. 议付行转交单据

议付行审核付款后,将相关单据转交给开证银行并向其索款。

10. 开证行审查并付款

开证行对单据进行审查,审查无误后,向议付行付款。

11. 开证行通知承包商

开证行通知承包商付款赎单,并补齐手续费。

12. 承包商付款

承包商审查单证无误后,向开证行付款。

13. 承包商办理提货

承包商着手办理物资清关工作并提货。

第七节 物资采购过程的风险管理

国际物资采购是承包商项目管理的一个重要环节,它不仅关系到工程的正常进行和工程的工期、质量,而且也直接关系到项目成本降低和获利的多少。物资采购过程经常会伴随着各种风险如,如采购计划不准确、供货不及时、物资质量不符合合同要求、供应商欺诈、汇率变化等,它们都在不同程度地影响物资采购效果乃至项目的最终经营效果。因此,承包商必须高度重视采购过程的风险管理,为工程项目的正常运行,为实现项目的工期、质量和成本三大目标提供有力的保证。

一、采购风险的种类

物资采购风险主要有外因性风险和内因性风险两类。

(一)外因性风险

1. 供应商供货风险

国际工程项目所需物资品种繁多,往往涉及多个国家和地区,因此供货风险的一般都比较高,其所造成的危害也较大,如不能有效控制,往往会对工程项目的工期、成本造成重大影响。供应商供货的风险主要有:

(1)数量风险 供应商发出的物资数量与采购合同规定不一致,需要补充发货,重新履行一整套的运输、清关手续,从而影响工程施工进度。

(2)价格风险 价格风险一般有两种来源:一是供应商利用其独家优势或操纵投标环境互相串通抬高价格;二是业主指定供应商,而其所指定供应商的价格大大高于当初承包商投标的价格。这两种情况均造成承包商采购成本的增加。

(3)质量风险 物资质量不符合要求,需要退货或降级使用,甚至报废,从而影响工期或造成经济损失。

(4)交货拖期风险 供应商不能按合同要求时间交货,影响工程正常进行,造成工期滞延。

(5)服务风险 如供应商不能及时提供备件,规定的现场技术服务不到位或服务不及时等导致施工不能正常进行或影响工程的按期投用,而影响工期。

2. 物资清关风险

物资清关风险是采购过程外部环境影响最大风险之一,发生的概率很高。由于承包商对工程所在国的法律法规、进出口程序、港口情况等都不十分了解,或是选择清关代理人不当,往往会出现:物资通关时间过长,造成物资滞港时间过长,除增加滞港费外,更会严重影响工程项目的施工进度。

3. 运输风险

因运输方式、运输路线选择不当,而造成物资运输时间过长或在运输过程中受到损坏或严重丢失等,都会对工程的正常施工和工期造成不利影响。

4. 外汇风险

国际工程物资采购所涉及的外汇风险,是指以相对工程所在国为外币计价结算的应付帐款,由于外汇汇率变动而引起其价值变化的不确定性。具体说,在工程项目业主支付币种和进口物资支付币种不一致的情况下,当汇率发生不利变化时将使承包商实际采购成本增加。当然,如业主所支付币种即是进口物资所应支付的币种,则承包商在这项物资采购中就没有外汇风险。

5. 合同风险

合同风险比较多的情况如:

(1)供应商以虚假的合同主体身份与承包商订立物资供货合同,或以假冒的票据或其他伪造的产权证明作为合同担保,承包商收不到货物并找寻不到供应商。

(2)供应商是虚假公司,与承包商签订空头合同,而后转手倒卖,承包商不能获得所需的物资。

(3)供应商违反合同规定或无故中止合同。

(二)内因性风险

1. 计划风险

如项目物资需求计划或物资采购计划不准确,可导致其数量、规格以及技术要求方面的错误,与工程实际要求有较大偏离,从而影响工程施工正常进行。

2. 资金风险

如承包商采购资金不落实,不能及时支付购货款,影响物资采购或提货。

3. 合同风险

(1)采购合同条款阐述不准确、不全面,甚至语言模糊,给供应商留有钻合同漏洞的余地。

(2)供应商行贿套取承包商采购标底或承包商采购人员的违规行为,使合同条款对承包商不利。

(3)承包商未组织对合同进行有效的评审,未及时发现合同的漏洞或不足。

4. 验证风险

对物资数量、产品质量与采购合同不符、质量证明文件不全等方面问题,承包商/项目经理部不能及时发现,只是在投用前才被识别,将影响工程施工正常进行。

5. 存量风险

现场物资存量不能满足施工需要,造成停工待料;或是进场物资过多,造成资金积压。

二、物资采购风险的控制措施

承包商应加强对物资采购各环节的风险管理,以规避或降低采购风险,为实现项目管理目标提供可靠的保证。

(一)建立严密有效的物资采购程序

承包商应建立完整、有效的物资采购程序,明确各管理部门和主要管理岗位的管理职能,使项目的物资采购始终按规定程序办事,以杜绝或减少管理上的漏洞。

(二)严格控制供应商的评价与选择

选择合格的供应商是规避采购风险的首要工作。只有正确选择符合要求的供应商,才能保证项目物资的正常供应,承包商应坚决杜绝不履行规定的选择程序而直接贸然采购的行为。此外,承包商要坚持对供应商的再评价工作,即在与供应商合作后,要对供应商供货过程及效果进行评价,对于评价为合格的可继续保持合作关系;对于评价为不合格的则剔除出承包商合格供应商名单。这样做的目的是确保与承包商合作的供应商始终是合格的。

(三)加强对物资采购人员的管理

承包商应加强对员工尤其是对采购业务人员的职业道德及遵章守法教育,以提高他们的整体素质;要建立有效的监督机制,如实施有效的审查制度、联签制度,杜绝采购过程中的任何个人行为等。

承包商应注意培养既熟悉招投标、合同管理,又掌握一定法律、专业技术知识的复合型人才;注意持续地对物资采购人员进行业务培训,提高其管理素质,以确保最大限度地规避人为因素所造成的采购风险。

(四)重视合同管理

1. 业主合同

承包商在与业主签订合同时,应坚持明确由业主方办理进口许可手续。这样可以降低承包商组织办理可能导致清关时间延误而影响施工的风险。

2. 采购合同

(1)承包商应注意在采购合同中明确出口许可证、原产地证明由供应商办理,并将其作为付款条件之一。

(2)承包商要重视对采购合同的管理,采用比较规范的采购合同文本,坚持对合同的评审工作,以提前发现合同不规范或漏洞问题,避免合同风险。对于大宗或价值较高的物资采购,应尽量要求供应商提供履约保函,以规避违约风险。

(五)采取有效的外汇风险控制策略

外汇风险实际是一种投机风险,它既可能给承包商带来损失,也可能会带来收益,有经验的承包商更多关注的是外汇风险一旦发生可能会带来的损失。因此,承包商应认真地进行风险评价(风险评价的方法参见"第十二章 项目风险管理与危机管理")。当经过风险评价认为风险发生可能带来的损失小于对风险进行管理所需花费的成本,则可不必专门采取措施,但如认为风险的发生可能会给自身带来损失时,则必须采取有效手段进行管理。

1. 选择有利的采购支付币种

在可能的情况下,承包商应坚持根据采购需要的外币种类,要求业主支付相同的外币;一般情况下承包商,应尽量采用硬通货货币支付采购款,为此也应要求业主予承包商以硬通货货币(注:硬通货货币是指国际信用好、币值稳定、汇价呈坚挺状态的货币)。如承包商不能争取到以业主支付币种作为采购计价结算货币时,在工程承包合同中没有加入含有汇率因子的调价公式的情况下,可尽量选择相对业主支付货币有贬值趋势的货币作为采购的计价结算货币;如果在工程承包合同中写入了含有汇率调整因子的调价公式,则采购中应注意选择相对业主支付货币有升值趋势的货币作为采购的结算货币。

2. 合理利用含有汇率因子的调价公式

承包商需注意和利用含有汇率因子的调价公式的问题。如计价结算货币为物资出口国的币种,而该币种又有贬值趋势,则承包商与业主签订合同时,应争取在价格调整公式中去除汇率调整因子。反之,例如在人民币相对美元呈升值的情况下,承包商应尽量从我国国内采购物资,并在所签合同的调价公式中加入汇率调整因子,这样人民币升一旦升值,汇率调整因子将大于1,对承包商十分有利。

附表

附表 6-1　物资申请计划

项目名称							计划编号	
序号	物资名称	规格型号	数量	单位	样品提出时间	最晚进场时间	产品要求	
说明	1. 常规产品可不填写"产品要求"一栏。 2. 当业主、设计、监理工程师等对产品有下列要求时,则应在"产品要求"中注明: ①验收标准或规范,也可提出图样作详细说明; ②对产品的质量、环境、职业健康安全等方面的要求; ③提供的质量保证文件的要求; ④业主、监理工程师指定或项目推荐的供应商/厂家/品牌等; 3. "编制"、"审核"为项目经理部相关人员,"批准"为项目经理。							
编制/日期:		审核/日期:			批准/日期:			

附表 6-2　物资采购计划

项目名称				申请计划编号			
序号	物资名称	规格型号	采购人员	采购方式	采购时间	候选供应商名单	备注
				□招标采购 □询价采购 □直接采购 □简易采购		1	
						2	
						3	
						4	
						5	
				□招标采购 □询价采购 □直接采购 □简易采购		1	
						2	
						3	
						4	
						5	
				□招标采购 □询价采购 □直接采购 □简易采购		1	
						2	
						3	
						4	
						5	

编制/日期：　　　　审核/日期：　　　　批准/日期：

说明：1. 采购主办人编制，采购实施部门相关人员审核，采购实施部门经理批准；
　　　2. 备注栏应列明供应商来源，如：业主指定或推荐、项目推荐、总部推荐等说明。

第七章 保函管理

第一节 保函概述

一、保函的概念

（一）保函的含义

保函(Letter of Guarantee,L/G)又称担保书，是指担保人（银行、保险公司）应委托人的申请，向受益方所开立的一种书面信用担保凭证。

（二）保函的功能和作用

保函主要具有这样的功能：对卖方（如承包商）来说，是获得收回工程款的保证；对买方（如业主）来说，其可在一定程度上制约卖方的行为，以维护买方的利益。即当合同双方中的一方违约时，可对受损方进行补偿或是对违约方进行惩罚。从这里我们可以看出，保函的功能远远高于一般的商业信用证。

在国际工程承包中，保函的作用就是：保证在申请人/委托人（承包商）未能按有关协议要求履行其责任或义务时，由担保人代其履行一定金额、一定期限范围内的某种支付责任或经济赔偿责任，以保证受益人（业主）的利益。

在国际工程承包中，业主为了防止承包商违约而蒙受损失，通常要求承包商提供经济担保。为此，承包商须根据业主要求和有关规定，向业主提交各类保证金，以向业主做出履约的保证。承包商所须提交的各类保证金可以是由其自身开出，也可以是由银行或保险公司开出。但由于现金抵押直接影响到承包商的资金周转，而由银行或保险公司向业主提供所需手续又相当复杂，并且担保金额较高。因而国际上通常都采取通过由银行开出的相应保证金保函（保函）的形式，以向业主做出履约的保证。

在20世纪中叶，随着金融业的不断发展和业务的拓展，保函业务在国际工程建设中逐步被用于投标管理、合同管理、资金管理等，并发挥着越来越重要的作用。半个多世纪以来保函制度的推行和实践，已充分表明其是业主与承包商间一种十分重要的信用保障手段，确立了业主与承包商间的信用关系,进而保证工程项目建设的顺利实施。

(三)保函的相关方及其相应的责任和权力

1. 委托人

委托人(Principal)即是向银行或保险公司申请开立保函的一方,如国际工程承包中的承包商。其责任和权力为:

(1)按规定要求,办理开立保函手续。

(2)当担保人认为需要时,应向担保人预支部分或全部押金。

(3)向担保人支付保函项下的一切费用。

(4)在担保人按照保函规定向受益人付款后,支付担保人垫付的款项。

2. 担保人

担保人(Guarantor)即是有相应资格和信誉的保函开立人,如银行、保险公司。其责任和权力为:

(1)接受委托人申请,按委托人的要求开立保函。

(2)按照保函规定,审查索赔文件在内的相关单据后,向受益人付款。

(3)向委托人收取保函项下的一切费用。

(4)在委托人不能立即偿还担保人已付款项的情况下,有权处置委托人的押金、抵押品等;如处置后仍不足以抵偿全部费用时,有权向委托人追索不足部分。

3. 受益人

受益人(Beneficiary)即是提出要求并接受保函的一方,如招标人、业主。其责任和权力为:

(1)提出或规定保函格式。

(2)审核保函　对不符合要求的有权拒收或要求委托人通知银行修改。

(3)当委托人违约时,按保函的规定在保函有效期内出具索款通知或连同其他单据,向担保人索取款项。

(四)保函的特点

(1)它是以银行或保险公司的信用作为保证,易于为受益方接受。

(2)它是依据委托人与受益方间的商务合同开出的,但又不依附于这个合同,而是具有独立法律效力的法律文件。当受益人在保函项下要求合理索赔时,担保人就须承担付款责任,而不论委托人是否同意,也不管合同履行的实际事实。因此说,保函是独立的承诺并且基本上是单证化的交易业务手段。

(五)保函与信用证的主要区别

保函与"第六章　物资采购管理"中所介绍的"信用证"尽管都是由银行开立的并同属于银行信用性质的,但它们还是有区别的,其主要差异在于:

(1)适用范围不同　信用证仅适用于货物贸易;银行保函适用于国际工程承包,适用范围更广。

(2)银行付款责任不同　对于信用证,开证行承担第一付款责任;对于保函,见索即付保函银行承担第一性付款责任,而有条件保函银行则承担第二性付款责任。

(3)与合同的关系不同　信用证与合同是完全独立的,不依附于供货合同;对于有条件的保函,当受益人以对方违约,向银行提交书面陈述或证明,要求银行赔偿时,银行一般需证实委托人未履约的情况。

(4)对单据要求不同　信用证项下的货运单据是付款的凭证,单证不符银行可拒付;保函项下的单据不是付款的证据,一般是凭索赔书或其他文件。

(六)关于反担保保函

反担保保函是由一家银行接受委托人(承包商)要求给另一家银行开出担保函,请这家银行凭他的担保函,再向最终受益人(业主)开出保函的一种担保方式。

国际工程承包的惯例,要求开具保函的银行应事先征得业主的认可。其原因是要保证业主对开具保函的银行的资信以及保函的可执行性有充分的信心。业主从自身利益稳妥可靠性出发,往往希望由其本国拥有一定实力和信誉的银行开具保函;甚至业主会指定某一与其业务关系密切的本国银行出具保函,以便在发生索偿时保证办理的效率以及足额赔付的便利。而对于工程所在国的境外银行,业主就要求他们通过与其有业务联系的工程所在国当地银行转开。特别是承包商是第一次进入工程所在国或第一次与业主打交道时,业主在保函问题上将表现得十分谨慎,有些国家甚至规定业主只接受本国银行开具的保函。面对这种情况,承包商有两种方式开立保函:一是,以高额现金抵押并支付较高的手续费和年金向当地银行申请开具保函;二是,承包商的担保银行(一般为承包商本国的银行)向工程所在国当地银行(一般为业主的开户行)开具反担保函,再由这家当地银行向业主开具保函。而第二种方式即是反担保函的操作方式。

采用反担保保函的方法,承包商虽然承担双份手续费和保函年金,但可避免因在工程所在国办理时需提供高额现金或财产抵押所带来的沉重资金压力。

在反担保的情况下,出具对外保函的银行为直接保证人,在发生保函索偿时承担直接赔付责任;开具反担保的银行则为间接保证人,在发生保函索偿时立即补偿直接保证人所赔付的款项。

(七)保函的格式及主要内容

(1)保函的格式由受益人(业主)规定,申请人(承包商)按其要求,向银行申请开具保函。
(2)保函的主要内容
①担保人、被担保人(承包商)、受益人(业主);
②担保的最高限额和货币种类;
③有效期限;
④担保的责任说明;
⑤索赔条件(违约时,进行赔偿的凭证要求等);

⑥保函的失效(一般情况是超过有效期限,保函自动失效);
⑦合同及担保书的修订以及适用的法律等。

(八)常用的保函形式

常用的保函有两种形式,即附条件保函和无条件保函:

1. 附条件保函

附条件保函是指保函中附成就条件,只有在这些条件出现时担保人(银行)才向受益人(业主)支付保函款额。如约定了违约条件,要求受益人(业主)提出证据表明委托人(承包商)违约及其给受益人造成了损失等。

2. 无条件保函

无条件保函也称"首次要求即付"保函,或"见索即付"保函。它是指担保人在收到受益人以某种约定形式的通知要求对其进行赔付时,并不征询委托人意见而立即支付保函规定的一定数额款项。如银行接到业主发来的"索赔通知单",就立即向业主支付保函额,不论承包商同意付款与否,也不管合同履行的实际事实如何。这种保函对承包商来说,因在索偿兑现前完全剥夺了承包商的申辩权力,故是所有银行保函中潜在风险最大的一种保函。

二、保函的种类

按照不同的担保责任和功用,国际工程承包中使用的保函主要有:投标保函、履约保函、预付款保函、质量保修保函、保留金保函、进口物资免税保函等,以下分别予以简要介绍。

1. 投标保函

投标保函(Bid Bond/Guarantee)是投标人在向发包人(业主)送递投标书的同时,所提交的通过银行向业主开具的一份经济担保书,以表明投标人的信用和履行投标责任义务的诚意。它是为维护正常的投标秩序,要求投标人(承包商)所必须提交的一种保函。其保函开出银行承担相应的投标信用风险,即担保投标人在投标有限期内不随意更改原报价,不中途撤标,在中标后与发包人(业主)在规定期限内签订合同;签约时提供履约保函,签约后按要求进驻现场开工等。若投标人不能履行以上责任,则业主有权没收投标保证金(一般为标价的3%～5%)作为损害赔偿。

投标保函的有效期限一般是从投标截止日起到确定中标人止。若评标时间过长,而致保函到期,业主要通知承包商延长保函有效期。投标结束,业主将投标保函发还给承包商。此时对投标保函的处理为:

(1)未中标的承包商可向业主索回投标保函(包括保函原件及业主的撤销令),以便向银行办理注销或押金解冻手续。

(2)中标的承包商在签订合同时,向业主提交履约保函,同时索回投标保函。

从上述可知,承包商在准备投标文件的同时,就应提前寻找、确定一家理想的金融机构或保险机构为其开具投标保函,特别是需要办理反担保时,更应提早做准备。

2. 履约保函

履约保函(Performance Bond/Guarantee)是承包商通过银行向业主所开具的,保证其在工程承包合同执行期内按合同规定履行其全部责任义务的经济担保书。这是业主为防止中标人不履行合同责任和义务而采取的一种安全措施。按照国际惯例，中标的承包商应按招标文件要求，在规定的期限内，向业主提交履约保函（一般情况是：中标的承包商必须在投标保函的有效期内呈交其履约保函，业主在接到履约保函后才返还投标保函并与之签约）。履约保函的作用将自始至终地贯穿于工程施工全过程中；承包商须按照合同规定，在工程施工全过程，按期、按量、保证质量地履行其责任和义务，直至竣工交付。当发生下列情况时，业主有权凭履约保函向银行索取保证金作为赔偿：

(1) 施工过程中，承包商中途毁约，或任意中断工程，或不按规定施工。

(2) 承包商破产，倒闭。

履约保函金额一般为合同总额的5%左右。履约保函将随工程进度而减额，履约保证金将随之按比例退还申请人（承包商）。

履约保函的有效期限从提交履约保函起，到项目竣工、验收交付止。如果工程因故拖期，不论是因为业主的原因还是承包商的原因，承包商都应及时与业主协商，并通知银行办理保函有效期的延期。

当工程达到竣工条件，并向业主移交工程，承包商在做工程最终结算的同时，主动索回履约保函，尽早索回保留金并及时开出质量维修保函（质量保修保证并入履约保函内的除外）。

当承包商作为总承包商而将工程进行分包时，同样应要求分包商就其所分包的工程向总承包商开具相应的履约保函。这时总承包商就可以要求分包商承担总承包商所向业主承担的类似责任和义务。总承包商可以要求分包商从总承包商所在国的银行开具履约保函，或是从工程所在国的一家有信誉的国际性银行开具履约保函。

3. 预付款保函

预付款保函（Advance Payment Guarantee），又称还款担保。它是银行应申请人（承包商）申请，向受益人（业主）所出具的一种防止申请人（承包商）收到受益人（业主）预付款而未履约的一种安全措施。它可以保证在工程竣工前，受益方（业主）能逐批扣回预付款，防范工程进展缓慢以及预付款被申请人（承包商）携走而造成损失的风险。这种保函能有效地保护业主的利益，故在国际工程承包中被广泛应用。

具体地说，承包商与业主签约并按规定期限进场后，业主将向承包商支付预付款（以便承包商做施工准备及采购工程材料）。为了保证在工程竣工前，业主能逐批扣回预付款，业主会要求承包商提交一定比例的保函。其有效期是从该保函提交之日始，到业主全部扣回预付款止。

预付款保函金额等于预付工程款金额，一般占合同金额的10%~25%；有的国家将预付款分为两种，即工程预付款和材料预付款，前者为合同额的10%~15%，后者为合同额的30%左右。预付款保函的有效期自承包商收到预付款之日起，至预付款全部偿还或者扣清为止。

预付款保函是一种责任递减保函。当累计工程进度达到起扣点时，业主将逐月按工程进度从工程进度支付款中按一定比例回扣预付款，而相应预付款保函的金额也将逐次相应减少（承包商开具保函时应注意写明）。承包商还需注意在施工进展中应按阶段（如按季度）向业主索取同意保函减额的函件，并提交给银行；或凭业主付款帐单中写明的扣还预付款数额，写出保函减额通知，经业主确认后，向银行提交。银行将据此核减相应金额，并将核减后的保证金额通知业主方。在预付款全部还清后,承包商应及时催促业主退回预付款保函,以及时消除保函风险。

4. 质量保修保函

质量保修保函(Quality/Maintenance Guarantee)也称工程维修保函,是工程竣工后由承包商通过银行向业主开具的担保承包商对完工后的工程质量缺陷负责维修的经济担保书。其金额一般为合同总额的5%左右。保函的担保责任主要体现为,承包商在竣工交付后一定时间内应对工程质量缺陷进行维修。如在规定期限内对业主反映的工程质量问题,承包商不履行维修责任时,或承包商无力维修时,业主可凭保函提款,自行组织维修。当质量保修期满,所需维修事项全部完成,业主将最终接受工程。

业主返还质量保修保函的条件是:

(1)承包商在规定的质量保修期内完成了维修任务,并满足要求。

(2)工程通过最终验收,工程师签发工程合格证书或最终验收证书。

在FIDIC合同条件(1999年版红皮书)"履约保证"条款中,指出:承包商应在收到中标函28天内按投标函附录中规定的金额、币种和格式向业主提交履约保函。并应保证在缺陷通知期期满和收到履约证书前,履约保函持续有效。现在许多国家因履约保函与质量保修保函的金额均为合同总额的相同的一个百分数(如均为5%),故将质量保修保证并入履约保函中,即将履约保函的有效期延至工程质量保修有效期满,这样就不必再单独办理质量保修保函。

5. 保留金保函

保留金保函(Retention Money Guarantee)也称"滞留金保函"、"预留金保函"或"尾款保函"。它是承包商通过银行向业主开出的一种保函,保证承包商在提前收回尾款后,如果工程达不到合同规定的质量标准时,承包商将把这部分留置款项退给业主;否则,担保银行将给予赔付。这是在承包商不办理质量保修保函时一种承诺质量保修的保函形式。

为了保证在工程存在缺陷的情况下,能有足够的资金应对维修,业主在对承包商每期的中期付款中扣留10%,直至累计达到合同额的5%时为止,以作为质量维修的保留金。但这样将影响承包商施工过程中的资金正常使用,在经业主同意的情况下,承包商通过银行开具等同于保留金额度的保函作担保,这样业主就不必在每期的支付款项中再扣留10%的款项作为保留金。当进入质量保修期时,承包商根据合同规定向业主提交经银行开具的质量维修保函以替换履约保函。

一般在国际工程承包中,这种保函形式经常被总承包商所使用,即要求他的分包商向他提交保留金保函,以保证总承包商的利益。

6. 进口物资免税保函

进口物资免税保函是海关保函(Gustoms Guarantee)的一种。承包商通过银行向工程所在国海关税收部门开具的担保承包商在工程竣工后将临时进口物资运出工程所在国或照常纳税后永久留下使用的经济担保书。这种保函的金额一般为应交税款的全部金额,其有效期与工程项目工期基本一致。

这种保函所提供的担保责任是,承包商不能将进口物资用于其他工程或出租,只适用于免税工程、免税进口的施工机具设备、可临时免税进口工程。

撤销保函的条件是:
(1)在保函有效期届满前,承包商应将临时进口的施工机具设备运出工程所在国,或经由当地有关部门批准,转移到另一免税工程,但须通过银行将保函有效期顺延,或在交纳关税后永久使用或在当地出租、出售。
(2)保函有效期满时,承包商从业主那里得到了所进口的工程物资已全部用于该免税工程之上的证明文件。对于工程剩余物资,在对其按规定交纳关税后,才可以在当地做售卖处理。

第二节 保函申办及风险控制

一、保函申办

(一)保函申办流程

承包商申办保函流程参见图7-1。

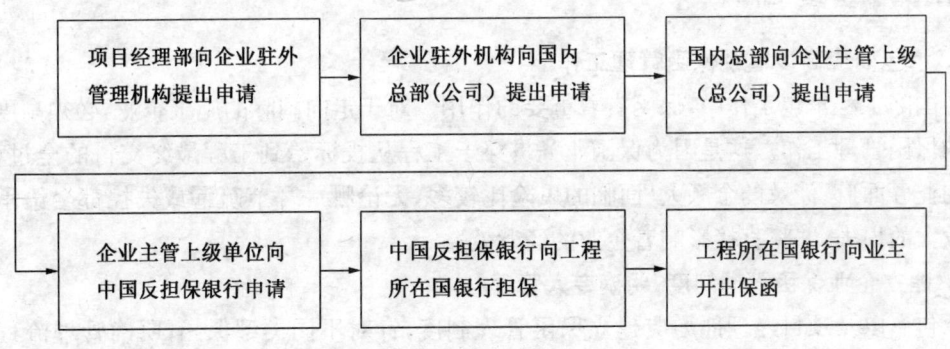

图7-1 保函申办流程

(二)保函办理需提交的资料

承包商在向银行申办保函时,一般需提交如下资料(供参考,具体执行开具银行要求):
(1)保函开立申请书。
(2)保函格式(一般为业主提出,如业主未提出保函格式,则请业主确认其所能接受的保函格式)。
(3)招标文件或合同、中标通知书等业务背景资料。
(4)经年审的营业执照副本。
(5)担保银行提出的其他必要的文件资料。

(三)保函办理过程

(1)申请人向银行提交开立保函申请书及有关资料。

(2)银行审查资料。
(3)签订协议,落实保证金,交纳手续费。
(4)开具保函。

(四)办理保函需注意的主要问题

(1)根据我国商务部规定,凡合同金额超过500万美元的,无论是投标还是议标,首次开立保函时,均需取得商务部的投(议)标许可证,而办理此证需要工程所在国的我国使馆经商处的同意函及对外承包工程项目投(议)标申请登记表。

(2)由于申报投标许可证的时间较长,因此要求承包商对于有投标意向的或准备签订项目合同的,应及时到我驻外使馆办理有关申请手续。

(3)根据招标文件或合同要求的工期,合理确定保函的起止日期。

(4)由于银行开具保函涉及到国际工程承包的整个过程,而且涉及的资金量较大,因此在办理保函时,一定要注意保函金额和保函期限是否合理,同时要熟悉工程所在国的相关适用的法律及国际惯例。

二、保函管理工作

1. 承包商应高度重视保函管理工作

在国际工程承包工作中,保函有着重要的作用。对于走向国际的施工企业,必须高度重视项目的保函管理工作。这是因为保函业务贯穿于工程从投标始到工程最终交付的全过程,其覆盖的业务面广、涉及的金额大、面临的风险比较多,无论哪一环节疏漏或失控都会给承包商造成较大的损失,并将直接影响着企业的经营效益。

2. 建立企业保函管理制度,明确专人管理

承包商以及项目经理部均应建立保函管理制度,针对不同类型保函,明确管理流程及程序,明确各级相关岗位的管理职责。承包商和项目经理部均应指定专门部门并配备具有较丰富专业知识和一定工作能力的人员负责此项工作。

3. 开展保函业务培训

承包商应对与保函业务有关的人员进行培训,以熟悉保函的管理规定、国际惯例以及所在国的相关法律,确保正确无误地开展国际工程承包的保函管理。

4. 建立保函管理台账

承包商及项目经理部应建立保函管理台帐,以及时掌握保函变动情况,随合同的实施对保函作相应的调整。有的大型施工企业在某一国家承包的工程项目很多,故保函也很多,如不建立台账和实施专项管理,很容易延误时机甚至造成事故。

5. 加强保函的风险控制

保函涉及的风险因素很多,企业及项目管理人员要善于识别风险因素,并采取相应的防范措施,尽量规避风险或降低风险,合理地采取转移风险的手段,保证企业的利益。

6. 做好保函延期、增额、减额和撤销工作

随工程的进展,承包商应及时做好保函的延期、增额、减额和撤销工作。

(1)办理延期、增额、减额、撤销保函时,应取得受益人(业主)的相应信函,办理履约保函增额时一般还应同时提供相应项目的补充合同。

(2)保函到期如不及时办理撤销,则仍存在着被索偿的风险,而且担保人(银行)将会对委托人(承包商)继续收取担保费。

(3)承包商应定期将预付款保函减额值让业主签字确认后通知银行办理,这样既使保证金额与应付款额一致,还可逐次降低保函费用。

三、FIDIC《施工合同条件》中与保函有关的规定

在1999年版《施工合同条件》(新红皮书)中涉及保函的主要条款,参见表7-1。

表7-1 FIDIC《施工合同条件》中与保函有关的条款

序号	类别	条款号	主要内容
1	业主权力和义务	2.1	业主在承包商提交履约保函后,将给予承包商进入和占用施工现场的权力
2		4.2	承包商应在收到中标函28天内按投标函附录中规定的金额、币种和格式向业主提交履约保函。并应保证在缺陷通知期期满和收到履约证书前,履约保函持续有效。业主有权在承包商出现违约情况下从履约保函中索赔
3		15.2	承包商未按规定提交履约保函,业主有权终止合同
4		16.4	当承包商提出终止合同并生效后,业主应退还履约保函给承包商
5	预付款	14.2	工程师在收到承包商的履约保函和预付款保函后,才签发第一笔预付款支付证书
6		14.2	承包商应保证在归还全部预付款之前,预付款保函一直有效。预付款保函额可随预付款的扣还而减少。如预付款在保函期满前28天仍未还清,承包商应办理延长保函有效期,即延长至预付款全部还清止

四、保函的风险控制

在国际工程承包运作的全过程中,保函的受益人凭保函向银行索偿的情况时有发生,其中有因承包商违约而导致的,但也不乏有受益人的无理提款,甚至采取欺诈手段骗取赔付,而使承包商蒙受损失。因此,承包商必须认识、掌握各种保函可能会给企业带来的的风险,即要全面识别可能出现的保函风险因素,并按规避风险-转移风险-降低风险-自留风险顺次,采取有效的防范措施,以规避保函风险或最大限度地降低保函风险给企业带来的损失,在满足业主合理要求的前提下,确保承包商自身的利益。

以下仅就常见的一些风险和应采取的防范措施进行简要分析:

(一)保函开立过程中的风险控制

1. 承包商要认真审查招标文件、合同条款,慎重签约

有的承包商为了得到工程,不顾及可能出现的风险,盲目投标或仓促签订合同,而后又不

认真研究保函条款,加上施工中再不注意风险控制,往往遭受到很大的经济损失。

国际工程承包所受到的制约和影响因素既多又复杂,其中有些是承包商自己无法准确预测和控制的,因而工程承包活动的全过程潜伏着众多风险。如工程项目所在国的政策法律变化、政局不稳、货币贬值、通货膨胀等等都直接影响承包工程的正常进行和经济效益。因此承包商在投标或签约前,应对潜在的风险因素进行排查、分析和研究,并注意在签约中尽量避免有风险的条款。

保函开立是以招标文件、合同为依据的。承包商应对招标书中的各类保函的要求作认真分析,对于一些过高的要求,如担保金额过高、有效期过长,以至于其他的不合理要求,必须作出对策。对于私营发包商,承包商特别要注意了解业主的支付信用,资金的来源可靠性,然后做出决策。

2. 尽可能规避无条件保函

业主总是希望保函是无条件的,承包商则希望是附条件的。无条件保函的特点是,主动权完全掌握在受益方(业主)手中,即业主只要提交了与保函中约定相符合的文件,银行即应付款。对银行而言,银行只有在能够足以证明索赔是出于欺诈,才拒绝付款。这样就很容易发生无理索偿现象。当承包商作为分包商,其给总包商开具无条件保函时也存在着风险:如果总包商的资信差,管理水平不高,特别是当其濒临破产时,这种保函遭到无理索偿的风险就甚大;或当总包商将工程分包给多家公司分包时,承包商自己分包的工程已完工而整个工程尚未竣工,其保函也不允许撤销,往往要等到整个工程完工后才能撤销,在这种情况下如分包商不同意保函延期,就会遭到总承包商的索偿。因而说无条件保函对承包商来说是一种风险极大的保函,承包商应尽量规避之。

目前国际工程承包保函开立有越来越多地使用无条件保函的趋势,这时承包商就应注意要坚持讨价还价,尽量规避之。因为目前还没有法律形式方面的规定要求必须采用无条件保函,故承包商在与业主商谈中可提出双方都能接受的附条件保函形式。如此要求不能为业主方接受,承包商应尽可能要求在"业主要求赔付条款"中写入"业主须向银行提供书面说明"的内容。这样尽管银行已赔付,但只要承包商没有相应的违约,可持此函作为根据向业主索赔直至诉讼。如针对此情况,承包商可坚持要求在保函中至少写入如下内容的条款:"业主应向银行提出承包商未履行合同规定的义务或不听从其指令事实的说明文件。"其依据为国际商会(International Chamber of Commerce,简称TCC)1992年发布的458号出版物《见索即付保函统一规则》(Uniform Rules for Demand Guarantees,简称URDG458)第二十条关于保函沉没要件:"保函项下的任何沉没须采用书面形式,并须(在规定的其他单据之外)附以书面说明。"

3. 尽可能规避"可转让"保函

一般情况下保函是不可以转让的,但有时一些合同的权益是可转让,那与此合同相关的保函就有可能转让,而可转让的保函是有风险的。如总承包商与分包商之间,作为分包商就应拒绝开立可转让保函。即当总承包商要求分包商提供抵押金而用总承包商的名义向业主开具保函时,应予以拒绝。因为这样做,一旦总承包商对业主有违约问题,会株连到分包商,使分包商蒙受经济损失。在"URDG458"中对此已做出了规定:"除非在保函或其修改书中另有明确规定,否则保函项下的受益人索偿的权力不可转让。"在国际工程承包的实际中还常有,总承包商要求分包商直接开履约保函给业主,这样就造成了当总承包商组织不力、总包管理失当而影响分包商工作进展,业主就会直接向分包商提出索赔的情况,这实际上就将总承包商的风险转移到分包商身上,这样是不公平的,分包商应严加拒绝执行总承包商这样的指令。

有时承包商会遇到业主要求开具可转让保函的问题,或是遇到有的业主需要银行融资,而银行为了规避项目不能按期竣工的风险,要求保函的受益人为业主和银行两方的问题。这时承包商必须谨慎对待,尽量规避,因为不论是可转让的保函,还是受益人为多个时,都是有风险的,多一个保函受益人,保函风险就会成倍增大。

4. 尽量避免开具开口保函

在"URDG458"中对"保函的生效时间"是这样规定的:"保函自开立之日起生效,除非其条款中已明确规定其后的某一日生效,或其生效应依据保函中规定的条件,由担保人以保函中规定的任何单据为基础做出决定。"由此可见,保函的生效日期既可以是在开立之后的某个认定的日期,也可以是与合同相关的某事实成立而生效。这一点对承包商来说是很重要的。

例如,承包商在开立预付款保函时,就须关注这一问题。因为业主只是在接到承包商开立的预付款保函后才会支付工程预付款,故应据此在保函"生效条款"中写入"在承包商收到预付款后保函自动生效"的文字。这样的具体说明,对保护承包商无疑是有益的,同时还可制约业主应按时支付预付款。

此外,承包商还应注意在签订业主合同时,须明确保函的失效时间,并尽可能地明确失效日期,这对保护承包商是有益的。例如对于预付款保函,失效日期除写明具体的日期外,还可加入"至预付款扣抵完止,并以两者中先实现的日期为准。"但有时有的业主对封口保函产生疑虑,这时可写入"可根据实际情况将保函的有效期作适当的延长",以达到让业主及其付款行能够接受的目的。这样既可以降低保函的风险,也降低了保函的费用。

5. 避免开立重复性保函

有时业主在合同中规定承包商既提供质量保修保函,还要预留合同价一定比例的保留金,承包商为了保证流动资金的使用,只好开立预留金保函。这时承包商应将质量保修保函内容并入履约保函中,或是将质量保修保函与保留金保函合并,这样的做法在国际上,业主一般都是可以接受的。

6. 注重保函格式的确认

实践证明保函开具的速度直接影响承包商项目工作的进展。特别是预付款保函,它的开立过程直至送达到业主手中的周期往往较长(先办国内银行反担保,再到工程所在国银行开具保函时),有的因保函格式未得到事先有效确认,致使保函办理往返几个来回竟拖延几个月的事例屡见不鲜,严重影响了承包商在工程项目的正常施工。为此承包商须注意在申报保函前,应获取业主方对保函格式的书面确认。

7. 选择合适的担保银行

无论是直开,还是转开保函,选择合适的担保/反担保银行是十分重要的。在一些招标文件或合同中规定保函由当地银行或当地注册的外国银行开出,而未指定具体的银行时,承包商应注意选择资信好、效率高、担保条件合适、收费较低的银行,但这需要事先取得业主的同意。

（二）履约过程中的风险控制

1. 认真履行合同是最重要的

保函的风险实际上在很大程度来源于承包商本身，所以最根本的防范保函风险的措施是承包商本身要全面认真地履行合同明确的责任、义务，不发生违约行为，这样就不会给业主创造启动保函的机会。因此承包商要十分重视项目的合约管理，配备得力的人员熟悉合同、研究合同、贯彻合同和检查合同的实施情况，及时分析可能违约的问题，并及时采取有效的预防措施。

2. 重视与合约管理、保函管理的文件资料的收集工作

承包商乃至项目经理部建立并养成对外沟通、交流文字证据化的习惯，与业主、工程师之间避免口头约定。对于设计更改、监理会纪要、专题会议纪要、工程师现场确认记录、往来信函等等都是证明工程量、工程质量、工期、合同价款等方面的证据，也都是解决合同争议、索赔的有效证据，都会在防止业主启动保函中发挥作用，承包商对此必须予以高度的重视。

3. 重视保函的减额和撤销工作，防止被索偿和继续支付担保费的风险

对于预付款保函，承包商要重视保函的减额和撤销工作。在工程进展到一定阶段，通常当完成工作量的20%左右时，业主开始在支付进度款时按比例扣减预付款，在完成工作量80%左右时预付款扣减完毕。承包商就应在业主扣减预付款后，以业主支付工程进度款时已明确预付款扣减金额的支付凭证为依据，或是向业主索要保函减额/撤销信，对保函进行减额/撤销。

在工程完工通过临时验收或最终验收后，履约保函即可撤销（临时验收后撤销的前提是履约保函中不包括质量保修）。这时承包商应及时向业主索要履约保函原件和保函撤销文件，以便及时办理履约保函的撤销手续，并及时通知国内的反担保银行，以避免额外收费。此时承包商还需注意，保函到期向业主索要保函原件时，如果业主不慎丢失，可要求业主出具书面文件，声明放弃保函项下的一切权利。

4. 选择合法途径解决保函争议

一般情况下，除非承包商出现严重违约行为，业主是不会采用索赔保函的极端手段，特别是在业主方为政府部门的情况下。对于出现保函争议，特别是当业主方在缺乏合理依据的情况下实施恶意索偿时，承包商则应在掌握充分确凿证据的情况下，按照当地的法律，向法院申请阻止银行对保函进行赔付。

第八章 索赔管理

第一节 索赔概述

国际工程承包一个很重要的特点是在工程实施过程中干扰因素众多,加之工程变更量大且面广、参与单位多且关系错综复杂、环境与社会效益要求高等,这都给承包商的工作带来较大的负面影响,直接影响着承包商的工程成本增加或工程工期的延长。因此,世界上许多著名的合同条件,如无论是 FIDIC 合同条件、ICE 合同条件,还是 AIA 合同条件等,都规定了索赔条款和索赔程序,给予了承包商在合同框架内的一定的索赔权。

承包商索赔主要有三大方面的工作,第一是工程变更的索赔,第二是调价方式,第三才是工程变更之外的索赔。在实际操作上,工程变更索赔相对是比较容易的,而除此之外的索赔是比较困难的。因为小金额的索赔不值得与业主进行激烈争执;而大金额的索赔较多情况是要通过仲裁,而影响仲裁的未知因素很多,故取得索赔成功往往是比较困难的。实践表明,多年来中国工程承包商在国际上承包工程,很多情况是因不了解索赔规则、国际惯例,或不善于索赔,不注意搜集索赔证据,即使有充分理由,也往往索赔不回来。

在国际工程项目管理中,可以说索赔管理是综合性强、难度大的一项高层次的管理工作。有效的索赔管理不仅可以为承包商挽回经济损失,而且,对提升承包商合同管理、工程项目管理、保证合同正常有序的实施、争取良好的经济效益目标等均有着十分重要的意义。

在索赔的实施过程中,因为业主和监理工程师的利益以及他们在项目管理中的特殊地位等原因,承包商实施索赔总不会一帆风顺的,总会遇到各种困难和问题。因此如何提高索赔成功率的关键因素就在于承包商能否适时、有理、有据、有效地进行索赔。这就要求承包商必须高度重视索赔管理,并在高水平合同管理的基础上,不断提高项目的索赔工作水平,以确保所承包的工程能取得好的赢利效果。

一、关于工程索赔

(一)工程索赔的含义

工程索赔是工程承发包合约管理的一项重要工作,是合同和法律赋予受损失方的一种权利。工程索赔的实质是业主与承包商在工程项目实施全过程中的合同风险分担，利益再分配的一种合约性管理活动。

工程索赔是指工程承包合同的一方以合同的相关规定及客观事实为依据，向合同的另一方提出工程价格补偿、工期调整以及其他合理要求，维护自身利益的全部工作。具体说，工程索赔是指在工程合同的实施过程中，根据适用的法律、合同规定以及国际惯例，合同一方因对方的直接或间接原因而给己方造成损失后，向对方提出补偿要求的全部活动。

（二）工程索赔的主要特征

工程索赔具有以下几个特征：

1. 双向性

签订工程合同的双方，按合同规定都有向对方提出索赔要求的权力。

2. 单方性

索赔是单方面的行为，对索赔的对方不构成约束力。索赔只有通过对方确认（或第三方调解确认）后，才能得以实现。

3. 证实性

索赔的过程实质上是合同双方根据有效依据出示和确认各种证据的证实性活动。索赔依据不充分，证据不足或不能被对方（或第三方）确认，索赔就不能成功。

4. 综合性

索赔活动是一项专业综合性很强的工作，它不仅仅涉及合同管理，还涉及到技术管理、质量管理、成本管理、财务管理、统计管理、采购管理、保险管理、税务管理以及相关法律法规的理解和掌握，也还涉及到项目管理者的施工管理经验及其思维、判断、论证和沟通、谈判的能力。

（三）工程索赔对承包商的意义

在国际工程承包工作中，搞好工程索赔工作对承包商是有着十分重要意义的，其主要在于：

1. 维护自身的经济利益

对于承包商来说，按合同施工争取获得预期的经济效益是承包工程的最主要目的。而实施工程索赔就是一种保护企业，规避损失，增加利润，维护自身正当权益的合法手段。成功的索赔可以使承包商降低成本、增加工程收益，以获得更佳的经济效益。

2. 降低风险的重要手段

国际承包工程中的风险是比较多的，为了规避或降低由于风险造成的损失并争取盈利，承包商在辨识风险的基础上，均须采用一系列的风险控制措施。而实施有效的工程索赔，可将风险损失尽可能多地从业主方补偿回来。因此说工程索赔是承包商降低风险损失、获取经济收益一个十分重要的手段。

3. 促进承包商经营管理水平的提高

承包商通过合理、有效的索赔管理工作的不断实践，既能优化、提升自身各项专业工作的管理水平,又能培养一批高水平的合约管理人才,进而促进承包商市场竞争力的提高。从这个意义上可以说,凡是能够有效合理地进行工程索赔的,一定是经营管理水平比较高、效益比较好的承包商。

因此说,承包商应高度重视项目合约管理中的索赔工作。

二、工程索赔的分类

对工程索赔的分类方法很多,如可按索赔提出方划分、按索赔目的划分、按索赔的原因划分等。

(一)按索赔提出方划分

按索赔提出方划分,索赔分为承包商索赔和业主方索赔两种。承包商的索赔,是指承包商向业主方提出补偿的行为。业主方对承包商的索赔,过去有的也称为反索赔,它是指业主方向承包商提出补偿(或罚款)的行为。

总承包商与分包商之间的索赔,类似于业主方与承包商间的索赔。

(二)按索赔的目的划分

按索赔目的划分,分为经济索赔和工期索赔两类。

1. 经济索赔

对于承包商来说,当施工的客观条件改变导致己方用于施工的费用增加,要求对超出计划成本的附加开支给予补偿,以弥补不应由其承担的经济损失。对于业主来说,当由于承包商的的原因,导致工程投资增加或造成业主经济损失的,业主有权依据相关规定向承包商索要经济赔偿。

承包商向业主要求补偿不应该由其承担的经济损失或额外开支,以取得合理的经济补偿的前提是:在实际施工过程中所发生的施工费用超过了投标报价书中该项工作预算的费用;而这项费用超支的责任又不在承包商一方。具体说,当施工过程受到非承包商原因的干扰,导致工作效率降低;或是业主/工程师指令发生工程变更或产生工程的增量或增项,而导致施工成本增加时,其所生的新增费用(Additional Cost)或额外费用(Extra Cost),承包商则有权索赔。

2. 工期索赔

(1)工期索赔是承包商向业主要求延长施工工期,即将原定的工程竣工交付日期顺延一段合理时间的索赔工作。承包商索赔的前提是:影响工期的原因是非承包商的原因,例如业主方未能按合同规定提供施工条件、业主指令暂停施工以及其他不可抗力原因(如坏天气、自然灾害)。1999年版FIDIC《施工合同条件》(新红皮书)"开工、延误和暂停"中明确规定了可以延长工期的两种情况,赋予了承包商的工期索赔权,可以避免承担向业主做出的误期损害赔偿费(即通常说的业主方对承包商的罚款):

在1999年版FIDIC《施工合同条件》(新红皮书)"8.4 竣工时间的延长"中指出,由于以下5种任一原因延误了工期,承包商可以索赔工期:

• 发生工程变更或某些工作量有明显的变化;

- 在本合同条件中所规定的承包商有权索赔工期的原因；
- 异常不利的气候条件影响；
- 传染病或政府行为造成人员和物资的短缺；
- 因业主方及现场中其他承包商的原因导致现场延误的影响。

此外在"8.5 当局引起的延误"中，也提出了如果同时满足以下条件，承包商可以提出工期索赔：

- 承包商已经遵守了工程所在国有关合法当局制定的程序；
- 这些当局拖延或干扰了承包商的工作；
- 承包商无法预见这些延误或干扰。

(2)误期损害赔偿费　在1999年版FIDIC《施工合同条件》(新红皮书)"8.7　误期损害赔偿费"中，规定了以误期损害赔偿费的形式来补偿业主由于工程项目未按期投入运行而承受的经济损失，按日计算赔偿金向承包商索取(罚款)。承包商的支付标准和最高限额均在投标书附录中规定，国际惯例一般可以累计赔偿不超过合同总额的10%。在该条中还规定："支付误期赔偿费不解除承包商完成工程合同以及合同中所规定的其他责任和义务。"

(三)按索赔的原因划分

按索赔的原因可以将工程索赔分为业主违约索赔、工程变更索赔、合同被迫终止索赔、工程加速索赔、不利自然条件索赔、不可预见因素索赔和其他原因引起的索赔等。

1. 业主方违约索赔

因业主未按合同要求提供必要的施工条件，如未及时提供施工现场、道路、水、电、气等资源条件，未按规定时限向承包商支付工程款，因业主指令工程暂停，工程师未按规定时间提供施工图纸或作出批复等，承包商对此可提出索赔。

2. 工程变更索赔

由于业主或工程师指令导致工程发生增量、增项，以及修改设计、变更工程进展顺序等，造成工期延长和费用增加，承包商可提出索赔。

3. 合同被迫终止的索赔

由于业主或承包商违约以及不可抗力事件等原因造成合同非正常终止，无责任的受损方可向对方提出索赔。

4. 工程加速索赔

由于业主或工程师指令要求承包商提前竣工而缩短工期，承包商为加速施工需要增加人力、机械设备、施工手段等导致成本增加，承包商可提出索赔。

5. 不利自然条件

如遭遇雨雪、大风、地震、洪水等导致无法施工时，承包商可提出索赔。

6. 施工条件变化

在工程实施过程中，出现尽管是有经验的承包商通常也不能预见的不利施工条件或外界障碍时，如地质状况与设计勘探结果出入较大，出现地下水、流砂、地质断层、溶洞问题、影响施工的地下障碍物、文物、化石等时，承包商可提出索赔。

7. 其他索赔

如因货币贬值、汇率变化、物价上涨、工程所在国政策法令变化（进口限制、外汇管制、税率提高）等原因引起承包商费用开支增加时，承包商可按合同的约定提出索赔。

第二节　国际工程索赔

一、常见的索赔情况

在国际工程施工中，承包商通常遇到最多的索赔情况是：现场条件变化导致的索赔、工程变更引起的索赔、业主方违约的索赔、工程拖期造成的索赔和加速施工导致的索赔等。

（一）现场条件变化导致的索赔

1. 自然条件变化

自然条件的变化如实际地下条件与预先给定的条件发生变化：如出现地下水、化石、文物古迹等。

2. 施工条件及环境条件变化

因施工条件和施工环境的变化导致施工手段和施工程序、方法的变化，如特殊政治活动环境下不得施工；现场停水、停电、道路阻断；业主方提供的必要条件不具备，业主直接分包的工程影响（如业主直接分包工程施工的干扰和影响），业主方负责采购的物资不能如期到场等。

（二）工程变更引起的索赔

1. 增量工程

增量工程一般即是工程量变更，它是指合同内尽管已包括了相应工程内容，但实际施工时工程量有较大量的增加。如基础土方工程，因地质原因导致的挖方量增加。

2. 增项工程

增项工程即是工程内容发生变化，它属于合同内未包括的工程，而在施工过程中所出现新增加的工程内容。

3. 设计变更

由于业主对原设计进行变更，以及由承包商提出要求、经工程师同意的设计变更，而导致合同价款的增减及工期的变化。

4. 其他变更

其他能够导致合同条件变更的都属于其他变更，如对工程质量标准要求的变化、现场管理要求的变化（如对承包商提出新的现场管理要求，临时暂设的调整、施工场地的调整）。这些变更首先应当由一方提出，与对方协商一致签订补充协议而变更。

需要说明的是，在合同的执行过程中，承包商只有遇到了在投标阶段编制标书时不可预见的事项，才可以索赔；如果发现自己投标时单价报低了，这是不能够索赔的，其损失只得自己承担。因为承包商在投标时就已向发包方声明过:"我已经认真地研读了标书,对标书条件已了解,所有报价不变。"

(三)业主方违约的索赔

业主方违约常常表现为:业主未能按合同规定为承包商提供施工的必要条件(如施工场地、现场水电资源的提供),或未能在规定的时间内支付工程预付款或工程进度款;工程师未能在规定时间内提供施工图纸,未能按规定时间批复文件;合同规定应由业主提供物资的延误或出现不合格问题或进口物资清关时间过长而影响施工正常进行;业主或工程师指令错误、图纸有误;业主单方面超出合同规定范围而中止工程等。出现这些情况时,承包商均有权提出索赔。

(四)工程拖期造成的索赔

工程拖期索赔包括了两种情况:因非承包商责任导致的工期延长,承包商向业主方提出的索赔;因承包方责任导致工程拖期,业主方对承包方的索赔(罚款)。

以下所阐述的工期拖期索赔,是指非承包商责任所导致工期拖延时承包商向业主方的索赔。

工期索赔通常发生在下列情况:
(1)业主方的原因　同上述"业主方违约的索赔"情况。
(2)施工现场条件变化、工程变更等导致工期延长的。
(3)客观原因　如恶劣气候、动乱、恐怖事件等不可抗力的客观因素等。

在实际工程施工中,工程拖期有时是多种因素综合作用引起的,这就是所谓的"共同性延误"。这种情况下,索赔前需判别造成工程拖期究竟是哪一个原因最先发生的,即确定"初始延误者"。"初始延误者"对工期拖期要承担首要责任。如果初始延误者是业主方,则承包商既可索赔工期,又可得到相应的经济补偿。如果造成工期延误的原因为不可抗力因素,则承包商一般仅可获得工期延长的补偿,而不能得到相应的经济补偿。

(五)加速施工所导致的索赔

业主方根据需要,决定加速施工(缩短工期)时,其应向承包商发出书面的加速施工指令。承包商为此所增加的成本开支,应以索赔文件形式提出,即提出为加速施工拟采取的措施及其所需的费用及支付意见报工程师/业主审核。

(六)FIDIC《施工合同条件》中承包商可实施索赔的条款

在1999年版FIDIC合同条件(新红皮书)中对承包商可向业主实施索赔的情况做出了说明,参见表8-1。

表 8-1　FIDIC《施工合同条件》中规定承包商可向业主实施索赔的主要条款

序号	合同条件条款	主要内容	索赔 工期	索赔 款项	索赔 利润
1	1.9　迟到的图纸和指示	工程师未能在合理的时间内发布图纸和指示,造成承包商误期并增加成本	√	√	√
2	2.1　进入现场的权利	业主未能按规定给予承包商进入或占有现场的权利,造成承包商误期并增加成本	√	√	√
3	4.6　合作	承包商按合同的规定或工程师的指示与业主方人员或其他分包商、公共当局人员合作,如导致不可预见费用增加了,即构成了变更	√	√	√
4	4.7　放线	业主提供基准数据错误,导致承包商误期并增加成本	√	√	√
5	4.12　不可预见的外界条件	承包商遇到了不可预见的外界条件,造成误期并增加成本	√	√	
6	4.24　化石	在工程现场发现化石或文物,造成误期并增加成本	√	√	
7	7.4　检验	在检验过程中,因工程师或业主的原因,造成承包商误期和(或)增加成本	√	√	√
8	8.3　进度计划	承包商对可能影响其工作和增加合同价格或导致工期延期的事项,通知工程师,并按工程师要求提出这些事项的影响或按 13.3 变更程序处理	√	√	√
9	8.4　竣工时间的延长	当不是承包商的原因而导致工期延长时(条款中列出了 5 个方面原因),承包商可按索赔条款规定索赔工期	√		
10	8.5　当局引起的延误	因工程所在国合法当局的干扰给承包商造成了误期,承包商可索赔工期	√		
11	8.9　暂停的后果	因落实工程师的暂时停工及复工的指示,造成承包商误期并增加成本	√	√	
12	9.2　延误的检验	因业主拖延竣工检验,承包商可援引 7.4 款和(或)10.3 款实施索赔	√	√	√
13	10.2　部分工程的接收	业主接管和(或)使用部分工程时,导致承包商增加成本		√	√

续表

序号	合同条件条款		主要内容	索赔		
				工期	款项	利润
14	10.3	对竣工检验的干扰	由于业主的原因延误进行竣工检验,造成承包商误期并招致费用	√	√	√
15	11.2	修复缺陷费用	如形成缺陷的原因是非承包商原因引起的,承包商可按13.3变更程序处理		√	√
16	11.6	进一步的检验	工程师要求重新进行检验,则检验费用由责任方承担			
17	11.8	承包商的调查	工程师要求对质量缺陷进行调查,如缺陷并非承包商的原因,承包商可索赔调查发生的费用		√	
18	12.4	删减	如果工程变更而发生的删减使承包商遭受损失,承包商应得到费用补偿		√	
19	13.1	有权变更	在颁发工程接收证书之前,工程师可向承包商发出要求变更指示,并要求其提出工程变更建议书	√	√	√
20	13.2	价值工程	如果承包商提出的变更建议导致工程的造价降低、缩短工期等且业主受益,则承包商可获得适当的奖励		√	
21	13.7	因法律变更而调整	工程所在国立法变更导致承包商工期延误或增加成本,承包商可得到工期及费用补偿	√	√	
22	13.8	费用变化引起的调整	工程实施过程中,如发生人工、物资或其他费用的波动,则业主支付款按本条款提出的调价公式进行调整		√	
23	15.5	业主终止合同的权利	由于业主原因而终止合同,承包商可按19.6款的规定得到赔偿		√	√
24	16.1	承包商暂停工作的权利	工程师未能按合同规定签发支付证书或业主未能按合同规定提供资金证明或业主未能如期支付工程款,承包商可暂停工程并提出工期及费用索赔	√	√	√
25	16.4	终止时的支付	业主严重违约或破产,承包商可提出终止合同并索赔由此而造成的损失		√	√

续表

序号	合同条件条款	主要内容	索赔		
			工期	款项	利润
26	17.1 保障	在业主提供的保障范围内,因业主方原因引发承包商方人员伤亡、疾病,承包商可向业主索赔所发生的费用		√	
27	17.4 业主风险的后果	由于业主的风险导致工程、物资或承包商的文件遭受损失,承包商可提出索赔	√	√	√
28	18.1 保险的总体要求	业主作为投保方,对应办的保险未去办理,则发生本应能从保险公司索赔的情况,应由业主赔付		√	
29	19.4 不可抗力的后果	因不可抗力的影响而导致工期延误或成本增加,承包商可提出索赔	√	√	
30	19.6 选择终止、支付和解除履约	因不可抗力事件导致工程终止,工程师向承包商签发的支付证书中包括:承包商因此所导致的任何其他费用或负债以及临设、施工设备以及人员的遣返费用		√	
31	19.7 根据法律解除履约	当发生合同双方均无法控制事件(不仅限于不可抗力事件),使得合同双方或一方已不能履约或根据适用的法律履约被解除时,业主应按19.6款要求向承包商支付相应款项		√	

二、承包商向业主索赔的实施

(一)索赔费用的组成

承包商向业主索赔的费用组成主要包括:
(1)人工费(人员窝工费、加班费、劳动力增加费用、劳动效率降低);
(2)材料费(材料费增加、材料运杂费增加、材料保管费增加);
(3)施工机械费(机械费增加、机械闲置费、机械作业效率降低);
(4)管理费(上级管理费、项目管理费);
(5)其他费(保险、社保费增加,设施租赁费增加,场地租赁费增加,施工手段费增加);
(6)利润等。

(二)索赔证据

在 ISO 9000 以及 ISO 14000、OHSAS 18000 等系列标准中一再强调记录的重要性,实际上就是在强调过程实施及其结果的证据。在合约管理工作中,证据尤其重要,特别是在提交仲裁和索赔的时候。证据是索赔报告的主要组成部分,没有证据或证据不足,索赔就不可能成立。可以说,索赔离不开真实有效的证据。而我国一些承包商在国际工程承包的初期实践中,多是偏重施工组织和管理,而未给予过程记录以高度的重视,造成了工程索赔的被动甚至失败。

承包商为了达到索赔的目的,为证明自己拥有索赔的权利,首先需进行索赔的论证工作。对索赔证据的要求是,其必须真实、充分、可靠、有效。与索赔有关的证据性文件资料主要包括:

1. 合同类文件

(1)招标文件 包括通用条件、专用条件、工程范围说明、施工技术规范、工程量表、工程地质水文资料等。

(2)投标报价文件

投标报价文件包括了各分部分项工程的施工单价,施工所需物资的数量和价格,施工各阶段所需的资金额要求等。这些文件,在中标及签订合同后,即为正式合同文件的组成部分。

(3)工程合同及其相关附件。

2. 施工图以及适用的技术规范、质量标准等

3. 计划类文件

计划类文件包括:业主/工程师批准的工程总进度计划、月计划、调整计划等。

4. 物资类文件

物资类文件主要包括:物资订货、采购、运输、进场验证、贮存保管、使用过程方面的记录等。

5. 与业主方/工程师间的往来信函

与业主方/工程师间的往来信函包括:工程师/业主代表的工程变更指令、施工单价变更通知、口头变更确认函、加速施工指令、对承包商提出问题的书面答复文件等等。

6. 会议纪要文件

会议纪要文件主要包括:相关会议纪要以及在合同履行过程中,业主、工程师和承包商间会谈所做出的相关决定或决议。这些文件只有经过各方责任人签字后才可作为索赔的证据。如监理会议纪要、施工协调会议纪要、施工技术方案讨论会议纪要、索赔会议纪要等。

7. 过程记录

施工现场过程记录主要包括:工程师过程检查确认记录、施工日志(工地日报)、工程中间验收记录、物资样品报审记录、材料试验记录/报告、过程试验记录/报告、施工设备进场/运行记录、物资进场/使用记录、施工进度计划完成统计记录、相关的施工过程照片/录相等。

8. 财务记录

财务记录如:完成工程量确认记录、工程报表、月进度款支付申请表、业主进度款支付令、工程预付款、工程进度款支付(令)记录、工程结算书等。

9. 气象记录

气象记录如:经工程师或经当地气象部门确认的恶劣天气记录等。

10. 异常情况记录

异常情况记录：经工程师/业主方确认的异常情况记录，如停水、停电、断路以及开通的记录等。

11. 市场信息资料

市场信息资料如：工程所在国官方发布的市场价格、物价指数、外汇兑换率等。

12. 工程所在国的相关政策法令性文件

工程所在国的相关政策法令形文件如：货币汇兑限制指令、调整工资的决定、税金变更指令、工程仲裁规则等。

（三）索赔步骤

1. 提出索赔要求

按照国际惯例以及合同规定，凡是由于业主方或工程师的原因，导致工期延长或施工成本增加时，承包商均有权向业主方提出索赔。索赔事项出现时，承包商应在合同规定的时间内以书面文件的形式向工程师/业主方发出索赔意向通知书（Notice of Claims），提出索赔要求。按照国际惯例这个"规定时间"一般为 28 天，如在 1999 年版 FIDIC《施工合同条件》（新红皮书）中对此规定："当承包商认为他有权索赔工期和款项时，应在索赔事件发生后的 28 天内通知工程师并说明引起索赔事项的情况，否则承包商将无权获取该项的索赔。"

从 FIDIC 合同条件针对承包商索赔所明示的内容，我们可以得知国际惯例关于承包商的索赔是有严格时效性的。如果承包商在发现索赔事项后不能及时跟进，即索赔意向文件（书）不能在合同规定的时间内发送至工程师处，则业主/工程师将会拒绝承包商的索赔要求。这一点对承包商来说是十分重要的。

索赔意向通知书的内容主要包括：索赔事项、对应索赔事项的合同条件、索赔要求。

2. 报送索赔报告

索赔报告是承包商向业主方正式提出索赔要求的书面文件，它表明了承包商针对特定索赔事项的要求和主张。

承包商在向工程师/业主方提出索赔意向通知文件后，应立即着手准备索赔的证据性资料，包括索赔事件的原因、对自身利益影响的证据资料、索赔的依据，以及计算出因该事项的不利影响所需要索赔的金额或需要延长的工期。在此基础上，承包商责成专人编写编写索赔报告书（索赔报告编写要求见下文）。

一般情况下，索赔报告应在索赔意向通知文件发出后的规定时间内报出。在 1999 年版 FIDIC《施工合同条件》（新红皮书）中对此规定为："承包商应在索赔事项发生后 42 天内或工程师批准的期限内，提交一份详细的索赔报告，说明索赔依据以及索赔的工期和款项。"在 FIDIC 的新红皮书中还指出："如引起索赔的事项是具有连续性的，则承包商应按月递交一份报告，说明情况以及累积的索赔工期和款项。在索赔事项影响结束后的 28 天内或工程师批准的期限内，承包商应再提交最终的索赔报告。"

3. 协商解决索赔要求

工程师/业主方接到承包商报送的索赔报告并对其审核后，会提出不同的意见，甚至会否定承包商的索赔要求。这时就需要合同双方通过协商、谈判来解决意见分歧或争端。谈判是以合同文件及有关法律、法规为依据，承包商应尽量通过协商以达成意见一致。

当双方谈判无法取得一致意见时，根据国际工程索赔的经验，可由双方协商邀请中间人进行调停，以争取友好解决。对于通过谈判、调停仍不能达成一致意见或发生严重分歧时，承包商可视索赔的必要性，采取"仲裁"的方式予以解决（有关此方面的内容参见"第三章 合约管理"的"第四节 承包商的合约管理"）。

（四）索赔报告

索赔报告一般包括四个部分内容：

1. 综述部分

综述部分是索赔报告的首页。其具体包括：

(1)概述 概要说明索赔事项（索赔事项的发生时间、情况和结果，重点阐述己方按合同要求所采取的措施，指出对方不符合合同的情况）。

(2)具体索赔要求 说明需增加的额外费用/工期延长的天数以及其他要求。

(3)标明索赔报告编制人、审核人。

综述部分编写应简明扼要，篇幅不宜过长。

2. 引证部分

引证部分是索赔报告关键部分，是索赔得以成立的基础，其目的是阐述己方的索赔权。它一般包括以下内容：

(1)说明索赔事项的处理过程；

(2)发出索赔意向书的时间；

(3)引证索赔要求的合同条款、适用的法律规定、技术文件；

(4)对所附证据资料的说明。

3. 索赔款额计算部分

这是索赔报告的主要部分。其目的是，以具体的计价方法和计算过程阐明承包商应获取的经济补偿款额，以使业主和工程师对索赔款的合理性有充分的了解，这对达到索赔要求是十分重要的部分。索赔款计算的主要组成部分是：因索赔事项引起的额外开支的人工费、材料费、设备费、工地管理费、总部管理费、税赋、利润等。每一项费用的开支，均应附以相应的证据或单据。

4. 工期延长论证部分

应对计划工期、实际工期（天数）进行详细的说明，并说明要求工期延长的根据。

5. 证据部分

此部分通常是作为索赔报告的附件。它包括了该索赔事项所涉及的一切有关证据以及对这些证据的说明。

6. 对索赔报告的要求

一份成功的索赔报告，应注意做到：

(1)索赔事项描述真实、准确，不能凭想像或推测，更不能臆造；不可使用"可能"、"大概"、

"基本上"等不准确的说法,否则会令对方产生证据不足的怀疑。

(2)文字阐述要层次清楚、逻辑性要强,须准确说明索赔事项及索赔要求。

(3)文字简练、用语准确,避免使用不友好等强硬性的语言。

(4)紧扣依据性文件,其所述的事项及要求与相关依据和证据紧密对应和联系。

(5)计算准确 计算过程及计算结果要做到准确无误,依据充分,并避免"头戴三尺帽不怕砍一刀"的做法,否则会给对方留下不诚实的印象,影响索赔的效果。

(6)适当引用以往己方或其他项目索赔成功的案例,以辅佐本索赔事项的谈判。

(五)索赔成功的途径

国际工程承包的索赔大量实践证明,承包商欲达到索赔的目的,须注意抓好以下几方面的工作:

1. 按合同要求做好工程,与业主方保持良好的合作关系

按合同要求做好工程是索赔能否成功的基础。可以想像因承包商的原因导致工期严重滞后或质量低劣,就不可能顺利达到索赔的目的。如果承包商施工组织严密、管理严格,工期、质量都得到有效控制,施工中没有大的失误,且与业主方/工程师关系相处融洽,那承包商的索赔就会比较顺利。

此外,承包商在施工全过程中始终要坚持与业主方和工程师的积极配合,除去认真执行他们的各种指令和要求外,并主动指出并弥补他们工作中的不足,以形成友好合作的氛围。这对日后的索赔谈判是十分有益的。

2. 强化项目的合约管理

强化项目的合约管理是索赔成功的必要条件,承包商必须高度重视项目经理部的合约管理工作,主要包括:

(1)项目经理部的主要管理人员必须熟悉掌握工程项目的全部合同文件,特别是要熟知和把握与索赔相关的合同条款,以及时把握自己所有的索赔机会。

(2)关注业主和工程师发布的指令或口头指令,及时发现指令可能导致的索赔机会。当工程师发出口头指令而无书面文件时,承包商要在其后的规定时间内作书面记录,递送至工程师;如工程师在规定时间内不予反驳,那么承包商的书面记录就是咨询工程师的书面指示。在1999年版 FIDIC 新红皮书中对工程师的指令是这样规定的:"工程师为了实施工程,可根据合同规定向承包商发出指令。承包商应执行工程师或其助理的指令。工程师一般应发布书面指令,有时也可发出口头指令,但此情况下,承包商应在接到口头指令两个工作日内向工程师发出其口头指令的书面确认函。如工程师在收到此确认函两个工作日内不予答复,则即视认为其已得到确认。"

(3)注意与索赔有关记录性文件的收集、整理和保存。对于与索赔有关的资料,不管项目经理部是谁得到的,都应汇总至项目合约管理部门。承包商还须注意各种记录作为证据性文件所必须具备的主要要素的符合性:有准确事项的说明,有准确的发生时间和地点,有全部当事人的说明;此外还须注意记录必须有相关当事人/部门的签字/盖章,记录不得有任何涂改,要保存记录的原件等等。

3. 关注重大索赔事项

承包商应重点关注有影响的、索赔额高的索赔事项，即采取抓大放小的原则，不能事事斤斤计较。因为事无巨细、索赔过于频繁，很容易引起对方的反感，而会影响大的索赔事项的索赔效果。当然对于影响较小的可以索赔的事项，承包商/项目经理部应向业主/工程师做出说明，以表示友好和诚意，这样有助于大的索赔事项取得成功。

4. 加强项目成本管理

加强项目的成本管理主要包括开工初期编制项目成本计划，加强过程的成本控制，定期进行成本核算和成本分析工作，及时发现问题、分析原因，并采取措施；注意成本计划外的支出，以发现索赔机会。

5. 掌握谈判技巧，友好解决争议

把握时机，灵活运用谈判技巧，是十分重要的。承包商在协商谈判中应注意：

(1) 参加谈判的人员要熟悉相关法律及合同条件，并有较强的表达和谈判能力。对涉及技术性较强的索赔，相关专业技术人员要参加。

(2) 在谈判前，参加谈判的人员要做好充分准备，包括搜集、整理所有相关的索赔证据资料，明确主谈人及配合人，明确谈判欲达到的目标。

(3) 参加谈判人员，特别是主谈人要拟好提纲。必要时内部可提前演练，估计可能遇到的问题，并采取对应措施。

(4) 采取多样和灵活的谈判方法，如对于一些重大争端问题，可以先和业主代表/工程师作必要的沟通，统一对事实的认识和对索赔要求的理解，再和业主高层次人员正式谈判。这样，可以使对方基层人员在正式谈判前对其高层人员施加影响，已达到谈判成功的目的。

(5) 应冷静、礼貌，注意以理服人，充分发挥依据、证据的作用。

(6) 把握谈判的灵活性，必要时作适当的让步；善于采纳对方合理意见，寻求双方都能接受的解决方案或途径。

(7) 要有耐性，不急不躁。当谈判时间过长时，可主动提出中间休会，以使双方得以缓冲。特别注意不要首先退出谈判，不首先宣布谈判失败。

三、业主对承包商的索赔

业主对承包商的索赔情况，多数已写入工程项目的合同文件中。在 1999 年版 FIDIC 合同条件（新红皮书）中，对业主可向承包商进行索赔的机会做出了详细的说明，参见表 8-2。

在工程承包合同的实施过程中，出现业主索赔事项时，其可随时对承包商进行索赔，不需要提出什么书面报告之类的文件，只需通知承包商，并依据合同规定，直接从支付承包商的工程进度款中扣除。

业主对承包商的索赔，主要有反映在 3 个方面：

(一) 工期延误

对由于承包商的原因，如劳动力不足、设计影响（承包商承担设计时）、工程物资供应不及时、施工组织不力、质量事故处理等原因导致工期延误，使竣工交付日期推迟，而影响了业主的

按期使用,按照国际惯例,业主有权向承包商索赔。

在1999年版FIDIC合同条件(新红皮书)"8.7 误期损害赔偿费"中对工期延误是这样规定的:"承包商未能按期竣工交付应向业主赔偿误期损失。拖期每一天的赔偿标准和最高限额均在'投标书附录'中规定。"

国际惯例一般都对误期损害赔偿费的累计款额有所限制,即一般不超过工程合同总价的10%。

(二)质量缺陷

施工质量不符合要求,或使用不合格的材料,或在缺陷通知期内未完成应负责的修补工作,业主有权向承包商索赔。

质量缺陷包括:

(1)永久性质量缺陷(如混凝土强度不足、严重开裂、建筑物大面积沉降),影响工程使用安全;

(2)功能性缺陷(如屋面渗漏、回填土密实度不足),影响使用功能;

(3)使用不合格材料,危及工程安全及使用寿命;

(4)严重弄虚作假(如减少钢筋、不按程序施工),危及工程的使用安全及使用寿命。

对于质量缺陷,承包商应在工程师/业主方规定的时间内按批准的处理方案处理完毕,并达到合同规定的要求。在质量保修期届满之前,工程师/最终用户检查所发现的任何缺陷,承包商应在合同规定的时间内处理好,这样才能办理最终验收手续和正式移交工程。

处理质量缺陷的费用全部由承包商承担。如承包商不能履行修复责任,或修复后仍达不到合格要求,业主方可自行组织维修,并依据履约保函/质量保修保函(或质量保留金)进行索赔。

(三)承包商的其他违约行为

承包商出现其他违约行为主要是指承包商未履行合同约定的有关责任、义务而给业主造成损失时的情况。当出现这类情况时,业主有权对承包商进行索赔。

(四)FIDIC合同条件关于业主有权对承包商索赔的情况

在1999年版FIDIC合同条件(新红皮书)中规定了业主可向承包商进行索赔的条件,其主要条款参见表8-2。

表8-2 有关业主向承包方索赔的条款序号合同条件

序号	合同条件条款	发生事项	缺陷通知期	款项
1	4.2 履约担保	承包商未履行合同约定责任和义务,业主有权根据第4.2款及合同从履约担保中索赔		√
2	4.19 水、电、气	承包商使用由业主提供的电、水、气或其他服务,承包商应按规定向业主支付费用		√

续表

序号	合同条件条款	发生事项	缺陷通知期	款项
3	4.20 业主的设备和免费供应的材料	承包商租用业主的设备,应向业主支付租赁费用		√
4	5.4 付款证据	业主直接向指定的分包商付款,将从承包商的支付款中扣回该笔款项		√
5	7.5 拒收	工程师有权对承包商所修复缺陷处按相同的条件重新检验,其导致业主支出增加,业主方可索赔		√
6	7.6 补救工作	承包商未能按工程师的指示返工不符合合同要求的工作,雇主有权雇佣他人完成,并向承包商索赔		√
7	8.6 进度	由于承包商自身原因导致进度缓慢需要加快进度而导致业主额外费用时,业主可向承包商索赔		√
8	8.7 误期损害赔偿费	承包商未能按期竣工交付,承包商应向业主支付误期赔偿费		√
9	9.2 延误的检验	因承包商原因竣工检验被延误,业主可自行检验,其费用和风险由承包商承担		√
10	9.4 未能通过竣工检验	在工程未能通过竣工检验,而业主同意移交的情况下,合同价格将作相应的扣减		√
11	11.3 缺陷通知期的延长	由于缺陷使工程或设备无法按预期目的使用,业主有权要求延长缺陷通知期	√	
12	11.4 未能修复缺陷	承包商未能及时修复缺陷或损坏,业主可以自行或委托他人修复或对合同价格做出扣减。如果缺陷使业主不能获得工程的预期使用功能,业主可以终止合同,并向承包商收回全部或部分工程款等		√
13	11.11 现场清理	如承包商未能按合同规定从现场撤出施工设备和剩余物资,业主可自行完成,费用由承包商支付		√
14	13.7 因法律变更而调整	当法律变更导致合同价格变化承包商成本减少时,雇主可对合同价格进行相应扣减		√

续表

序号	合同条件条款		发生事项	缺陷通知期	款项
15	15.4	终止后的支付	业主提出终止合同,按规定计算出应付承包商的款项后,将先从承包商处扣除业主遭受的损失和误期损害赔偿费,以及完成工程所需的额外费用,之后再支付给承包商剩余款项		√
16	17.1	保障	在承包商提供的保障范围内,引发业主方人员伤亡、疾病或财产损失,业主可向承包商索赔所发生的费用		√
17	18.1	保险的总体要求	承包商作为投保方,对应办的保险未去办理,则发生本应能从保险公司索赔的情况,应由承包商赔付		√
18	18.2	工程及承包商设备的保险	如在基准日期一年以后,第18.2款(4)项规定的保险不再有效,业主可向承包商收回此类保险的保险费		√

第九章 质量管理

第一节 质量管理概述

一、国际工程项目质量管理的主要特点

1. 重视建筑法规的立法及执法工作

国际上都十分重视建筑法规的立法及执法工作,即通过法律手段实施建设工程的质量管理,确保建设工程质量。经济发达国家一般都有完善的法规体系,如规划法、建筑法、工程建设标准、建设工程从业人员专业资格管理制度、建筑材料、构配件和设备生产许可和监察制度以及与其相配套的一系列的法规实施细则等。这些国家政府主管机构在工程项目建设的各个阶段都严格执行这些法规和制度,监督检查业主方、承包商的守法情况,以确保工程建设市场的规范有序。

此外在国际上,特别是一些经济发达国家的行业协会、学会等组织十分发达,他们常年从事建筑法规的制、修订,并参与国家相关法规的制定和组织各种行业规范的制定工作,因此他们的建筑法规专业性、适用性都很强,并具有很好的可操作性。

在经济发达国家和一些发展中国家的建筑企业或从业人员的法律意识都比较强,他们都能自觉遵守法规要求,少有我国国内建筑业中的不良之风问题,建筑市场运作基本能保证在正常的法规轨道上运作。

2. 全面贯彻 ISO 9000 质量管理体系标准

国际标准化组织(International Organization for Standardization, ISO)于 1986—1987 年发布了 ISO 9000 质量管理系列标准,而后于 1994 年修订、补充为第 2 版,2000 年全面修订为第 3 版,2008 年又做部分修订发布了第 4 版标准。世界各国,特别是经济发达国家和较多的发展中国家都积极推行这一系列标准,将其作为规范承包商乃至工程项目质量管理的基础标准。在工程项目建设全过程中,承包商始终要按这一系列标准要求开展项目经理部的质量管理工作,业主方/监理工程师亦按这一系列标准要求进行工程建设全过程的质量监控工作。

例如在工程项目正式开工前,承包商要按 ISO 9001 标准(质量管理体系　要求)、ISO 10005 标准(质量管理　质量计划指南)和 ISO 10006 标准(质量管理体系　项目质量管

理指南),编制项目质量计划并报业主/监理工程师审批,而后业主/监理工程师将其作为对承包商项目施工全过程监控管理的主要依据之一。

3. 工程项目外部(政府)对设计质量的监督控制力度大

与我国的设计体制不同,国际上多数国家的设计单位都是私营的,设计单位的规模较小,人员较少(多数仅有几个人,而二三十人的就属于大的设计单位了);在一些经济发达国家也有一种联合设计事务所的组织模式,即由数家小规模的设计事务所组成联合事务所。对于这样的设计组织机构形式,即仅由一个小型设计所来确保工程建设项目的工程设计质量和水平,有一定难度,而且也不能充分发挥国家的整体技术优势。据此,这些国家就对设计加大了社会的评议和监督的力度。例如一些国家规定,设计成果(施工图)须经当地政府质量监督部门审批,甚至包括施工过程中的设计变更。

4. 项目工程质量控制完全纳入合同管理之中

业主在招标文件的技术附件或技术规范说明书中,均明确了对工程质量的要求,即质量管理内容成为了合同的组成部分,它可以和国家的质量标准不一致,而更多的是体现业主/投资人的个性要求。因此承包商在每一设计阶段或施工阶段开始之前,应向业主/监理工程师提出相关程序和实施合同规定的技术、质量要求的文件,以使业主方面相信承包商能够达到他的要求。而监理工程师的职责是代业主行使职权,监督承包商按合同要求施工。这与国内工程的质量控制是更多的体现在国家或行业要求及施工单位的自律上是有着明显区别的。

5. 严格实施过程质量监督

(1)工程项目实施阶段的质量监督主要反映在3个层次的过程监控:承包商的自我监督检查;业主方/监理工程师的监督管理和政府质量监督部门的监督检查。除去承包商的自我监督检查与国内工程相仿外,其余2个层次的监督对比我国国内的做法另有它的特点。

(2)在国际上,特别是从一些经济发达国家的情况来看,业主方承担工程质量的首要责任,政府一旦发现工程质量有问题,首先是追究业主的责任;另外业主本身是工程产品的购买者,他最关心工程的使用价值,因此它势必重视工程质量的监督管理。

业主方的监督管理主要是按合同技术附件或技术规范说明书的要求进行。他是通过其委托的监理工程师或业主授权的其他机构进行过程的质量监督检查。对于每次检查的情况及结果均要形成书面记录,并交承包商签字确认。监理工程师或其他被委托的监督管理人员均是充分体现业主意志,严格实施过程监控。他们关注的重点是承包商是否严格按设计施工,施工过程及其结果是否符合合同中所规定的技术规范、质量标准的要求。

(3)政府的质量监督管理主要包括:制定质量法规,通过专业机构对设计进行评议/审核,颁发施工许可证,通过专业机构或人员对施工过程进行重点监督检查,颁发使用许可证等。

国际上较多的国家规定了政府质量监督部门对工程实施过程的监督检查。不同国家的相关规定尽管不完全一致,但总的原则是从宏观上控制关键过程内容的工程质量。

政府质量监督关注的重点均是与建筑安全、人身安全直接相关的工程内容。例如对工程设计监督关注的是地基与基础的安全性、主体结构的安全性、建筑防火、火灾人流紧急疏散措施等;对于工程施工则重点关注:地基基础、混凝土结构、钢结构、回填土、防水等工程质量。

6. 关注过程证据性资料

ISO 9000 系列标准全面贯彻着质量保证的思想，即为了取得相关方的信任，承包商必须提供与质量相关过程活动及其结果符合要求的证据。这些证据对施工活动来说主要是以过程记录的形式来体现，它包括了与业主、监理、设计、质量监督部门、供应商、分包商间往来的信函、文件、会议纪要以及施工过程中的各种质量检查记录、试验记录、施工日志等。这些证据不仅仅是证实过程及其结果的符合性，更重要的还是承包商向业主进行索赔或规避业主索赔的证据，特别当与业主方发生争议乃至诉讼时，它们更是必不可少的。

我国一些承包商在国际工程承包中，因为不重视证据性资料的收集及管理，导致索赔不成功或是在诉讼案中败诉的案例非常之多，这与国人长期以来证据意识观念不强是分不开的。

二、质量管理的指导思想和方法

(一)质量管理的指导思想

国际工程质量管理的指导思想是当代最先进的管理思想——全面质量管理的思想，它贯穿于工程建设的全过程。

1. 全面质量管理的含义

全面质量管理(Total Quality Management，TQM)是指企业动员其所有层次、所有人员参与的以产品质量为核心，把专业技术、管理技术、数理统计技术集合在一起，控制生产过程中影响质量的因素，以优质的工作和最经济的办法提供满足顾客要求产品的管理思想。

2. 全面质量管理的主要特点

全面质量管理的特点：管理是全面的，即控制产品形成的全过程；质量与每一个人的工作有关，即需要企业全员参与；通过每一个岗位的工作质量来确保产品质量。

3. 全面质量管理的核心思想

(1)顾客至上　提供产品和服务的组织要树立以顾客为中心、为用户服务的思想，以向顾客提供满意的产品和服务为管理目标。

(2)质量是制造出来的，而不是检验出来的　产品质量的好坏，主要在于产品的设计与制造，检验只是证实产品质量是否符合要求。

(3)通过过程质量来保证结果质量。即只有过程质量符合要求，最终产品质量才能满足要求。

(4)用数据说话　数据是生产、管理过程活动的定量反映，过程活动只有用数据反映，才可以进行准确的分析、判断和控制。

(5)预防为主　要求相关管理者对可能导致产品不合格的原因进行分析，并针对原因采取有效的预防措施，以防止所预见到的不合格产品的产生。

全面质量管理的核心思想已全部反映在目前国际上最为先进的质量管理方法——质量管理的标准化管理：ISO 9000 质量管理系列标准之中。

（二）质量管理的方法

1. 按 ISO 9000 系列标准要求开展项目的质量管理

国际工程项目质量管理的方法主流是按国际标准化组织发布的 ISO 9000 质量管理系列标准的要求，开展项目经理部的质量管理。

国际标准化组织于 1986—1987 年发布了质量管理系列标准，世界上 100 多个国家和地区等效或等同采用这个标准，作为本国的质量管理标准，以规范本国的质量管理。在工程建设项目的质量管理上，这些国家均是按 ISO 9000 系列标准，要求承包商开展相应的质量管理活动。

ISO 9000 质量管理系列标准全面贯彻了全面质量管理的思想，并将其落实到标准的各项要求中去。例如在 ISO 9000 系列标准所坚持的 8 项原则，即以顾客为关注焦点、领导者作用、全员参与、过程方法、管理的系统方法、持续改进、基于实施的决策方法、与供方互利的关系等原则中，都充分体现了全面质量管理的思想。

2. ISO 9000 系列标准的主要标准

目前国际标准化组织发布的质量管理体系标准，主要包括：

ISO 9000：2005《质量管理体系　基础和术语》；
ISO 9001：2008《质量管理体系　要求》；
ISO 9004：2000《质量管理体系　业绩改进指南》；
ISO 10005：2005《质量管理体系　质量计划指南》；
ISO 10006：2003《质量管理　项目质量管理指南》；
ISO 10007：2003《质量管理　技术状态管理指南》；
ISO 10002：2004《质量管理　顾客满意、组织顾客投诉指南》；
ISO 10012：2003《测量管理体系　测量过程和测量设备的要求》；
ISO/TR10013：2001《质量管理体系文件指南》；
ISO/TR10014：1998《质量经济性管理指南》；
ISO 10015：1999《质量管理　培训指南》。

3. ISO 9000 质量管理系列标准的特点

（1）质量管理体系系列标准的结构与内容适用于所有产品类别，以及不同规模和不同类型的组织。

（2）强调质量管理体系的有效性和效率，引导组织关注顾客和其他相关方、产品与过程，而不仅仅是程序文件和记录。

（3）对标准要求的适用性进行了科学与明确的规定，在满足标准要求的途径与方法方面，提倡组织在确保有效性的前提下，可根据自身经营管理的特点做出不同的选择，给予组织更多的灵活性。

（4）标准中规定了质量管理八项原则，便于使用者从理念和思路上理解标准的要求。

（5）采用"过程方法"的结构，体现了组织管理的一般原理，有助于组织结合自身的特点采用标准来建立质量管理体系，并重视有效性的改进与效率的提高。

（6）强调最高管理者的作用，包括做出并持续改进质量管理体系的承诺，确保顾客的需求和期望得到满足,制定质量方针和质量目标并确保得到落实,确保所需的资源。

(7)将顾客和其他相关方满意或不满意信息的监视作为评价质量管理体系业绩的一种重要手段,强调要以顾客为关注焦点。

(8)突出了"持续改进"理念,它是提高质量管理体系有效性和效率的重要手段。

(9)对文件化的要求灵活,强调文件应能够为过程带来增值,记录只是证据的一种重要形式。

第二节 ISO 9001 标准的贯彻与实施

在国际工程项目管理中运用的主要管理体系标准是 ISO 9001《质量管理体系 要求》。这一标准对产品形成全部过程的管理及须提供的证据性文件提出了全面而具体的要求。这些要求也是业主方、监理方、政府质量监督方对承包商/项目经理部实施质量管理的基础要求。

本节主要介绍项目经理部如何依据 ISO 9001《质量管理体系 要求》标准开展项目经理部的过程质量管理活动。

一、对主要质量管理术语的理解

以下对在质量管理过程中使用频率较高且十分关键、容易引起歧义的几个主要术语做出简要说明。

1."要求"

在 ISO 9000:2005《质量管理体系 基础和术语》标准中对"要求"(Requirement)是这样定义的:"明示的、通常隐含的或必须履行的需求或期望。"

(1)"明示的要求"对于工程建设行业来说是指业主方、设计方、监理方等用文字以约定形式所表达的需求或期望,如合同、合同技术附件、经批准的设计图纸/设计说明、监理工程师指令、工程变更通知、与需求或期望有关的会议纪要等。

(2)"通常隐含的要求"是指,承包商、业主方或其他相关方的惯例或做法,其所考虑的需求或期望是不言而喻的,即不需要任何方面指出或强调,承包商应自觉贯彻落实或遵守的。

(3)"必须履行的需求或期望"是指,以法定形式所做出的必须贯彻或履行的,如技术质量方面的法规、技术规程、规范,承包商自己的规定性文件如管理规定、程序文件等。

2."过程"

在 ISO 9000:2005 标准中对"过程"(Process)是这样定义的:"将输入转化为输出的相互关联或相互作用的一组活动。"

(1)ISO 9000 系列标准是贯彻了全面质量管理的过程思想的,即产品的质量是通过过程的质量来实现的,即通过过程的质量来保证结果(产品)的质量。这是现代管理的一个十分重要的理念——过程思想。

(2)过程包括了管理过程和施工操作过程。管理过程如:合同评审、合同交底、施工技术方案编制、分包商评价与选择、供应商评价与选择、进场物资验证、计量器具校准、人员培训等。

施工操作(作业)过程如:模板安装、钢筋绑扎、混凝土浇筑、二次结构砌筑、设备吊装等。

(3)采用过程控制方法实施工程项目质量管理的前提是,要识别项目的过程,即识别出项目建设全过程中所有需要控制的过程,而后才是按相关要求实施控制。

3."程序"

在 ISO 9000:2005 标准中对"程序"(Procedure)是这样定义的:"为进行某项活动或过程所规定的途径。"

(1)为了规范工程项目的管理过程或操作(作业)过程,确保过程结果能满足要求,需要对过程预先做出"途径性"的规定。

(2)"途经"包括了"5W1H"6 个方面,即:活动的目的(Why?),活动的对象(What?),活动的责任者(Who?),活动的时间(When?),活动的地点(Where?),活动的方法(How?)。

(3)程序可以形成文件,也可以不形成文件。但当不形成文件,过程无法准确实施或不能准确达到预期结果时,就需要形成文件并发布。这时所形成文件的程序即为"程序文件"。例如承包商对于文件的管理、物资采购的管理、施工生产过程的控制等,不形成文件,就不能规范操作或不能保证活动的效果时,就需编制相应的程序文件,即:文件管理程序、物资采购程序、施工生产过程控制程序等。

(4)编制的程序文件应能准确说明"5W1H",以保证程序的可操作性和可检查性。

4."组织"

在 ISO 9000:2005 标准中对"组织"(Organization)是这样定义的:"职责、权限和相互关系得到安排的一组人员及设施。"并提出了示例:"公司、集团、商行、企事业单位、研究机构、慈善机构、代理商、社团或上述组织的部分或组合。"

在国际工程承包的项目管理中,承包商、业主、监理、分包商、供应商等都是一个组织。

二、项目过程质量管理流程

项目过程质量管理流程参见图 9。

三、主要质量管理活动

(一)质量计划(Quality Plan)

1. 制定质量计划的要求

在 ISO 9001 标准中提出了这样要求:

"组织应策划和开发产品实现所需的过程。产品实现的策划应与质量管理体系其他过程的要求相一致。

在对产品实现进行策划时,组织应确定以下方面的适当内容:

(1)产品的质量目标和要求;

(2)针对产品确定过程、文件和资源的需求;

(3)产品所要求的验证、确认、监视、测量、检验和试验活动,以及产品接受准则;

(4)为实现过程及其产品满足要求提供证据所需的记录。"

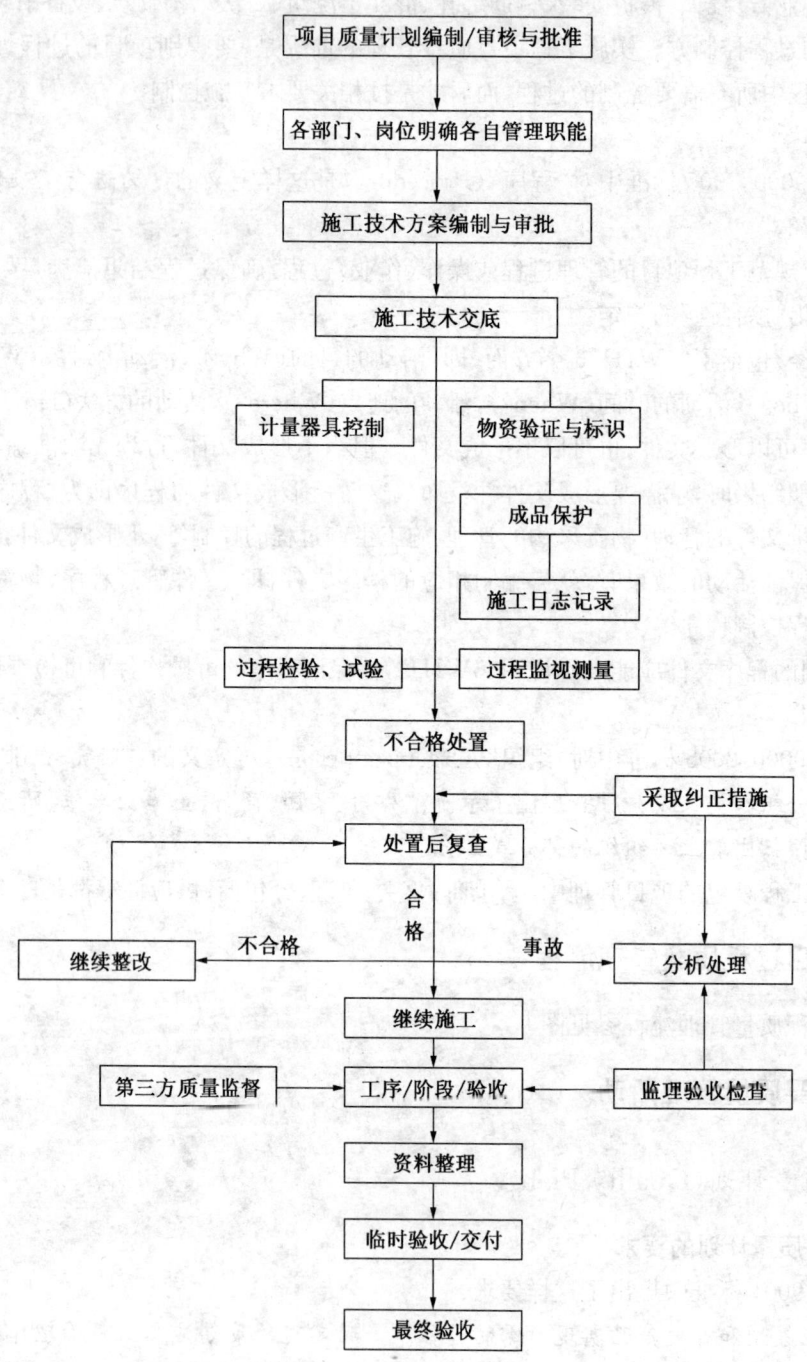

图 9 过程质量管理流程

并指出:"策划的输出形式应适合于组织的运作方式。"

在本书"第二章 项目策划与项目管理目标责任书"中,阐述了项目策划的概念及要求,指出项目策划的输出形式为项目策划书及项目实施计划,其中实施计划中就包括了质量计划。

2. 质量计划的概念

在 ISO 9001:2008 标准的"产品实现策划"一节中,是这样解释质量计划的:"对应于特定产品、项目或合同的质量管理体系的过程(包括产品实现过程)和资源做出规定的文件可称之为质量计划。"

在 ISO 9000:2005"质量管理体系 基础和术语"标准中,是这样定义质量计划的:"对特定的项目、产品、过程或合同,规定由谁及何时使用哪些程序和相应资源的文件。"

从以上定义,我们可以理解:

(1)质量计划是针对特定的项目或合同而编制的。

(2)质量计划应明确产品(工程)实现所需要的过程及资源。

(3)质量计划应明确过程实施中的具体责任人员和实施的时间,说明质量计划是一个具备可操作性及可检查的文件。

(4)编制质量计划应遵循组织(承包商)已获批准的管理体系中的程序文件。

3. 制定质量计划的意义

在 ISO 10005:2005《质量管理体系 质量计划指南》标准中,已对质量计划制定的必要性做出了说明。对于从事国际工程建设的承包商来说,其编制的意义主要在于:

(1)满足业主方/监理工程师的要求,使其作为监督项目经理部质量管理的依据之一。

在欧美等经济发达国家和地区以及欧美监理工程师受聘于发展中国家承担工程监理任务时,一般都要求承包商的项目经理部在开工前向他们提交项目质量计划,以作为他们对项目施工全过程中的质量控制的依据之一。为此项目经理部应按照 ISO 9001 标准及 ISO 10005 标准的要求编制结合实际并具有可操作性的质量计划。

(2)具体指导承包商在项目上的质量控制工作,通过各岗位在过程中的工作质量,保证工程产品质量。

(3)规范项目经理部各岗位的工作,完整有效地落实各自的管理职能,按要求做好相应的证实工作,提出符合要求的证据性资料。

需要说明的是,在 ISO 10005:2005 标准中还指出:"对于特定情况,可能需要也可能不需要制定质量计划。一个已经建立质量管理体系的组织,在现有的体系下可能能够满足质量计划的全部需要,那么该组织就没有必要单独制定质量计划。"即是说制定质量计划不见得是必须的。项目经理部是否制定质量计划,还需按照该标准所提出的制定质量计划的必要性,来判断自己是否有必要制定质量计划;但当业主方/监理工程师要求项目经理部应向其提供项目质量计划,否则不同意正式开工时,那项目经理部就必须按要求制定符合 ISO 9000 系列标准要求的质量计划。

4. 质量计划编制的依据

(1)ISO 10005:2005《质量管理体系 质量计划指南》。

(2)承包商组织的质量管理体系文件。

(3)经批准的本项目策划书等。

5. 质量计划与承包商组织程序文件的关系

(1)程序文件是质量计划的编制依据之一,即质量计划的过程控制及记录要求均应符合承包商组织的程序文件的要求。

(2)程序文件是对承包商的各职能以及工程项目所有过程活动所作的程序性规定,质量计划是针对工程项目的实际,将程序文件展开为项目可操作性的程序。

(3)程序文件规定的过程活动责任人以及活动时间均为原则性的,而质量计划规定的工作要落实到项目上的具体责任人,而规定的活动时间是可操作的活动时间。

6. 质量计划的内容

质量计划的主要内容为:

(1)各部门、岗位的质量职能(职责、权限和作用)。

(2)应控制的过程(活动)及其控制方法。

(3)应完成的主要过程记录。

(4)业主方对质量计划的要求。在 ISO 10006:2003《质量管理体系 项目质量管理指南》中指出:"在合同环境下,顾客可能规定对质量计划的要求。"

7. 制定质量计划的注意事项

(1)质量计划应由项目经理部中熟悉项目管理及承包商组织程序文件的管理骨干来编写。

(2)为简化文字起见,质量计划可引用承包商组织的程序文件或质量管理手册的相关内容和要求。

(3)质量计划内容一定要具有可操作性,不能说原则话或提原则要求。

(4)质量计划经项目经理部上级主管部门审批后,按要求报业主方/监理工程师。

(5)质量计划应发至项目经理部每一管理岗位。使每一岗位人员都了解自己在质量管理体系中的位置和应开展的工作。

8. 质量计划编制大纲示例

附件 9-1 是依据 ISO 10005 标准,并结合工程项目施工实际提出的一种质量计划编制大纲示例本,供使用者参考。

(二)施工过程质量控制

在 ISO 9001 标准的"生产和服务提供"条款中提出了:"组织应策划并在受控条件下进行生产和服务提供。"对于工程项目施工,主要是按其要求做好施工全过程的质量控制。

1. 施工过程质量控制的目的

项目经理部开展施工过程质量控制的目的就是,确保工程产品质量符合要求,以达到业主的满意。

2. 施工过程控制的必要条件

按照 ISO 9001 标准"生产和服务提供的控制"所提出的要求,可认为在工程施工全过程中进行控制的必要条件:

(1)有符合要求的指导施工的技术文件,包括规定质量要求。

(2)配备、使用适宜的各类资源,包括监视测量设备。

(3)实施过程监视测量和产品监视测量。

(4)工序交接、工程交付满足要求。

3. 项目过程质量控制的主要工作

项目经理部在施工全过程中应开展的工作主要包括：

(1)全面贯彻落实项目质量计划　项目经理要组织落实各岗位的管理职能，要求他们按质量计划要求开展各相关过程的管理活动。

(2)设计报审　当项目经理部负责工程设计或深化设计(二次设计)工作时，项目经理部应按工程所在国工程设计审查的相关规定向监理工程师/政府质量监督部门报审设计输出，并根据审核意见调整设计文件。

(3)编制并组织落实指导施工的技术文件　包括编制指导施工的专项技术方案和作业指导书，向作业班组进行施工技术交底，并保存交底记录。

(4)采购样品报验　项目经理部应按工程所在国的有关规定，在选择供应商的过程中向业主方/监理工程师报送物资样品，在其得到确认后方可进行物资采购，以确保物资质量，并达到业主满意。

(5)过程检验试验及报验　项目经理部按工程所在国相关法规或合同要求，实施相关的检验和试验，并按规定要求提前通知监理工程师实施监督，以确认过程或阶段的检验和试验程序和结果。

(6)过程监视和测量　项目经理部应坚持开展过程监视和测量活动，以及时发现过程活动中的不合格，确保过程质量。此部分内容将在本节第(五)部分作详细阐述。

(7)不合格品控制　项目经理部应坚持按要求实施对产品的监视和测量，及时处理发现的不合格品。此部分内容将在本节第(六)部分作详细阐述。

(8)采取纠正措施和预防措施　项目经理部对于在过程监视测量发现的过程不合格以及在产品监视和测量过程中发现的产品不合格，应适时采取纠正措施，或预先采取预防措施，以实现管理的持续改进。此部分内容将在本节第(七)部分作详细阐述。

4. 业主方/监理工程师在过程质量控制中的主要工作

业主方/监理工程师将根据合同和工程所在国适用的法律法规对项目经理部的施工过程进行必要的质量控制，主要包括：

(1)审核项目经理部报送的项目质量计划。

(2)审核项目经理部报送的工程设计或二次设计输出，审核设计变更。

(3)审批分包商(包括外部委托试验室)选择结果。

(4)审核物资样品、审批物资供应商选择结果。

(5)参加或监督过程检验、试验，确认工序质量或阶段工程质量。

(6)实施必要的过程监视测量或旁站监督。

(7)向项目经理部发出质量不合格整改指令。

(8)审核质量事故处理方案。

(9)组织工程临时验收和最终验收。

5. 政府实施过程质量控制的主要工作

国际上，许多国家都十分重视政府对工程项目建设全过程的质量监督，高度关注工程项目的设计、投用物资的质量控制以及施工过程的质量控制。其主要监督方式：

(1) 法国模式　法国的建筑法规《建筑职责与保险》要求项目总承包商必须向保险公司投保,保险公司则要求项目经理部必须委托一个质量检查公司对其进行过程质量监督检查。质量检查公司将对项目经理部从工程的设计开始,直至工程竣工、提交工程质量评价报告等实施全过程的质量监督检查。

(2) 美国模式　主要表现在政府主管部门直接参与工程项目质量的监督和检查。这种监督检查又分为2种情况;一种情况是政府直接派出自己的监督检查人员,另一种情况时是政府聘请或要求业主聘请的,属于政府认可的外部专业人员。在施工全过程的监督检查中,其重点是工程物资的投用以及地基基础和主体结构的质量。

(3) 德国模式　采取由州政府建设主管部门向由国家认可的质监工程师组成的质量监督审查公司委托或授权,由他们代表政府对工程质量实行全过程监督检查。

(4) 第四种模式　这主要是非洲一些国家多采用的一种模式。政府专职的质量监督部门(类似我国的地、市政府的质量监督站)对工程施工全过程进行监督检查,其监督检查重点是工程设计(包括设计变更)、地基工程、结构工程、回填土工程、防水工程等直接影响工程安全及使用功能的施工内容。

6. FIDIC合同条件中对过程质量控制提出的主要要求

在1999年版《施工合同条件》(新红皮书)中涉及过程质量控制的主要条款,参见表9-1。

表9-1　FIDIC《施工合同条件》中与质量控制有关条款的说明

序号	类别	条款号	主要内容
1	施工准备	4.9	承包商应按合同要求建立一套质量保证体系,并报工程师审查。每一阶段工作开始前,需向工程师报送其工作程序及相关文件
2		6.9	承包商应配备具有相应资质、技能和经验的称职的各工种和专业人员
3		7.2	在将材料投用于工程之前,承包商应向工程师提交其样品和资料,以取得工程师的同意
4		4.1	当承包商负责设计某一部分永久工程时,应向工程师提交设计文件
5		4.4	承包商开工后选择分包商,需报工程师批准
6		4.7	承包商按工程师提供的数据做工程的放线和定位。承包商应事先对工程师提供的数据复核
7		4.10	承包商应充分了解业主提供的现场水文、地质、环境等相关数据和资料
8		7.4	承包商应为合同所规定需进行的检验提供合格的人员和必备的资源
9	过程检验和试验	6.8	在施工过程中,承包商应对工程进行监督管理,为此需保证有足够的胜任相应工作的专业管理人员
10		7.3	承包商应为业主在工程设备制造、材料加工期间进入现场实施检查、检验等提供方便
11		7.3	承包商应为业主方的过程检验提供必要条件,在对工程进行隐蔽施工前,承包商应通知工程师进行检查

续表

序号	类别	条款号	主要内容
12	过程检验和试验	7.4	过程检验时间和地点由工程师和承包商商定。工程师可根据变更条款改变检验地点要求或增加附加检验
13		7.4	工程师应提前24小时通知承包商其将参加的检验内容
14		7.4	承包商应在检验后及时向工程师提出检验报告
15		7.5	对任何检验不合格的,工程师可拒收,承包商应及时修复缺陷使之达到合格要求
16		7.5	工程师有权要求对不合格处置后,按相同的条件作重新检验
17	竣工检验和试验	9.1	承包商应提前21天将可以进行竣工检验的日期通知工程师。检验应在此后的14天内,由工程师指定的日期进行
18		9.1	通过竣工检验后,承包商应及时向工程师提出正式的检验报告
19		9.2	如因业主原因延误竣工检验,则按7.4和10.3款相关规定处理
20		9.2	如因承包商文体延误竣工检验,工程师可通知承包商21天内检验;如承包商未能在21天内进行竣工检验,业主方可自行进行检验,其费用和风险由承包商承担,且还要认可其检验结果
21		9.3	如工程未通过竣工检验,可按相同条件重新进行检验
22		9.4	如未通过竣工重复检验,工程师有权决定再次检验;业主可拒收或决定颁发接收证书,但要对合同价格扣减
23		10.2	业主自行决定接收部分工程时,工程师可为此颁发接收证书,并要求承包商在缺陷通知期期满前进行竣工检验
24		10.3	由于业主方原因影响工程不能在14天内进行竣工检验,则可视为业主在本应完成竣工检验的日期接收了工程;工程师位置颁发接收证书,但要求承包商在缺陷通知期期满前进行竣工检验。
25	缺陷责任	7.6	尽管已对承包商颁发了检验证书,但工程师仍可要求承包商对不符合问题进行处理
26		11.1	承包商应在工程师指示的时间内完成接收证书中注明的扫尾工作,并在工程的缺陷通知期期满前完成缺陷的修复
27		11.4	如承包商未能在规定的时间内及时修复缺陷,业主可通知承包商在限定的日期前修复;如承包商仍未修复,业主可自行委托他人修复,但由承包商负担费用;如出现的缺陷问题不能使业主获得工程或相应的使用功能,业主可终止全部或部分合同
28		11.5	如缺陷不能在现场就地修复,承包商经业主同意可将此部分工程设备移出现场处置

续表

序号	类别	条款号	主要内容
29	缺陷责任	11.6	如对工程缺陷修复处置后可能影响工程适用功能,工程师可要求重新进行检验,其所发生的费用及风险由责任方承担
30		11.8	如工程师要求,承包商应在工程师指导下调查缺陷产生的原因
31		11.9	工程师在缺陷通知期满后28日内向承包商颁发履约证书,至此可认为承包商的义务已经完成
32	业主权力	15.2	如承包商无正当理由,在收到工程师有关处置质量缺陷通知后28天内不安排整改,业主有权终止合同
33		15.6	如果业主判定承包商在合同实施过程中涉嫌欺诈行为,业主可根据15.2款终止合同。(注:此款为2006年FIDIC《施工合同条件》(多边开发银行协调版,第2版增加的内容) 此条款中对欺诈行为解释为:"指以干预采购过程或合同执行为目的,篡改或掩盖事实"

(三)关键施工过程控制

1. 关键施工过程的概念

关键施工过程是指对工程产品功能效果起至关重要作用的施工过程,如混凝土工程、防水工程、回填土工程等。如果这类工程出现质量不合格问题,其不仅处置难度比较大,而且会给工期、施工成本等带来较大的不利影响,甚至会严重影响承包商的声誉。

还有一些直接影响施工安全和工程安全的施工过程,也属于关键施工过程控制的范畴,如:深基坑土方开挖工程、高支模工程、高大脚手架工程、大起重量的吊装工程等。对于这类过程如果不能给予严格控制,很容易导致重大人身伤亡安全事故,其不仅会严重影响工期,而且还会给承包商造成重大的经济损失。

2. 关键过程的控制方法

按照ISO 9001标准所提供的指导,关键过程的控制关键在于抓好以下工作:

(1)编制符合实际的施工技术方案,并经严格审批,必要时应经技术专家论证,以确保方案的合理性、可行性和安全性。

(2)做好施工技术交底工作 施工技术负责人员应向作业层进行全面的施工技术交底,使作业层每一个相关者均清楚施工技术操作工艺、质量及安全等要求。交底后,交底人及接受交底人均应在技术交底记录中签字确认。

(3)实施严格的过程监视测量 施工过程中项目经理部的质量检查人员应进行全过程的质量监督(旁站),全面监控影响质量、安全的"4M1E"(人、机、料、法、环),必要时要进行有关工艺参数的测量(如混凝土施工过程中的塌落度测量),以确保过程始终处于稳定状态。

(四)特殊过程控制

1. 特殊过程的概念

在 ISO 9000:2005《质量管理体系 基础和术语》标准中,对特殊过程是这样解释的:"对形成的产品是否合格,不易或不能经济地进行验证的过程,通常称之为特殊过程。"

在 ISO 9001:2008《质量管理体系 要求》标准中,将特殊过程称之为需"确认"的过程:"当生产和服务提供过程的输出不能由后续的监视或测量加以验证,使问题在产品使用后或服务交付后才显现时,组织应对任何这样的过程实施确认。"

依据以上国际标准的阐述,我们可以认为,特殊过程在建筑安装工程施工中包括在以下 2 种情况内:

(1)生产和服务提供过程的输出不能由后续的监视或测量加以验证的过程;

(2)在产品使用或服务交付之后问题才显现的过程。

对于第 1 种情况,建筑安装工程施工中主要是地下防水过程、钢结构防腐过程、钢结构防火涂层施工等施工过程。因为这类过程的结果不能通过后续的检验和试验完全判断其质量效果是否符合要求。

对于第 2 类情况,我们接触最多的是钢结构、锅炉压力容器、压力管道安装工程的焊接过程。这类过程的特点是尽管在焊接过程中以及焊接完成后可以通过很多无损检测的方法(射线、超声波、磁粉、渗透、声发射、涡流等)检测焊缝的内外部质量,但工程交付前尚不能判断其交付后在使用过程中的动态质量问题(如焊缝的延迟裂纹、突发性脆断等),也就是说它们存在着"交付之后问题才显现的问题"。对于这类特殊过程,承包商如不能给予严格控制,很容易酿成工程产品交付后的灾难性事故,如结构倒塌、锅炉压力容器爆炸或因其导致有毒有害或易燃易爆介质泄露。

2. 特殊过程的控制方法

在 1994 年版 ISO 9001 标准中对特殊过程的控制提出了 2 个方面要求,即:"过程能力预先鉴定和过程参数的连续监控";2000 版及 2008 版该标准则根据其覆盖产品类型广泛繁多(不仅仅是制造业)的情况,针对特殊过程的控制提出了"过程的确认"和"再确认"的要求。尽管对其控制要求的阐述方式有所不同,但其对特殊过程控制要求的本质上完全是一致的。

按照 ISO 9000 系列标准的要求,以及结合工程建设行业的特点,对于常见的特殊过程(如地下防水工程、钢结构焊接过程)的控制,承包商应坚持做好以下 2 方面的控制工作:

(1)过程能力预先鉴定(过程确认) 过程能力预先鉴定的对象是影响产品质量的 4M1E,即:人、机、料、法、环。这里所言的"预先",即是指在特殊过程的正式施工之前,管理者应做好过程能力预先鉴定的工作。在过程能力预先鉴定中,发现 4M1E 中任意因素不符合要求时,项目经理部应要求作业队组不得正式开始施工;只有当 5 个因素反映出的能力全部符合要求时,项目经理部相应管理者才能发出正式开始施工的指令。这种管理思想就是从源头上控制过程质量。项目经理部在实施过程能力预先鉴定后应填写过程能力预先鉴定记录。表 9-2 为"特殊过程能力预先鉴定记录"的一种格式示例。

(2)过程参数的连续监控(过程再确认) 在特殊过程施工进行中(如焊接施工),项目经理部的焊接工程师或质量工程师应对影响焊接质量的 5 个方面因素（4M1E：焊工资格、焊接设备和检测设备、焊接母材和焊接材料、焊接工艺、焊接作业环境）实施连续的监控。所谓连续，即是不间断地监视和测量，即监控这 5 个方面因素是否稳定地符合预先规定的要求；如果 5 要素中任一要素发生变化，项目的管理者应再次确认其是否仍然符合要求。实施焊接全过程连续监控的目的就是确保影响焊接质量的诸因素始终处于稳定状态之中，从而确保焊接质量符合要求。管理者实施特殊过程的连续监控时应准确记录监视测量的情况。表 9-3、表 9-4 为"特殊过程参数连续监控记录"一种格式示例。

表 9-2　特殊过程能力预先鉴定记录

项目名称	
单位工程名称	
特殊过程名称	
施工单位	计划施工时间
作业人员资格审核	计划参加本过程施工操作人员_____人，其资格情况：□合格；□不合格。 审核人/日期：
施工设备审核	投入本工程施工设备为_____，计_____台（件），其能力及运行状况：□合格；□不合格。 审核人/日期：
检测、计量设备审核	投入本工程计量器具设备为_____，计_____台（件），其检定情况：□合格；□不合格。 审核人/日期：
材料审核	投入本工程主要材料为_____，其验证情况：□合格；□不合格。 审核人/日期：
施工方案及技术交底审核	□已，□未编制施工方案。由向_____参加施工人员进行技术交底，□有，□无技术交底记录。 审核人/日期：
作业环境及施工条件审核	□合格；□不合格。 审核人/日期：
首件产品质量鉴定	□合格；□不合格。 审核人/日期：
预先鉴定结论：	
	项目副经理/日期：

表 9-3 特殊过程参数连续监控记录(钢结构焊接工程)

单位工程名称		特殊过程名称	
施工时间	年　月　日　天气	施工区域	
施工队伍			
操作人员资格	本次监控检查期间共有____名焊工参加施工,其中____人无焊工合格证,焊接资格与所从事的焊接工作相符合____人,不符合____人。参加施焊焊工,其中____人接受了技术交底。 检查人/日期:		
焊接设备情况	共检查____台焊机,其为交流机____台,直流机____台,焊机运行情况:正常____台,不正常____台。 检查人/日期:		
焊接环境	气温____℃,相对湿度____%(<90%); 风速成____(<5级),当风速超过5级时,有□　无□　防风遮挡措施。 检查人/日期:		
焊接材料情况	焊材合格证有□　无□;焊材烘干情况:符合规定□　不符合规定□,焊材烘干记录有□　无□,记录另见_____ 检查人/日期:		
焊接预后热情况	预热温度要求____,检查结果____　符合要求□　不符合要求□ 层间温度要求____,检查结果____　符合要求□　不符合要求□ 后热温度要求____,检查结果____　符合要求□　不符合要求□ 记录另见_____ 检查人/日期:		
焊接规范执行情况	焊接电流、电压及焊速符合□　不符合□　焊接工艺评定,记录另见_____ 检查人/日期:		
焊后处理	热处理	焊后热处理符合□　不符合□　焊接工艺,有□　无□　记录,记录另见_____ 检查人/日期:	
	消除残余应力处理	消除残余应力方法_____,消除残余应力操作符合要求□　不符合要求□,记录另见_____ 检查人/日期:	
监控结论	焊接过程正常□　不正常□,监理情况另见_____ 项目副经理/日期:		
说明:每工作班至少填写本记录一份。			

表9-4 特殊过程参数连续监控记录(地下卷材防水工程)

单位工程名称				特殊过程名称	
施工时间		年　月　日	天气	施工区域	
施工队伍					
操作人员资格		本次监控检查期间共有____名防水工参加施工,其中____人有上岗操作证,其中____人接受过技术交底。 　　　　　　　　　　　　　　　　　　　　　　　　　　　检查人/日期:			
作业环境		作业环境温度为____℃,其他相关条件:_____ _____ 　　　　　　　　　　　　　　　　　　　　　　　　　　　检查人/日期:			
卷材表面检查		检查人/日期:			
基层处理检查		检查人/日期:			
涂层检查	基层涂层	检查人/日期:			
	中间涂层	检查人/日期:			
卷材铺贴检查情况		搭接情况:_____ 粘接情况:_____ 转角处附加层情况:_____ 表面损伤及处理情况:_____ 　　　　　　　　　　　　　　　　　　　　　　　　　　　检查人/日期:			
关键点控制情况		检查人/日期:			
监控结论		项目副经理/日期:			
说明:每工作班至少填写本记录一份。					

(五)过程监视和测量

1. 过程监测和测量的概念

在ISO 9001标准中提出了4种监视和测量,即顾客满意的监视和测量、内部审核、过程监视和测量及产品监视和测量。

过程监视和测量是指对与产品实现有关的过程所进行的监督检查和必要的测试、度量工作。

在 ISO 9001:2008 标准中提出了:"组织应采用适宜的方法对质量体系过程进行监视,并在适用时进行测量。这些方法应证实过程实现所策划结果的能力。当未能达到所策划的结果时,应采取适当的纠正和纠正措施。"过程监视测量仍然是体现了现代管理的"过程方法"思想。

这里所说的过程能力是指经策划确定的过程在稳定工作状态下所应具有的能力。例如,焊接工程要求焊接作业人员必须具有相应的焊接能力(通过焊接技能或焊接资格考试来确认),防水施工作业人员必须具有相应的防水作业资格,这就是对于人的能力预先策划的结果。又例如混凝土浇筑过程,为了保证混凝土工程的质量,必须对浇筑过程的混凝土进行塌落度测试,以判断混凝土的水灰比是否控制在预先确定的范围之内,这是对原材料(规定的能力)是否符合要求的一种监视和测量。

2. 过程监视和测量的作用

通过管理者对过程的监视和测量,管理者可及时发现并解决过程能力不足的问题,确保过程始终具备预期策划的能力,以使过程始终处于稳定状态,从而保证产品的符合性。这种工作充分体现了通过对过程的控制,达到对产品结果控制的思想。

3. 对过程能力进行监视和测量的原因

由于产品实现主要是施工生产的各过程在实施中不可避免地会出现人、机、料、法、环等诸多能力因素的变化,而这种变化不一定都能始终保持符合规定的过程能力要求,因而需要对其进行监视和测量,以判定其符合要求的程度。当发现过程能力达不到要求或偏离了预期的目标时,管理者就应采取必要的措施,包括采取纠正手段或采取纠正措施。例如在防水工程施工过程中,作业人员更换、防水材料更换,环境条件变化(气象条件、作业条件)都会影响防水工程的质量,如管理者不关注它们的变化,很可能就埋下质量隐患,造成最后的渗漏问题。

4. 过程监视和测量的范围和内容

具体地说,项目实施过程监视测量的内容,主要是与形成产品质量直接相关的所有过程,其内容则是影响过程能力的诸因素,即:人(作业者、试验检测人员)、机(施工机械设别、检测试验设备)、料(原材料)、法(施工工艺、操作方法)、环(作业环境)、测(检测)等。项目实施过程监视的管理者应以预先对相应过程能力因素的规定为依据,进行相应的监督检查及必要的测试和度量。

5. 过程监视和测量与企业内部审核的区别

(1) 监视测量的方式不同　ISO 9001 标准将内部审核与过程监视和测量 2 个方面的工作都认为是一种对过程进行监视和测量的手段。质量体系内部审核可以理解为定期集中的有计划的监视和测量。而"过程监视和测量"可理解为日常的、连续的、例行的监视和测量。根据这一思想,我们可以认为,按照质量管理体系标准所开展的内部审核,实际上就是一种滞后式的过程监视和测量,而过程监视和测量则是进行式、跟踪式的内部审核。

(2) 监视和测量的对象不同　内审的对象主要在于 3 个方面:ISO 9001 标准中所规定的过程、产品实现过程(即以往所说的产品寿命周期中的过程)、组织所确定的有关过程(如作业文件、内部规定等),它基本涵盖了组织质量体系的所有过程。

过程监视和测量的对象主要是产品实现过程,即直接影响产品符合性的所有过程,或称为"确保产品符合性的所有过程",如施工作业过程,其重点则是关键过程和特殊过程。

6. 过程监视测量和产品监视测量的区别

(1)对象不同　过程监视和测量是针对与产品实现有关的过程,以确保产品的符合性;而产品的监视测量是针对工程产品的质量特性,即通过控制产品实物质量保证放行产品的符合性。

(2)判定符合性的依据不同　过程监视测量是依据组织/项目预先规定的过程能力要求,如在程序文件、质量计划中所规定的与作业过程有关的过程能力要求。产品监视测量是依据相应的工程产品技术质量标准和设计要求。

(3)执行者不同　过程监视测量主要是由承包商、项目的职能部门的管理者实施,而产品监视测量主要是由项目的质量检查以及试验人员来进行。

(六)不合格品控制

1. 不合格品的概念

在 ISO 9000:2005"质量管理体系　基础和术语"标准中对"不合格"是这样解释的:"未满足要求。"

从标准给出的定义我们可以理解为管理工作未满足要求即构成了不合格项(不符合项),工程产品未满足要求,即构成了不合格品。

不合格定义中"未满足要求"中的"要求"是指:未满足规定的要求、隐含的要求或适用的法律法规要求。

2. 对不合格品的控制要求

(1)评审不合格　即评审如何处置不合格品的工作。项目经理部技术负责人或质量负责人组织对不合格品的评审,对其评审所确定的处置方式需要报现场监理工程师确认。

(2)在 ISO 9000:2005 标准中指出,对不合格品的处置有 5 种方式:即返工、返修、让步、降级、报废。在该标准中,分别对这 5 种处置方式作了定义:

①返工:为使不合格产品符合要求而采取的措施。

②返修:为使不合格产品满足预期用途而对其采取的措施。

③让步:对使用或放行不符合规定要求的产品的许可。

④降级:为使不合格产品符合不同于原有的要求,而对其等级的变更。

⑤报废:为避免不合格产品原有的预期用途而对其所采取的措施。

(3)对不合格品处置后的确认　项目经理部按评审确定的处置方式实施后,项目质量负责人应验证处置结果是否符合要求,确认符合要求后报现场监理工程师验证。

(4)对不合格品的评审、处置及验证均应做出记录　表 9-5 为不合格品的处置记录格式示例。

表 9-5　不合格品评审处置记录

工程名称		分部分项工程	
不合格品发现时间		不合格品发现人	
不合格品情况说明			
不合格品评审意见	返工□　返修□　让步□　降级□　报废□ 不合品责任单位/日期：		
不合格品处置措施	措施制定人/日期：		
不合格品处置后确认	确认人/日期：		

(七)预防措施和纠正措施

1. 预防措施和纠正措施的概念

在 ISO 9000:2005 标准中对"预防措施"是这样定义的:"为消除潜在不合格或其他潜在不期望情况的原因所采取的措施。"对"纠正措施"的定义是:"为消除已发现的不合格或其他不期望情况的原因所采取的措施。"

"预防措施"及"纠正措施"都是为了防止"不合格"的发生所采取的措施,前者是针对已预见到的可能会发生的"不合格",后者是针对已发生的"不合格"。即它们一个是针对潜在的"不合格",一个是针对已出现的既定的"不合格"。

这 2 个措施的共同点都是针对产生"不合格"的原因,其目的是控制"不合格"产生的根源,使其不出现或不发生作用;而不是处置"不合格",即不是使"不合格"转化成"合格"或可以接受的工作,这样的工作在 ISO 9000 标准中称其为"纠正"。

采取这 2 个措施的前提是必须准确分析出造成"不合格"的原因,即找出导致"不合格"的根源。

2. 采取纠正措施

针对发现的过程不合格项或工程产品中的不合格品,除应对其进行必要的处置(按以上所介绍的 5 种处置方式)外,为了防止类似的问题再次发生,项目经理部应组织有关人员,对造成不合格的原因进行分析,并针对其原因采取纠正措施,以实施项目的持续改进。

一般情况下,项目经理部没有必要对所有发生的不合格都采取纠正措施,只是针对出现的严重不合格或重复多次发生的不合格应考虑制定纠正措施。

3. 采取预防措施

对于以前项目施工中出现的或外单位发生的管理问题、产品不合格问题,或本项目经理部预见的可能会遇到的不合格问题,项目经理部应组织有关人员对造成这些不合格的原因进行分析,并针对其原因采取预防措施,避免类似问题在本项目施工过程中发生。一般情况下,这一工作可以体现在施工技术方案或作业指导书的编制工作中,而对于重大的、技术比较复杂的工程或管理过程,可考虑单独编制保证质量的预防措施。

第三节　过程记录的管理

一、过程记录概述

（一）记录的概念

在 ISO 9000:2005《质量管理体系　基础和术语》标准中对"记录"是这样定义的："阐明所取得的结果或提供所完成活动的证据的文件"。依据其定义我们可以理解为：记录是一种证据性的文件，它是向相关方表明过程实施情况或实施的结果。

（二）记录的作用

在 ISO 9001《质量管理体系　要求》标准，包括在 ISO 14001 环境管理体标准和 OHSAS18001 职业健康安全管理体系标准中都有一个重要的管理要素——"记录"，它们都要求执行者或管理者在完成某项活动后应做出相应记录并保存。这说明了"记录"在管理活动中是有着十分重要的作用。根据这些管理体系标准的要求和指导，我们可以认为符合要求的"记录"可以发挥以下几方面的作用：

1. 对过程的证实

"记录"可以证实责任者按组织的相关程序规定已完成了某过程活动，并取得了相应结果。其结果包括了符合要求或是不符合要求 2 种情况。

2. 追溯过程的历史

因"记录"真实反映了过程的相关情况，因此其具有一定的可追溯性。在 ISO 9000:2005 标准中，对"可追溯性"是这样定义的："追溯所考虑对象的历史、应用情况或所处位置的能力。"

由于符合要求的"记录"，已准确表明了过程活动的情况及其结果，因此人们可以依据记录追溯该过程活动实施的历史（即是如何完成这项活动的）、应用情况（如材料的使用情况）或所处的位置（如隐蔽工程记录可表明隐蔽对象的具体位置）。可追溯性在质量管理中是一种十分重要的特性，管理者可利用这一特性，进行管理过程的必要追溯，如对不合格的原因和责任进行追踪分析，从而发现不合格的真正原因以及具体的责任者。

3. 为制定预防、纠正措施提供依据

承包商/项目经理部为了实施持续改进，需要制定必要的预防措施或纠正措施，而措施制定的基础是对"不符合"的原因进行分析，原因分析的基础则是反映相应过程活动的各种相关记录。管理者根据对记录的归纳、整理、分析，可发现管理或操作活动中存在的问题，并可进一步分析出造成这些问题的原因和责任者，进而采取纠正措施或预防措施以实施管理体系的持续改进。

4. 规范项目经理部的各项管理工作

为了完成企业相关程序文件中所规定的记录，过程活动的执行者或管理者必须按程序的要求实施规定的操作和管理,从而保证项目经理部管理工作的规范化。

(三)"记录"符合要求的条件

"记录"能准确发挥上述作用的前提条件是,它必须符合以下几项基本要求,即:

(1)记录的全部内容无任何覆盖性改动和无不符合更改要求的表面性改动。
(2)真实反映过程活动的内容和所达到的结果。
(3)有过程活动实施的时间、位置(地点、部位)和参与人员的说明。
(4)有过程活动相关责任人的签字认可或确认。
(5)使用标准化的术语及法定计量单位。

(四)过程记录的概念

根据 ISO 9000:2005 标准对"过程"所作的定义,即:"将输入转化为输出的相互关联或相互作用的一组活动",我们可将项目管理中的各种过程理解为即是一种活动,即它可以是一种作业活动,也可以是一种管理活动,因为他们都有一定的输入,而且都要达到一定预定输出的目的。因此说,对于在这些活动中所形成的必要记录即为过程记录。

(五)过程记录的类别

1. 操作性记录

操作性记录也称作业性记录,它在项目管理中,主要是指作业者从事作业或操作性活动的记录,如混凝土浇筑记录、焊接记录、无损检测记录、试验记录等。操作性记录能真实反映施工作业过程的关键内容及其符合规定的工艺要求的情况。

操作性记录的主要作用:

(1)促使作业者严格按照程序要求操作;
(2)施工作业过程是否符合要求的客观证据。

操作性记录是由作业者在作业过程中或作业结束后立即完成的,管理者的责任是检查其记录的及时性、完整性和准确性。

2. 管理性记录

管理性记录是指管理者在管理活动中所形成的过程记录,如合同评审记录、技术交底记录、技术复核记录、培训记录、不合格品评审处置记录、纠正措施记录等。

符合要求的管理性记录能真实反映管理过程如何符合企业的程序文件或管理制度要求的。一般情况下,管理者完成管理性记录后,均要有相关的验证者对记录进行符合性确认,以保证过程记录的真实可靠。

3. 索引性记录

索引性记录是指能够对项目施工全过程进行追溯提供索引的一种记录,它的主要形式就是项目施工日志。

4. 过程监视测量记录

过程监视测量记录是管理者对过程活动是否符合相关程序要求的一种监督检查记录。

（六）过程记录的要素

过程记录能够发挥其作用，其内容应包括5个要素：
(1) 活动的责任者；
(2) 活动的地点；
(3) 活动的时间；
(4) 活动的内容；
(5) 活动的结果。

二、主要过程记录的管理

在项目管理活动中的记录比较多，管理者应重点关注与质量确认、索赔有关记录的管理。质量确认性记录如：各类试验报告、隐蔽工程检查记录、防水工程试水记录、管道强度及严密性试验记录、机电工程调试记录、竣工验收记录等。索赔性记录如：工程变更记录、工程增项、增量确认记录、影响工程正常施工的各种确认记录、施工日志等。以下仅就隐蔽工程记录、施工日志、过程监视测量记录的管理作一说明。

（一）隐蔽工程验收记录

1. 隐蔽工程的概念

隐蔽工程是指其将被下道工序施工所遮掩而无法或很困难再确认其质量是否符合要求的那类工程。如地基工程、钢筋工程、电气管线及给排水管线埋设工程等。

2. 工程隐蔽的要求

无论是在国内工程还是国际工程施工中，隐蔽工程在其隐蔽前必须通过相关方的检查确认，其符合要求后，才允许进行遮掩工程的施工。在相关方共同检查确认后要形成确认记录，即为隐蔽工程验收记录。不同的国家对隐蔽工程验收所作记录的形式不一致，但最后判定质量是否符合要求是完全一致的。

为保证工程的质量和工程进展顺利，项目经理部应在工程隐蔽以前，进行自查，当认为符合要求时，再通知现场监理工程师确认。

3. 隐蔽工程记录的要求

隐蔽工程记录的作用主要是确保其证实性和可追溯性。为达到这一点，不管监理工程师如何记录，项目至少应坚持这样做好记录：
(1) 准确表明施工部位及内容、隐蔽时间。
(2) 准确说明隐蔽工程如何符合要求。
(3) 相关方签字确认。

（二）施工日志

1. 施工日志的概念

施工日志也称为项目日志或工程日志。它是记录项目经理部施工全过程活动（生产活动和管理活动)主要内容的一种证实性、索引性记录。施工日志应从施工准备开始一直记录到工程竣工、临时验收完毕。

2. 施工日志的作用

施工日志的作用是便于日后实施管理性追溯提供证据或提供实施追溯的途径。

(1)证实 证明项目经理部的当日资源配置以及项目所进行的主要施工生产活动和主要管理活动的真实性。

(2)追溯 在需要时,可以帮助管理者追溯项目过去活动的来龙去脉,查询相关证据以证实自己符合要求。大量的经验教训表明,施工日志在发生质量、安全等危机事件以及与业主方、监理方发生重大意见分歧,甚至进入法律程序时,可为自己提供相关的有效证据,以维护承包商的合法利益。

(3)为工程索赔提供必要的辅助证据。

3. 记录的内容

关于记录的内容,在世界著名的项目管理专家(英)丹尼斯·罗克(Dennis Lock)所著的《项目管理》(Project Management)中针对"项目日志"是这样认识的:应该严格地记录每一项重大的事件,并说明这些所有重大问题及其解决方案。当项目规格说明书、会议记录和其他重要文件归档后,这些关于事件的记录在未来将会非常有价值。

从丹尼斯·洛克的精辟论述中,我们得知施工日志应记录重要的事情,即记录对日后有证实性作用以及有追溯性意义的内容。

一般地说,施工日志记录的内容应重点覆盖:

(1)当日项目资源配置情况。

(2)与质量确认有关的内容。

(3)与职业健康安全及环境管理有关的内容。

(4)与进场物资验证有关的内容。

(5)与分包商、供应商沟通的有关内容。

(6)与业主、监理工程师沟通的有关内容。

(7)异常情况、危机事件及其处理情况。

(8)与合约管理特别是与工程索赔有关的内容。

4. 记录方法

项目经理应要求每个管理人员以电子文档形式记录当日各责任人负责范围内相关活动的记录,并责成一名人员负责接收、归纳、整理、汇总形成当日的项目施工日志。

5. 记录要求

(1)施工日志应涉及5个要素,即:活动的时间、活动的地点、活动的责任者、活动的内容和活动的结果。

(2)施工日志属于"记录"的范畴,故应注意:不得压改,使用标准化术语,确保记录日期及签字齐全等。

6. 记录的确认

形成的施工日志,经项目经理确认后,翻译成合同规定项目使用的语言文字,报现场监理工程师确认。只有经监理工程师确认的施工日志,才能作为日后追溯的有效证据。

7. 记录的格式示例

表 9-6 为某中资企业在国外施工的一种施工日志格式示例,供参考。

表 9-6 施工日志(示例)

施工日志		日期	
		编号	
发送人		编制人	
发送对象		附件	
气温		□晴 □多云 □雨 □雪 □风	
与合同规定有关的主要事项说明 (说明:如开工令至记录日已使用工期,设计进度及图纸确认情况等)			
工程进展情况说明 (说明:包括作业活动及管理活动)			
现场施工人员统计 管理人员:　　　　　施工人员(中方):　　　　　属地化人员:			
出现的问题和/或事件说明			
相关证据资料			
监理方对承包商的意见和指示			

项目经理(签字)/日期:　　　　　　　　　　　　　　　　监理工程师(签字)/日期:

(三)过程监视测量记录

过程监视测量记录是管理者在实施过程监视测量工作中,对各过程活动的实施是否符合组织的程序要求所作的一种记录,其作用:

(1)及时发现过程活动不符合要求的情况以便及时采取措施,使过程保持稳定状态;
(2)确保项目管理体系正常运行;
(3)是对项目管理体系内部审核的重要支持和补充。

企业开展管理体系内部审核需要做好内审记录,同样开展过程监视和测量也应做好过程监视测量记录。表 9-7 是某公司的过程监视测量记录示例。

表 9-7　过程监视和测量记录(示例)

项目名称	××工程	监测日期	××年×月×日
监测单位	质保部	监测人员	×××
序号	监测对象和内容	监测情况	判定/处理意见
1	A区地下防水工程过程能力预先鉴定工作	已于×月×日上午进行预先鉴定,并按公司规定填写过程能力预先鉴定记录,预先鉴定内容齐全,现场经理签字确认	符合要求
2	B区地下室混凝结构成品保护措施的落实情况	均按要求对柱的四角采取保护措施。但西侧楼梯间(4~6层)的踏步未全面按要求采取保护措施	下达整改通知单,要求立即纠正(由××负责发出)
3	责任工程师施工日志(负责人××)	已按日记录,但记录缺少防水班组负责人的说明	口头通知,要求从即日起纠正
4	标养室:混凝土试块养护	C区地下室混凝土5组试块标养记录均达到标养要求,养护条件正常,已按日作养护记录	符合要求
5	略		

附件 9-1

质量计划编制大纲

1　工程概况
2　总则
　　2.1　项目质量目标;
　　2.2　质量计划说明。
　　　　2.2.1　适用范围;
　　　　2.2.2　编制依据;

2.2.3 质量计划的管理。
3 组织机构与职责
 3.1 项目组织机构图;
 3.2 项目经理部的管理部门/岗位管理职责。
4 文件和资料的控制
 4.1 明确与质量有关的文件和资料;
 4.2 各类文件和资料的评审、批准者和发放对象;
 4.3 文件和资料标识;
 4.4 文件和资料的作废、回收;
 4.5 记录要求。
5 记录控制
 5.1 记录方法、保存方法及保存时间;
 5.2 记录如何满足合同、法律法规的相关要求;
 5.3 记录检索方法;
 5.4 向业主/监理方提供的记录及方式;
 5.5 记录处置。
6 资源
 6.1 物资 物资须符合的规范、标准说明;
 6.2 人力资源
  6.2.1 对新进项目人员培训的安排;
  6.2.2 对适用的法规、规范、标准学习的安排;
  6.2.3 记录要求。
7 关于要求
 7.1 对工程产品质量要求的清单及其必要说明,包括合同技术附件、设计、规范、标准等对本工程的质量要求;
 7.2 对特定情况规定要求的评审安排,包括何时由何人组织及记录要求;
 7.3 对于要求中相互矛盾或含糊不清问题的解决方法;
 7.4 记录要求。
8 与业主的沟通
 8.1 与业主/监理沟通人员及职责、权限;
 8.2 与业主/监理沟通的方式;
 8.3 对业主/监理的赞誉和抱怨的处理;
 8.4 记录要求。
9 设计
 9.1 设计各阶段相应岗位的管理职责;
 9.2 设计所依据的规定要求;
 9.3 接受设计输入和输出的准则;

9.4 在设计各阶段对设计输出进行评审、验证、确认的责任人员和时间；

9.5 说明对设计变更的请求、处理的职责权限；

9.6 记录要求。

10 物资采购与管理

10.1 提出物资需求计划的责任人及时间；

10.2 对供应商的评价、选择方法及责任人；

10.3 向业主/监理报送样品/样本的责任人及要求；

10.4 采购合同审批程序、权限及责任人；

10.5 物资的验证；

  10.5.1 项目在供应商处对采购物资的验证方法及责任人；

  10.5.2 进场物资的验证方法及责任人；

  10.5.3 对分包商采购物资的验证方法及责任人。

10.6 物资发放管理；

10.7 物资现场管理；

10.8 物资贮存、搬运的防护措施；

10.9 物资的标识方法及责任人；

10.10 记录要求。

11 工程分包

11.1 分包商的评价、选择方法及责任人；

11.2 分包商进场的验证内容及责任人；

11.3 记录要求。

12 业主提供财产的控制

12.1 合同文件约定业主所提供财产的内容；

12.2 业主提供财产的验证方法及责任人；

12.3 对业主提供财产的贮存、标识和维护方法及责任人；

12.4 对与业主签订合同，而交予承包商统一管理的分包商的管理方法及异常情况处理方法及责任人；

12.5 记录要求。

13 施工过程控制

13.1 过程的控制；

  13.1.1 施工技术方案编制计划及责任人；

  13.1.2 技术交底的要求及责任人；

  13.1.3 关键过程控制；

   • 关键过程内容；

   • 控制的方法及责任人；

   • 评定、转序、交付依据的准则；

   • 过程的标识方法及责任人。

　　　　13.1.4　工程产品防护方法及责任人。
　　13.2　需确认的过程(特殊过程)控制；
　　　　13.2.1　需确认的过程内容；
　　　　13.2.2　过程能力预先鉴定内容、时间及责任人；
　　　　13.2.3　过程连续监控的内容、时间及责任人。
　　13.3　记录要求。
14　产品的监视和测量
　　14.1　进货检验和试验的方法及责任人；
　　14.2　过程检验和试验的方法及责任人；
　　14.3　最终检验和试验的方法及责任人；
　　14.4　记录要求。
15　过程的监视和测量
　　15.1　过程监视测量的责任者；
　　15.2　过程监视和测量的主要内容；
　　15.3　过程监视测量后的处理；
　　15.4　记录要求。
16　不合格品的控制
　　16.1　不合格品的标识、记录及其隔离方法及责任人；
　　16.2　不合格品的评审及责任人；
　　16.3　不合格品的处置后确认及责任人；
　　16.4　记录要求。
17　纠正和预防措施
　　17.1　纠正/预防措施制定时机及责任人；
　　17.2　纠正措施/预防措施实施后的验证及责任人；
　　17.3　记录要求。

第十章 项目安全管理

第一节 安全管理概述

国际工程承包的安全管理,除了具有国内工程建设的特点外,由于施工所处环境以及外部安全管理要求的特殊性,其既有安全管理的共性又有其特殊性。承包商项目安全管理工作的成功与否,既关系到工程能否顺利实施,又反映了承包商的管理水平和文明程度。安全管理水平低下的承包商,很难赢得业主、监理乃至社会良好的声誉。多年来我国国际工程承包事业有了很大的发展,但不能不看到我国承包商的安全管理意识以及管理水平与国际大承包商相比还有很大的差距,这也是影响我国发展国际工程市场的重要因素之一。

一、国际工程承包项目安全管理的特点

1. 安全文化深入到企业文化之中

国际上经济发达国家和地区在工程建设中都全面体现"以人为本"的思想,贯彻无事故、无伤害(Incident & Injury Free)或零事故(Zero Accident)的理念,认为一切事故都是可以避免的,并要求承包商将这种理念和思想深深地融入到企业文化乃至项目文化之中。

国际工程往往涉及到来自不同国家的不同行为主体,尽管他们受不同的经济、法律、文化的影响,但对工程建设安全管理的理解是完全一致的,即必须关注人的生命权、安全与健康权。因此在工程项目正式开始施工前,项目的业主或监理工程师都会要求承包商提出项目的职业健康安全管理计划,并严格要求承包商按它们批准的这一计划开展项目经理部的职业健康安全管理活动。

2. 项目的业主高度关注项目的安全管理工作

国际上经济发达国家和地区都将业主的行为和责任纳入到项目工程建设全过程的安全管理工作之中。例如美国1970年所颁发适用于美国各洲和地区的《职业安全与健康法》(Occupational Safety Health Act:OSHACT1970),在建筑安全管理方面,规定了业主和承包商必须对安全承担主要的责任,并规定"每个业主都必须为每一个雇员提供被认为不会对其可能造成死亡或严重生理伤害的工作与工作场所",表明承包商和业主在美国职业安全与健康法中承担的安全事故责任是基本相当的;当发生安全事故时,甚至最终的大部分法律责任及经济损失

会由业主来承担。因此业主在工程招标时，一般都将承包商的安全管理业绩作为其投标资格的必备条件之一。

例如在德国，针对建筑业安全管理实行业主负责制。德国政府规定，业主必须负责建筑工地所有人员的安全与健康，必须在开工前聘请称职的建筑师和协调员，并委托协调员筹划建设项目的安全管理措施，组织项目的总体规划和设计，协调施工全过程的安全管理事宜。

国际上经济发达国家和地区普遍将业主的行为纳入到安全事故的惩罚范围，这说明了国际上已经认识到业主的行为可能成为事故产生的部分原因，应该加以限制，因而在工建设中业主直接参与承包商的安全管理几乎成为了国际惯例。

3. 职业健康安全管理标准化和推行职业健康安全管理体系认证制度

20世纪80年代末、90年代初，一些跨国公司和大型的现代化企业为强化自身的管理能力和降低损失的需要，着手建立自律性的职业健康安全与环境保护的管理制度并逐步形成了比较完善的管理体系。许多经济发达国家先后在本国或所在地区建立职业健康安全管理的标准。英国于1996年颁布了BS8800《职业健康安全管理体系指南》国家标准；美国工业卫生协会制定了关于《职业健康安全管理体系》的指导性文件；1997年澳大利亚/新西兰提出了《职业健康安全管理体系原则、体系和支持技术通用指南》草案；日本工业安全卫生协会(JISHA)提出了《职业健康安全管理体系导则》；挪威船级社(DNV)制订了《职业健康安全管理体系认证标准》。1999年英国标准协会(BSI)、挪威船级社(DNV)等13个组织联合提出了职业健康安全评价系列（OHSAS）标准，即 OHSAS18001：《职业健康安全管理体系 规范》、OHSAS18002：《职业健康安全管理体系——OHSAS18001实施指南》，在国际标准化组织未制定该系列国际标准的情况下，它起到了国际标准的作用。其中的OHSAS18001标准《职业健康安全管理体系 规范》是指导企业建立职业健康安全管理体系的依据，也是认证机构对企业实施管理体系认证的主要依据。我国已于2001年将其转化并发布为我国国家标准，即：GB/T28001《职业健康安全管理体系规范》，要求企业建立职业健康安全管理体系，并同时开始了职业健康安全管理体系认证工作，与国际惯例保持了一致。

在上述国家发布职业健康安全管理标准期间，国际上著名的壳牌石油公司提出了健康、安全、环境管理 体化的(Health, Safety and Environment，简称 HSE)管理模式，将其应用于石油化工行业的工程项目管理之中，并得到了世界上众多知名公司的响应。而后国际石油和天然气生产商协会(OGP)据此制订了"HSE管理体系建立和实施指南"，成为了国际工程建设中特别是在石油化工工程项目安全与环境管理中对承包商的一个重要要求。

4. 要求贯彻国际劳工组织发布的以"建筑业安全卫生公约"为主的相关公约

国际劳工组织要求，凡批准其1988年发布的"建筑业安全卫生公约"（167号公约）的成员国应按照该公约的要求，确保在建筑行业工作工人的安全与健康。我国第九届全国人民代表大会常务委员会第二十四次会议决定，批准1988年6月20日，经第75届国际劳工大会通过，并于1991年1月11日生效的"建筑业安全卫生公约"。

承包商除应贯彻"建筑业安全卫生公约"的要求外，还应贯彻国际劳工组织其他的相关公约，如贯彻1981年的"职业安全和卫生及工作环境公约"（第155号公约，我国第十届全国人民代表大会常务委员会第二十四次会议决定批准），并以此为依据规范承包商乃至项目经理部的职业健康安全及工作环境的管理工作,确保其所有员工的身体健康和安全。

5. 要求配备足够的现场专职安全监管人员

国际上十分重视对工程项目施工全过程的安全监督检查,即要求承包商做到只要现场有工人作业,必须同时有安全监管人员在现场进行监督管理。除此之外,国际上对施工现场安全监管人员的数量也有严格的要求,如在经济发达国家,一般要求每50名作业人员需配备1名现场专职安全监管人员,对于开展HSE管理体系的,要求每30名作业人员配备1名专职监管人员。这样要求的目的是确保各项安全防范措施能得到有效落实,并能及时发现、制止不安全行为或状态,以杜绝安全事故的发生。

6. 承包商需尽快适应国际工程承包环境的安全管理要求

我国承包商必须从所熟悉的国内工程的安全文明施工管理环境中转化过来,去接受国际工程承包环境出现的新情况和安全管理的国际惯例要求。特别是承包商承接的国际工程项目所在地大多都远离祖国、承包商总部,项目所需的技术、设备、人员、物资等资源的支持保障都受到各种主客观因素的影响而不能及时到位,因此项目的安全管理工作还主要是靠项目经理部自身,即靠自己来开展要求比较高、工作量比较大的与国际惯例接轨的职业健康安全与工作环境的管理工作。此外,目前我国在国际建筑市场所承接的工程多在经济欠发达的发展中国家,因当地各种资源及外部条件包括道路交通、通讯、医疗卫生、安全设施等都比较差,这也给项目经理部的安全管理带来许多困难。对于这样的情况,承包商应克服困难,创造条件,尽快适应外部环境及国际惯例要求,以迅速正常开展项目的安全管理工作,因为项目的业主、监理工程师是按照国际惯例要求承包商的安全管理工作。

二、关于国际劳工组织及其发布的职业安全卫生方面的国际公约

1. 国际劳工组织概况

国际劳工组织(International Labour Organization, ILO)于1919年根据《凡尔赛和约》作为国际联盟的附属机构成立。1946年12月14日成为联合国的一个专门机构,总部设在瑞士日内瓦。

该组织的宗旨是:促进充分就业和提高生活水平,促进劳资双方合作,改善劳动条件,扩大社会保障,保证劳动者的职业健康与安全,进而"获得世界持久和平,建立和维护社会正义"。

国际劳工大会是国际劳工组织的最高权力机构,每年召开一次会议;其闭会期间理事会指导该组织工作;国际劳工局是其常设秘书处。截至2009年7月该组织共有183个成员。

我国是国际劳工组织的创始国之一,也是该组织的常任理事国。1971年,我国恢复了在该组织的合法席位,并于1983年6月正式恢复了在国际劳工组织的活动。

2. 国际劳工组织的主要活动

国际劳工组织的主要活动包括:

(1)国际劳工立法　制定国际劳工公约和建议书供成员国批准实施。

(2)技术援助与技术合作　向成员国提供劳动领域的资金、技术和开展咨询援助与合作。

(3)研究和出版　开展劳动科学领域理论与实践的研究工作,出版、发布有关期刊、书籍和宣传材料。

3. 国际劳工组织发布的与职业健康安全有关的公约

至 2009 年 6 月,国际劳工大会已通过 188 个公约,至 2003 年已发布 199 个建议书,其中绝大多数是涉及职业健康安全方面的内容。该组织发布的公约可分为 3 类:

(1)第 1 类公约用来指导成员国为了达到安全健康的工作环境,保证工人的福利与尊严制定方针和措施,包括对危险机械设备安全使用程序的监督。这类公约主要包括:

①职业安全卫生公约,1981(No. 155);

②职业卫生设施公约,1985(No. 161);

③重大工业事故预防公约,1993(No. 174);

④促进职业安全卫生框架公约,2006(No. 187)。

(2)第 2 类公约主要是针对特殊试剂、职业癌症、机械搬运、工作环境中的特殊危险而提供保护。这类公约主要包括:

①(航运包装)标识重量公约,1929,(No. 27);

②机械防护公约,1963,(No. 119);

③辐射保护公约,1960,(No. 115);

④工人最大负重量公约,1967,(No. 127);

⑤苯公约,1971,(No. 136);

⑥职业癌症公约,1974,(No. 139);

⑦工作环境(空气污染、噪声、振动)公约,1977,(No. 148)

⑧石棉公约,1986,(No. 162);

⑨化学品公约,1990,(No. 170)。

(3)第 3 类公约主要是针对建筑业、商业和办公室、矿山及码头等提供保护。主要包括:

①商业和办公室卫生公约,1964,(No. 120);

②职业安全卫生(码头工作)公约,1979,(No. 152);

③建筑安全卫生公约,1988,(No. 167);

④作业场所安全使用化学品公约,1990,(No. 170);

⑤矿山安全卫生公约,1995,(No. 176)。

三、安全管理的指导思想和方法

(一)安全管理的指导思想

1. 以人为本

在项目管理的各项工作中都要充分体现以人为本,即要体现关爱人、保护人,为项目的所有员工提供安全、健康的工作、作业、生活环境。

2. 一切安全事故都是可以预防的

除人力不可抗拒的自然灾难外,工程建设全过程中的一切安全事故都是可以避免的,一切事故都是可以预防的。只要人们的安全意识到位、预防措施到位,各项行之有效的安全管理制度得到认真落实,事故都是可以避免的。因此说,项目的安全管理目标应是零事故。

(二)安全管理方法

1. 推行 OHSAS 18001《职业健康安全管理体系 规范》

OHSAS 18001《职业健康安全管理体系 规范》是目前国际上普遍采用的安全管理标准,这一标准与 ISO 9001 和 ISO 14001 等管理标准一样被称为后工业化时代的管理方法。承包商走向国际,必须运用现代化的管理方法,将包括职业健康安全管理等管理在内的所有生产经营活动科学化、标准化和法律化。

职业健康安全管理体系标准产生的一个重要原因是国际一体化进程的加速而引起的。由于与生产过程密切相关的职业健康安全问题正日益受到国际社会的关注和重视,与此相关的立法更加严格,国际上许多国家相关的经济政策和措施也不断出台和完善。在这种形势下,承担国际工程建设的承包商则必须顺应国际化的大趋势,贯彻推行 OHSAS 18001《职业健康安全管理体系 规范》,建立项目的职业健康安全管理体系,开展符合国际惯例要求的职业健康安全管理工作。

2. 建立 HSE 管理体系,综合开展职业健康、安全、环境管理

HSE 管理体系是将职业健康安全管理和环境管理结合在一起,通过统一的管理体系,来控制项目建设全过程中的安全与环境管理,确保进入项目上所有人员的安全与健康,确保不向社会环境作超标准的污染排放。由于安全、健康与环境的管理在实际工作中有着密不可分的联系,因此把健康(Health)、安全(Safety)和环境(Environment)整合形成一个整体的管理体系实施管理(HSE),也是国际安全管理事业发展的必然。

1989 年壳牌石油公司发布了 HSE 方针指南,1991 年,在海牙召开了第 1 届油气勘探开发的健康、安全与环境国际会议,HSE 这一理念逐步被大家所接受。同年,壳牌石油公司委员会颁布健康、安全与环境(HSE)方针指南;1992 年出版安全管理体系标准 EP92—01100;1994 年 7 月出版《开发使用健康、安全与环境管理体系导则》;1994 年 9 月颁发《健康安全环境管理体系》。从此,HSE 作为一个整体的一体化管理体系首先出现在石油工业中。

1996 年 1 月,ISO/TC67 的 SC6 分委会发布 ISO/CD14690《石油和天然气工业健康、安全与环境管理体系》,成为 HSE 管理体系在国际石油业普遍推行的里程碑,促进了 HSE 管理体系在全球范围的发展。

HSE 管理体系与 OHSAS18001 标准和 ISO 14001 标准的管理思想基本是一致的,即也是突出了领导承诺、全员参与、预防为主、持续改进的现代管理思想。由于其首先被世界各大石油企业及其工程建设公司认同和积极参与并取得很好的管理效果,故使得 HSE 管理方法也在国际上逐渐被广为采用。

四、FIDIC 合同条件对承包商施工安全管理的有关要求

国际咨询工程师联合会(FIDIC)在 1999 年出版的几本新版合同条件,如《施工合同条件》(新红皮书)、《工程设备与设计/建造合同条件》(新黄皮书)以及《EPC 交钥匙项目合同条件》(银皮书)中均对承包商的职业健康安全管理做出了规定。

在 1999 年版《施工合同条件》(新红皮书)中涉及职业健康安全管理的主要条款,见表 10-1。

表 10-1　FIDIC《施工合同条件》中与职业健康安全管理有关条款

序号	类别	条款号	主要内容
1	承包商安全管理职责	4.1	承包商应对施工作业的安全性和可靠性负责
2		4.8	承包商应建立安全管理程序，提供保护好现场人员的安全的措施。如施工将会影响到公众人员安全，承包商应采取必要的防护措施
3		6.4	承包商应遵守适用的劳动法规，并要求其雇员也遵守一切相关法规
4		6.11	承包商应采取措施，防止出现其所辖人员的违法、妨碍社会治安的行为
5		6.7	承包商应采取措施保障员工健康和安全，保证项目工地有必要的医疗条件和急救条件
6		6.7	承包商应配备专职安全员，负责施工现场安全管理，应向工程师报告事故情况
7		6.9	承包商应配备具有相应资质、技能和经验称职的人员，包括各专业工种人员
8	工程师涉及施工安全管理的职责和权力	3.3	工程师可根据合同向承包商发布指示，承包商只能从工程师及其助理处接受指示
9		6.9	工程师有权要求撤换有下列行为的承包商的任何人员： (1)连续行为不轨、工作不认真； (2)不能胜任本职工作或渎职； (3)不遵守合同规定； (4)经常出现危害安全健康或环境保护的行为

在 FIDIC 的合同条件中并没有规定业主或监理工程师有权强制干预承包商的施工组织和施工方法及其所采取的安全防范措施，因此也不承担因承包商在施工中，包括安全管理中的疏忽和过失所造成损失的任何责任。

第二节　OHSAS 18001 标准的贯彻与实施

在国际工程项目安全管理工作中运用的主要管理标准是 OHSAS 18001《职业健康安全管理体系规范》，它对采用这一标准的组织内所有过程的安全管理及须提供的证据性资料做出了全面的要求。

本节主要介绍对 OHSAS 18001《职业健康安全管理体系　规范》标准中的主要要求的理

解及实施程序。

一、关于 OHSAS 18001 标准

(一)对主要管理术语的理解

以下对在职业健康安全管理中使用频率较高且十分关键的几个主要术语做一简要说明。

1. 危险源

"危险源"(Hazard)是 OHSAS 18001 标准中使用最多且最重要的一个专用术语。在 OHSAS 18001:1999 年版标准中,对其定义为:"可能导致伤害或疾病、财产损失、工作环境破坏或这些情况组合的根源或状态。"在 2007 年版该标准中,对其定义为:"可能导致人体受伤和(或)健康损害的根源、状态或行为。"

按照上述定义,可将危险源划分为两类:

(1)第一类危险源 过程存在的,可能发生意外释放的能量或危险物质称作为第一类危险源。例如:机械能——旋转的电锯片;电能——带电导线;势能——高处放置的物体;热能——高压蒸气,电焊火花;危险物质——汽油、硫酸、粉尘、尖锐的金属物件或工具。第一类危险源即是根源危险源。

(2)第二类危险源 导致能量或危险物质的约束或限制破坏或失败的因素称为第二类危险源。第二类危险源主要包括物的故障状态、人的行为失误。第二类危险源即是状态、行为危险源。

一般来说,发生事故往往是两类危险源共同作用的结果。第一类危险源是事故发生的能量主体,第二类危险源是第一类危险源导致事故的必要条件。

2. 风险

在 OHSAS18001:1999 年版标准中,对"风险"(Risk)定义为:"某一特定危险情况发生的可能性与后果的组合。"在 2007 年版该标准中,将其定义为:"发生危险事件或有害暴露的可能性,与随之引发的受伤或健康损害的严重性的组合。"

风险分为两类,即"可接受的风险"和"不可接受的风险"。对于评价为不可接受的风险,承包商应采取降低和控制风险的措施,以避免导致"事件"。

3. 危险源辨识

在 OHSAS18001:1999 年版标准以及 2007 版该标准中,均对"危险源辨识"(Hazar Identification)定义为:"识别危险源的存在并确定其特性的过程。"

危险源辨识是项目职业健康安全管理最基础的工作,它是风险评价的基础。

4. 风险评价

在 OHSAS18001:1999 年版标准对"风险评价"(Risk Assessment)定义为:"评价风险大小以及确定风险是否可容许的全过程。"在 2007 年版该标准中,将其定义为:"评估由危险源导致的风险、考虑现有控制措施的充分性并确定风险是否可接受的过程。"

风险评价是职业健康安全管理体系运行的重要工作,只有通过风险评价,才可以确定项目管理的重点和方向,才可以编制项目质量健康安全管理计划(方案)。

(二) OHSAS 18001《职业健康安全管理体系 规范》的特点及核心要求

1. 标准的特点

OHSAS 18001:1999 标准发布之后,因其被证明是一种实现组织职业健康安全管理的良好方法,从而得到了国际上的普遍应用。目前 OHSAS 18001 标准已为 100 多个国家所采用。OHSAS 18001 标准尽管已取得了成功,但其仍然在不断更新发展,并于 2007 年 7 月 1 日又发布 OHSAS 18001:2007 新版标准。该标准的主要特点为:

(1)科学化、系统化　标准以科学化、系统化的方法指导使用标准的组织开展职业健康安全管理,通过全面、系统地辨识危险(源)、评价风险、制定并实施控制风险的方案、监督检查方案实施情况及效果,从而控制组织的职业健康安全工作,减少或杜绝事故的发生,从而保证员工的健康和安全。

(2)坚持预防为主　标准要求对各种预知的危险要做到事前控制,针对不可接受的风险,制定、实施控制措施,并检查控制措施实施情况及效果,以确保不发生预见到的任何事故的发生。此外对各种潜在的或可能发生的事故制定应急程序,力图使损失最小化,这都充分体现了预防为主的思想。

(3)坚持 PDCA 循环,实施持续改进　标准贯彻了制定职业健康安全管理方案(P),实施方案(D),检查方案及控制措施的实施情况及效果(C),分析处理存在的不足,提出改进管理的措施(A),以持续改进组织的职业健康安全管理。

(4)与 ISO 9000 质量管理体系标准及 ISO 14000 环境管理体系标准相兼容。

(5)OHSAS 18001 标准与 ISO 14001 和 ISO 9001 在管理术语上、管理思想上、管理方法上更加协调,以便于组织建立综合的管理体系。

2. 标准的核心要求

辨识危险(源)、进行风险评价与有针对性地采取并实施控制措施是标准的核心要求。通过开展这些核心工作,标准的以预防为主的特点才能得以充分体现,也只有开展这些工作才能达到承包商乃至项目经理部的安全管理目标。

OHSAS 18001 标准共分为 4 大部分,即:范围、规范性引用文件、术语和定义、职业健康安全管理体系要求。第 4 部分是标准的主要内容,规定了职业健康安全管理体系的要求,而其中核心要素则是"危险源辨识、风险评价和确定控制措施"。

二、标准的贯彻与实施

(一)危险源辨识

根据危险源辨识的定义可以知道,危险源辨识是一个识别危险源的存在和确定其特性的两个过程。

1. 识别危险源

识别危险源包括了识别第一类危险源和识别第二类危险源的存在。一般来说,发生事故往往是两类危险源共同作用的结果。第一类危险源是事故发生的能量主体,第二类危险源是第一类危险源发生事故的必要条件,其决定了事故发生的可能性。因此危险源辨识首先应识别第一类危险源。

2. 确定危险源的特性

危险源特性是导致事故可能的原因(通过什么途径、方式、可能会造成什么伤害)。

例如电锯的旋转锯片是第一类危险源,旋转锯片的紧固件失效,锯片飞出伤人即是它的特性。带电的导线是第一类危险源,带电导线破损漏电,可能导致人员触电即是它的特性。

实际上,如果在现行状态中,一旦发现存在着第二类危险源(状态危险源),也就是我们通常所说的事故隐患时,就必须马上处置,使其消失,否则就可能导致事故发生。

(1)物的故障状态

物的故障状态是指机械设备、装置、元部件等由于性能低下而不能实现预定功能的现象。从安全的角度说,物的不安全状态也是物的故障。物的故障可能是固有的,由于设计、制造缺陷造成;也可能由于维修、使用不当或磨损、老化等原因造成的。例如:电锯片的固定件失效,带电导线绝缘层破损致带电部分裸露。

(2)人的失误行为

人的失误行为是指人的行为结果偏离了被要求的标准,即没有完成规定功能的现象。人的不安全行为也属于人的失误。

人的失误会造成能量或危险物质控制系统故障,使屏蔽破坏或失效,从而导致事故的发生。例如:高空作业时往下抛掷物件,高空作业未佩戴安全带,安全防护被拆解而不及时恢复等。

(3)人和物存在的环境

人和物存在的环境是指,工作、作业环境中的温度、湿度、振动、噪声、照明或通风等方面不满足要求,会导致人的失误或物的故障发生。例如:人在高温或热辐射环境下作业的失误;暴风导致脚手架倒塌;潮湿环境导致带电设备漏电;危险化学品仓库高温潮湿,导致其挥发、自燃等。

危险源辨识过程包含着识别危险源根源和确定危险源通过什么方式、途径,会造成事故2个方面。例如带电导线可以视为根源危险源,而带电导线绝缘层破损可视为状态危险源。

3. 危险源辨识的方法

(1)危险源辨识应考虑:3种状态、3个时态、7种类型和7个方面。

①3种状态:正常、异常和紧急状态;

②3个时态:过去、现在和将来时态;

③7种因素类型:机械能、电能、热能、化学能、放射能、生物因素、人机工程因素(生理、心理);

④考虑7个方面:施工生产过程、施工生产设备(使用及维护)、施工手段和设施、有害作业部位、管理设施、应急抢救设施、施工及生活卫生设施。

(2)可采用多种方式进行危险源辨识,如询问、交谈、现场观察、头脑风暴法、对照法等方法。

对照法即是将项目现场实际与相适用的职业健康安全标准、规程或与以往组织内外的施工经验教训相对照,来找出可能会导致事故的根源或状态。

(二)风险评价

1. 风险评价的目的

根据风险评价的定义可以认识到,它是对系统存在的危险性进行定性或定量分析,依据组织的专业经验,建立评价标准和准则,对系统内危险性事件发生的可能性及其后果严重程度进行分析,并根据评价结果确定风险级别,而后根据不同级别采取不同针对性的控制措施,从而确保组织良好的职业健康安全绩效,实现项目的安全管理目标。

风险评价的基本原理即从危险源导致特定风险事件发生的可能性和后果方面入手。

2. 风险评价的方法

目前最常用的风险评价方法主要有:直接分析判定法和 LEC 法。

(1)直接分析判定法 它是对照有关职业健康安全法规、标准,依靠分析人员的观察分析能力,借助于经验而直观评价出风险的方法。为了避免个人的知识及经验的局限,应采取专家会议的方式来互相启发,集思广益。一般认为当有下列情况之一时可判定为已构成风险:

①不符合适用的职业健康安全法律法规或其他要求的;

②相关方有合理抱怨或投诉的;

③曾经发生过事故且未采取有效控制措施的;

④直接观察到可能导致危险且无适当控制措施的。

(2)LEC 法 LEC 法又称为作业条件风险性评价法。它是一种半定量计值法,即:

$$D = L \times E \times C$$

式中:L 为发生风险事件的可能性大小,其取值参见表 10-2;E 为人体暴露于危险环境的频繁程度,其取值参见表 10-3;C 为发生风险事件产生的后果,其取值参见表 10-4;D 为风险值,其取值参见表 10-5。

表 10-2 发生事故的可能性(L)

分值	事故发生的可能性
10	完全可能预料
6	相当可能
3	可能,但不经常
1	可能性小,完全意外
0.5	很不可能,可以设想
0.2	极不可能
0.1	实际不可能

表 10-3　暴露于危险环境的频繁程度(E)

分数值	暴露于危险环境的频繁程度
10	连续暴露
6	每天工作时间暴露
3	每周 1 次暴露
2	每月 1 次暴露
1	每年几次暴露
0.5	非常罕见地暴露

表 10-4　发生事故产生的后果(C)

分数值	发生事故产生的后果
100	大灾难,许多人死亡
40	灾难,数人死亡
15	非常严重,一人死亡
7	严重,重伤
3	重大,致残
1	引人注目,需要救护

表 10-5　风险等级划分(D)

分数值	风险程度
大于 320	极其危险.不能作业
160~320	高度危险,要立即整改
70~160	显著危险,需要整改
20~70	一般危险,需要注意
小于 20	稍有危险,可以接受

根据经验,当 D 值为 20 以下时,认为是低风险的,即为可接受风险;为 70~160 时,需要及时整改;为 160~320 时,必须立即采取措施;为 320 以上时,应立即停工。

(三)风险控制

1. 控制原理

为了防止第 1 类危险源导致事故,必须采取制约措施,限制能量或危险物质,以控制危险源。这一原理即过程中的能量或危险物质受到约束或限制,不会发生意外释放,就不会发生事故。

2. 控制风险的思路

(1)对于低风险的过程,可以采取日常过程监督检查方式,及时发现制止违规行为或不良状态。

(2)对于高风险的过程,可采取规避风险、降低风险的方法。关于规避、降低风险的思路及方法在"第十二章 项目风险管理与危机管理"将作介绍,这里不再赘述。

3. 风险控制的重要手段——职业健康安全管理方案

在 OHSAS 18001:2007 标准的"4.3.3 目标和方案"中指出:"组织应在其内部相关职能和层次建立、实施和保持形成文件的职业健康安全目标。""组织应建立、实施和保持实现其目标的方案。"

建立项目经理部的职业健康安全目标和建立实现其目标的管理方案,其主要内容是针对项目评价出的风险,规定出具有可操作性的职业健康安全管理方案。在欧美等一些经济发达国家,也将其称之为职业健康安全管理计划,要求承包商在开工初期向业主方/监理工程师提出,待批准后实施。

(1)编制的目的 针对不可接受的风险,制定控制措施,明确责任人的职责及实施时间等,以有效控制风险,防止事故的发生,实现项目的职业健康安全管理目标。

(2)职业健康安全管理方案(计划)的内容 主要包括:

①需控制的风险、风险控制目标,包括分解到相关职能和层次的指标;

②风险控制的措施;

③实施控制措施的相关职能、层次的职责权限;

④实施控制措施的时间表;

⑤所需资源;

⑥监视测量要求等。

(3)职业健康安全管理方案(计划)格式例 附件 10 是某国为落实 OHSAS 18001 标准要求承包商须提出职业健康安全管理方案的一个格式例,供参考。

4. 检查

在 OHSAS 18001 标准中对职业健康安全管理工作提出了检查的要求。检查包括了绩效监测和测量、合规性评价两项工作。实施检查的目的是检查各项安全管理程序(文件)所规定要求的实施情况及效果,以便及时发现安全管理上的问题,包括发现安全隐患及事故苗头,并采取措施处理之,确保项目的安全生产,确保实现项目的职业健康安全管理目标。

(1)项目经理部安全工程师应坚持连续不断地检查职业健康安全管理方案(计划)中所涉及的措施及职责的落实情况及效果,以及时发现和排除安全隐患。

(2)合规性评价 项目经理部应按照 OHSAS 18001 标准的要求,定期对自身遵守适用的职业健康安全法规及其他要求的情况进行自我评价,以及时发现并处理管理上或作业上的违章问题,确保项目经理部职业健康安全管理体系正常运行。

第三节 项目施工过程安全管理

一、安全管理流程

项目施工安全管理流程见图 10-1。

第十章 项目安全管理

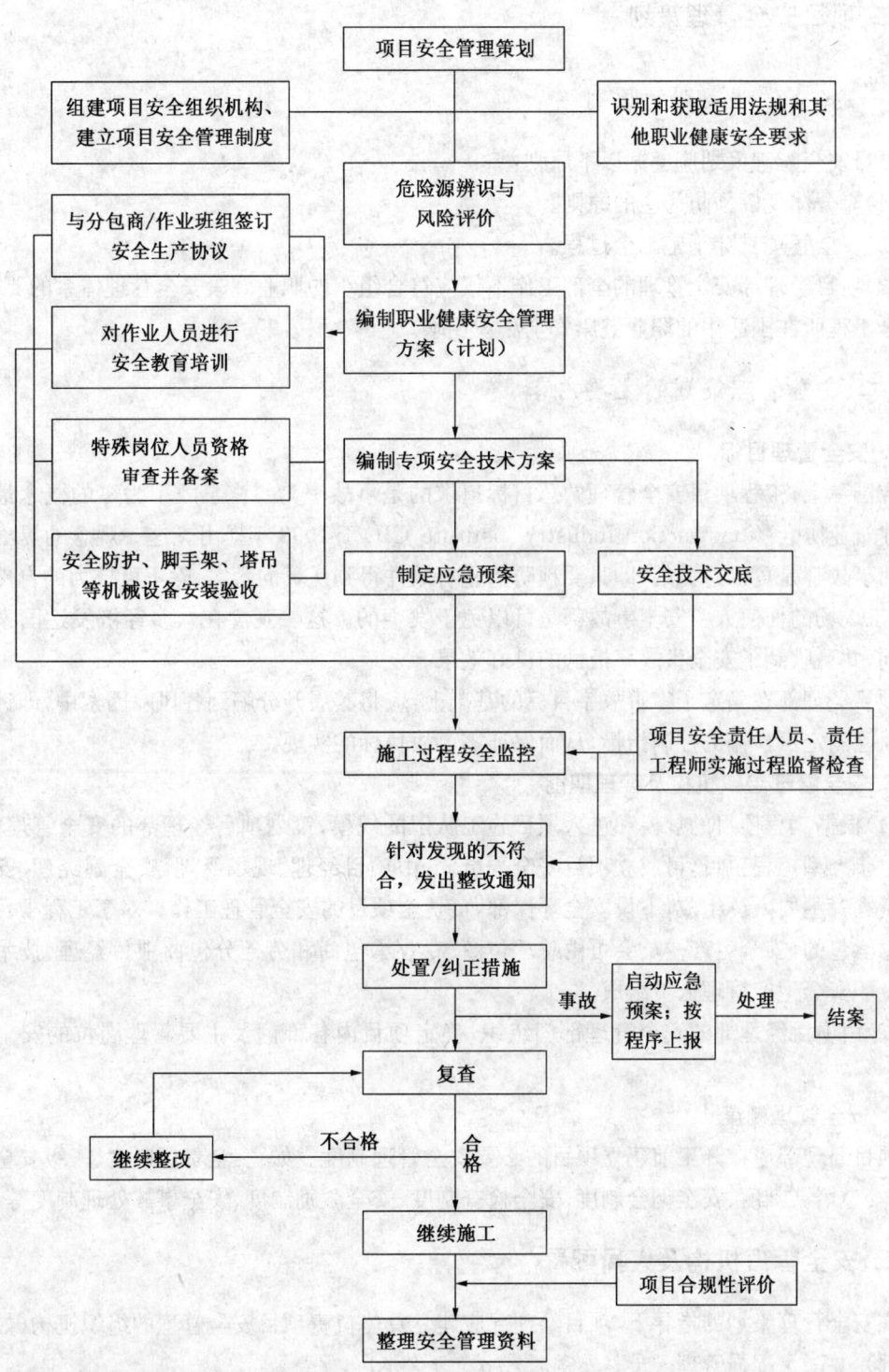

图 10-1 安全管理流程

二、项目安全管理策划

(一)安全管理策划的原则

项目安全管理策划应遵循以下原则:
(1)充分体现以预防为主的原则。
(2)安全管理贯穿于施工全过程。
(3)项目经理部安全管理的全部工作不仅应符合组织的职业健康安全管理体系的要求,还应符合工程所在国适用的职业健康安全法规要求。

(二)安全管理策划的主要内容

1. 安全管理目标

在国际上,工程项目安全管理的总目标追求的是事故率为零。事故率为零的概念最早由美国建筑业协会(Construction Industry Institute,CII)于1993年提出。这一观念的提出是基于任何事故都是可以避免的,即只要预防措施有效并得到认真的落实,除不可抗力的自然灾害外,施工现场的任何人身安全事故都是可以免于发生的。这一观念在众多经济发达国家得到了认同,并且收到了安全事故率极低的良好效果。

项目经理部在确定了零事故率目标的基础上,应将其展开分解到各风险因素中,即针对具体的风险制定可操作的控制指标,从而保证零事故目标的实现。

2. 安全管理组织机构及管理职能

(1)根据工程项目的规模和进入项目施工队伍的规模,策划项目经理部的安全管理机构。例如对于大型工程项目,可成立项目安全委员会,由项目经理、现场经理、安全副经理、安全部门负责人等主要人员组成,下设安全环保部,负责全项目的安全管理工作。对于工程项目实行施工总承包的,安全生产委员会可由总承包商、专业承包商和劳务分包商项目经理、技术负责人和专职安全生产管理人员组成。

(2)由项目经理部的安全管理部门组织,确定项目内各部门及主要管理岗位的安全管理职能。

3. 安全管理制度

项目经理部应在开工前建立项目的必要安全管理制度。如:安全责任制度、三级安全教育制度、安全培训制度、安全例会制度、安全检查制度、安全激励制度、安全事故处理制度等。

三、安全管理机构及人员配置

在安全管理策划的指导下,项目经理部应建立具体负责项目安全管理的组织机构(如安全环保部),并配足配强管理人员。

安全人员的配备应符合工程所在国的安全管理规定或业主方/监理工程师的要求。在经济发达国家,一般都是要求每50名操作工人应配备一名专职安全管理人员。当工程所在国或业主、监理等没有明确专职安全人员配置比例时,项目经理部仍应按我国住房和城乡建设部建质[2008]91号文,即《建筑施工企业安全生产管理机构设置及专职安全生产管理人员配备办法》的要求,配备符合要求的专职安全管理人员,如对于建筑工程、装修工程按照建筑面积配备,即:1万平方米以下的工程不少于1人;1万~5万平方米的工程不少于2人;5万平方米及以上的工程不少于3人,且按专业配备专职安全生产管理人员。

四、识别和获取适用法规和其他职业健康安全要求

在OHSAS 18001:2007《职业健康安全管理体系 要求》标准中指出:"组织应建立和保持一个或多个程序,以识别和获取适用于组织的法律法规与其他职业健康安全的要求。"因不同的国家和地区采用不同的安全管理法规,如表现在职业健康安全管理体系建立上、项目安全控制要求、安全事故处理等方面有所差别,故承包商应与工程所在国的劳动安全等管理部门沟通,以获取适用于项目开展职业健康安全管理的相关法规及其他要求,这是实施项目安全管理的重要基础,其目的是确保承包商的各项管理活动能符合当地的职业健康安全管理要求,做到知法、守法。对于工程所在国职业健康安全法规不全面或要求水平不高的,项目经理部还应按我国的相关职业健康安全法规及其他要求执行,以规范项目的职业健康安全管理。

五、危险源识别和风险评价

项目经理部的安全管理部门应组织相关专业人员对工程项目从施工准备至竣工交付的全过程的危险源进行识别,并进行风险评价,以确定项目应重点控制的安全风险。

项目经理部应建立项目危险源清单和风险评价清单,以便据此制定项目的职业健康安全管理方案(计划)。

六、制定项目职业健康安全管理方案(计划)并组织落实

职业健康安全管理方案(计划)的编制应符合项目业主方/监理工程师或工程所在地劳动安全管理部门的要求。职业健康安全管理方案(计划)编制后应按要求报业主方/监理工程师,有的国家,还要求承包商应将其报送至当地劳动安全管理部门。

职业健康安全管理方案(计划),应针对具体的风险,明确具有可操作性的控制措施,包括具体的安全控制方案。

七、编制专项安全控制方案

对于建筑工程,一般应在职业健康安全管理方案的指导下编制安全控制方案,如:施工脚手架方案、塔吊安装拆除方案、临边洞口防护方案、施工现场临时用电方案等。

八、编制项目应急预案

(一)OHSAS 18001标准的要求

在OHSAS 18001:2007《职业健康安全管理体系 要求》标准中指出:"组织应建立、实施和保持一个或多个程序,用于:a)识别可能的紧急状态;b)对这样的紧急状态做出反应。"据此,

承包商应在识别项目可能会出现职业健康安全紧急状态的基础上,制定项目经理部的应急预案。

(二)编制的意义

编制应急预案的意义主要在于一旦在项目现场发生职业健康安全事故时,项目经理部能有组织有计划地迅速做出反应,相关人员能按照各自预先确定的应急职责进行及时控制和紧急处理,防止事态扩大,以最大程度地减少人员伤害和降低事故的损失。

(三)应急预案的主要内容

一份适用的应急预案应至少包括以下内容:
(1)应急的组织机构与职责。
(2)项目可能发生的紧急状态(例如火灾事故、人身安全事故)。
(3)应急程序。
(4)应急资源的配备。
(5)相关方的电话及地址(如消防报警电话、最近医院的电话及地址)。
(6)施工现场应急设施布置平面图等。

(四)应急演练

项目经理部要按应急预案规定的程序定期组织演练,以使应急组织内相关岗位的人员熟悉自己的应急职责及应急实施程序,确保一旦出现险情能有效控制。项目经理部应注意根据演练时发现的问题不断完善应急预案,使应急预案更结合实际和有效。

九、过程监督检查

(一)过程监督检查的内容

安全管理的一项重要工作是以安全监督管理人员为主的过程监督检查。在 OHSAS 18001:2007《职业健康安全管理体系 要求》标准中将此项工作称之为"绩效测量与监测",它的主要工作是监测项目施工全过程的安全控制措施的实施情况及其有效性。过程安全监测的主要内容包括:
(1)项目职业健康安全管理方案(计划)的实施情况及效果。
(2)各项安全施工技术方案的实施情况及效果。
(3)各项安全技术操作规程的执行情况及效果。
(4)适用的职业健康安全法规及其他要求的执行情况。
(5)对发生职业健康安全事故(包括未遂事故)的原因、责任的调查分析等。

(二)过程监督检查后的处理

(1)在过程监督检查中发现任何违反相关安全管理要求,即发现不符合项时,除立即向责任人指出,要求处置外,并发出"不合格整改通知",监督其整改及其效果,待符合要求后关闭不符合项。对于必须停工整顿处理时,应发出停工通知书。

(2)对于出现的严重不符合或发生未遂事故的,除要求及时对其进行处置外,并要求责任方制定纠正措施,确保以后不再发生类似不符合问题。

十、重大事故上报与处理

(一)报告事故

1. 向我国驻外使(领)馆报告

我国原对外贸易经济合作部、建设部颁布的《关于对外承包工程质量安全问题处理的有关规定》(外经贸合发〔2002〕500号)指出,当对外承包工程中发生下列质量安全事故或严重质量安全问题的,承包商须在事故发生之日起24小时内向驻外使(领)馆经济商务机构报告:

(1)造成1人以上死亡或者3人以上重伤,或者直接经济损失100万元人民币以上的质量安全事故的;

(2)严重违反工程所在国或者地区规定采用的工程建设技术法规或者强制性标准,造成其他质量安全问题的;

(3)其他涉及质量安全的违法违规行为,在工程所在国或者地区造成不良后果的。

2. 向国内总部报告

承包商应及时向国内总部(公司)以及死者派出单位报告,以便及时得到国内的指导和支持,并由死者派出单位决定采取何种方式通知死者家属。

3. 报警

有些国家规定,发生重伤以上的安全事故应及时报警,否则项目管理者要承担法律责任。在此种情况下,承包商/项目经理部应保护好事故现场,等待警方的现场勘查。

4. 保险报案

承包商/项目经理部负责保险事务的人员应及时向投保的保险公司报告事故情况(按保险公司的规定期限),避免因报案滞后导致保险公司的拒绝赔付。

(二)善后处理

1. 及时治疗

对于事故受伤者,项目经理部应及时送往医院救治。对于当地医疗条件较差不利治疗的,可考虑在伤者初步治疗并稳定后,安排其回国治疗。

2. 对死亡事故的处理

(1)收集相关证据。包括:事故报告、事故现场有关当事人的见证记录、医院抢救过程记录、医院或警方出具的死亡报告。

(2)对死者的随身物品及住所财物进行清点。清点现场一般至少有3人在场,一人清点,一人登记,一人监督,以示公正。清点过程中应注意不能擅自处理死者遗物。

(3)遗体处理要征得死者亲属的同意,绝不能自行处理。

(4)对于死者家属提出的要求,特别是涉及高额补偿要求的,应及时与国内沟通,不宜轻易许诺。

(5)死者为属地化员工时,应按当地法律规定及风俗习惯处理。

(6)对死者的财物、工资、承包商的补偿金、保险公司的赔付以及项目经理部员工的捐款等,要做到账目清楚,并与死者家属做好沟通及移交。

第四节 项目社会公共安全风险管理

随着我国建筑企业在世界众多国家和地区开展国际工程承包事业的发展,越来越多的中国施工管理人员和劳务人员走进自然、社会环境复杂的国际建筑市场,在开展项目管理的同时,随之面临着如何应对社会公共安全风险的问题。特别是自美国"九·一一"恐怖事件以来,发生在我国对外工程承包项目上的社会公共安全事件一直不断,有的甚至造成了严重的人员伤亡和重大的经济损失。因此说,目前在国外承担工程任务的中方人员面临的国际社会安全形势是十分严峻的。承包商在走向国际,发展对外工程承包的大趋势下,如何识别和规避、降低潜在的国际社会公共安全风险已是一个十分现实的问题,它关系着承包商能否在国际化建筑市场中的生存和发展。

一、社会公共安全风险概述

(一)社会公共安全风险的含义

社会公共安全风险是指处于社会中的个人,其生命财产受到各类突发事件威胁、遭损的不确定性。

不同的国家、不同的社会制度下对社会公共安全风险的认识和评价也不完全一致。一般地说,社会公共安全风险可以划分为两大类:一类是人为性风险,其涉及了各类突发事件、刑事案件以及各类安全事故(如交通事故、火灾事故等);另一类是自然性风险,其主要是指自然灾害如地震、海啸、洪水、泥石流、瘟疫等对人身的危害。本文阐述的主要是人为性社会公共安全风险管理的问题。

(二)国际社会公共安全风险对我国国际承包商的影响

当前国际社会公共安全形势十分复杂,在欧美地区极右势力活动抬头,导致刑事犯罪事件频发;在亚非拉特别是发展中国家和地区政治风险严重,内战、暴乱、恐怖活动不断,部族矛盾、各派势力的利益冲突导致的各类安全事件严重影响了我海外工程承包事业的发展。被西方国家视为"高危地域"的国家,既是我国工程建设承包商发展海外事业的一个机遇,同时也是一个严峻的挑战。

据2011年年初中国现代国际关系研究院的统计分析,仅2010年一年海外华人遭遇的社会公共安全事件高达1812起,其中遭到抢劫和盗窃的为362起;凶杀、绑架勒索、暴力侵害等严重危害着海外华人的安全。2010年,海外华人遇险死亡人数达663人;中国企业海外经营遭遇突发事件计103起、造成77人死亡、70人受伤。

鉴于现今严峻的国际社会安全形势,中国承包商必须高度关注对外承包工程施工全过程的的社会安全风险管理。

二、社会公共安全风险的主要类型

社会公共安全风险其主要有以下5种类型:

(一)恐怖组织活动

自2001年9月11日恐怖分子劫持飞机撞击美国纽约世贸中心造成了3000多人丧生的历史事件发生以来,尽管以美国为首的一些国家以"消灭恐怖主义源头"为由先后投入巨大力量攻打阿富汗和伊拉克,但恐怖主义活动非但没有减少,反而愈演愈烈,世界各地恐怖主义活动更加活跃,其波及的国家也越来越多,范围更加广泛。近年来自杀性恐怖袭击活动已从伊拉克、巴基斯坦、阿富汗等政局不稳定国家、区域扩展到印度、印尼等发展中国家,甚至政局比较稳定的英国、西班牙、美国等也多次遭到各种恐怖活动的威胁。虽然多年来国际社会做了很多反恐的努力,但由于国际政治、经济、宗教、民族等深层问题没有得到根本解决,使得恐怖主义活动愈发猖獗。

(二)宗教、民族、文化冲突

在中东、非洲等一些伊斯兰国家,因为宗教历史问题,每年都会发生一些教派冲突,而导致众多无辜人员伤亡。例如每年1月前后的穆斯林什叶派"阿舒拉节"(忏悔节),特别容易发生大规模骚乱,而导致大量人员伤亡。如2007年1月,伊拉克宗教什叶派穆斯林宗教活动场所发生两起严重爆炸;2007年2月,巴基斯坦发生数十起宗教骚乱和恐怖袭击活动等,都严重影响了社会公共安全。

(三)地方武装和民族分裂势力活动

世界上不少国家都有一些民族分裂势力如巴基斯坦、斯里兰卡、菲律宾、埃塞俄比亚等,其在受到政府军的打击时,他们往往袭击、杀害无辜,甚至将在当地的外国承包商视为绑架对象,作为谈判筹码,借以威胁政府。在一些非洲国家,因政局不稳,反政府武装和地方武装故意制造事端,往往将外国公司作为发泄不满的对象。如2007年4月24日我国中原油田勘探局人员在埃塞俄比亚一工地遭遇埃塞俄比亚当地民族分裂势力的袭击,导致多人遇害,成为中国承包商在海外最为惨重的一次灾难。

(四)极端民族主义分子的排外活动

如欧洲极右翼分子针对外国人的暴力事件,在一些国家如印尼、俄罗斯、非洲等一些国家时常发生的有针对性地袭击华商事件等。

(五)刑事犯罪活动

在一些经济十分不发达的国家经常发生绑架人质,敲诈勒索以获取高额赎金;经常发生闯进中方承包商的项目工地聚众盗抢等,严重威胁项目经理部人员的人身安全。

三、规避、降低社会公共安全风险的措施

对于一个从事国际工程承包与劳务合作的承包商来说,从进入工程所在国开始,直至完成任务返回祖国止,无论在何时何地,无论从事什么工作,首要关注的就是安全问题,即始终要保持高度警惕,采取有效的预防措施,做到防患于未然。特别是我国承包商所承接工程任务的市场较多是在安全风险较大的国家和地区,如巴基斯坦、阿富汗、伊拉克等中东、中亚伊斯兰极端组织为主体的国际恐怖势力的基地或活动区域以及非洲一些政局动荡、反政府武装组织较多的国家,社会公共安全风险比较大,因此强化承包商自身社会公共安全管理,采取有效的规避、降低社会公共安全风险的措施更是十分重要的。

(一)重视国际工程承包中的社会公共安全管理工作

承包商应高度重视在国际工程承包工作中的社会公共安全管理工作,应采取各种有效措施,确保项目人员生命财产的安全。

1. 建立承包商/项目经理部的社会安全管理机制

(1)明确主管领导和主管部门　在业务分工上,承包商应明确专人和部门负责社会公共安全管理工作,并明确其管理职能;明确安全防范方面的总分包关系,并保持工作的协调和有效的沟通。

(2)建立并落实相关的安全管理制度　如建立社会公共安全岗位责任制、安全保卫制度、安全检查制度、宣传培训制度、应急预案和预案演练制度等。

2. 加大安全成本的投入

经济发达国家的海外企业一般将合同总额的1%用于安全风险防范,而我国的承包商的投入基本不到0.1%,安全投入过少。为做到这一点,承包商在投标报价时就应考虑计入足够的安全风险防范措施费。

(二)贯彻落实我国商务部等七部委联合发布的《境外中资企业机构和人员安全管理规定》

为进一步加强新形势下境外中资企业机构和人员安全保护工作,保障"走出去"战略的顺利实施,2010年8月,我国商务部会同外交部、发展改革委、公安部、国资委、安全监管总局和全国工商联印发了《境外中资企业机构和人员安全管理规定》。这个文件是结合目前严峻复杂国际形势以及传统安全因素和非传统安全因素相互交织,国际恐怖势力活动日益猖獗,我境外中资企业机构和人员的安全受到严重威胁的实际情况,对社会公共安全管理及防范安全风险做出的具有现实意义的规定性文件。凡是走向国际,承接国际工程建设任务的中国承包商都应认真学习和落实这个规定,切实抓好本单位的社会公共安全管理工作。

(三) 调查了解项目外部环境的社会公共安全形势

承包商在进入项目工地之前就应注意了解工程所在国及其工程所在地区的社会公共安全形势，熟悉该国有关社会公共安全方面的法律法规，掌握工程项目周边社会治安状况，民族构成与民族特点，宗教信仰与生活习俗，民众的收入水平与物价水平，生活物品市场供应情况及交易方式、特点，当地医疗机构及医疗水平，社会保险机构及其保险办理要求，以及当地有否地区传染病等。除此之外，承包商还要重点了解将与本项目开展合作关系的劳务市场、租赁市场、物资供应市场、交通运输市场的能力、交易方式和特点。通过对这些情况的调查研究和分析，承包商就可以有针对性地制定必要的安全管理制度及风险防范措施。

(四) 以合同形式规定业主和当地政府安全保护的责任

承包商承担具有一定社会公共安全风险的工程项目，在投标阶段特别是在合同谈判时候，应注意就合同条件提出并列明专门的安全条款要求，即要求业主方提供或出面请求当地政府/军方负责保护承包商人员的人身安全，设立专项安全费用等必要的安全保护措施等，以转移或降低承包商/项目经理部的安全风险。

(五) 注重承包商内部的宣传教育工作

(1) 承包商要把安全教育、增强防范意识作为一项重要工作来抓，常备不懈；特别是要结合工程所在国、地区的特点讲安全形势，讲安全工作的重要性，强调安全管理要求及应注意的问题，以增强项目全体人员的社会公共安全风险防范的意识和信心。

(2) 做好遵章守法的纪律教育。教育员工遵章守法，尊重当地人民的宗教信仰和风俗习惯，说话、办事要注重文明礼貌，强调不随便单独外出活动，不直接与当地人接触交往。

(3) 宣传如何应对突发事件及其紧急情况处理的应急措施。

(六) 与驻在国使(领)馆保持经常性联系

承包商一进入工程所在国，准备进入施工现场之前就应与我国使(领)馆联系，以便及时了解有关安全方面的信息，并按照使(领)馆的安全要求开展相应的工作。特别是在遇到险情或发生突发事件时，要始终与使(领)馆保持联系，以求得指导和支持。

(七) 做好项目工地防范工作

做好项目工地的防范工作是十分重要的，主要包括：

(1) 项目工地要设置可靠的围墙（包括必要时设置铁丝网），建立严格的门卫制度，严禁闲杂人员进入。

(2) 施工区、办公区、生活区要分层管理，设置足够的照明系统和必要的监视系统。

(3) 车辆入口要采取路障、车挡等道路阻隔措施。

(4) 设置足够有效的消防设施。

(5) 坚持夜间巡逻，必要时要设置瞭望塔、观察哨，配备观察设备（如红外夜视望远镜）。

(6)对于重要的项目工地可配备安检设备,实施进入安检。

(7)当项目工地处于社会安全风险较大的地区时,承包商应寻求当地公安系统的保护,如寻求当地警察或保安力量进入工地,负责中国员工的安全保卫工作。

(八)加强与当地中国公司的交流与合作

承包商应注意做好与在同一国家、地区中国公司的沟通,相互交流安全防范措施和经验教训,必要时互相支持各种必要资源,以提高自身的防范能力。

(九)做好融入当地社会的工作

承包商既然已走出国门进入他国建筑市场,就应注意主动承担相应的社会责任,参与当地有意义的社会活动,注意与政府相关部门以及社会各界保持友好关系,从而逐步融入当地社会主流之中,即由中国公司向本土化公司转化,这样可降低地方势力排外事件的风险。

(十)制定应急预案并组织必要的演练

承包商应针对可能发生的紧急事件制定应急预案,包括配备充足的交通、通讯设施资源;要针对应急预案组织必要的演练,使员工熟悉应急措施和确保安全的手段和途径,以便一旦发生紧急情况时,能及时传递信息,统一指挥,组织人员撤退或转移等。

(十一)办理保险

在一些安全风险较大的地区,保险公司一般都不愿意把社会公共安全纳入保险范围。但承包商可多找几家保险公司,尽可能选择可将这类安全问题作为可承保范围的保险公司,办理保险。

附件 10-1

项目职业健康(卫生)安全计划

一、项目信息

1. 承包商信息

承包商名称:　　　　　　　　　　地址:(工程所在国的办公地点)
电话和传真号码:
项目负责人:　　　　　　　　　　联系电话:
安全负责人:　　　　　　　　　　联系电话:
项目使用分包商名称:

2. 项目概况

(1)工程基本情况描述

工程名称、工程地点、业主名称、建筑面积、结构类型及特点说明、合同额……

(2)合同

a)合同类型　　　　□单体合同　　　　□合作承包　　　　□分包合同
b)工期
合同签署时间：　　　　　工程开始时间：　　　　　工程预计工期：
3. 项目组织机构
(1)组织机构图(突出安全管理)
(2)主要管理岗位安全管理职责及权限
(主要明确：项目经理、技术负责人、责任技术人员、安全负责人、设备负责人等)
(3)主要工种及其人数(列表)
(4)现场特殊工种人员及数量(列表)
4. 项目建立的安全管理制度
如：安全生产责任制、安全教育培训制度、安全技术交底制度、安全监督检查制度、消防管理制度、文明施工管理等制度、施工现场动火制度……
5. 须建立的主要安全记录
安全培训记录、安全技术交底记录、特殊工种台账、脚手架验收记录、塔吊安装验收记录、安全检查记录、安全隐患整改通知单、动火申请单、安全处罚记录、安全事故报告……

二、工程施工过程中的安全管理(核心内容)
(一)施工方式
1. 主要施工工艺说明
2. 现场主要施工设备
3. 临建平面布置图(要标出机械设备位置、消防道路及消防设施)
(二)项目主要安全风险
(根据项目的施工内容及施工方式实际，评价出需控制的风险，列表说明：

序号	风险	可能会导致的事故
1		
2		
3		
4		
5		
6		
7		

(三)针对风险所采取的控制措施
明确控制措施、责任人及实施/完成时间：
1. 针对风险1的措施
(1)
(2)

(3)……

2. 针对风险 2 的措施

(1)

(2)

(3)……

3. 针对风险 3 的措施

(1)

(2)……

4. ……

三、应急措施

针对识别可能出现的紧急情况，规定应急处理措施：

1. 在发生紧急情况下，所采取的应急处理方式；
2. 应急组织（应急组织人员名单、负责人、具体抢险、抢救人员的职责）；
3. 项目消防组织及消防设施；
4. 最近的医院：联系电话、去医院路线图；
5. 消防报警电话；
6. 工地上配备的医疗急救设施、医务人员等。

四、职业（健康）卫生

1. 人员居住的卫生

(1)卫生条件（更衣室、宿舍、食堂和卫生间）的设计。

(2)保证项目人员健康的措施。

2. 职业病预防措施

(1)可能会出现的职业病的影响因素

如：粉尘（尘肺）、噪声危害、使用危险的物质和制剂（如：酸等腐蚀性介质）

(2)预防措施

如：针对粉尘作业、噪声作业等采取的预防措施，明确责任部门（人）及措施落实的时间。

五、其他事项

(1)本计划在开始施工前递交给下列人员征求意见。

劳动者代表；医生及相关建筑业、公共工程或水利工程领域范围内的职业危险预防措施部门。

(2)此外，还应联系以下部门：业主、社保局和劳动监察局。

(3)本计划报送：现场监理、业主。

第十一章 项目环境管理

第一节 环境管理概述

环境是人类赖以生存与发展的基础。环境保护直接关系到人类的命运与前途,它影响着每一个国家、地区乃至每一家庭、每一人的生存与发展。自20世纪50年代以来,由于工业发达国家对自然资源的过度开发、利用,导致了对自然环境的破坏,造成了自然资源枯竭和生态环境的不断恶化,特别是国际上八大公害事件相继的发生后,开始引起了国际上对环境保护的广泛关注。从20世纪末开始,世界上众多的国家开始关注全球环境保护的问题,认识到保护环境的重要性和迫切性,在国际上已逐步形成了关爱地球,保护人类赖以生存的自然环境的广泛共识。特别是近十几年来,在国际社会的积极倡导和不断努力的推动下,许多国家都把环境保护提到国家的社会经济发展战略高度来认识,并根据本国的实际情况制定了强有力的环境保护政策、措施,以确保环境保护工作顺利持续地开展。

当前经济全球化与环境保护全球化相互交织、相互影响,建设循环经济和循环社会已成为人类社会发展的新趋势;发展循环经济,最大限度地实现企业间资源的循环利用和废弃物的零排放,已成为国际上环境保护工作的广泛共识。

一、国际环境管理以及国际工程承包环境管理的形势和特点

伴随着经济全球化进程的不断加快,国际环境保护管理呈现出许多新的特点,分述如下。

(一)实施"可持续发展"战略

可持续发展战略是20世纪80年代在国际上首先出现的一个新理念。它是应时代的变迁、国际社会经济高速发展的需要而产生的。1987年4月,世界环境与发展委员会(The World Commission on Environment and Development,WCED)在大量调查研究的基础上发表了《我们共同的未来》的报告。这一报告系统地阐述了人口与资源、环境和发展之间的关系,首次提出了"可持续发展"的理念,即"在不牺牲子孙后代需要的情况下,满足我们这代人的需要。"随即这一理念得到了国际各界的认可,并逐步被众多国家和地区广泛引用。而后于1989年举行的第15届联合国环境署理事会期间,通过了《关于可持续发展的声明》;1992年,联合

国环境与发展国际大会制定并通过了全球《21世纪议程》,明确提出了人类社会要"可持续发展"的战略口号,认为世界各国应联合起来,共同解决人口、资源和环境问题。

1. 可持续发展概念

国际学者们将可持续发展定义为:随着时间的无限推移、时代的更替而永久保持下去的经济发展。

2. 可持续发展理念的基础

可持续发展的理念是建立在这样认识基础之上的:在不破坏人类赖以生存的自然环境资源的前提下,实现世界经济长期、稳定的发展是可能的;社会经济效益与环境生态效益是可以调和的,两者可以而且必须兼顾。

3. 对可持续发展理念的理解

"可持续发展"是要求当代社会,在其满足现代人类需求又不损害后代人需求的能力,既要达到发展经济的目的,又要保护好人类赖以生存的外部环境和自然资源(如大气、淡水资源、海洋、土地和森林等自然资源),使我们的子孙后代能够保持持续发展和安居乐业。除了传统意义上环境保护的内容以外,可持续发展还包括了保护生物多样性、提高资源利用率、优化产业结构、提高人口素质、控制人口总量、完善社会保障体系、发展卫生医疗事业等方面内容。

4. 可持续发展战略

可持续发展战略是指实现可持续发展的计划和纲领,它是在众多领域中落实可持续发展理念的总称;它应使各方面的发展目标,尤其是社会、经济与生态、环境的目标相协调。1992年6月,联合国环境与发展大会在巴西里约热内卢召开,会议提出并通过了全球的可持续发展战略——《21世纪议程》,要求各国结合本国的实际,制定各自的可持续发展战略。1994年7月4日,中国国务院批准了第一个国家级可持续发展战略——《中国21世纪人口、环境与发展白皮书》。

目前国际上不仅经济发达国家,而且多数的发展中国家已将可持续发展战略理念逐步落实到本国的经济发展策略之中。

(二)强化环境保护的法律意识

20世纪50年代以来全球范围内的环境污染特别是经济发达国家相继出现的环境公害泛滥问题,引起了国际上的广泛关注,促使各国纷纷相继制定了大量以污染控制为主的法律法规,要求工矿企业的污染物排放在限定的时间内达到排放限额标准,同时还要求政府机构在做出决定的过程中考虑其对环境的不良影响。与此同时还在自然资源的开发、利用、保护方面制定了一系列的审批以及许可证等行政管理制度,这都发挥了十分重要的作用并取得了良好的效果。

经济发达国家在环境保护方面的法制建设都体现了:将环境知情权作为公众参与的前提条件;把公众参与权贯穿于环境立法、执法及监督的全过程,确立了公众参与的法律地位;公众参与方式的多样化,赋予公众环境行政监督权;环境信息公开化,保证公众的知情权等特点,因此不仅大大强化了公民的环境保护意识,而且使环境保护工作建立在强大的法律机制上,因此收到了很好的环境保护效果。

(三) 环境保护的市场化和产业化

随着国际社会经济的不断发展以及环境保护法律法规的不断健全和完善,自 20 世纪末以来经济发达国家的环境保护事业越来越趋于市场化和产业化。首先是将环境保护的污染预防从原来的谁污染谁治理的企业单独行为,转化为市场经济条件下的社会分工和合作的关系,出现了社会上专业化的环境保护行业,向污染单位提供商业性的环保服务;其次是逐步发展了涉及环保工作的咨询、物资、技术资金、人才等资源提供的市场化和产业化,因此大大促进了环境保护事业的发展。

(四) 普及清洁生产的理念

1992 年联合国环境与发展大会所制定的《21 世纪议程》,将清洁生产作为实现可持续发展的一项重要举措,要求各国工业界提高能效,开发更先进的清洁技术,更新、替代对环境有害的产品和原材料,实现环境和资源的保护与合理利用,体现将"末端治理"转变为"源头控制"的新理念。

1. 清洁生产的概念

清洁生产是指将整体性预防的环境保护战略持续地应用于生产和服务过程中,通过源头控制,以提高原材料和能源利用效率,减少污染物的产生量、排放量,以降低对环境的危害影响。

清洁生产是国际社会在总结工业污染治理经验教训的基础上提出的一种新型污染预防和控制战略。

2. 清洁生产理念是实践经验的总结

20 世纪 60 年代,经济发达国家都是通过采取一系列技术手段来对生产过程中产生的废弃物和污染物进行处理,即所谓的"末端治理"。但很多情况下,末端治理代价往往过大,而且其本身又在大量消耗能源甚至带来二次污染。20 世纪 70 年代开始,一些发达国家开始采用"污染预防"、"废物最小化"、"零排放"、"零废物"等理论和措施,来提高资源利用率和降低生产过程对环境的不利影响。在总结实践经验的基础上,联合国环境规划署(UNEP)于 1989 年提出了清洁生产的战略和推广计划。

到目前,清洁生产的理论及实践已趋于成熟,并为世界各国所认可。许多国家如美国、英国、德国、加拿大、日本、荷兰、法国、韩国等国家都陆续出台了有关清洁生产的法规和推进计划。在 1998 年 UNEP 的第 5 次"清洁生产国际高级研讨会"上提出了《国际清洁生产宣言》,促进了国际清洁生产事业的发展。我国国务院在 1994 年 3 月通过的《中国 21 世纪议程》中就列入了清洁生产的内容,2002 年 6 月 29 日第九届全国人民代表大会常务委员会第二十八次会议通过了《中华人民共和国清洁生产促进法》,这将大大促进中国的清洁生产事业的发展。

(五) 发挥经济杠杆作用来调动污染控制的积极性——征收"环境税"

自 20 世纪 70 年代起,世界各国开始重视以经济调节手段,采取征收"环境税"的政策,来促进环境保护工作的开展。

"环境税"(Environmental Taxation),也称之为生态税(Ecological Taxation)、绿色税(Green Tax),它是20世纪末国际税收学界兴起的一个新概念。紧跟最早开征"环境税"的荷兰起,许多经济发达国家纷纷仿效,而后由于世界银行、联合国环境规划署、联合国开发计划署、经济合作与发展组织(OECD)等国际机构,都积极推进这项工作,使"环境税"得到了国际上的广泛重视和推广。

发达国家典型的环境税主要有大气污染税、水污染税、噪声税、固体废弃物税和垃圾税。

(六)大力推进"绿色建筑"的进程

建设工程项目的工业与民用建筑工程、公用工程以及其他配套工程在其实施的不同阶段都可能产生对环境的诸多不利影响,特别是随着世界经济的快速发展,建设工程项目也越来越多,大型公共建筑、高层建筑、住宅工程,其数量之多,规模之大,造型之复杂,设计之新颖,都是过去所不能比拟的。但随之而来的环境问题也越来越明显地成为影响一个国家乃至全球社会和经济发展的重要因素,这不能不引起人们的忧虑和思考。在这种背景下,国际上出现了新的理念——"绿色建筑"。

绿色建筑,最早是在1992年联合国环境与发展大会上被明确地提出来的。当时科学界和社会各界认识到,日益快速发展的经济给我们的环境带来了越来越大的影响和压力,人们怎样利用地球上的有限的资源,尽可能减少对环境的不利影响,以取得经济社会的更大发展,已成为整个人类关心的问题。对建筑工程来说,人们希望居住的更加健康,更加安全,更加舒适,与此同时也希望能高效利用有限的资源,最大限度地降低建设全过程对环境的不利影响,即提出了绿色建筑的思想。

绿色建筑是指工程项目在设计与建造过程中,充分考虑建筑物与周围环境的协调,充分利用光能、风能等自然界中的能源,最大限度地减少能源的消耗以及对环境的污染。从概念上来讲,绿色建筑主要包含了3个方面:一是节能,主要是强调减少各种资源的浪费;二是保护环境,减少环境污染;三是满足人们使用上的要求,为人们提供"健康"、"安全"、"适用"的使用功能。

绿色建筑在世界的兴起,既是形势所迫,又是建立创新型企业的必然组成部分,它已日益显现出旺盛的生命力,具有广阔的发展前景。

(七)推行ISO 14000系列环境管理体系标准和管理体系认证

面对国际环境形势的不断恶化,特别是20世纪中叶发生的八大公害事件[1]和人类面临的最严重的八大环境问题[2],世界各国都开始高度关注人类所面临的环境问题。1972年,联合国成立"世界环境与发展委员会"(WCED),该委员会承担重新评估环境与发展关系的调查研究任务,并于1987年发布了《我们共同的未来》的报告,得到了世界众多国家的认同和支持。自

---

[1] 八大公害事件:1930年比利时马斯河谷烟雾事件,1943年美国洛杉矶光化学烟雾事件,1948年美国宾夕法尼亚州的多诺拉烟雾事件,1952年英国伦敦烟雾事件,1961年日本四日市大气污染事件,1953—1956年日本熊本县水俣病事件,1955—1972年日本富山县富山痛痛病事件,1968年日本九州爱知县米糠油事件。

[2] 世界八大环境问题:全球气候变化,臭氧层破坏和损耗,酸雨污染,土地荒漠化,森林植被被破坏,生物多样性锐减,海洋资源破坏和污染,有机物的污染。

20世纪80年代起,以美国为主的经济发达国家为响应"可持续发展"的呼吁,开始研究各自的环境管理方式。1985年荷兰率先提出建立企业环境管理体系的概念,随后英国在发布质量管理体系标准(BS 5750)的基础上,制定了BS 7750环境管理体系标准,从而促进了欧洲许多国家环境管理体系建设及环境管理体系认证活动的开展。这些实践活动为ISO 14000环境管理体系系列标准的产生奠定了基础。

国际标准化组织(ISO)于1993年6月成立了ISO/TC207环境管理技术委员会,开始着手环境管理系列标准的制定工作,以规范企业和社会团体等所有组织的环境行为,支持世界的环境保护工作。1996年国际标准化组织在汲取世界经济发达国家多年环境管理经验的基础上制定并发布了ISO 14000环境管理系列标准,作为指导企业环境管理体系建立以及通过环境管理体系认证的依据。同年,我国将其等同转换为国家标准GB/T 24000系列标准,开始了我国的环境管理体系认证工作。从此国际的环境管理步入了规范化管理的轨道。

二、FIDIC合同条件对承包商环境保护管理的有关要求

在1999年版《施工合同条件》(新红皮书)中涉及环境保护的主要条款,参见表11-1。

表11-1 FIDIC《施工合同条件》中与环境保护有关的条款

序号	类别	条款号	主要内容
1	遵守法律	1.13	承包商应在履约过程中遵守适用的法律。
2	环境保护要求	4.18	承包商应采取保护现场项目内外环境的措施,控制各种污染排放;确保在施工时污染物排放不超过相关法规、规范规定的限值。
3	能源控制	4.19	承包商使用工地可供使用的电、水、燃气时,应安装计量仪表。
4	对承包商违规人员的处置	6.9	对于承包商中人员如有经常危害安全、损害健康和环保行为的人员,工程师有权将其逐出现场。
5	环保材料的要求	7.1	承包商在设备制造、材料生产及施工全过程中应配备适当的设备和使用环保型材料。

三、环境管理的指导思想和方法

(一)环境管理的指导思想

环境管理的指导思想:组织通过其所建立和实施的一套完整的环境管理体系,以规范自身的环境行为,使之与社会经济发展相适应,为改善环境质量,减少各项活动所造成的环境污染,节约能源,为促进全社会经济的可持续发展做出自己的贡献。

(二)环境管理方法

ISO 14001《环境管理体系 要求及使用指南》是目前国际上普遍采用的环境管理体系标准。这一标准与其之前国际上所普遍采用的ISO 9001等国际标准一样,都被称之为现代的管

理方法。承包商走向国际，必须要运用现代的管理模式和方法，将包括环境管理在内的所有生产经营管理活动科学化、规范化。

ISO 14000 和 ISO 9000 两个系列标准在其贯彻、实施与认证等工作上，均可以同步进行，这是因为这两个管理体系标准的中心思想是一致的，即都是指导组织加强其基础管理工作。

承包商实施 ISO 14000 系列环境管理体系标准，可促进工程项目的文明施工，对工程施工过程中所产生的噪音、扬尘、固体废弃物、有害气体、污水等实施有效的控制，以实现其对社会所作的环境保护承诺，从而提升企业形象。特别是当前国际上已将企业是否通过环境管理体系认证作为选择合作伙伴的通行证的形势下，走向国际的承包商更必须贯彻 ISO 14000 系列环境管理体系标准并通过环境管理体系认证，以确保其在工程项目建设全过程中按该标准要求规范自己的环境行为，以消除国际上以此为要求的环境保护方面的技术壁垒。

第二节 ISO 14001 标准的贯彻与实施

一、关于 ISO 14000 系列标准

（一）标准的发布情况

国际标准化组织自 1996 年以来陆续发布了 ISO 14000 系列标准，其主要标准有：
ISO 14001:2004《环境管理体系　要求及使用指南》；
ISO 14004:2004《环境管理体系　原则、体系和支持技术通用指南》；
ISO 14010:2004《环境审核指南　通用原则》；
ISO 14011:2004《环境审核指南　审核程序——环境管理体系审核》；
ISO 14012:2004《环境审核指南　环境审核员资格准则》；
ISO 14040:2004《生命周期评估　原则和框架》等。

（二）ISO 14001 标准的主要特点

ISO 14001《环境管理体系　要求及使用指南》是 ISO 14000 系列标准中的主体标准。它明确了环境管理体系的诸要素，规定了组织建立环境管理体系的要求。它要求组织须据此建立一套程序来确立自己的环境方针和管理目标，通过管理体系的有效运行，来向社会表明其环境管理体系的符合性，以达到支持环境保护和污染预防的目的。这一标准既是指导组织建立和运行环境管理体系的标准，又是对组织实施环境管理体系认证的依据。

ISO 14001 标准的主要特点：

(1)强调遵章守法。标准要求采用这一标准的组织最高管理者须向社会承诺其组织的所有活动均符合有关环境法律法规和其他要求。

(2)强调污染预防。即要求组织应从源头上采取措施预防和减少对环境污染的产生，而不是末端治理。

(3)强调持续改进。要求组织不断地提高环境管理水平,不断提高环境绩效水平。

(4)广泛适用性。标准既适用于企业单位,也适用于事业单位、商业单位、政府机构以及民间机构等任何类型的组织。

(三)对主要管理术语的理解

以下对在环境管理中常用的主要术语作一简要说明。

1."环境因素"和"重要环境因素"

在 ISO 14001:2004 标准中对"环境因素"是这样定义的:"一个组织的活动、产品或服务中能与环境发生相互作用的要素。"并在注解中将"重要环境因素"定义为:"具有或能够产生重大环境影响的环境因素。"

环境因素和重要环境因素是 ISO 14001 标准的核心概念。这是因为 ISO 14001 标准是以确保重要环境因素得到有效控制为目的,标准中的各要素都是围绕它们而开展管理活动的。因此也可以说,承包商在工程项目上全面识别环境因素,准确评价重要环境因素是建立和保持工程项目环境管理体系的基础工作。

2."环境绩效"

在 ISO 14001 标准中对"环境绩效"是这样定义的:"组织对其环境因素进行管理所取得的可测量结果。"其注解为:"在环境管理体系条件下,可对照组织的环境方针、环境目标、环境指标及其他环境表现要求对结果进行测量。"

根据其定义,我们可以认为:环境绩效是组织对其环境因素进行管理所取得的可测量的结果,环境绩效参数是表达组织环境绩效相关信息的特定形式。

环境绩效是通过测量组织的相关环境绩效参数得出的,如对于建筑工程项目,其可测量环境绩效参数主要有:原材料或能源的使用量、污水的排放量、单位建筑面积所产生的废物、材料和能源的使用效率、噪声排放值、建筑垃圾弃置量、用于环境保护方面的投资、环境方面的投诉数量等。

3."法律法规"和"其他要求"

在 ISO 14001 标准中有一个要素即是"法律法规和其他要求"。这是一个十分重要的要素,因为环境管理体系管理十分重要的依据是"法律法规和其他要求",这也是 ISO 14000 系列标准要求"组织"必须遵章守法所决定的。

"法律法规"是指,国际、国家和地方性的所有适用的涉及环境保护的法律法规。对于国际承包商来说,进入工程所在国应立即收集并执行其所有适用的环境管理法律法规。

"其他要求"是指,组织和政府相关机构的协定,与顾客(业主)的协议,非法规性指南,自愿性原则或业务规范,自愿性环境标志或产品护理承诺,行业协会的要求,社区团体或非政府组织的协议,组织或其上级对公众的承诺以及本单位的要求等。

二、ISO 14001 标准的贯彻与实施

(一)环境因素识别

实施 ISO 14001 环境管理体系标准的核心任务是通过对组织本身活动、产品和服务中存在的环境因素进行充分的识别,并采用适当的方法进行评价、确定重要环境因素。

1. 环境因素识别的原则

(1)识别要全面　即应充分考虑项目施工全过程中能够控制及对其施加影响的各方面因素。

(2)识别要具体　因环境因素识别的目的是提供环境管理体系控制的具体对象,为此识别应与下步的控制相一致。

(3)要明确其环境影响　对环境因素控制的目的是降低或消除其环境影响。因此,识别时应明确其具体的环境影响。

(4)准确描述环境因素　环境因素通常可以描述为"污染物的名称与某一行动或动作的组合",即名词加动词,如污水-排放、噪声-排放、固体废弃物-弃置等。

2. 环境因素识别的范围

全面识别工程项目的环境因素,应从 3 种状态、3 种时态和 7 种类型方面进行全面排查。

(1)3 种状态　正常(连续施工生产时)、异常(如停工、设备维修等)和紧急状态(如停水、停电、大风、暴雨、爆炸、火灾事故等)。

(2)3 种时态　过去(如开工前现场遗留的环境问题)、现在(如当前正在施工生产的环境问题)和将来(如工程交付使用后可能带来的环境问题)。

(3)7 种类型　大气排放、废水排放、噪声排放、废弃物弃置、土地污染、原材料及自然资源的使用和消耗、当地其他环境问题和社区关注的环境问题。

3. 环境因素识别的方法

对于工程建设项目的环境因素识别方法主要有:过程分析法、头脑风暴法、专家评议法等。

(1)过程分析法　以工程项目施工全过程为分析对象,按照从输入到输出的分析思路,逐一排查。如排查从施工准备开始,经物资采购、物资贮存、各分部分项工程施工、工程收尾、工程试运行、工程交付等过程,一直到项目经理部撤离现场止;运用观察、分析及统计等方法,识别确定每一过程从输入到输出存在的环境因素。这一方法的优点是在定性的基础上,较为直观、能快捷地识别出环境因素,且因其过程细化,很少会遗漏环境因素。

(2)头脑风暴法　头脑风暴法又称集体思考法或智力激励法。它是采用会议的形式,召集相关有经验的人员开座谈会征询他们的意见,把他们以往的经验及相关意见,有条理地组织起来,最终由策划者汇总成统一的意见。参加会议的人员的地位应当相当,以免产生权威效应,而影响另一部分人员创造性思维的发挥。参会人数一般为 5~10 人。这一方法的特点是便于操作,体现了集思广益和合作的智慧。

(3)专家评议法　由有关环保专家、咨询师、承包商的管理者和技术人员组成专家评议小组,采用过程分析的方法,对不同过程进行评议,以识别环境因素。评议小组成员应具有较丰富的环保知识,熟悉 ISO 14000 系列标准要求,并对建设工程比较熟悉。如果评议小组人员选择得当,识别工作就能达到快捷、准确的效果。

(二)重要环境因素评价

1. 重要环境因素评价的意义

重要环境因素是环境管理体系的主要管理与控制对象,是环境管理体系建立的基础,即组织的整个管理体系都是围绕控制重要环境因素及其影响而展开的。因此承包商必须在环境因素识别的基础上,进行重要环境因素的评价,即确定项目上的重要环境因素,以便有计划地控制它,从而实现项目的环境管理目标,实现其对社会公众的污染预防承诺。

2. 重要环境因素评价的原则

评价环境因素是否构成为本工程项目的重要环境因素,应主要考虑以下几个方面:
(1)持续改进和污染预防的迫切性。
(2)与适用的法律法规和其他要求的符合性。
(3)相关方关注度,对公众形象的影响。
(4)职业健康与安全的要求。
(5)资源消耗的程度,等。

3. 重要环境因素的评价方法

重要环境因素的评价离不开其对环境影响的评价,即针对其对环境的影响程度是否构成为组织需重要关注方面来进行评价。其评价方法可有多因子打分法、专家评议法、头脑风暴法等。

建筑业可采用因子打分法进行评价,其打分的思路(供参考):
(1)发生频次:偶然发生(1分),间歇发生(2分),连续发生(5分);
(2)影响程度:对环境或健康影响较小(1分),对环境或健康影响较大(2分),对环境或健康影响严重(5分);
(3)影响范围:场界内(1分),周围社区(2分),超出社区(5分);
(4)相关方关注程度:关注程度较小(1分),关注程度一般(2分),强烈关注(5分);
(5)资源消耗:资源消耗较小(1分),资源消耗一般(2分),资源消耗较大(5分);
(6)法律法规及标准的符合性:符合(1分),超标(2分),严重超标(5分)。

若对某一环境因素评价后汇总的分值大于等于14分时,应考虑确定其为重要环境因素。

(三)识别和获取适用的环境法律法规和其他要求

贯彻实施 ISO 14001 标准的一个重要特点就是要切实遵守适用的环境保护法律法规和其他要求。为此,承包商/项目经理部在做施工准备时就应收集工程所在国及其所在地区发布的适用的环境保护法律法规及其他要求,并对与本项目有关的内容做出摘录印发至项目经理部的所有管理部门及作业单位,使所有相关人员了解相应的环境保护法规性要求。

在做环境因素识别及评价重要环境因素时,也应对照相关适用的法律法规及其他要求,以发现需要控制的方面。之所以这样做的目的就是确保在项目建设全过程中的所有活动均符合当地的环境保护法规要求,不出现任何违规行为。

(四)制定环境管理方案(计划)

在 ISO 14001:2004 标准的"目标、指标和方案"中指出:"组织应针对其内部有关职能和层次,建立、实施并保持形成文件的环境目标和指标。""组织应制定、实施并保持一个或多个旨在实现其目标和指标的方案。"

建立项目的环境目标、指标和编制实现其目标、指标的措施,其主要的工作就是针对评价出的重要环境因素做出具有可操作性的环境管理方案。在一些经济发达国家,也将其称之为环境管理计划,要求承包商在开工初期向业主/监理工程师提出报审。

1. 制订环境管理方案的目的

针对项目经理部评价出的重要环境因素,制定控制措施,明确责任人及其职责和控制措施的实施时间等,以有效控制重要环境因素,防止违反环境保护事件的发生,以实现项目的环境管理目标。

2. 编制的内容

环境管理方案应包括以下主要内容:

(1)应控制的重要环境因素。
(2)确定的控制目标和指标。
(3)具体的控制方法。
(4)实施的责任部门和责任人以及他们的职责。
(5)控制措施完成时间。

其原则格式见表 11-2。

表 11-2 环境管理方案的原则格式(示例)

序号	施工阶段	重要环境因素	环境目标	环境指标	控制要求	完成期限	责任人及其职责
1	土方施工阶段	机械噪声排放	达标排放	各种情况的分贝值结构施工≤70分贝;夜间≤55分贝	合理安排施工时间晚10点至早6点期间不安排作业	开工前完成措施编制,施工中设专人监视管理	
2		现场施工扬尘	现场无扬尘	道路硬化率100% 车辆苫盖率100%	路面洒水降尘,每小时1次;出场汽车,清洗车轮等		

为了使环境管理方案具有较好的可操作性,一些国家要求承包商编制环境管理计划,即针对特定的项目编制具体的控制计划,以确保有效控制项目评价出的重要环境因素。环境管理计划的一般格式参见附件 11-1。

（五）运行和检查

1. 传达环境管理要求

（1）向本项目经理部的各职能和层次传达环境管理要求，使他们了解各自活动中需落实的环境保护要求。

（2）应将本单位环境管理要求以文字形式传达至所有与其合作的相关方，包括分包商、供应商、运输商等，使他们了解并遵守项目的环境管理要求。

2. 组织环境管理体系运行

（1）要求各职能和层次以及相关方落实项目经理部的环境管理体系要求。

（2）必要时编制具有可操作性的指导性文件（程序），如环境管理作业指导书。在这类文件中应规定如何进行操作、操作的具体要求以及运行的标准，以统一大家对某一活动的认识和要求。这里所说的必要时是指当没有程序指导时，运行与活动有可能偏离组织的环境方针、目标时，就应制定程序，以预防可能的偏离。

承包商/项目经理部可根据本项目实际情况编制的作业指导书，如：废弃物控制作业指导书，施工噪声控制指导书，水污染控制作业指导书，施工扬尘控制作业指导书，施工机械管理作业指导书，易燃易爆品、油品及化学品的管理作业指导书等。

3. 检查

在 ISO 14001 标准中，"检查"包括了 2 方面的内容："监测和测量"和"合规性评价"。

（1）监测和测量　项目经理部应按照 ISO 14001 标准的要求，开展监测和测量活动，其主要内容包括：

①项目的环境绩效　监测项目对重要环境因素的控制结果和成效，如污染预防所取得的结果，节能降耗所取得的成果等。

②对有关运行控制的监测　如对搅拌站污水排放前处置的日常检查，对垃圾分类情况及清运情况的监测。这项工作可以与施工安全文明施工检查，环境卫生检查等结合起来一起来进行。

③目标指标实现程度的监控　在项目的环境管理方案运行一段时间后，对环境管理方案中所确定的目标和指标完成情况进行监测，如污水排放指标、施工噪声排放指标等。

④对监测仪器进行必要的校准和维护，保证检测结果的准确性。项目一般主要是对使用的噪声测试仪进行必要的控制。

⑤对于以上的监测和测量均应能提供记录，以反映本单位环境管理体系的运行情况及效果。

（2）合规性评价　在 ISO 14001 标准中提出了合规性评价的要求："为了履行对合规性的承诺，组织应建立、实施并保持一个或多个程序，以定期评价对适用环境法律法规的遵守情况。"

项目经理部应定期对遵守相关环保法规及其他要求的情况进行自我评价，其目的是落实承包商/项目经理部向社会所作的遵章守法的承诺。在评价中，如发现有违章现象，项目经理部就应及时采取措施，避免违规问题的延续。

合规性评价的格式见表11-3。

表11-3 项目合规性评价记录(格式例)

序号	重要环境因素	适用的法律法规及其他要求		正常运行时的遵循情况		违规信息	合规性评价结论
		名称	相关具体要求	说明	证据		

附件 11-1

项目环境管理计划(格式示例)

1 项目概况

2 编制依据

- 项目策划
- 环境管理手册、程序文件
- 工程合同文件
- 适用的环境保护法律法规及其他要求

3 环境因素的识别与评价

识别本项目的所有环境因素的结果:《环境因素台帐》。

评价出的重要环境因素:《重要环境因素清单》。

4 法律与其他要求

适用于本项目的环境保护法律法规及其他要求(列出清单)。

5 项目环境目标和指标

序号	重要环境因素	目标	指标		
			施工内容	场界噪声限值(dB)	
				昼间	夜间
1	施工噪声		土石方		
			打桩		
			结构施工		
			装修施工		
2	施工现场扬尘		施工现场道路硬化率%		
			搅拌站封闭率%		
			水泥等易飞扬材料入库率%		

续表

序号	重要环境因素	目标	指标	
3	施工污水排放		pH	
			悬浮物	
			油类	
4	废弃物	垃圾分类管理		
		可回收废物及时回收		
5	道路遗洒			
6	……			

6 组织机构及重要环境管理岗位
 6.1 项目组织机构图
 6.2 重要环境管理岗位设置及职责描述
  6.2.1 项目经理(×××)
  6.2.2 项目执行经理(×××)
  6.2.3 项目总工/技术经理(×××)
  6.2.4 合约商务经理/合约商务部
  6.2.5 质量安全部/环境管理员(×××)
  6.2.6 技术组部工程部/机电部
  6.2.7 物资部/材料员(×××)
  6.2.8 行政部办事员(×××)
  6.2.9 办公区域废弃物控制责任人(×××)
  6.2.10 施工区域废弃物控制责任人(×××)
  6.2.11 施工噪声控制责任人(×××)
  6.2.12 施工扬尘控制责任人(×××)
  6.2.13 施工污水控制责任人(×××)
7 重要环境因素控制措施
 7.1 施工噪声控制措施

序号	施工内容	目标/指标	控制措施	责任人	完成时间
1	土石方施工				
2	桩基施工				
3	结构施工				
4	装修施工				
5	机电安装施工				
6					

7.2 施工扬尘控制措施

序号	施工/活动内容	目标/指标	控制措施	责任人	完成时间
1	施工现场清理及道路硬化				
2	混凝土搅拌站				
3	土方施工				
4	松散型物料运输与贮存				
5	拆除旧建筑物				
6					

7.3 污水排放的控制措施

序号	施工/活动内容	目标/指标	控制措施	责任人	完成时间
1	雨水管理				
2	搅拌站污水				
3	水磨石施工污水				
4	车辆等清洗污水				
5	食堂污水				
6	厕浴污水				
7					

7.4 固体废弃物的控制措施

序号	施工/活动内容	目标/指标	控制措施	责任人	完成时间
1					
2					
3					
4					
5					
6					

7.5 光污染的控制措施

8 应急准备与响应

应急准备与响应的具体要求,另见项目《应急准备与响应方案》。

9 监测与测量

9.1 监视和测量的主要内容

- 适用的环境保护法律法规在本项目的贯彻执行情况。
- 环境管理体系文件要求的实施情况及效果。
- 重要环境因素控制的绩效(关键特性的实际效果)。
- 监测仪器的校准情况。

9.2 遵循法律法规及贯彻环境管理体系文件情况的监测

9.3 环境管理目标指标及重要环境因素关键特性的监测

9.4 施工噪声的监测

包括：监测内容、责任人、监测时间要求及频次

9.5 水污染的监测

包括：监测内容、责任人、监测时间要求及频次

9.6 施工扬尘的监测

包括：监测内容、责任人、监测时间要求及频次

9.7 水电耗用监测

包括：监测内容、责任人、监测时间要求及频次

9.8 监测仪器的校准情况的监测

包括：责任人、监测频次

10 不符合项的处理

11 培训安排

12 信息交流管理

   12.1 内部信息交流

   包括：内部信息交流内容、责任人及交流要求

   12.2 外部信息交流

   包括：内部信息交流内容、责任人及交流要求

13 记录要求

包括：主要记录、记录责任人、收集保管要求

14 附件

- 重要环境因素清单
- 施工现场平面布置图
- 施工现场临时污水管网布置图(包括化粪池、沉淀池、隔油池的位置)

第十二章 项目风险管理与危机管理

第一节 项目风险管理

国际工程承包是一项以工程建设为对象,跨国、跨地区所从事的综合性、技术性强的经济商务活动。随着世界经济和科学技术的高速发展,近年来国际工程建设项目不仅日益增多,而且建设的复杂性和技术含量也在不断提高,加之工程项目所处地理环境、自然环境、政治环境、管理环境、人文环境等的特殊性,使得国际工程承包成为一项高风险事业。近年来,我国众多工程承包商以较低的劳动力成本和优质的工程施工技术服务在国际工程建设领域崭露头角,占领了越来越广阔的市场。但由于中国工程建设企业涉足国际工程项目的时间较短,在风险管理和合同管理、索赔管理等许多方面经验不足,在一定程度上影响了企业经营的综合效益。因此充分认识工程项目承包工作中的各种风险,并对其实施有效管理,这对于从事国际工程项目承包的中国施工企业来说是十分重要的。

一、风险概述

(一)基本术语

1. 风险

人们对风险(Risk)的含义有不同的解释,管理者利用比较多的解释主要有:
(1)风险是损失发生的不确定性。
(2)风险是针对某项活动或事件,人们不希望其消极后果发生的潜在可能性。
(3)美国的阿瑟·威廉姆斯等在《风险管理与保险》一书中,把风险定义为:"在给定的情况下和特定的时间内,那些可能发生的结果间的差异。如果肯定只有一个结果发生,则差异为零,风险为零;如果有多种可能结果,则有风险,且差异越大,风险越大。"
(4)风险是在一定条件下,一定时期内,某一事件的预期结果与实际结果间的变动程度。变动程度越大,风险越大;变动程度越小,风险越小。

综上所述,可以认为风险是由损失和不确定性这两个要素构成。将风险表示为事件发生

的概率及其后果的函数,即

$$R=f(P,C)$$

式中,R-风险,P-概率,C-后果。

2. 风险因素(Risk Factors)

风险因素是指能够引起或增加风险事件发生的机会或影响损失程度的因素,是风险事件发生的潜在原因,它是造成损失的根源和原因。

3. 风险事件

风险事件(Risk Events)是指因风险因素未得到控制而导致损失的偶发事件。

4. 损失

损失是指非故意的、非计划的和非预期的经济价值的减少,通常以货币单位来衡量。

5. 风险因素、风险事件、损失与风险之间的关系

根据以上相关定义,我们可以这样来认识风险因素、风险事件、损失与风险间的关系:风险因素引发风险事件,风险事件导致损失,而损失所形成的结果就是风险。

(二)风险的基本性质

1. 不确定性

风险的不确定性是指风险的发生是不确定的,即风险何时何地可能转变为现实以及风险的程度有多大、均是不确定的。这是因人们对客观实际的认识往往会受到各种条件的限制,而不可能准确预期风险的发生。

风险的不确定性,并不代表风险不可预测,有的风险可以测度,有的就不可以。如项目投资,不同的投资方案,不同收益和损失的可能性,可以根据有关数据的分析,进行测度;但对于经济风险、政治风险、自然风险就很难测度。

2. 客观性

风险的客观性,表现在它的存在是不以人们的意志为转移。这是因为决定风险的各种因素对承包商来说是独立存在的,不管人们是否意识到风险的存在,其在一定条件下都有可能变为现实。

另外,风险的客观性还表现在,它是无时不有,无所不在,它存在于人类所从事的各类活动中。

3. 不利性

风险一旦成为现实(风险事件)甚至可能演变成危机,就会给承包商带来不利影响,甚至造成重大损失。

4. 可变性

可变性是指在一定条件下,风险可以转化:

(1)风险性质的变化,如导致风险事件,甚至转化为危机。

(2)产生新的风险。即随着风险预防的进展,会有新的风险出现。如为了避免工期拖期的风险,而加快施工进度很可能产生质量、安全或成本风险。

5. 相对性

即相同的风险,不同的主体对其的承受能力是不同的。特定的风险,对有的承包商可能会

影响很大,而对有的可能影响较小,这是因风险主体的承受力不同所导致的。

客观存在的风险,对于不同的风险主体有不同的影响,而不同的风险主体对于相同的风险有着不同的承受能力,其主要表现在应对风险的态度上。对待风险的应对态度与风险主体的应对能力有关。对风险的应对态度一般可分为保守型、中间型和冒险型3种。保守型的主体宁愿失去可能获得的利益而规避此风险;中间型的主体应对风险的态度,则与收益与损失的大小成正比;冒险型的主体则为了追求高效益可以接受风险的不利后果。

6. 与利益的关联性

风险和利益是同时存在的,要获取较大的利益就可能会面对较大的风险,即风险是获取利益的代价,利益是应对风险的回报。可想而知,对于仅有风险没有利益的事,谁也不会去主动承担相应的风险。

(三)风险因素分类

1. 按风险的性质分类

(1)有形风险因素 其又称为实质性风险因素。它是指能够直接导致损失发生的物质方面的因素。例如环境污染就是影响人类身体健康的一种实质性因素。再例如木结构的建筑要比混凝土结构的建筑发生火灾的可能性大,说明木结构建筑存在着可能遭受火灾损失的风险因素。

(2)无形风险因素 它是指文化、习俗和生活态度等一类非物质形态而导致损失发生的因素。无形风险因素包括了道德风险因素和行为风险因素2种。

①道德性风险因素 它是指由于人的品德、素质方面原因,如不诚实、欺诈行为而促使风险事件发生的因素,如诈骗、偷工减料。

②行为性风险因素 它是指由于人们的主观上的疏忽、漠不关心或行为过失而导致的风险事件发生的因素。

2. 按风险后果分

(1)纯粹风险 它是指导致的结果只有2种,即没有损失或有损失的风险。

(2)投机风险 它是指导致的结果有3种,即没有损失、有损失或获得利益的风险。

3. 按风险来源划分

(1)自然风险 它是指由于自然力而导致财产损失或人员伤亡,如暴雨、台风、地震等。

(2)人为风险 它是指由于人类活动所导致的风险。

4. 按风险的形态分

(1)静态风险 它是指由于自然力的不规则变化或由于人的行为失误导致的风险。从发生的后果来看,静态风险多属于纯粹风险。

(2)动态风险 它是指由于政治、经济、社会、科技等环境的变迁或人类需求的改变所导致的风险。

5. 按风险管理分

(1)可管理风险 它是指以人的知识和能力等可预测、可控制的风险。

(2)不可管理风险 它是指人们无法预测和无法控制的风险。

6. 按影响范围分

(1) 局部风险　它是指其损失的影响范围较小的风险。

(2) 总体风险　它是指影响范围大的风险。

7. 按风险后果的承担者分

按风险后果的承担者可分为：政府风险、投资方风险、业主风险、承包商风险、供应商风险、分包商风险、担保方风险等。

二、国际工程项目承包过程中的主要风险

国际工程一般建设周期都比较长，涉及的风险因素众多，如：工程所在国的政治、经济、文化、社会治安、自然条件、物资供应条件、市场价格以及施工技术条件等方面都会给承包商带来不同的风险，而且每一风险因素都可能导致不同的风险事件。

国际工程承包项目的风险，按其形成的责任方划分，其主要可分为：业主方风险、承包商风险、分包商风险、供应商风险、第三方风险等。为了能有效地识别风险并对其实施有效管理，承包商关注的是按形成风险因素的根源进行分类。

按形成风险因素的根源，并从便于管理的角度出发，可将国际工程承包风险划分为：合同风险、保函风险、施工环境风险、设计风险、技术风险、资源风险、采购风险、金融经济风险、履约风险、质量风险、工期风险等。

(一) 合同风险

1. 招标文件风险

招标文件是承包商投标的主要依据。承包商在接到招标文件后必须认真研究其全部内容。因为在投标者须知、设计图纸、工程质量要求、合同条款以及工程量清单等中都存在着潜在的经济风险。承包商如对其研究不透，贸然投标，将导致以后履约过程中的多种风险。例如招标文件对工期的要求、对质量的要求，承包商有能力实现否，对其所提出的制约承包商条款，是否能够承受，必须要进行认真的分析，并根据分析结果采取相应的对策。

2. 合同双方责、权、利不对等带来的风险

业主利用有利的主导地位和起草合同的便利条件，把较多风险转嫁给承包商，其主要表现为合同单方面的约束性，不对等的责、权、利条款；合同中缺少因第三方造成工期延误或经济损失的赔偿条款；缺少对业主方或监理工程师工作效率低或发出错误指令的制约条款等，往往会使承包商自始至终处于十分不利的地位，并在经济上蒙受不应有的损失。

3. 合同文件不严谨带来的风险

承包商在签订合同前未对合同进行评审或评审不认真，致使合同条款中存在较多不全面、不完善，以至于语言模糊、不严谨的问题，没有得到很好识别和解决，给日后履约及工程索赔带来风险。

(二) 保函风险

对于承包商来说，保函的风险往往是比较大的。在国际工程承包运作的全过程中，保函的

受益人(业主方)凭保函向银行索偿的情况时有发生,其中尽管有因承包商违约而导致的,但也不乏有受益人的无理提款,甚至采取欺诈手段骗取赔付,而使承包商蒙受损失。给承包商可能造成损失的风险主要来源于:

(1)对招标文件理解不清,未认真研究其对保函有关要求;
(2)开具无条件保函而又无防范措施。
(3)开具可转让保函。
(4)未明确保函生效及失效时间。
(5)开具重复性保函。
(6)未关注保函的格式。
(7)未关注保函的减额。
(8)担保银行选择不当等。

有关保函风险识别及防范在"第七章　保函管理"中已作阐述。

(三)施工环境风险

施工环境风险主要包括地质条件风险和自然气象条件风险:

1. 地质条件风险

业主方一般应提供与工程项目相关的地质资料和相关技术资料,但实际上存在着其所提供的资料与实际有很大出入,造成承包商在施工中处理异常地质情况、地下水、地下障碍物等情况,这都会导致工作量增加和工期的延长。

2. 自然气象条件风险

主要表现在异常天气的影响,如台风、暴雨、暴雪、洪水、泥石流等不可抗力的自然现象和其他影响施工的自然条件,都会造成工期的延长或财产的损失。

(四)设计风险

1. 设计滞后

设计图纸提供不能满足施工进度需要,不仅会导致工期拖延,还会给承包商造成工效降低的损失,甚至由于窝工严重,致使劳务人员收入大幅减少,导致劳务人员聚众闹事酿成劳务风险事件。

2. 设计失误

设计错误多,设计变更量大,都会影响施工按进度计划正常进行,从而导致工期拖延和承包商工效降低。

(五)技术风险

1. 验收规范风险

由于业主方没有明确提出工程所遵循的技术标准、质量验收规范等,将影响工程的阶段验收和交付验收,从而导致工程收尾、结算方面的风险。

2. 施工技术风险

施工过程出现与承包商自身技术专业能力不相适应的工程技术问题,项目经理部各专业间又存在不能及时协调的问题等;由于业主方/监理工程师的技术能力不适应,对承包商所提出需要他们解决的技术问题,不能及时给予答复,使工程被迫中断或进度放缓。

(六)资源风险

1. 人力资源风险

(1)从我国国内派出劳务工人的进度缓慢或派出人数不能满足施工需要;另一方面是在工程所在国或其他地区招募劳务工人迟缓或不能按时进场,导致工程进展缓慢、工期滞延。

(2)劳务人员技术操作能力差,不能胜任计划安排的工作,导致工效低、施工质量差、工期拖延。

(3)劳务队伍素质差,劳务队伍内部管理不规范、报酬分配不合理,导致罢工或聚众闹事,造成不良社会影响和承包商经济损失。

2. 施工手段风险

承包商自有或租赁的施工手段数量及能力不能满足施工需要;现场缺乏施工设备的维修力量,设备故障不能及时排除,从而影响施工速度,导致工期延长。

3. 资金风险

国际工程项目一般都具有规模大,所需的资金量大的特点。由于业主支付工程款往往存在着一定的滞后性,如果承包商自有资金不足或者项目经理部资金运作不好,将会影响工程项目的正常进展。风险主要来自:

(1)由于业主方的原因或因承包商提供保函缓慢,导致工程预付款到帐迟缓,影响物资采购及施工准备,导致工期滞延。

(2)由于业主方资金不足或承包商月进度报表存在问题,致使工程进度款支付迟缓,影响施工正常进行。

(七)物资采购风险

1. 采购计划风险

采购策划、物资需求计划及物资采购计划失误或运作过程迟缓,导致物资采购时间过长,影响项目按进度计划施工,导致现场停工待料、工效降低、工期滞延。

2. 合同风险

包括合同签订风险、合同欺诈风险。

3. 物资运输风险

4. 价格风险

5. 采购资金风险

6. 验证风险

7. 存量风险

有关物资采购风险的识别及防范在"第六章 物资采购管理"中已做阐述。

(八)分包商风险

1. 分包商选择不当

因承包商未认真履行分包商选择程序,致使不合格分包商进场。因分包商技术能力及管理水平低,不能满足工程施工需要,致使工期滞延、发生质量事故等。

2. 分包商违约

分包商不能全面履行合同规定的责任和义务,不能按质、按量、按期完成分包工程任务,甚至中途毁约从而致使整个工程的工期滞延。

有关分包商风险的识别及防范在"第五章 分包商管理"中已做阐述。

(九)金融经济风险

包括存贷款利率变动、货币贬值,汇率变化以及工程所在国税种和税率等变化,导致承包商蒙受经济损失。

(十)履约风险

1. 业主方的风险

(1)合同履行过程中,业主方或监理工程师的工作效率低,不能及时解决现场发生的问题,不能及时批复承包商的报告文件,不能及时实施过程中的检验,甚至发出错误指令等导致工程进展缓慢和经济损失。

(2)有些经济不发达国家缺乏国际惯例意识,处理问题固执己见,使承包商不得不承受的一些经济损失。

(3)业主方经济状况恶化,导致履约能力差,无力支付工程款。

(4)业主方不诚信,不按合同规定进行工程结算,恶意拖欠工程款。

2. 承包商的风险

承包商不能准确把握合同要求,不能按合同要求履行自己的责任和义务,由于自方原因而工期拖延等,导致业主方的罚款或索赔。

(十一)质量风险

由于原材料、工程设备质量不符合要求,施工人员违反操作规程等原因导致工程质量事故,将导致工期拖延和经济、信誉损失。

(十二)政治风险

因工程所在国政局不稳、种族冲突、恐怖活动、战争等给工程施工带来不利影响,甚至导致工程中断,使承包商蒙受重大经济损失。因工程所在国国际收支困难而实行外汇管制,禁止或限制国际承包商将其合法收入转至东道国境外,使承包商蒙受损失,也属于政治风险的范畴。

国际工程承包中的大量事实表明,政治风险对国际承包商来说往往是造成损失最大的一种风险。

有关政治风险及其管理内容将在本节"五、政治风险及其管理"做更多阐述。

三、国际工程承包高风险的主要原因

国际工程项目既具备承包商祖国国内工程项目的特点(一次性、一品性、目标确定性、活动的整体性、项目组织的临时性、实施的渐进性等)之外，还具有复杂性、不确定性及高风险性。我国承包商参与国际工程承包，之所以存在比承包国内工程更大的风险性，其主要是因为：

1. 承包商国内总部支持服务难度大

项目经理部远离国内总部，具有资源及管理优势的国内总部对项目经理部支持服务较为困难，往往是承包商派出机构或项目经理部在异乡孤军作战，势单力孤。这些问题造成了项目资源配置周期长，工作量繁重，因而解决项目遇到的实际问题要比国内施工要困难得多。

2. 国际工程承包经验不足

我国工程承包商走向国际起步较晚，一方面十分缺少国际工程管理的相关人才，另一方面又十分缺少国际工程管理的经验，不能及时、准确识别国际工程承包中的风险或不能采取有效的预防风险事件发生的措施，因此导致较多承包商的项目利润低甚至发生亏损的问题。

3. 工程项目外部环境复杂

工程所在国的社会政治、经济、法律制度往往与承包商祖国国内具有很大差异。为了正常开展项目管理，承包商必须逐步熟悉、适应外部环境条件，包括必须获取、熟悉、掌握工程所在国的所有相关法律、法规、技术标准、施工验收规范甚至包括必要的国际惯例，这个过程往往是需要较长时间的。

4. 语言障碍问题

国际工程项目一般都会涉及到多种语言，对于国人来说经常存在着懂专业的语言不过关，语言行的又不懂专业的问题，这就造成项目管理中信息沟通交流的困难，往往会在对合同、图纸、技术标准的理解以及争议解决过程中产生歧义、误解甚至错误理解业主方/监理工程师的指令，从而导致工作失误，造成损失。

5. 地域文化差异问题

参与项目建设的主体成员来自不同国家，因此存在着文化、信仰、生活以及工作习惯、行为方式、标准等方面的差异，项目内部各主体之间时常因相互不理解，而产生矛盾，影响工作，从而导致了项目管理过程协调上的困难。

6. 工程所在国政局不稳定

目前我国承包商所涉足的一些有发展前景的工程建设市场多在新兴和经济欠发达国家及地区，例如中东地区、非洲多国，而这些地方的经济和社会政治状况多数不够稳定，暴力事件、社会骚乱频发，甚至爆发内战等。例如2010年底爆发的突尼斯全国性骚乱，接着埃及的社会动荡以及接踵而来的2011年2月份利比亚内战的全面爆发等，都给国际承包商带来了重大的不利影响；特别是利比亚的政治动荡使我国多家大承包商项目遭到袭击和抢劫，迫使我国10余家工程建设企业近3.6万人断然撤出，给我国承包商造成了重大的经济损失。

四、风险管理

(一)概述

国际工程承包尽管是一项高风险事业,但只要承包商能认真开展风险管理(Risk Management),就能规避或降低风险,甚至可以化风险为机遇,使项目工作得以顺利开展,从而促进承包商国际工程承包事业的发展。

风险管理起源于美国。第一次世界大战以后,美国于1929—1933年被卷入了严重的经济危机,这时管理者开始注意应采取措施来控制和消除风险,以减少风险给经营活动带来的不利影响。1931年,美国管理协会首先提出了风险管理的概念。风险管理自20世纪30年代兴起,而后在50年代得以推广并逐步得到了欧美许多国家的普遍重视。1983年在美国召开的风险和保险管理协会年会上,世界各国专家学者云集纽约,讨论并通过了"101条风险管理准则",它标志着风险管理的发展已进入了一个新的阶段。1986年,由欧洲11个国家发起成立的"欧洲风险研究会"将风险研究扩大到国际交流范围;同年10月,风险管理国际学术研讨会在新加坡召开,此时又将风险管理由环大西洋地区向亚洲太平洋地区发展。随着国际上对风险管理的研究的系统化、专门化,使风险管理逐渐发展成为了企业管理科学的一门独立学科。

1. 风险管理的含义

风险管理是指,组织(承包商、项目经理部)通过风险识别、风险分析和评价去认识过程的风险,并以此为基础,制定并落实各种预防措施,对风险实施有效控制和监督,妥善处理风险事件造成的不利后果,以最少的成本保证组织总体管理目标实现的全部工作。

风险管理具有生命周期性,在工程项目实施过程的每一阶段,均应进行风险管理,应根据风险变化状况及时调整风险预控措施,实现全过程的动态风险管理。

2. 风险管理的意义

国际工程承包是一项充满风险的事业,工程项目过程风险的多样性、综合性、复杂性,加上国际经济形势风云变幻,使得国际工程承包面临着更多的风险。由于承包商自身方面原因,在投标以及工程项目实施过程中不能有效识别风险,不能采取有效的预防措施,往往遭受很多不必要的损失,使得的项目盈利水平降低甚至亏损。

风险管理水平对承包商经济效益的直接影响是不言而喻的。做好项目的风险管理,可以有效规避或降低不必要的损失,从而降低成本,增加利润。承包商既然义无反顾地走向了国际,就必须迎着风险前进,这就要求我们必须正视风险,建立项目的风险管理体系,认真研究风险,认识风险的性质和可能带来的危害,确立风险管理目标,采取相应有效的预防措施,开展积极的风险管理,对风险能利用者则利用,不能利用者则规避、转移或降低其影响,从而达到最终降低项目成本、增加利润和实现效益最大化的目的。

总之,承包商在国际工程承包事业中,必须把风险管理当作项目经理部的一项重要工作来抓。

3. 风险管理的主要工作

对于承包商/项目经理部来说,项目风险的管理工作主要包括4个方面:

(1)风险识别;
(2)风险评估;
(3)风险控制;
(4)风险监控。

(二)风险识别

1. 风险识别的含义

风险识别即是排查或辨识工程实施过程中可能遇到(面临的、潜在的)的所有风险因素,并对它们作特性和可能引起后果的判断以及分类的全部工作。风险识别的主要内容:识别引起风险的主要因素、风险的性质、可能引起的后果。

2. 风险识别的意义

准确识别出承包商在国际承包工程中所面临的各种风险,是开展风险管理的第一步,即是实施风险管理的基础。只有识别了风险,才有可能开展有效的风险管理。

3. 风险识别的方法

风险识别的方法很多,如:头脑风暴法、德尔菲法、访谈法、排查表法、因果图法、流程图法、故障树法等。

(1)头脑风暴法　这是最常用的风险识别方法,它借助于专家型人员的经验,通过会议方式来分析和识别项目的风险。这一方法要求会议的组织者善于激发与会专家等人员的创造性思维,让他们畅所欲言,表达自己的看法。此方法仅对风险源进行识别,不进行评估。

(2)德尔菲法　德尔菲法是邀请专家匿名参加项目风险识别,主要是通过信函调查方式进行。调查人员采用问卷方式征询专家对项目风险方面的看法,而后对问卷进行整理、归纳,再反馈给专家,以便进一步讨论。经过几个回合后,可以在主要的风险上达成一致意见。

(3)访谈法　访谈法是通过对企业内外的有丰富项目管理经验的人员访谈,来识别项目的风险。组织访谈的人员要选择合适的访谈对象,向被访谈人全面介绍项目的相关内外部环境以及各种制约信息,以便启发受访人的思路;访谈对象依据自己的实践经验以及所掌握项目的有关信息,对项目风险进行识别。

(4)排查表法　排查表法是调查人员依据自己丰富的项目管理知识及丰厚的项目管理经验设计而成的。这一方法的特点是,能全面、系统地识别项目的风险,且简单易行,故多被采用。它的不足在于,受排查人员个人的经验、水平所限,风险识别可能会有遗漏,因而排查表会有一定的局限性。排查表设计的思路是尽可能详细开列出项目所有的风险类别,然后在每一类别中再排查风险因素。排查表示例见表12-1。

(5)因果分析图法　因果分析图法是利用因果图的形式将风险因素与可能导致的结果之间的关系表示出来的一种方法。风险因素分析一般是从 4M1E 即:人(作业者、管理者)、机(施工机具设备、手段)、料(工程材料)、法(施工工艺)和环(外部及作业环境)等5个方面入手。

(6)流程图法　流程图法是将项目实现的全过程,按其内在的逻辑关系制成流程图;针对流程中的关键环节和薄弱环节进行排查和分析,分别找出风险因素。运用流程图分析,排查人员可以较准确、较全面地识别项目的风险。

表 12-1　项目风险清单（示例）

风险	风险因素	风险级别				
		Ⅰ	Ⅱ	Ⅲ	Ⅳ	Ⅴ
设计风险	设计图纸的提供不能满足施工进度要求					
	设计水平不高、设计变更多，影响施工					
	设计监理方审核图纸速度慢					
	设计错误及疏漏多					
	设计与现场结合不到位					
	图纸翻译错误					
工期风险	新技术、新工艺掌握不成熟					
	技术管理力量不足					
	劳动力不足					
	劳务队伍进场迟缓					
	施工技术方案实施难度较大					
	施工工艺落后					
	施工机具设备不足					
	施工作业手段不配套					
	物资进场迟缓					
	进场物资不合格					
	监理工程师节假日休息,中间验收不及时					
	业主资金不到位					
	市场工程材料紧张,采购困难					
	水电资源不足					
	雨期过长					
	工程变更多					
质量风险	未建立质量管理体系或体系运行不正常					
	无专职质量管理人员					
	缺少质量管理制度					
	过程质量监督检查力度不够					
	未编制专项施工技术方案					
	重大技术方案未组织专家论证					
	施工技术交底不认真（仅是书面交底）					
	未进行施工技术交底					
	施工技术方案未得到落实					

续表

风险	风险因素	风险级别				
		I	II	III	IV	V
质量风险	过程检验试验未及时跟进					
	使用未经验证的物资					
	施工作业者违反技术操作规程操作					
	施工作业过程弄虚作假					
安全风险	无专职安全员或专职安全员力量不足					
	缺少安全管理制度					
	未建立职业健康安全管理体系或体系运行不正常					
	安全防护不到位					
	劳动保护用品不足					
	不能正确使用劳动防护用品					
	未编制专项安全技术方案					
	未进行安全技术交底					
	未进行三级安全级教育培训					
	缺少过程安全监督检查					
劳务风险	劳务队伍人员整体素质水平低					
	缺少劳务管理制度					
	劳务人员收入低					
	劳务人员工资不透明					
	劳务人员伙食质次价高					
	承包商不能直接管理到施工班组,中间存在劳务管理层					
	不及时发放(拖欠)劳务人员工资					
	劳务公司对劳务人员承诺不兑现					
自然条件风险	洪水					
	台风					
	地震					
	泥石流、滑坡					
	地下水位高					
	雨季雨量集中					
	气温长期偏低					
	高温期过长					

续表

风险	风险因素	风险级别				
		Ⅰ	Ⅱ	Ⅲ	Ⅳ	Ⅴ
作业环境风险	施工场地十分狭窄					
	周边社区复杂,居民干扰					
	地处闹市,交通拥堵					
	项目周边无市政配套设施					
业主方风险	诚信度差,议定的事项不落实					
	资金不到位,要求承包方垫资					
	恶意拖欠工程款					
	现场代表水平差,不懂得工程建设管理					
	业主指定分包商,要求承包商与之签订合同					
分包方风险	队伍技术素质水平不高					
	不能及时进场					
	分包商违约					
	劳务人员不足					
	管理人员不足					
	偷工减料					
	不服从总包管理					
	施工机具设备不足					
合约风险	对业主招标文件未全面理解					
	投标报价失误					
	合同条款模糊语言多					
	合同制约值承包商条款多,制约业主方条款少					
	合同规定索赔条件苛刻					
	合同主管部门未进行合同交底					
物资采购风险	物资需求计划滞后					
	供应商选择失误					
	供应商欺诈					
	采购合同缺陷					
	采购资金不足					
	物价上涨					
	物资验证周期长					

续表

风险	风险因素	风险级别				
		Ⅰ	Ⅱ	Ⅲ	Ⅳ	Ⅴ
物资采购风险	物资运输周期长					
	物资清关经验不足					
	物资验证失误,质量、数量不符合要求					
资金风险	略					
汇率风险	略					
索赔风险	略					
政治风险	略					
略						

(7)故障树法(Fault Tree Analyzing Method) 故障树法简称FTA,它是用于大型复杂系统可靠性和安全性分析的一个有力工具。利用FTA来分析一个系统,其所关心的是找出造成某一不希望事件(顶端事件)发生的可能原因;并采用演绎的方法找出使顶端事件发生的可能的次级事件,反映各次级事件引起顶端事件发生的逻辑关系,这种关系用图形表示出来好似一棵以顶端事件为根呈倒立生长着的树,故障树因此得名。

在一般的工程项目风险识别中使用最多的还是头脑风暴法和排查表法。

(三)风险评估

1. 风险评估的含义

项目的风险评估类似于职业健康安全管理体系中的风险评价。职业健康安全管理体系的风险评价是指从若干所识别出的危险源中评价出发生事故可能性大,且一旦发生问题,损失比较大的危险源,即安全风险。

而"风险管理"中所言的风险评估,则是从所识别出的所有风险因素中,评估出那些发生概率高,且一旦发生其所造成不利影响比较大的风险因素。也就是说风险评估的任务是依据风险发生的概率以及风险后果的严重程度,确定必须给予高度关注的关键风险因素,确定风险区域、风险排序和可接受的风险基准。

2. 风险评估的意义

风险评估是风险管理的第二步工作,其目的是针对所评估出必须给予高度关注的关键风险因素,制定并落实风险控制计划,防止其引发风险事件,进而避免产生危机。

3. 风险评估的方法

对于工程承包商来说,风险评估可主要考虑采用"风险概率及后果分析法"和"矩阵图法"。以下主要介绍风险概率及后果分析法。

风险概率及后果分析法是管理者根据自己的经验,去分析估计风险事件发生的概率和风险事件后果所可能造成的损失的严重程度,以确定某风险的等级。风险等级可用下式表达:

$$风险等级 = 风险概率 \times 损失严重程度$$

(1) 风险概率　可以利用历史资料,即借鉴以往条件基本相同工程项目的情况,通过调查各潜在风险在长时期施工过程中出现的次数,来估计每一可能事件的概率,这种估计就是每一事件过去已经发生的频率;也可以是项目管理者根据自己长期工作的经验,去分析某风险事件发生的概率。为了便于操作,我们可以将发生的概率归纳为三种情况:很大、有可能、很小。

(2) 风险事件的损失　包括:政治性的、经济性的、技术性的。可依后果的损失严重程度,将其划分为三级,见表12-2。

表 12-2　风险损失级别

风险损失级别	损失严重程度
轻度损失	后果损失小,可以忽略,可不采取专门控制措施
中度损失	后果损失较小,暂时还不会造成人员伤亡和系统损坏,应考虑采取控制措施
重大损失	后果严重,会造成人员伤亡和系统损坏,需立即采取控制措施

(3) 风险等级　根据分析的风险概率及后果损失严重程度,可以确定风险等级,参见表12-3。

表 12-3　风险等级

风险等级＼损失严重程度＼概率	轻度损失	重度损失	重大损失
很大	Ⅲ	Ⅳ	Ⅴ
有可能	Ⅱ	Ⅲ	Ⅳ
很小	Ⅰ	Ⅱ	Ⅲ

风险等级说明:Ⅰ—可忽略风险;Ⅱ—可容许风险;Ⅲ—中度风险;Ⅳ—重大风险;Ⅴ—不容许风险。

(四) 风险控制

1. 风险对策原则

风险控制对策原则见表12-4。

表 12-4　风险控制对策原则

风险等级	控制对策
Ⅰ可忽略的	不必单独采取控制措施,且不需保留文件记录
Ⅱ可容许的	不需采取另外的控制措施,但应考虑效果更好的方案或寻求不增加成本的改进措施,并监督其落实
Ⅲ中度的	应尽力降低风险,在规定期限内落实降低风险的措施

续表

风险等级	控制对策
Ⅳ重大的	只有待风险降低后才能进行相关工作。为降低风险,需配置足够的资源。如风险涉及到正在进行的工作时,应采取应急措施
Ⅴ不容许的	只有当风险降低到足够程度时,才可开始或继续工作。如果加大投入,尚不能降低风险,就应禁止所有的相关工作

2. 风险对策方法及其选择

风险对策方法:首先是考虑规避风险,其次是转移风险、再次是降低风险,最后是自留风险。

(1)规避风险 规避风险:考虑到风险事件的存在和发生的可能性,采取放弃或拒绝实施的方法,即切断风险源使其不发生或不发展,从而避免可能产生的潜在损失。规避风险具有简单、易行、彻底的优点,能将风险的概率保持为零。一般来说,采用规避风险措施需要做出一些牺牲,但较之承担相应风险,这些牺牲比风险真正发生时可能造成的损失要小得多。规避风险是一种消极的预防措施,在规避了风险的同时,承包商可能会失去获利的机会,会导致其安于现状,不求进取,进而影响企业的发展。

规避风险的具体方法:放弃或中止相关活动,改变某项活动的性质。如放弃不成熟的工艺,避免雨季的基础作业。

在国际工程承包中,承包商也常采用规避对策,如在工程投标前,经过充分研究分析,认为欲投标工程的风险较高,若承包则其亏损的概率很大,因此决定放弃投标。

采取这种对策的条件:
①当风险可能导致的损失较高,且承包商对此风险已有足够的认识时;
②当采用其他对策的成本及效果不理想时。

需要说明的是,由于规避风险只是在特定的条件下才能有效,有时规避了这种风险,可能又产生了另一种风险;另外有些风险虽然可能规避,但成本过大。如雨季不安排基础施工或室外作业,则可能会延误工期,遭受业主罚款。因此采取此对策时需综合平衡考虑。此外,有的风险不能规避,如台风、地震、洪水等自然风险,即必须面对。

总之,规避风险的方法具有一定的局限性,只有在风险可能规避的情况下,才有效果。

(2)转移风险 转移风险是承包商设法将风险转移给他人,包括风险的结果以及应对风险的责任。转移风险是建设工程风险管理中广泛应用的一种对策。

根据风险管理的理论,风险分担的原则:应由最适宜承担该风险或最有能力进行风险控制的一方承担,只有符合这一原则,转移风险才是合理的,这样可以取得双赢的效果。

转移风险分为两种形式:合同形式和保险形式。

①通过合同的方式,转移风险。其主要方式有:

• 合同转让或工程分包。一个有经验的国际工程承包商,都会采用专业分包方式,把自己非专长的工程或风险较大的工程分包出去,使自己集中精力做好总承包的合同管理工作。如对于大跨度的网架结构,因高空作业多,技术复杂、施工难度大,风险较大,总承包商可以分包给专业公司承担,这类工程对自己来说是风险,对专业分包商可能就不是风险。当然对于承包商来讲,转移风险也必然伴随着获利机会的转移。

- 在业主合同中,清晰规定相应责任。对于预测到的合同风险,在谈判和签订工程合同时,采取双方合理分担的方法。如在国际工程项目承包中的很多风险都是与业主和承包商设计工作责任的分配有关。即一旦在工程施工过程中出现了与设计有关的问题,就需要很清楚地追究由谁来对设计问题所引起的后果负责。

- 以合同形式将风险转移给联营体的合伙人、工程分包商,设备材料供应商。承包商可要求联营体的合伙人、工程分包商,设备材料供应商等接受业主合同文件中的相关合同条款,使他们分担一部分风险。一般国际通用的分包合同范本中对此有明确规定,熟悉国际惯例的分包商都能接受这类条件。

- 第三方担保。即合同的一方要求另一方为其履约行为提供第三方担保,其担保形式主要为各种形式的保函。这种方法是指合同一方(保证人)和另一方(受益人)约定,由保证人委托第三方(一般多为担保银行)作为担保,当保证人不履行规定的义务和责任时,担保方应按照约定向受益方履行赔偿责任。当前国际上普遍采用保函制度,在工程招投标和合同履约过程中实行银行保函制,以转移风险。关于第三方担保的有关内容参见"第七章 保函管理"。

②购买工程保险,转移风险。通过承包商或业主购买工程保险来将本应由自己承担的工程风险(包括第三方责任)转移给保险人(公司),从而使自己降低损失或免受损失。购买工程保险是风险转移最常用和最重要的方式。

工程保险是指承包商为了工程项目的顺利实施,向保险人(保险公司)支付保险费,保险人根据合同约定对在工程建设中可能产生的财产和人身伤害承担赔偿保险金责任。如当工程出现保险范围内的风险事件而造成经济损失时,承包商可向保险公司索赔。通过保险还可以使承包商对工程风险的担忧减少,从而可以集中精力组织施工,提高目标控制的效果。同时,保险公司还可向承包商提供全面的风险管理服务,从而提高整个工程建设风险管理的水平。但需要指出的是,工程保险并不能转移承包商所有的风险,这是因为存在不可保风险,以及有些风险不宜采用工程保险的转移形式。

关于项目保险管理详见"第十五章 工程保险管理"。

(3)降低风险 降低风险是指承包商针对已识别到的风险,采取相应措施,以最大限度地降低风险的一种对策。降低风险包括了两个方面的思考。一个是降低风险发生的可能性,一个是降低风险产生后果的严重程度。

例如对于安全风险性较大的建筑工程外装修施工,不同的施工技术方案有着不同程度的安全风险,承包商应选择发生安全事故可能性小的施工技术方案。如尽可能地不采用吊栏方案,而采用外脚手架方案。

(4)自留风险 自留风险又称自承担风险,它是一种由承包商自己承担风险事件所致损失的一种对策。它与其他对策的区别在于,它不改变工程风险的客观性质,既不改变工程风险的发生概率,也不改变工程风险潜在损失的严重性。

当承包商有能力承受,或无法规避及转移的,必须由承包商自己承担风险后果时,应采取自留风险的对策。对于这类风险对策,承包商须采取有效的预控措施。如对于工期短,业主对工程交付期后门关死的工程，承包商既然承包下来，就必须千方百计地确保按质、按期完工，否则将面临误期罚款。

(五)风险管理计划

风险管理计划也称风险应对计划。它是针对风险评价的结果，为了有效控制风险，确保项目管理目标的实现所制定的控制计划，类似于企业的环境管理计划及职业健康安全管理计划。

1. 风险管理计划编制

风险管理计划的实质就是针对评价出的重大以上级别的风险，制定有效的控制措施，其主要内容包括：

(1)需控制的重大风险。
(2)控制目标。
(3)控制职责与权限的分配。
(4)预控措施。
(5)相应的预算。

2. 风险计划编制示例

附件12-1为针对劳务风险编制的一份风险管理计划的示例。

(六)风险管理计划的实施及监控

为了保证风险管理能达到预期的目标，承包商必须认真落实风险管理计划，即根据风险管理计划的要求，承包商/项目经理部各部门、岗位分别落实自己的风险管理职责。

风险管理的主管部门应定期或不定期地检查各部门、岗位风险控制职责落实情况，全面跟踪并评价风险管理计划的执行情况及效果，即开展类似于质量管理体系的"过程监视和测量"的监控活动。

在监控过程中，要及时发现那些新出现的以及预先制定的策略或措施成效不佳或性质随着时间的推移而发生变化的风险，并及时反馈，根据对工程项目活动的影响程度，重新进行风险识别、评价，并修订风险管理计划。

风险监控是一个连续的过程，有效的风险监控工作可以及时发现失控问题。对于监控活动发现的不符合，监控部门/人员应及时发出不符合整改通知，要求责任部门处置或采取纠正措施。通过这样的活动，确保风险管理工作得到有效的落实，从而保证风险得到全面有效的控制。

(七)风险利用

风险与机遇并存，规避所有的风险，将使承包商失去发展的机遇。承包商如能正确面对风险，主动迎接挑战，就有可能将风险化为企业的活力。风险利用是指承包商利用人们畏惧风险、追求安全平稳的心理，在参与确实存在有风险的活动中，依靠自身有效的风险管理，利用可谋利的机会，以获取更大利益的全部工作。因此说，研究如何利用风险为企业获利也是项目风险管理的一个课题。

1. 风险利用的可能性

风险按其可利用的性质来划分，有两种情况：一种是不可利用的，即纯粹风险，它只能是造成损失或不造成损失；另一种是可以利用的，即投机风险，它尽管可能会造成损失，但也可能为经营者提供获利的机遇。项目管理者需要研究的是如何利用后一种风险，为企业谋利。

国际工程承包实践证明，风险与机遇、风险与利润共存，承担一定的风险往往是获利成功的前提；完全拒绝风险，承包商就很难获得较好的利润效果。只要承包商能把握住对风险的认识及对其实施有效的控制，避免失误，往往能在不利的情况下获得较大的利益。

2. 风险利用的原则

对投机风险的利用决不是抱有侥幸心理的冒险行动，事先必须进行科学的分析，把握时机，因势利导，灵活处理。具体说，风险利用应坚持以下几方面原则：

(1) 具有风险利用的可能性

承包商应认真、客观地分析风险因素可能导致的结果，分析利用的可能性及其收益。只有当有利用的可能性，且会带来一定的收益时，或利用风险所付出的代价远小于风险利用获利时，才考虑利用之。

(2) 具有承受风险的能力

承包商应认真评估自己承受风险的能力，即必须具有承受一定风险损失的能力。

(3) 获取合法利益

利用风险获利必须是符合工程所在国的相关法律，即不能违法获利。

(4) 精心策划

对于决策利用风险后，必须精心策划，制定相应的策略和详细实施方案，确保风险利用目标实现。

3. 可利用的风险

(1) 利用环境条件风险　对于有些国家自然条件较差，甚至时有恐怖活动发生的情况，承包商可表示无意承揽这些地域的工程，使业主认识到实施该项目风险极大，使其接受高价承包的要求。承包商在利用这种风险时，应认真分析利用这种风险的代价，评估自己的承受能力，然后做出决策。

(2) 利用合同风险　合同条款不严谨常常给承包商带来很多后患和麻烦。有时合同双方可能因一些含混不清、模棱两可的条款而争论不休，其争论的结果，可能对业主有利，也可能对承包商有利。作为经济合同经验丰富的承包商，特别是在签订分包、采购、运输等合同时，借起草合同文本的有利条件，在充分研究项目特点的基础上，对某些条款力求详细、严谨，以保证自身利益。

(3) 利用风险进行索赔　工程承包外部环境的风险，如政治风险、自然风险，可以作为向业主或保险公司索赔的因素。承包商通过预测和应变策略，可在风险事件发生前采取有效的防范措施，尽可能地减少实际损失，而对业主方不能对承包商及时采取有关保护措施或工作失误等，向业主方或保险公司进行索赔。

五、政治风险及其管理

随着越来越多的中国建筑企业走向国际工程建设市场,应对政治风险的问题也显得愈来愈突出。中国承包商应清醒地认识到,在海外市场从事工程建设将面临着比国内更多更大的风险,尤其是应高度关注原本并不为人们广泛重视的政治暴力和恐怖主义等所导致的政治风险。中国承包商只有全面、系统地了解和认识政治风险,掌握其形式、特征及规律并对其采取有效的风险管理措施,才能在风云变化的国际建筑市场中占有一席之地,加速国际化进程。

(一)关于政治风险

1. 政治风险的含义

政治风险(Political Risk)是工程所在国(东道国)国内的政治事件给国际承包商的经济利益带来不利影响的可能性。这些事件一般包括:工程所在国的政权不稳或更替、政策的重大调整、社会动荡、暴力冲突、恐怖活动、战争,以及工程所在国与承包商祖国或与第三国外交关系的恶化等。

美国学者杰夫利·西蒙(Jeffreg D. Simon)1982年在其《政治风险评估:过去的倾向和未来的展望》一文中指出:"政治风险可视为政府的抑或社会的行动与政策,或源于东道国或源于其外,对有选择的或者大多数国外经营与投资者所产生的不利影响。"

政治风险是国际承包商在国际经营中经常遇到的一种风险。这种风险存在于包括经济发达国家在内的众多国家中,但在一些发展中国家中相对比较严重。

2. 政治风险的主要根源

导致政治风险的根源比较多,主要有以下几方面:

(1)东道国国家政策的不稳定性　工程所在国都在根据本国的实际情况不断调整国家的产业政策及相应的对外开放政策,不断改变工程建设市场的政策环境,使已实施的投资项目所享受的优惠条件或待遇大打折扣或优惠条件不复存在。

(2)所谓"中国威胁论"的影响　西方一些国家和对华抱有敌意的政客们别有用心地把国际高油价和一些国家高失业率等问题的责任归罪于中国的经济高速发展,从而形成了"中国威胁论"。包括建筑业在内的众多中国企业在海外经营往往过分追求经济利益,而缺少建立本土化的公共关系意识,较少探讨实施有效的本土化的经营战略,则很容易引起工程所在国众多方面的"排华"情绪,从而导致对中国企业的暴力冲击、绑架和肆意抢掠。

(3)政府腐败、民族主义、党派之争与宗教矛盾形成的历史问题　许多发展中国家,如中东、非洲一些国家长期存在的政府腐败、党派之争、民族怨恨、宗教矛盾等使其国内始终各类矛盾交叉,问题重重,一旦矛盾激化便会导致全国性的动乱甚至爆发内战。例如2011年2月于利比亚爆发的对中国承包商产生重大影响的内战,主要根源就是其部族矛盾等问题。

(4)国际承包商与东道国国家利益的冲突　国际承包商对东道国国家经济发展、特别是对当地建筑商经济利益的影响,以及对东道国国际收支,对东道国货币外汇价值的影响、使用当地劳务的力度不够而对其当地失业率产生的不利影响等,都会导致其与工程所在国相关方面的利益冲突。

(二)政治风险管理(Political Risk Management)

1. 政治风险管理的含义

对于国际承包商来说,政治风险管理是指企业在进行对外工程承包或其他经济贸易活动时,为了避免由于东道国政治环境方面发生不利的变化而给自己造成不必要的损失,针对东道国政治环境方面发生变化的可能性以及这种变化对自身的工程承包和经营活动可能产生的负面影响进行有效的评估,从而提前采取相应的对策,以规避或降低因东道国政治方面的变化而给企业带来的损失的全部工作。

2. 政治风险管理的现实意义

中国工程建设企业需要高度关注完全不同于国内环境的政治风险,因为一旦在工程建设过程中遭遇政治风险事件,必将给承包商造成重大的经济损失。例如2011年2月爆发的利比亚内战严重波及了中国企业所承包的合同总金额高达188亿美元的50个大型项目,战乱迫使这些项目全部停工,项目施工机具设备、资产被盗抢,迫使我国政府断然采取措施撤出3万余员工,给我国和中国承包商造成了巨大的经济损失。特别需要指出的是,目前我国众多工程建设企业多集中在中东和北非这些矛盾冲突最为集中的地区,宗教冲突、民族矛盾、大国博弈、领土争端、恐怖活动等问题极易引爆进而成为政治风险事件。为了规避和最大程度地降低政治风险事件给企业造成的经济损失,保证我国国际工程承包事业的健康发展,我国承包商必须高度关注和强化政治风险管理工作。

3. 政治风险管理的主要工作

走出国门迈向国际建筑市场的承包商不能仅凭自己对国际市场的肤浅认识和点滴经验贸然进入某一国家开展大量的工程建设承包业务,而必须要有强烈的政治风险意识,并高度关注政治风险管理,采取有效的风险控制手段及措施,这样才能保证企业不断地发展壮大自己的国际工程承包事业。具体地说,政治风险管理的主要工作包括:

(1)政治风险识别与评估　承包商应依据所掌握的欲进入国家的相关资料或进行必要的考察,对其国家政治经济形势、对外开放政策、国家政党、宗教派别的关系及存在的矛盾程度、国家就业形势、对输入劳务队伍的政策以及与我国的外交关系及友好状态等等进行全面的排查和分析,并据此决定是否进入工程所在国或确定进入的范围和深度。在决定进入工程所在国时,承包商应在识别政治风险因素的基础上,评估出必须给予高度关注的关键风险因素。

(2)采取对策　根据评估出的关键风险因素,依据对规避、转移、降低、自留风险的可能性的分析,有针对性地采取对策,制定承包商/项目经理部的风险管理计划。

(3)落实对策　承包商/项目经理部应明确风险控制职责。并落实到人,以便有效准确地落实制定的风险管理计划。

(4)调整对策　承包商/项目经理部需注意在进入工程所在国后要继续对东道国进行更深入的调查了解,以识别出新的风险因素,并再次进行评估,以便更好地调整原计划。

(5)制定应急预案　承包商/项目经理部应针对可能发生的政治风险事件,制定应急预案,并在可能的情况下进行必要的演练,以便发现应急预案的问题并及时改进。承包商/项目经理部还应注意与我国驻东道国使领馆保持经常联系,这不仅可尽早获取有关工程所在国更多更准确的政治风险方面的信息,而且还可在遇到突发政治风险事件时尽早获得他们的指导和帮助(关于应急预案的编制方法和内容,参见"第十章　项目安全管理")。

4. 政治风险保险

风险控制对策的重要手段之一是转移风险,购买政治风险保险是承包商进入政治风险较大的国家所必须考虑的一个转移风险的对策。

2011年2月发生在利比亚的严重社会动荡,极大影响了我国十几家中资承包商的切身利益,不但迫使工程全部停工,而且还因队伍全部撤离,大量设备机具、设施无法带走,造成承包商的重大经济损失。如果承包商能够投保相应的政治风险保险,则可在一定程度上大大降低这方面的损失。也就是说,承包商/项目经理部可以就项目的资产等情况投保政治风险保险。需要说明的是,管理者们不能将承包商/项目经理部已购买的建筑工程一切险、安装工程一切险、施工机具设备险等视为可以保障其在政治风险事件中所遭受的财产损失,因为这些险种,保险公司是不承担因政治风险事件所造成损失赔偿责任的。

目前国际上政治风险保险的承保责任为:赔付因战争、类似战争行为、叛乱、罢工及暴乱以及东道国政府当局征用或没收,因政府有关部门汇兑限制,使投资者不能按规定把可以汇出的外汇汇出等方面造成的损失。该保险通常可与工程保险或财产保险一起投保。

承包商/项目经理部在投保政治风险保险时,应选择大型保险公司。因为他们的资金实力雄厚,承保能力强,并有能力聘请具有专业技能或相关专业知识的风险评估专家,确定更精确、更符合客户要求的保障方案。目前国际上,很多保险公司都可以承保政治风险险种。国际上一些比较大的保险公司,如伦敦劳合社旗下的辛迪加保险公司、美国AIG保险公司、美国美亚财产保险公司等,是这类保险的主要提供商。我国的"中国出口信用保险公司"(中国信保)也开展承保政治风险业务。

但不能不看到,政治风险保险市场也会根据国际市场的形势变化而做出必要的紧缩调整,包括保险费率的调整和增加拒保国。如在2011年2月前后爆发北非特别是利比亚动乱后,一些保险公司可能就会谨慎承保。对保险公司来讲,承保政治风险保险业务时,因其技术要求很高,往往都需要详细地考察所承保项目的类型、所在地域环境、投资额等,而后才做出是否接受承包商的投保申请的决定。

为慎重起见,中国承包商在投保政治风险保险前,应向有一定权威的咨询机构进行咨询,征求专家的意见,尽可能选择信誉高、承保能力强的保险公司;在确定承保范围时应尽量覆盖足够宽的范围,从而降低因政治风险事件归类不同而产生的不确定性。例如在2010泰国红衫军示威活动期间企业遭受损失后而不能获得赔付,就是因为对某些事件行为是否应归为恐怖主义还是政治动乱存在分歧,而其所投保的恐怖主义保险并不覆盖民众骚乱的缘故。

有关保险的办理及索赔的程序参见"第十五章　工程保险管理"。

第二节 项目危机管理

一、项目危机概述

(一)危机及项目危机的概念

许多学者及专家站在不同的角度给危机做出了不少定义。综合他们的认识,可以这样认识危机:能够给承包商带来高度不确定性和高度威胁的、非常规的风险事件。

对于国际承包商,应更多关注和研究项目危机。凡是可能给承包商以及所承包工程项目的信誉及经营造成重大负面影响或重大损失的风险事件都应被看作为项目危机。广义的项目危机可认为:项目管理素质及管理水平低下所导致的严重不良经营状态。

例如,国内某一世界500强的大型国际承包商在非洲某国承担的近8万平米一大型多层钢筋混凝土框架结构的住宅区工程,其选择的国内分包商为一低素质的民营企业。该分包商的项目管理人员数量少且素质低,对于工人在施工中所遇到因柱轴线偏移、框架柱模板合不上模时,采取割掉一侧主筋或去掉下部箍筋的方法合模,骗过监理工程师检查后而浇筑混凝土的欺诈做法置之不理。直到大部分工程的主体都快完工,当工人再次用电焊割钢筋解决合不上模板问题的时候,被在地面巡视的监理工程师发现(他不明白支模板怎么还会动电焊),于是问题大暴露,从而极大地震动了监理方、业主方和当地政府质量监督部门。在后来对工程组织的全面解体调查中发现,已完工程30%的框架柱钢筋有此类问题,于是导致了业主及当地国家质量监督部门对这个公司所承建的其他几个住宅工程项目质量产生了严重不信任感,并决定对该承包商承担的其他工程项目也进行柱筋解体检查,并向法院起诉承包商的严重弄虚作假行为。这一质量风险事件造成了承包商重大信誉及经济损失,酿成了一场严重的质量危机。这一事实说明了这场质量危机就是项目管理素质低下所导致的严重不良经营后果。

此外还需要说明的是,危机还不等同于灾难,灾难是危机处理不当所造成的不良后果。

(二)危机与风险事件的联系和区别

在很多场合下,管理者们经常把"危机"术语与"风险"术语同时交替使用。上一节已经介绍"风险"的含义:损失发生的不确定性;风险事件是指因风险因素未得到控制而导致损失发生的偶发事件。从这里可以看出,风险事件与危机是有联系的,它们都会给承包商造成负面影响或损失,而严重负面影响的风险事件将导致成危机。因此可以认为,项目风险既是导致风险事件发生的根源,也是导致项目危机的前提和诱因。

危机与风险事件的区别在于,并非所有的风险事件都会引发危机,而只有当风险事件所造成的损失、危害达到一定程度或更大范围时,才会演变为危机。

(三)项目危机的范围

项目危机包含在项目内外部的各方面,内部管理方面的危机,如:人力资源危机、资金危机、质量危机、品牌危机、文化危机、安全危机、公共关系危机等。外部环境的危机,如:自然危机、政治危机、金融危机、疫情危机、安全危机、能源危机等。

(四)危机的特点

危机的主要特点可概括为:

1. 突发性

在预测范围或预防措施以外,突然发生。如施工过程中房屋倒塌、基础沉陷。

2. 危害性

发生危机往往给承包商带来重大经济损失或人员伤亡。

3. 客观性

危机无时不在,无所不有,它存在于项目管理工作的方方面面,因此管理者对此必须给与高度重视。

4. 紧迫性

危机一旦爆发,如果不及时控制,任其急剧发展,必将会给承包商带来更大的损失;而且如果不及时采取外部措施,可能会在社会上造成广泛的不利影响。若对危机及时处理得当,不但可以防止灾难的发生,而且还可能转危为机(机会)。

(五)危机可能对承包商造成的危害

(1)使承包商声誉受到明显的损害;
(2)业主乃至公众对承包商的信任度下降,导致市场竞争力下降;
(3)承包商经营利润减少或亏损;
(4)员工忠诚度下降;
(5)造成重大经济损失等。

(六)项目危机的主要诱因

1. 管理意识偏颇

承包商乃至项目经理部的管理者对项目管理重视不够,较多单位存在着的"重视现场,忽视管理;重视经营,忽视技术;重视进度,忽视质量;重视施工,忽视设计"等等的不良倾向,长期统治着项目经理部运作的全过程,以至于埋下了很多的潜在风险,而对此又不能及时觉察和认识。

2. 不适应国际工程承包模式

我国对外承包工程有较多的项目经营亏损,甚至还遭到业主罚款等等,其中一个十分重要的原因是不善于组织工程设计阶段的工作。也就是说我国的承包商囿于国内的工程承包管理模式,还不适应国际上的设计加建造的承包模式,即不善于组织项目的工程设计或二次设计工作,导致施工过程中一系列进度、质量及履约问题,而最终导致项目经营的失败。

3. 经营策略不当

国际建筑市场充满着激烈的竞争,为了赢得市场,必须采取相应的经营策略。但我们的一些承包商不是从加强内部管理入手,以自己的实力去占领市场,而是一味地靠低价参与竞争,甚至靠贿赂等违法手段去承揽项目,为项目的日后经营留下了潜在的危机。

4. 处理风险事件不当

(1)对于已发生的风险事件不认真地去分析处理,而仅仅是处理表面问题,并未消除造成风险事件的根源。

(2)风险事件发生后,不能正确处理公共关系问题,特别是不善于与当地政府及新闻媒体的沟通交流,使风险事件发展成为危机。

5. 施工过程控制不力

承包商乃至项目经理部的管理者不重视施工过程的过程控制,以至于施工过程中的问题、隐患得不到及时的发现和制止,任其自由发展,以至导致重大安全、质量事故的发生,酿成安全或质量危机。

6. 对外沟通不力

承包商/项目经理部主要管理者不善于与业主、监理工程师、质量监督部门的沟通和交流,加上语言的障碍,往往互相不理解,甚至造成误解、隔阂,对于本来很好解决的问题,不能及时有效的处理,形成了多方面的潜在风险。甚至有的承包商,还试图沿用在国内似乎屡试不爽的贿赂办法去解决出现的令人关注的问题,结果往往适得其反。

二、项目危机管理的基本概念

(一)危机管理的含义

危机管理是指通过危机监测、危机预警、危机决策和危机处理,达到避免、减少危机产生的危害,甚至将危机转化为机会的工作总和。简言之,危机管理是一种使危机对项目造成的潜在损失最小化,并有助于控制事态的管理。

(二)危机管理的意义

"危机"这一词语,从字面上就体现了它的内涵。"危"表达的是潜在的危险,"机"则表达了可能会出现的机会;"危机"既反映了它的危害性,同时又反映了它的机会性。对于危机处理不力,会使承包商遭受重大的损失,而如果处理得当、及时,不仅会转危为安,甚至可能还会带来正面的机会或收益,进而给承包商带来更好的机遇。但要达到正面转化的目的,则需要承包商有健全的危机管理机制以及该机制能正常发挥其效能。

由于国际工程承包的特点以及其运作的全过程伴随着众多的风险,工程实施过程中一些不确定的风险因素都有可能引发危机。因此承包商必须重视危机管理,以便能及时辨识出潜在危机,并采取预控和应对措施,防止危机的爆发或防止危机影响的扩大,最大程度地减少损失,以保证项目的经营效益。

(三)危机管理的基本要素

危机管理必须具备的条件称为危机管理要素,主要包括:

1. 配备专业的危机管理人才

只有配备专业的管理人员,对危机进行全面深入的研究,制定严密的预控措施和应对方案,才能实施有效的危机管理。

2. 采取先进的危机预测手段和措施

开发或引进先进的危机预测手段,提高危机预测的科技含量,对于现代危机管理是十分必要的。

3. 及时、有效地消除、处理危机

提高对危机的应对能力及反应速度,最大程度地降低危机所带来的损失是十分重要的。

(四)危机管理的特性

1. 阶段性

危机的酝酿和爆发是呈阶段性发展规律的,即经历其生命期内的五个阶段:潜伏期、爆发期、波动期、衰退期、消亡期。因此危机的管理也应分阶段进行有的放矢的管理。

2. 不确定性

危机的爆发与否及其爆发时机,人们往往是无法完全掌握的。因此管理者应具有敏锐的应变能力,以适应其不确定性。

3. 紧迫性

危机突然爆发,管理者必须以最快的速度及最高的效率做出响应及处置,防止事态的扩大,最大限度地降低事件带来的各种损失。

4. 双面效果性

凡事都有其两面性,危机虽然给承包商带来危害和损失,但同时也能使管理者增进对危机的认识和了解。因此说,危机管理更重要的一个方面是通过有效的危机管理,给自己带来新的契机和转机。

三、危机管理的主要工作

承包商的危机管理主要包括两大方面工作:预警管理和应对管理。

(一)危机的预警管理

承包商/项目经理部的管理者,在国际工程施工中,必须树立强烈的危机意识,并且在项目经理部内营造一个"危机"氛围,使所有员工始终充满危机感,充分认识到项目有发生各种危机的可能性;并且注意培训、提高员工在危机爆发之际的反应能力以及危机事件的处理能力。著名的企业家日本松下株式会社原总裁松下幸之助在总结其企业的成功经验时,阐述的一个重要观点:长久不懈的危机意识是使组织立于不败之地的基础。这是危机预警管理最重要的前提。

1. 建立项目危机预警系统

危机预警是对项目未来的危机进行预测和及时报警的工作。通过危机预警,增强自身免疫力、应变能力,做到防患于未然,保证项目经理部工作的正常运行,以提高承包商的经营效益及竞争力。为此,项目经理部要建立危机预警系统,并正常开展工作。

预警系统的主要工作包括:辨识潜在危机、评估潜在危机、确定必须立即采取预控措施的重大潜在危机。

2. 辨识潜在危机

对于危机的预警管理,最重要的是预见可能发生的危机,其后才是如何预防它的发生。因此可以说,危机预警管理的重要工作是全面识别项目潜在的危机,以便能及时采取相应的预防措施,化解潜在的危机,使项目能始终处于良好的运行状态。

针对内外部获取的各类管理信息和以往自身或外部企业的经验教训,利用风险管理工作中评估出的重大风险/不容许风险清单,辨识项目的潜在危机。其辨识方法为:

(1)从范围入手　针对项目的施工条件、约束条件及外在影响等方面排查潜在危机。

(2)头脑风暴法　这是最常用的识别方法,它借助于专家型人员的经验,通过会议方式去分析和识别潜在危机。

(3)排查表法　排查表法能使人们比较系统地去识别潜在危机。排查表法示例见表12-5。

表 12-5　潜在危机排查表法示例

预警信号	潜在危机
劳务分包方拖欠工人工资,工人不满情绪高涨	发生大面积罢工——工人罢工引发的危机
承包商工资政策不落实	员工大量流失——人力资源引发的危机
业主投诉、抱怨频繁	业主对公司失去信心,失去市场——市场危机
劳务方不按程序施工,弄虚作假	发生重大质量事故,声誉受损——质量事故引发的危机
工期拖延严重	企业形象受损,遭受罚款——信誉危机
项目安全管理长期不落实	发生重大安全事故——安全事故引发的危机
周边恐怖事件频发	全面停工,员工受害——恐怖活动引发的危机
……	……

3. 评估潜在的危机

评估潜在的危机是指,从辨识出的潜在危机中要评估出发生概率高,造成影响、损失比较大的危机来,其目的是要重点控制此类危机。也就是说潜在危机评估的任务是确定危机发生的概率以及危机后果的严重程度。其管理理念与方法同上节介绍的风险评估。

4. 编制危机预控计划

危机预控计划是针对危机评估的结果,针对危机值高的潜在危机,防止其转化为实际的危机,所制定的控制计划。

因危机预控计划的格式与风险控制计划基本相同,为简化起见,可考虑与项目的风险控制计划一起来编制。

5. 编制应急预案,组织必要的演练

针对评估的必须控制的潜在危机,编制应急预案,并组织必要的演练,确保一旦爆发危机,可迅速化解危机或降低负面影响。

6. 评价危机管理效果

对于危机预控计划的执行情况及效果,项目经理部主管部门应做出评价,以发现问题和隐患,改进项目的危机管理工作。

(二)应对管理

应对管理是针对已发生危机事件后的处理。它包括:应急处理和恒久处理。

1. 应急处理

应急处理即采取一切措施尽快消除表面危机。其至少应坚持以下几方面原则:

(1)公众利益第一原则　承包商/项目经理部必须以不会进一步损害公众利益为原则,并最大限度地降低对公众利益的不利影响,即体现对公众利益的尊重。

(2)迅速反应原则　立即按应急预案的规定启动危机应急处理机制,迅速按预先的分工各自开展工作,如立即组织排除险情、展开调查、搜集相关方的反应、了解政府相关部门的基本立场或表态、迅速协调、配置相关资源、向相关上级报告等。

(3)坚持核心立场原则　承包商/项目经理部必须明确自己的"核心立场"。在危机事件处理的全过程中,各部门、岗位须始终坚持领导层确定的核心立场。

(4)事急集权原则　事件处理的领导者需要的是绝对的控制力,在危机爆发之时便赋予相关人员充分的权力。只要有利于危机的有效处理,承包商/项目经理部上所有相关人员都是处理危机事件中随时可以调动的资源。

(5)对外统一口径原则　承包商内部必须统一对于与危机相关事项的口径,不能传出不一致的信息,否则不但会暴露出自己内部的矛盾,而且甚至可能会由此引发新的危机。所以承包商/项目经理部必须禁止未经授权擅自发布与危机有关信息的行为,事先就应明确由指定人统一对外发布相关信息。

(6)与政府相关部门、媒体积极配合的原则　主动向政府相关部门、新闻媒体提供事件的真实信息,积极接待他们的调查和询问,以防止以后由于不实新闻报导而损害承包商的形象。

2. 恒久处理

恒久处理是指为确保项目经理部以后不再发生类似危机事件所采取的纠正措施并进行落实的全部工作。它包括:

(1)针对已发生的危机事件,组织相关人员认真分析造成危机的原因;

(2)针对所分析的原因采取防止其再次发生的纠正措施;

(3)责成相关部门、人员落实经有关领导批准的纠正措施;

(4)承包商/项目经理部主管部门验证纠正措施的实施效果。当验证纠正措施实施情况,发现其效果未达到预期要求时,承包商/项目经理部主管领导或主管部门应组织重新分析造成危机的原因和重新制定纠正措施,直至取得预期效果。

附件 12-1

劳务人员工资风险管理计划

劳务人员工资管理贯穿于工程劳务分包管理的全过程。本计划依据公司《工程分包程序》制定，在分包管理的每项作业中增加有关劳务人员工资管理内容。

1. 目的

针对"分包商不能及时发放劳务工人工资"这一关键风险因素，建立以项目经理部管理为主线，以分公司劳务管理和合约管理为支撑的风险管理体系。通过对劳务分包商选择、分包人员组织、结算和支付等过程进行控制，确保本工程使用的劳务分包及其劳务工人始终稳定，以确保本工程的顺利实施。

2. 适用范围

本计划适用于×××××项目经理部所辖所有分包商的劳务工人工资发放的管理。

3. 职责

(1) 分公司项目主管部门

- 审批项目或分包商编制的劳动力流量计划；
- 监督和督促项目组织对劳务工人进场后的验证工作；
- 督促与检查项目劳务人员工资风险管理计划相关责任、措施的落实情况，针对发现的问题及时采取纠正措施；
- 对项目经理部劳务人员工资的发放情况进行不定期的过程监测，每季度至少一次；
- 组织处理重大劳务纠纷及罢工等紧急事件；
- 及时向企业主管领导汇报劳务人员的管理情况。

(2) 分公司合约主管部门

- 组织劳务分包方的评价、选择和重新评价工作；
- 组织签订劳务合同，完善分包合约中有关劳务人员工资管理的内容；
- 归口管理、审核项目与分包商的结算报告；
- 归口管理、审核分包商与工人结算清单；
- 归口管理、审核分包商对工人付款的实施情况，发现问题及时向企业主管领导报告；
- 协助项目主管部门处理有关劳务纠纷问题。

(3) 分公司财务主管部门

- 按规定及时向分包拨付劳务费；
- 审核分包商对劳务工人工资的支付文件。

(4) 项目经理

- 项目经理部为分包管理的第一责任人，亲自或指定专人负责本项目的劳务管理；
- 负责提出或审核分包商提出的劳动力流量计划；
- 组织对劳务工人进场后的验证工作，并责成专人完成分包商进场验证报告；
- 组织与分包商结算工作；

- 督促分包商按月与劳务工人完成结算工作；
- 监督分包商及时将工资发放到工人；
- 关注项目的工人思想动态、问题，及时进行处理并向企业项目主管部门报告。
- 处理日常的劳务纠纷，参与处理重大劳务纠纷、罢工等紧急事件。

(5) 管理目标
- 确保项目每月按批准的付款计划向分包商拨付劳务费；
- 劳务工人按月领取足额工资；
- 杜绝重大劳务纠纷及罢工事件的发生。

(6) 控制措施

①项目策划

项目部工程组在项目策划时，应针对项目的工期、工程特点制定详细的《项目劳动力流量计划》。此计划作为选择分包商的依据。

②分包商资质审查

公司合约部在评价分包商时，除按公司程序要求审查分包商资格、管理能力外，并对分包商的劳务人员管理能力进行审查，主要包括：
- 分包商内部的劳务管理模式；
- 分包商与工人的结算方式；
- 与分包商长期合作的劳务工人的数量、素质以及他们之间的合作状况；
- 分包商曾经发生过的与劳务工人的纠纷、原因和处理情况等。

③分包工程招投标

除执行公司《分包商招标管理规定》外，在招标文件中应依据项目编制的《劳动力流量计划》说明分包商应提供的工人数量、工种和能力要求。并要求分包商在投标文件中明确其拟提供的工人数量、工种、来源、分包商内部劳务管理模式等。

④分包商评价与选择

除落实公司《工程合同授权规定》和《分包商招标管理规定》等相关要求外，在本项目的分包商评价指标中增加关于分包商提供劳务能力的评价指标，对提供100人以上劳务人员的分包商，由公司合约部组织相关部门，包括项目经理部的合约、工程组人员参加，对分包商拟提供的劳务人员进行考察。

⑤签订分包合同

分公司合约部在分包合同中明确分包商拟提供劳动力的数量、工种、来源以及分包商对劳务人员的管理模式（包括收费、结算和工资水平等）。

⑥分包商进场验证

分包商进场后，项目经理组织，工程组、合约组、综合组负责人依据分包工程招投标文件及分包合同，在一周内，对分包商提供的劳务工人、分包商与工人之间的合约签订情况和收费、支付工资情况等进行验证，以确定其是否与其投标时的承诺相符。当发现分包商有关劳务管理的实际情况与其承诺不符时，项目经理则要求分包商予以纠正或采用其他的弥补措施并及时上报公司项目主管部门。对不进行纠正或没有其他弥补措施的分包商，应予以处罚直至解除分包合同(按与分包商签订合同的约定实行)。项目经理指定专人(合约组王××)完成对分包商进场验证记录,经项目经理审核后报公司项目主管部门。

⑦过程监测

项目合约组王××组织对分包商的劳务管理状态进行全过程监控,公司项目主管部门、不定期到项目进行过程监测,监控内容主要包括:

- 分包商与工人的每月工资结算过程。要求分包商必须制定书面的并有工人签字确认的工资结算表。监控时,采取公示或其他与工人见面等方式,确保工资结算清单的真实性。项目检测人员对分包商与工人工资结算的时效性和真实性负责,并将结算清单复印件报项目经理;
- 监控分包商制定对工人的劳务款支付报表。分包商必须依据每月的工资结算表制定对工人的支付清单。监控时,采取公示或其他与工人见面等方式确保工资支付清单的真实性。
- 项目工程组 李××牵头,关注工人的思想动态、可能出现的窝工、分包商和劳务工人之间矛盾等不正常状况,及时上报项目经理,并向公司项目主管部门报告。
- 分公司项目主管部门不定期到项目走访,就工人思想状态、工人工资结算情况、分包商与工人合约执行情况进行抽查,并形成监测纪录。
- 过程监测后,监测人填写《过程监测记录》。
- 在每月的项目经理部月报上,项目经理须说明项目劳务工人工资发放的监测情况及存在须关注的方面。

⑧分包商年度评价

每年年底,分公司合约部组织对分包商作年度评价时,将其在劳务工人工资发放管理方面的表现作为一项重要评价指标。对于出现罢工等重大事件的分包商单位,评定为不合格,从合格分包商名单中清除。

4. 相关/支持性文件

- 公司项目策划程序
- 公司工程合同授权规定
- 公司分包商招标管理规定

5. 记录

- 项目劳动力流量计划
- 分包商能力评价记录
- 分包商进场验证记录
- 过程监测记录
- 分包商年度评价记录

第十三章　项目文化与公共关系管理

第一节　项目文化管理

一、企业文化概述

(一)企业文化的概念与特征

1. 企业文化的含义

企业文化理论自 20 世纪 80 年代问世以来,国内外对其所下的定义甚多,其定义的主要差异在于对企业文化含义的范围界定不同。狭义的企业文化是指以企业价值观为核心的意识形态与行为方式。广义的企业文化则是指企业物质财富与精神财富的总和。

综合地来认识企业文化,可以理解它是在企业核心价值体系的基础上形成的,具有延续性的共同的认知系统和习惯性的行为方式。这种共同的认知系统和习惯性的行为方式使企业员工彼此之间能够达成共识,形成心理契约。企业文化是组织员工思想、行为的依据。简言之,企业文化是指在企业中长期形成的共同的思想、信念、价值观和行为准则,它是企业管理的哲学观念,是企业物质文化、制度文化、行为文化、精神文化的总和。

2. 企业文化的特征

企业文化是一种特殊的文化。它具有文化所具有的共性。此外它又不同于一般社会文化,而是具有自己的内涵和特征。其特征主要表现为:

(1)各异性　每个企业都有自己独特的文化风格,在企业的经营管理中,形成了企业特有的经营准则、价值观、道德规范。在一定条件下,这种独特文化风格越明显,则企业的感召力、凝聚力和对外辐射力越强。

(2)人本性　企业文化突出以人为本,强调人的地位、作用和素质。从这一点出发,可以理解企业文化是以人为中心,以文化引导为手段,以激发全体员工自觉行动为目的的文化现象。

(3)客观存在性　其文化是客观存在的。成功的企业有优秀的企业文化,失败的企业有不良的企业文化,这都是客观存在的。尽管对于每一企业,未必都已形成完整的企业文化体系,甚至有的文化内涵还尚未被人们所意识。

(4)相对稳定性　企业文化是逐渐形成的,而在一定时期是保持相对稳定的。

(5)时代性　企业文化是时代的产物。它的形成与发展,都必然受到其所处时代政治、经济、文化环境的影响。

(二)企业文化的层次和结构

企业文化的核心是价值观。以价值观为核心,企业文化的结构包括了三个层次。第一层次是表层的企业文化,即物质文化,它是企业文化的外显部分,可为人们直接感触到的,如企业的标志、员工的语言、员工的行为、员工的装束、企业统一视觉形象等。第二层次是中层的企业文化,即制度文化,主要体现为企业的组织结构、管理制度、企业内部和外部的人际交往等。第三层次是深层的企业文化,即精神文化,它是渗透于员工心灵中的理想信念、价值取向、道德规范、管理思想,它是企业文化的核心。深层的企业文化决定了表层和中层文化,而表层和中层文化又反作用于深层文化。企业文化的层次如图13-1所示。

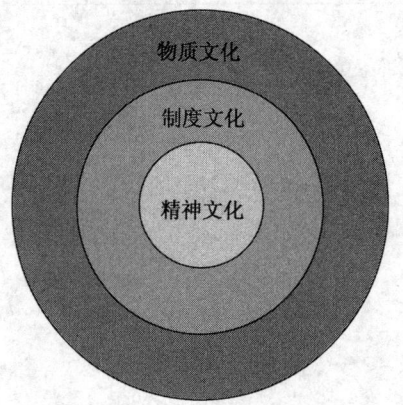

图13-1　企业文化的层次

(三)企业文化体系建立示例

简要介绍中国建筑股份有限公司下属某公司的企业文化建设的主要内容：

1. 公司企业文化体系示意

中国某建筑股份公司的企业文化体系如图13-2所示。

2. 战略目标

致力于成为中国建筑业的领先者和创新者。

3. 近期目标

(1)统一公司的劳资体系。

(2)统一支撑企业健康运行的管理体系。

(3)统一引导团队和谐发展的企业文化。

(4)最终发展成为简单、平和、快乐的健康团队。

4. 市场策略

(1)大市场。

(2)大业主。

(3)大项目。

5. 人才策略

(1)专业化。

(2)职业化。

(3)国际化。

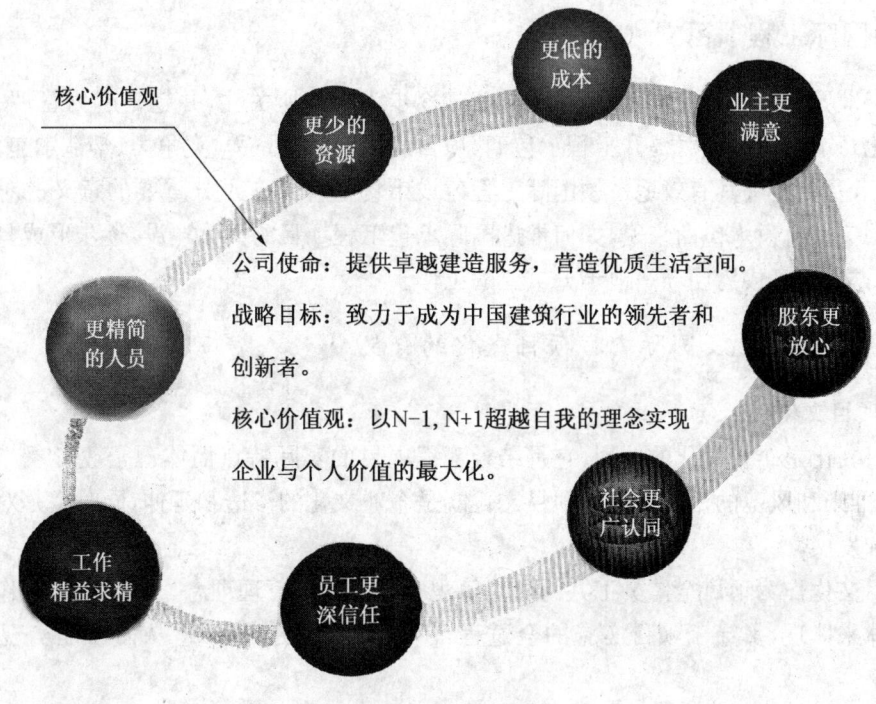

图 13-2 企业文化体系

6. 核心价值观

激励每一位员工以"N+1,N-1"超越自我的理念实现企业与个人价值的最大化。即：在追求个人价值体现的同时推进企业的发展,两者互相促进,共同进步。

7. 服务理念

"服务创造价值"。

(1)"建筑业就是服务业" 为社会提供专业化、职业化、国际化的服务,为业主、客户提供增值服务。

(2)"得人心者得市场" 即包括赢得业主、用户之心,也包括赢得员工、合作伙伴之心。

(3)"双向服务" 倡导双向服务,包括公司与战略伙伴,公司与分包商、供应商之间的双向服务。

(4)"内部客户" 部门之间、员工之间互为客户关系。

8. 用人观

"永远为德才兼备者提供更大的舞台"。

(1)好员工应该具有正直的人品、责任心、上进心、事业心和学习能力。

(2)提倡在合作基础上人人争先的良性竞争;竞争中体现自身的价值和才华。

9. 管理原则

"N+1"和"N-1"的原则：

"N+1",就是在质量、效益等方面要向既定目标增加一分的方向努力。

"N-1",就是在成本、资源配置等方面要向降低一分的方向努力。

二、国际工程项目文化

随着世界经济一体化的发展,文化价值已逐步为人们所关注,并越来越为管理者所重视。企业文化乃至项目文化对提升工程承包商/项目经理部的凝聚力、竞争力、塑造承包商/承包商品牌形象,乃至促进其有效地占领国际工程建设市场等都具有十分重要的意义。对于我国走出国门的工程建设承包商来说,如何推进国际承包工程项目的文化建设,逐步形成具有国际特色的项目文化,已成为当今一项十分重要的工作。

(一)项目文化及国际工程项目文化的含义

1. 项目文化

项目文化是企业文化的体现,它是结合工程项目的实际特点而体现企业形象、宗旨、价值观、道德准则和风范的一种文化。项目文化既是企业文化的渗透和延伸,同时也是对企业文化的丰富和发展。

项目文化作为项目全体员工共同的价值观、行为规范、管理理念、工作习惯、工作方法的一种综合体来体现,贯穿于项目实施的全过程,使项目运作更为有效,从而保证实现项目管理目标。

2. 国际工程项目文化

国际工程项目文化是在原有项目文化的基础上,结合国际工程所在国或其他参与国、民族的文化特点,而形成的一种适应国际工程建设的项目文化。

(二)国际工程项目文化的特点

1. 项目文化建设难度较大

项目经理部远离国内总部,其推进项目文化建设基本上是靠项目自身的力量,不能及时得到国内总部的支持和服务;迅速了解、适应外部文化环境以及对员工进行企业文化的宣传、教育等推进项目文化的一系列工作都会比在承包商祖国国内为困难。

2. 在劳务作业层中推进有难度

较多情况下,项目的劳务作业层基本都是在承包商祖国国内选择的劳务分包商或临时在工程所在地当地招募的属地化劳务人员,他们与承包商较少或从未合作过,加上劳务作业层的基本素质参差不齐,对承包商/项目文化的认识、理解、适应、自觉落实等都会有一段时间进程,这就必然导致项目文化的推进是循序渐进的。

3. 要适应不同国家、民族的文化

不同的国家有着不同的信仰以及宗教文化。在项目的制度建设上必须充分考虑当地的风俗习惯、宗教信仰及文化。特别是当项目经理部的管理层及劳务层中有属地化人员甚至还有第三方国家的人员时,项目经理部就必须充分关注不同国家、民族的文化差异。因为当项目各层次人员来自不同国家时,往往由于缺乏共同的文化基础,存在不同的价值观念、风俗习惯、思维方式等文化差异,使得人们难以理解和承受他国、异族文化,甚至以自己的文化理念和标准去判断其他文化,这不但降低了沟通的效果,而且还增加了跨文化交流的难度和风险,甚至导

致文化冲突。

4. 要适应所在国的交流方式及行为标准

不同国家的社会体系、法律体系、制度建设都是有所差异的；人际交流方式和工作习惯也不会是一样的，因此项目文化的建设必须适应当地的交流方式和行为标准。

5. 要有效落实国际惯例

要体现、落实相关的国际惯例，例如贯彻国际的环境管理体系标准、落实体现人权思想的职业健康安全体系标准、社会责任体系标准等。

（三）国际工程承包项目文化建设的意义

国际工程承包项目文化建设是确保项目有效、稳步实现管理目标的重要文化支持，是提高项目经营效益水平和创建承包商品牌的保证。具体说项目文化建设的意义在于：

1. 提升项目经理部的凝聚力

通过员工价值观与企业价值观的高度统一，通过项目经理部独特的管理体系和行为规范的建立，项目全体员工将有强烈的归属感、忠诚感和荣誉感，从而提升项目经理部的凝聚力。

2. 提高员工的调整适应能力，提高项目的工作效率

据西方国家的一些研究资料表明，到海外从事项目管理工作人员的失败率高达20%以上，其失败的原因，主要是项目管理人员缺乏必要的调整和适应能力。多年的实践表明，我国的外派项目管理人员也同样有这方面的问题。如在刚进入项目时，与当地相关方面沟通较少，工作与生活相对闭塞，初到时的好奇、新鲜感迅速逝去之后，而因远离国内亲人、同事而产生的失落、烦恼等情绪逐渐增长，以及由于不了解所在国的工作习惯、思维方式，较长时间内不能正常开展工作等等。这就是"缺乏调整和适应能力"的表现，即对新工作环境和海外项目工作方式的不适应，以致在新的环境中，难以发挥个人原来的长处和优势，从而导致工作效率的降低。而构建良好的项目文化，形成企业与员工之间，员工之间的相互认同感的良好和谐氛围，能最大限度地激发员工的积极性和创造性，增强其调整和适应能力，使领导和员工一道为实现共同的目标而协调行动，从而提高工作效率。

3. 对员工的约束作用

管理制度是必要的，但是，制度约束是一种"硬"管理，具有强制性，其仅是约制人们实现最低要求的一种规则，而文化则引导人达到更高的管理境界和状态，从而能创造一种自觉、向上、和谐的工作氛围。

4. 塑造承包商良好形象，提升竞争能力

国际工程承包市场竞争日趋激烈，中国企业仅靠廉价劳动力的优势占领市场已逐步成为过去；以优质服务、良好信誉和优秀的项目文化占领市场成为国际市场竞争的大趋势。项目经理部向社会公众展示承包商成功的管理风范、企业形象、良好的经营理念和高尚的精神风貌，从而可为承包商塑造良好的整体形象，树立信誉，扩大影响，提高企业品牌的稳定性和提高公众对于品牌的信任发挥重要作用，从而提高承包商在市场上的竞争能力。

5. 有利于与工程建设的相关方建立良好关系

通过适应于国际工程承包的项目文化，可促进与工程建设的相关方如业主方、监理工程师、质量监督部门,乃至供应商、分包商等建立愉快、顺畅的合作关系,确保项目施工任务的顺利完成。良好的项目文化更是与业主沟通、交流的重要手段,也是影响业主,取信业主的基础,可发挥"今天的美好形象,就是明天的潜在市场"的作用,达到"干好一个工程,树一个牌子,开辟一方市场,交一批朋友"的目的。

三、项目文化建设

(一)项目文化建设的目标与原则

1. 目标

项目文化建设的总体目标应是把企业的管理目标落实到项目经理部的管理工作中,即以建设成为优秀的企业为总目标,追求卓越,创出更佳的经济效益。其具体展开可为:
(1)在工程所在国创出企业的品牌。
(2)为企业及工程所在国做出贡献。
(3)为员工带来丰厚的收入。
(4)营造和谐、团结、奋发向上的项目环境氛围。

2. 原则

项目文化建设应遵循的主要原则为:
(1)与企业文化保持一致。
(2)与企业及项目的管理目标紧密联系。
(3)将行为规范统一到企业的价值观上。
(4)促进项目内的亲密、友爱与和谐。
(5)确保项目全员参与。
(6)激励员工积极向上。
(7)适应工程所在国的民族文化、风俗习惯。

(二)项目文化建设的主要内容

项目文化类同于企业文化,它主要包括了:精神文化、物质文化、制度文化、行为文化、视觉文化。行为文化可属于制度文化范畴,视觉文化可归类于物质文化,为阐述清楚起见,以下将其分别单独列为一种文化内容分别作一说明。

1. 精神文化

精神文化相对于物质文化、制度文化、行为文化,它是更深层次的文化,是项目的核心文化。它主要表现为项目经理部的总体价值观、管理方针、管理理念、管理目标、经营理念、企业精神等。它是团结、激励、凝聚项目全体员工,实现其共同追求的精神支柱。

2. 物质文化

物质文化是以物质形态所显现出来的表层项目文化。项目生产(建造)的产品和提供的服务既是项目生产经营的成果,也是项目文化建设的基础。除此之外它还包括项目施工现场及生活区域的物质形态的表现形式,如现场文明施工状态、先进的施工机具设备、先进的施工手段设施、生活区域的布置、造型、清洁卫生面貌等。

3. 制度文化

制度文化主要体现在项目管理体系的建设上,其反映形式为项目经理部的组织机构与职责、管理规定、准则、常规等。它是对项目员工所作的最基本的规范化、约束化的要求,使项目管理达到程序化、规范化,以实现管理的统一。

4. 行为文化

行为文化是培育塑造项目经理部员工群体行为的一种文化,其主要包括:企业传递至项目以及结合项目实际所规定的,共有的思考与行为模式(风格)、规范化的礼仪、仪式以及禁忌的言行等,以形成项目统一、和谐、奋进的风气、氛围。

5. 视觉文化

视觉文化主要反映在项目的 CI (Corporate Identity)形象方面:与企业保持一致的象征性的颜色、企业旗帜、企业标识、统一着装、统一胸牌、统一模式的办公环境与设施等。

(三)项目文化建设应注意的主要问题

1. 要与项目实际相结合

每个项目都有自己的实际情况和特点,其项目文化建设就必须要把本企业的文化和项目经理部的实际结合起来,不能照抄国内或其他国际工程承包商的项目文化建设做法,要结合项目经理部人员的素质、能力水平以及工程项目的特点等,来体现项目经理部自身的特色。

2. 要与人才的培养相结合

在项目文化建设中,要注重项目经理部人才的培养,为员工能力水平提高提供平台。承包商通过举办各种形式的培训,培养员工技术能力、管理能力、沟通交流能力等,使员工能在项目实施过程中不断增长才干,以利于更好地体现个人价值。

3. 要与项目创新相结合

随着科技及管理科学的发展,市场对工程项目的管理要求也越来越高,在迅猛发展的信息经济的大环境下,企业乃至项目的独特性尤显重要。项目经理部应在系统工程的运用上,创出项目的管理特色,要力争在新技术、新工艺、新材料的使用上有所突破,将工程项目作为向业主、社会展现企业先进管理和先进技术的窗口。

4. 要与工程所在国的文化相结合

不同的国家有着不同的文化,表现在宗教信仰、行为标准、人际交流方式等方面。项目文化建设一定要充分考虑所在国文化,以适应当地的文化环境。在国际工程承包中,承包商不可避免地要遇到管理人员、劳务人员属地化或使用更多国家人员的问题。因此项目文化建设就更需要充分认识工程所在国及有关国家的文化的复杂性,尊重不同民族的文化、风俗习惯和生活方式。在跨文化经营管理与交流中,要避免以自身的价值观念和标准去解释和判断异域文化群体的倾向,单纯地认为自己文化的行为是优秀的,而与己不同的文化则是落后的。为此,项目文化建设中要注意从他国文化的历史和理念来解释、评价和看待异域文化群体的行为。

5. 关注员工业余文化生活

项目人员长期在国外工作,远离祖国亲人和家庭,时间长久就会影响员工的情绪,甚至导致工作效率降低。所以项目文化建设，要尽可能多地利用好业余时间，组织丰富多彩的文体活动，使员工的业余生活丰富多彩，使他们在轻松活泼的氛围中增进沟通、交流，消除在异国他乡的孤独、空虚、沉闷感，以稳定员工的情绪，保证项目工作能正常开展。

6. 加强公关协调，和谐外部环境

(1)为使项目能有一个宽松的发展环境，项目文化建设还要注重对外关系的建设与协调，包括与当地政府各相关主管部门、中国驻工程所在国使馆、相关社会团体、新闻媒体以及周边居民的关系等。通过开展适宜的沟通活动，增进与这些外部环境团体的联系，以取得他们的理解、支持和帮助。

(2)要与当地相关企业建立良好合作关系。在国外施工经常会遇到与当地有关企业合作的问题，对于一些重要的供应商、分包商要在互利合作的基础上建立长期良好的合作关系，注重双方各层次的往来，形成风险共担、双赢的氛围。

(3)要与进入工程所在国的其他中资企业建立良好的合作关系，做到互相支持、互相补充，避免互相压价、互相恶性竞争，做到一致对外，以求共同发展。

第二节 项目公共关系管理

一、公共关系概述

(一)关于企业公共关系

1. 企业公共关系的含义

公共关系(Public Relations，P.R)简称"公关"，是企业为实现其战略目标和经营目标，基于内外部公众各种利益而形成的一种客观的社会关系，这种关系是企业在与公众的相互作用和相互影响中形成的。

2. 企业公共关系管理

企业公共关系管理是企业现代管理的组成部分，从属于企业宗旨，是企业的一种专门的管理职能。它是企业开展公众信息传播、关系协调与形象管理等事务的一种管理科学，它涉及调查、策划、实施和评估等一系列的实践活动。它是企业为创造良好的生存、发展环境，确保实现企业战略目标和经营目标，而利用传播技能和方法研究作为手段，来维持和发展与企业内外公众之间的关系。具体说是通过长期有效的双向的信息沟通、互动交往、双向利益调整等方法，建立企业与公众的相互理解、相互信任和相互促进的互动关系过程。

3. 企业公共关系管理的功能

(1)提高企业社会声誉　树立企业的良好形象和信誉，以取得公众的理解、支持、信任，从而更有效地占领市场。

(2)协调各方面关系　公共关系是企业与社会环境之间的一种协调沟通机制，对内协调内部关系，增强组织凝聚力；对外开展社会沟通，建立和谐的外部社会环境。

(3)获取有意义的信息,为企业决策提供支持　运用各种调查研究的方法,监视环境、收集信息、分析信息、预测趋势、评估效果,从而为企业的重大决策提供支持。

(4)发挥宣传作用　主要表现在制造舆论,告知公众,强化舆论、扩大影响,引导舆论,控制形象。

(5)提供服务　企业内部,为各职能和层次服务;企业外部,为公众提供相关社会服务。

(6)协调纠纷,化解矛盾　由于组织与公众存在着利益的差别,必然存在着各种矛盾。建立良好的公共关系机制,以增强与公众的互相理解、沟通和交流,可能化解、避免各种纠纷,将企业信誉、企业形象的损失降到最低程度。

(二)国际工程承包项目公共关系概述

1. 项目公共关系及其管理的含义

项目公共关系是在企业宗旨的指导下,为实现项目管理目标,基于内外部公众的各种利益所形成的一种客观的社会关系。

项目公共关系管理是企业公共关系管理在项目的延伸,是项目经理部利用沟通、交流技能和方法研究作为手段,来维持和发展项目与其内外公众之间的关系,以保证项目管理体系的正常运行。

2. 项目公共关系的特点

工程建设承包的项目管理有很多不同于其他行业的特点,这是由工程建设项目本身的特点所决定的。如工程建设项目的唯一性、一次性、固定性,就决定了项目经理部的一次性、临时性的特点;工程建设的投资规模大、外部环境复杂,就决定项目管理的风险多样性和复杂性;工程建设涉及物资种类繁多、工艺技术复杂、工序交叉频繁,受自然环境因素影响大等,决定了项目管理的复杂性。

工程建设项目管理的特点也决定了国际工程建设承包项目公共关系管理具备的一些特点:

(1)项目经理部组织机构的特殊性　工程建设的项目经理部是为了完成某特定工程项目建设任务而组建的一个临时的工作机构,其成员来自不同的组织或部门,甚至还包括较多的外籍工作人员。他们涉及了不同的专业领域;加之项目经理部组织的成员多数是第一次合作,往往彼此间缺乏了解与信任,因此需要经历一定时间过程的熟悉、了解、磨合。如果项目领导与成员间,成员之间、中外籍人员间关系处理不好或工作协调配合不默契等,就可能产生各种摩擦或冲突,将会直接影响项目管理工作的正常开展和效率。因此,内部公共关系管理的工作量要比国内工程施工时要大得多。

(2)项目外部关系复杂　项目经理部所面对的外部单位多,而且较多的是具有各种行政权力的政府部门。

例如与项目经理部有业务关系的法人组织主要有工程建设项目发包商(业主)、设计单位、试验机构、监理单位、分包商、供应商、金融机构、保险机构、租赁商、运输商、代理商、律师事务单位、各类媒体等。

项目工作涉及的政府部门主要有建设主管部门、合同主管部门、税务部门、质量监督部门、社会保险部门、气象部门、劳动安全部门、公共安全部门(警察局)、劳动部门、环保部门、机动车辆与交通主管部门、民政部门、司法部门、海关等。

其他方面:我国驻工程所在国使(领)馆、民间社团组织、社区居民等。

项目经理部工作的正常运作离不开与以上相关社会组织的工作联系,与它们之间构成了错综复杂的工作网络。

(3)相关方之间的利益关系复杂　项目经理部与相关方的利益关系复杂,特别是协调、处理与业主、供应商、分包商等之间的合约与利益关系,工作量大且复杂。如何维护好这些外部关系,要耗费项目经理部相当大的精力。特别是近年来处理与国内外派劳务队伍关系的工作,已经成为牵扯项目经理部很大精力的一项重要工作。

(4)适应工程所在国的公共关系的惯例、方式需要一段过程　不同的国家有不同的公共关系惯例和方式,作为新进入工程所在国的承包商要通过一定时间去了解、熟悉和适应当地处理公共关系的习惯、方式,以及某些私下操作的手段和途径。

(5)必须克服语言障碍问题　目前我国外派参与国际工程项目管理的人员存在着一个普遍的问题:懂专业的外语不过关,外语能力强的(专职翻译)又不懂专业,这对项目经理部的公共关系管理十分不利。由于语言表达不准确,造成沟通、交流不畅,甚至出现误解的事时有发生。因此项目经理部管理人员必须尽快地解决运用工程所在国的工作语言问题。我国民众目前在大学里学习的多是英语,而在较多使用法语、阿拉伯语的国家、地区,我们的项目管理人员就面临着学习第二门外语的问题,否则必须配有翻译,但这样对于沟通交流十分不利。

二、国际工程承包项目的公共关系管理

(一)项目公共关系管理的主要职能

(1)获取与分析与公共关系相关的各类信息。
(2)公共关系信息输送传递。
(3)确定公共关系策略和实施计划。
(4)实施内外部公共关系的沟通与协调。
(5)评估公共关系管理效果。
(6)针对存在的问题,采取处理或纠正措施。

(二)项目公共关系管理应坚持的主要原则

1. 确立正确的沟通出发点

无论是内部沟通,还是外部沟通,项目经理部都应从长远利益出发,坚持互惠和双赢的原则,在谋求自身利益的同时,照顾各相关方的利益。

2. 推行品牌战略

品牌形象是承包商形象的重要组成部分。成功的品牌有利于树立良好的承包商形象,也有助于承包商在工程所在国的立足、生存和发展,决定着承包商的市场竞争力。项目经理部不仅要在工程项目建设的全过程中创品牌,更重要的是要发展、维护承包商品牌。可以说品牌战

略是承包商公共关系实务的载体,没有这样的战略目标,项目公共关系管理活动只能是浅层次的、临时性的。

3. 坚持以项目文化为核心

文化是影响承包商与内外部公众沟通效果的因素之一,随着经济全球化的发展,文化对企业公共关系的影响将越来越大。承包商在与不同国家、民族的各方面公众进行交往时,文化的差异往往会成为双方沟通与理解的障碍,甚至会导致矛盾和冲突的产生。因此,项目公共关系管理要真正能发挥促进项目成功的作用,就必须要融合不同文化,以利于与内外部公众的沟通和协调。

4. 建立以"和谐"为中心的公共关系理念

公共关系的沟通协调应坚持以"和"为贵的原则。在外部关系处理上,强调与同行竞争者、业主、监理、供应商、分包商以及相关部门的协调和合作,注意与相关单位、公众保持经常性的交往和沟通,增进理解,建立融洽感情,营造和谐环境,提高承包商的对外吸引力。在内部关系上,要充分体现人性化管理,关心每一名员工,在充分沟通交流的基础上,以"和谐"为原则处理内部所发生的矛盾或冲突,形成项目团结一致、共同奋进的和谐氛围。

5. 坚持风险管理

工程项目建设过程的风险众多,项目经理部要有风险管理意识和科学管理的程序,以及时、正确地识别与公共关系管理有关的各种风险,并采取预防措施;对于已发生的风险事件能正确迅速处理,避免发展为公共关系危机。

(三)项目公共关系管理的主要工作

公共关系管理工作,概括地说主要包括4个过程,即公共关系调查、公共关系策划、公共关系计划的实施及公共关系评估。

1. 公共关系调查

公共关系调查是公共关系管理的基础工作,对项目公共关系管理有着重要的意义。项目经理部各业务部门应调查、了解各自管理领域相关的公众以及他们对项目经理部的要求、愿望,为项目对公共关系状态进行客观分析提供有意义的输入。

2. 公共关系策划

公共关系策划是公共关系管理工作中最富有创意的一项工作。公共关系策划可以划分为战略策划及实施计划两个阶段。战略策划是指对项目整体形象的规划,它关系到项目建设全过程的整体利益。实施计划是项目经理部对具体公共关系活动所做的具体实施安排,即对每一阶段需开展的工作及实现内外部关系要求所做出的计划,其要落实到项目经理部相关部门/人员。

3. 实施公共关系计划

项目经理部各责任部门/人员按照已确定的实施计划,组织实施。实施活动形式及内容较多,主要是传播和沟通活动。

公共关系传播、沟通须坚持这样的原则,即:可信赖性、一致性、连贯性、渠道适宜性,以及考虑沟通对象的接受能力等。

4. 公共关系评估

公共关系评估是指由项目经理部主管部门/人员,依据公共关系策划、实施计划,对公共关系管理工作以及实施效果进行综合的评价和判断的工作。这是一项十分有意义的工作。通过这样的工作,以判断项目公共关系工作的效果及不足,清晰改进的方向,针对存在的问题及时采取纠正措施,确保项目的公共关系工作始终能适应于项目的全盘工作的顺利开展。

(四)项目外部公共关系的维护与协调

1. 与业主/监理方的关系

与业主/监理方的关系是项目外部公关活动中最重要、最活跃的一种关系,这是由项目承包性质所决定的。承包商与业主间不单纯是商品交换上的经济利益关系,同时还存在着广泛信息交流、情感沟通等多方面的社会关系。众所周知,与业主/监理方保持良好关系是保证实现项目管理目标,特别是保证项目稳定获利的基础。维护与业主良好关系的途径主要有:

(1)维护业主/监理方关系的指导思想 维护与业主/监理方关系的指导思想是要树立"顾客至上"的理念。在公关活动中要树立"业主永远是正确的"观念,一切从业主的需要出发,在政策、法律、道德许可的范围内,尽可能地为业主办实事、办好事。在公关活动之后要及时搜集业主/监理方反馈的信息,认真听取他们的建议,反思他们的批评,以不断地改进项目经理部的工作。

(2)清晰规定双方的责任和权利 在项目开工的初期,项目经理部应以文字的形式明确双方在项目建设全过程中相关工作的责任和权利,以规范双方的行为,避免日后发生因责权不清而导致的摩擦或冲突。承包商对项目经理部的各管理岗位,都应规定出具体的管理职责、权限和义务,并要求认真落实之,以确保项目经理部本身在履约过程中不出现任何因未履行自身职责、义务而导致业主/监理方不满意的问题。

(3)向业主提供满意的工程产品和服务 向业主提供满意的工程产品和服务,是承包商维护与业主关系的最重要方面。无论是工程质量还是工期,都是业主最为关心的,项目经理部要在保质量、保工期方面采取有效措施,达到业主满意的效果。

(4)妥善处理业主/监理方的投诉 对于业主/监理方所提出的问题及表达出不满意的方面,承包商应认真、分析和处理,并及时给他们以满意的答复,表示出改进工作的诚意及姿态,以使双方的关系始终保持和谐的状态。在这种状态下,彼此间才能建立一种信任机制,从而提高办事的效率。

(5)注重信息交流与感情沟通 承包商不仅要按业主或监理工程师的要求,向他们传递、交流项目的相关信息,而且还要关注感情的沟通。关系的维护,不能仅靠合同、协议等履约形式来体现,还需要用"情"来维护。在我国悠久的历史文化中,"情理"中的"情"和"理"就始终不能分开。承包商要以"理"为基础,以"情"为辅助,"情"、"理"结合,实施情理之中的事自然就顺畅了。而做到这一点,就需要承包商在项目上有意识地营建项目经理部与业主间的"情"。实践证明,有效的感情沟通是维护双方关系的催化剂和润滑剂。

2. 与政府相关部门的关系

项目经理部与政府部门之间的关系,是一种不可忽视的外部关系。承包商乃至项目经理部的工作能否得到政府相关部门的支持和帮助,对项目能否成功起着十分重要的作用。维护好与政府相关部门之间的关系,主要途径有:

(1)自觉遵守工程所在国各项政策和法律　承包商应全面收集工程所在国家的各项相关政策和法律,做到知法和自觉守法,这是维护与政府部门关系的前提。

(2)宣传自己,扩大承包商在政府部门中的影响　除保持必要的沟通交流外,承包商应利用一切可以宣传自己的机会,如发送宣传册,在举行开工仪式、重大节日庆祝活动时,主动邀请政府相关部门的人员出席,并请他们给予指导,从而密切承包商与政府部门之间的关系。

(3)实施名牌战略,扩大影响　承包商在项目建设过程中,应实施名牌战略,以优质的工程产品和服务,在赢得市场的同时,也不断提高自己的社会影响和地位。这样不但会引起政府部门的关注,而且还会为承包商与政府部门交流沟通、开展相关工作提供便利。

3. 与新闻媒体的关系

维护与新闻媒体关系的途径:

(1)主动向新闻媒体提供相关信息　项目经理部可适时向媒体提供本项目的新闻信息,特别是承担公众关注的工程时,更应抓住机会,以扩大自身在公众的影响。同时还可借此机会,让新闻媒体为承包商做广告,以宣传自己。

(2)以礼相待新闻媒体的采访　协助新闻媒体完成对承包商/项目经理部的宣传报导工作。在接待各级新闻记者时要热情、诚恳,不论对方是宣传承包商的正面形象,还是批评报导负面问题,承包商都要以诚相待、以礼相待,积极配合,不夸大、不回避、不遮掩、不阻挠,要在积极配合中感动记者。

(3)廉洁自律,以德相待　以良好的职业道德去影响记者,实事求是介绍情况,不弄虚作假,特别应注意不得采用行贿等不正当手段。

4. 与供应商/分包商的关系

(1)供应商与分包商是承包商/项目经理部的合作伙伴　项目经理部要始终坚持:互惠互利、双赢的原则。通过交流、沟通机制,实现信息共享;注意人际交往,可适时组织增进友谊的座谈或宴请等,以增进信任与了解,加深友谊,以便长期合作。

(2)当供应商/分包商遇到困难需要给予支持帮助时,承包商应尽力协助;自身确有困难时,要及时做出解释。

5. 与竞争对手的关系

承包商与竞争对手尽管在工程承包竞标上是对手,但在建筑市场上仍应看作是同行和伙伴,即应注意增进相互间的友谊和协作。为了维护与竞争对手的关系,可以:

(1)组织到竞争对手处参观、学习;在重大节日时(如春节),到对方走访、拜年、送贺卡等。

(2)在竞争对手的工程任务不饱满时,可适当拿出自身的部分工程给竞争对手。

(3)当竞争对手有困难时,主动伸手支援,包括各种资源的支持。

6. 与社区的关系

社区是项目施工、生活的根基,项目经理部一切活动的正常进行,都要依赖于社区提供的各种服务。没有一个良好的社区关系,项目经理部很难组织正常的施工秩序。因此,创造一个良好的社区关系非常重要。

(1)保持信息交流　项目经理部要主动向社区公众介绍情况,让社区充分了解自己;了解社区对项目的要求以及社区重要活动及相关管理的信息。

(2)支持社区活动,主动承担社会责任　项目经理部应支持社区的公益活动,赞助公益事业,为社区承担一定的社会责任(如招募本社区的人员作临时劳务工作,解决社区失业问题),尽可能地提供社区服务。通过对社区活动的贡献,以引起社区公众的注意,增进对承包商的了解,以求得社区对项目工作开展提供必要的便利。

(3)关注环境保护　社区公众对社区内组织的最基本要求是保证社区环境不被污染。因此项目经理部要积极参加保护社区环境的各项活动,减少对社区环境的污染,如降低因垃圾弃置、污水排放、光污染、噪声排放等对社区环境的影响,以保证社区公众的健康和生活质量。

(4)及时解决矛盾和冲突　项目经理部在施工全过程中与社区公众间总是会存在一些矛盾,甚至会导致冲突。当出现矛盾时,项目经理部应及时向社区公众做出必要的解释,回答批评意见,以平息公众的不满情绪,化解由于施工过程给社区带来的不良影响。除此之外,承包商/项目经理部还应密切关注社区中不稳定因素的变化,及时采取有效的防范措施,避免导致冲突或施工危机。

(五)项目经理部内部公共关系维护与协调

1. 项目经理部内部公共关系及其维护协调的含义

项目经理部内部公共关系是其为实现管理目标,基于项目内部员工各种利益而形成的客观社会关系。

项目经理部内部公共关系协调是指建立和保持其与员工的双向沟通,向员工传播项目信息,以求得理解、支持和合作,确保项目经理部与员工间处于协调、和谐的全部工作。

2. 内部公共关系维护协调的意义

(1)创造和谐的项目环境　和谐、宽松的公共关系环境是项目经理部能得以正常运作的基础。通过有效的内部公共关系的维护与协调,可促进项目经理部内部的和谐、安定,为项目的正常运行和实现项目管理目标创造条件。

(2)增强项目的凝聚力　项目管理目标的实现需要全体员工的共同努力,只有加强项目内部的沟通、协商,才能达到相互理解和相互认同,消除各种隔阂及障碍,增强项目内部的凝聚力。

(3)构建独特的项目文化　通过项目内部的公共关系维护与协调活动,可逐步形成项目具有特色的价值观、工作作风、团队意识、思维方式和行为规范,从而构建了具有特色的项目文化。

3. 应处理好的主要矛盾

(1)处理好各职能、层次及其员工之间的矛盾　项目经理部各职能、层次以及员工间的职责不同、分工不同,项目的工作需要它们之间的有机协调与配合,在工作配合以及利益分配中很可能产生误会或矛盾。实施内部的协调,则可以协调各方的职能、利益及关系,以实现工作效率的最大化。

(2)处理好项目经理部领导层与员工间的矛盾　由于项目经理部领导层与员工所处的地

位不同,其职责、权限、利益也不同,它们之间特别是在利益分配上往往会出现矛盾。因此了解员工的需求、改善待遇、福利的要求,尊重并处理员工的合理要求和期望是十分重要的。

4. 内部关系维护协调的原则

内部关系的维护协调须坚持以下几方面的原则,以确保其效果:

(1)以人为本　尊重员工的人格及权益,充分相信和依靠员工。

(2)平等协商　沟通协商的双方本着平等的立场,克服双方级别不同而产生的协调不对等的问题。

(3)知情原则　使员工能了解承包商、项目经理部的有关信息,满足员工的知情权,使员工感到自己的确是项目的一员。

(4)讲究时效　项目经理部领导应及时了解员工的需求,迅速化解矛盾,以确保不给项目的管理及经营造成损失。

(5)关心员工　重视员工合理的物质利益、福利要求,并尽可能地解决,对于不合理的或一时不能解决的要求,应向员工做出解释,以求得理解。

(6)注意方法　注意协商手段的多样性,采取多样化的方式、方法,不能仅局限于某种固定的协调模式。

第十四章　项目社会责任管理

第一节　概　述

尊重劳工的基本生存、生活和工作权利,保护劳工的切身利益,改善劳工的生活工作环境和条件,一直是国际社会关注的问题。对此众多国家政府都认识到必须要保障劳工的基本权利,并要求组织在相关领域承诺并履行其社会责任,以体现最基本的人类关怀和促进社会福利事业的进步。20世纪90年代以来,国际上社会责任运动广泛兴起,其已成为工商行业组织发展进程中所面临的一个重要问题。特别是自1997年SA 8000"社会责任标准"问世以来,受到了世界各国的广泛关注,在欧美社会引起了强烈反响。专家们普遍认为,SA 8000是继ISO 9000、ISO 14000、OHSAS 18000系列管理体系标准之后出现的又一个重要的国际性管理标准,通过SA 8000认证将成为组织参与国际市场竞争中的又一重要手段。尽管SA 8000标准目前还不是国际标准化组织(ISO)标准,但由于它得到了代表全球广泛利益的众多国际组织的认同和支持,加之国际社会对保障社会责任的压力,SA 8000标准认证目前已得到了高度的认可。一家公司如成功通过了SA 8000标准的认证,这无疑是对其社会道德管理能力最有效的承认,并将大大提升其市场竞争能力。

一、关于企业社会责任及社会责任标准

(一)对企业社会责任的认识

何谓社会责任,目前国际上尚无统一的定义,有的将社会责任仅限定于企业,即企业社会责任(Corporate Social Responsibility,简称CSR);有的认为社会责任应扩大到包含企业在内的所有组织,即社会责任(SR)。其定义难以统一,主要是因社会责任的概念受到了可持续发展概念的影响。不过认为社会责任的核心是企业社会责任还是比较统一的。

国际上对企业社会责任的认识,至今还是没有完全统一。联合国在"全球契约"中要求跨国公司重视人权、劳工标准、环境保护和反腐败,以克服全球化进程带来的负面影响。欧盟将社会责任定义为"公司在自愿的基础上把对社会和环境的关切整合到它们的经营运作以及它们与其利益相关者的互动中。"世界银行将企业社会责任定义为"企业与关键利益相关者的关

系、价值观、遵纪守法以及尊重人、社区和环境有关的政策和实践的集合。它是企业为改善利益相关者的生活质量而贡献于可持续发展的一种承诺。"世界经济论坛认为,作为企业公民的社会责任包括四个方面:一是好的公司治理和道德标准,二是对人的责任,三是对环境的责任,四是对社会发展的广义贡献。

目前国内一些学者认为企业的社会责任,是企业在追求利润最大化的同时,对社会应承担的责任或应尽的义务,最终实现企业的可持续发展。强调企业的社会责任是构建企业与社会和谐关系的基本思想。简单地说,企业社会责任实际上是企业与社会之间的"社会契约",它通常包括人权、环境保护和劳工权利等内容,在社会上显示着"公司的公民形象"。

尽管目前对"企业社会责任"还没有权威的定义,但国际上普遍认同其为:"企业在创造利润、对股东利益负责的同时,还要承担对员工、对社会和环境的社会责任,包括遵守商业道德、职业健康安全、环境保护、保护劳动者的合法权益、节约资源等。"并统一地认为,企业社会责任主要包含:遵纪守法、保护环境、保护消费者权益、劳工准则和劳资关系、人权、职业健康安全、反腐败、团体关系、慈善事业等。

(二)企业社会责任的范围

纵观国际上对企业社会责任的认识,可以认为企业的社会责任包括两大方面,即:法制性责任和道德性责任。

1. 法制性责任

法制性责任是企业作为法人组织所必须承担的责任,其特点是具有法制性和强制性。主要包括:

(1)自觉遵守国家各项适用的法律法规。

(2)为社会提供符合要求的产品和服务。

(3)依法缴纳税款。

(4)为社会提供就业机会。

(5)保护环境。

(6)给股东以回报,保证员工的合法收入等。

2. 道德性责任

道德性责任是随着社会的发展,当时的社会道德准则对企业的期望和要求。它的特点是在一定时期和环境下,其法制性不强,即缺乏强制性。主要反映在:

(1)保护员工安全健康,保证员工正当权益。

(2)维护顾客权益。

(3)参与公共文化建设。

(4)扶贫济困,支持慈善事业。

(5)节约社会资源。

(6)反腐败、反欺诈行为。

(7)科技创新,创自主知识产权等。

(三)社会责任标准

1. 关于 SA 8000 标准

1997 年美国经济优先认可委员会(Council on Economic Priorities,CEP)成立,2001 年更名为社会责任国际(Social Accountability International,SAI)。这一组织于 1997 年 10 月公开发布社会责任标准,即 SA 8000 标准。2001 年该组织对其进行第一次修订,发布了 2001 版的 SA 8000 社会责任标准。

社会责任标准"Social Accountability 8000"简称 SA 8000 标准,它是国际上第一个有关企业道德规范的自愿性国际性标准,是基于国际劳工组织宪章(ILO 宪章)、联合国儿童权利公约、世界人权宣言等而制定的,是以保证人类基本权利为主要内容的管理标准。

社会责任标准的宗旨是确保生产商及供应商所提供的产品符合社会责任的要求,其主要内容包括人权、劳工权益和环境三个方面,其中,劳工权益是核心内容。

自 1997 年 SA 8000 标准问世以来,其受到了国际上广泛的关注,在欧美工商界引起了强烈反响。近年来,越来越多的跨国公司在订单中加入了社会责任条款,要求卖方企业必须接受并通过社会责任审核才能进入订单系统,有些跨国公司明确提出,供应商必须通过社会责任标准认证才能获得订单。

目前的 SA 8000 标准,主要涉及了保护劳工权益方面,即仅以劳工的权益为核心内容;就社会责任而言,其目前还有一定的局限性,尚不能全面体现企业的社会责任。

SA 8000 标准与 ISO 9000 质量管理体系标准、ISO 14000 环境管理体系标准、OHSAS 18000 职业健康安全管理体系标准一样,皆为一套对申请认证组织进行第三方认证的国际性依据标准。

2. SA 8000 标准与贸易壁垒

SA 8000 标准作为社会责任标准,不仅明确了对企业社会责任的要求,而且还提出了相应的管理体系要求。将社会责任和企业管理结合起来,在一定程度上可以规范企业的道德行为,有助于改善劳动条件,保障劳工权益。尽管 SA 8000 标准的宗旨是好的,但是在关税和一般非关税壁垒不断被削弱的今天,这一标准很容易被贸易保护主义者所利用,成为新的限制发展中国家劳动密集型产品出口的有力手段。实际上,某些贸易保护主义者已与人权组织联手,以 SA 8000 标准的名义,对发展中国家的劳动密集型产品生产行业的出口进行全方位的限制。如国外一些人权机构借此对进口商施加压力,要求其进口获得 SA 8000 认证的企业生产的产品;还有一些社会团体也要求限制进口达不到劳工标准要求的企业所生产的产品。我国作为劳动密集型产品的生产大国,经济发展水平还不高,虽已对劳工的保护做了很多工作,但由于起步较晚,与发达国家相比,仍有较大差距。对大多数企业来说,一旦被顾客方要求实施 SA 8000 标准,则原有的竞争优势将大受影响或者不复存在。

3. ISO 26000《社会责任指南标准》

国际标准化组织(ISO)为了达到帮助组织通过改善与社会责任相关的表现与利益相关方达成相互信任的目的,于 2010 年 11 月 1 日发布了 ISO 26000《社会责任指南标准》(Guidance on Social Responsibility)。

(1) 标准发布的意义　该标准统一了社会责任的定义，将企业社会责任(CSR)推广到各类组织的社会责任(SR)，从而促进全球对社会责任的共同理解，向自愿应用 ISO 26000 的所有组织，提供一个有助于履行社会责任的框架性指南，从而促进各类组织实现可持续发展。该标准的发布将会在更大范围和更高层次上推进国际社会责任活动的发展，因此可以说它是国际社会责任发展的一个新的里程碑。

(2) 标准所遵循的原则　该标准主要遵循以下原则：强调遵纪守法；强调对利益相关方的关注；强调对人权和多样性的关注；高度关注透明度和可持续发展。

(3) 标准的主要内容　该标准的主要内容包括：社会责任的概念，社会责任的原则和实践，利益相关方的识别与参与，社会责任主题和活动领域，社会责任融入组织，实现可持续发展等。

(4) 标准的性质　ISO 26000 标准既不是管理体系标准，也不是认证标准，它仅是一个指南性标准，即为使用这个标准的组织提供开展社会责任活动的指南。

(5) 与 ISO 9001 及 ISO 14001 管理体系标准的差异与联系　它们间的差异主要在于，ISO 9001 质量管理体系标准和 ISO 14001 环境管理体系标准既可以用于组织内部，也可以用于外部如签署合同，用作第三方认证或注册；而 ISO 26000 标准明确指出"本国际标准非管理体系标准"，"它不试图用于或不适用于认证目的，或者法规或合同用途。"它们之间的联系则在于，ISO 9001 和 ISO 14000 标准所追求的质量目标和环境目标本身就是社会责任的内容之一，其目标的实现有助于组织完成相应社会责任目标，尤其是与顾客相关责任和社区环境相关责任。基于此可以认为，组织通过 ISO 9001 和 SO 14001 标准的认证注册，其本身也是组织承担相应社会责任的一种重要表现。

(6) 标准的应用　企业以及国际承包商包括国际工程的项目经理部，都应认真学习、理解、落实这一标准的要求，使其成为衡量自身行为的工具，并逐步规范自身的社会责任理念及行为。

二、走向国际的承包商贯彻社会责任标准的意义

1. 适应国际管理发展趋势，打造有竞争力的国际化的承包商

一个企业要打造成有竞争力的国际承包商，必须适应国际化的要求，即必须按照国际惯例办事。而 SA 8000 标准已为以欧美为主的众多国家认同，目前已逐步形成为国际惯例，那承包商就必须按这个惯例参与国际市场竞争与工程项目的运作。

2. 提升企业形象，促进市场竞争力的提高

衡量企业竞争力的标准不仅在于质量、服务、价格水平等方面，随着社会的发展，道德标准也正在成为保持、提升企业竞争优势的重要因素。企业通过履行社会责任，塑造和展现有益于社会发展、有益于环境的正面形象，取得社会公信，承包商将会更为市场认同，更具竞争力。

3. 吸引人才，发展对外承包事业

承包商要迈入国际建筑市场，必须吸纳高素质的人才。21 世纪的国际竞争在很大程度已成为人才的竞争。承包商只有落实社会责任要求，既保护本国员工，又保护当地招募雇员的基本权利，注重员工的切身利益，为他们的发展提供机会，才有可能在日趋激烈的人才竞争中，吸引更多更优秀的为企业发展所需的人才。

4. 构建项目的和谐环境

在 SA 8000 标准中,对员工工资、工作时间、健康与安全、结社自由和集体谈判权等提出了要求。这些要求都从生理、安全、尊重及自我实现等方面保证员工乃至企业供应链中员工的利益。落实这些要求,必将会激发其劳动热情和积极性,稳定他们的情绪;完善的员工培训机制可使他们的素质、能力不断提高;而良好的福利待遇、工作生活环境,不仅可以和谐劳资关系,便于项目进行管理,而且还可以养成员工良好的个人习惯,提高个人素质,进而推进项目的稳定与和谐。保护劳动者的合法权益,同时也是保护劳动者家庭的合法权益,实施这一标准也必将得到劳动者家庭的支持和拥护。

5. 降低新贸易壁垒的风险,克服国际工程承包及劳务出口的障碍

近年来,社会责任标准日益受到国际社会的关注,它把道德提倡升华为一种国际标准,其引导企业去认识并履行自身的社会责任,体现了对社会发展的主体"人"的关怀,体现了世界上所关注的人权思想。

SA 8000 标准将很有可能成为限制发展中国家劳动密集型产品出口最有力的工具。这种很容易被扭曲的以劳工标准为本质的 SA 8000 将可能演变成为一种限制力很强的新贸易壁垒,成为一种充斥所谓人权理念,打着维护人权和社会责任的幌子,来削弱发展中国家人力资源丰富的优势,进而限制发展中国家的产品和劳务的出口。我国的劳动力资源十分丰富,且价格低廉,在国际市场具有较大的竞争力。近年来有关劳工标准的摩擦越演越烈,在某种程度上已经影响了我国的出口贸易的发展。因此为了降低这种新贸易的风险,我们必须强化企业社会责任意识,按照 SA 8000 标准的要求逐步规范我们的管理,以便克服国际工程承包及劳务出口的障碍。从这一意义上讲,强化企业社会责任也是企业走向世界的需要。面对全球化的浪潮,国内企业在积极参与全球化生产的同时,也必须遵守国际准则和全球协定,这是无法回避的。

三、FIDIC 合同条件中关于企业社会责任的要求

在 1999 年版《施工合同条件》(新红皮书)中涉及社会责任的主要条款,见表 14-1。

表 14-1 FIDIC《施工合同条件》(新红皮书)中与企业社会责任有关的主要条款

序号	类别	条款号	主要内容
1	遵守法律法规	1.13	承包商在履约过程中应遵守适用的法律
2		4.8	承包商应遵守所有适用的安全规章
3		6.4	承包商应遵守所有适用的与劳动法相关的法规
4	公众利益	4.8	承包商应为公众和相邻区域的所有人和使用人提供必要的临时设施和安全防护措施
5		4.14	承包商在施工中不得影响公众的便利,不得干扰公众正常使用的公共或私人道路
6		4.18	承包商应采取措施保护施工现场的内外部环境,限制因施工所引起的污染和噪声,以减少对公众的影响或损害

续表

序号	类别	条款号	主要内容
7	员工雇佣	6.1	承包商应从当地或外地雇佣职员和劳工,并负责他们的报酬、食宿和交通。"06多边开发银行协调版"[1],对其增加为:应尽可能从当地雇佣职员和劳工
8	员工雇佣	6.21	承包商不得雇佣童工
9		6.22	"06多边开发银行协调版"增加内容:承包商应建立员工雇佣记录,以供审计人员的随时检查
10	员工权益	6.2	承包商支付的工资标准和提供的劳动条件不应低于工程项目所处地区同行业的现行标准和条件
11		6.4	员工享受所有适用的劳动法规规定的权利
12		6.5	在投标文件附录中规定的正常工作时间及当地公共节假日之外,承包商一般不得安排加班,除非是合同另有规定、工程师同意和紧急情况下抢救生命财产时
13		6.6	承包商应为员工提供住宿和福利设施
14		6.13	"06多边开发银行协调版"增加内容:根据合同,承包商应以合理的价格为员工提供饮食服务
15		6.14	"06多边开发银行协调版"增加内容:承包商应根据条件可能,为员工提供饮用水和生活用水
16		6.18	"06多边开发银行协调版"增加内容:承包商应尊重当地节假日休息制度、宗教信仰和民族习惯
17		6.19	"06多边开发银行协调版"增加内容:如出现属地化人员伤死亡,承包商应按当地要求,为其安排葬礼
18		6.20	"06多边开发银行协调版"增加内容:承包商不得以任何形式使用或支持使用强迫性劳动
19	健康和安全	4.8	承包商应保护有权进入现场一切人员的安全
20		6.7	承包商应采取措施保障员工健康和安全,应取得当地卫生部门配合,保证项目工地有必要的医疗条件和急救条件
21		6.7	"06多边开发银行协调版"增加了对艾滋病预防的要求。包括为了保证员工及其家属的安全,承包商应制定性传染病(包括艾滋病)的预防计划以及对性传染病和艾滋病预防的宣传等
22		6.15	"06多边开发银行协调版"增加内容:承包商应为现场人员采取防治昆虫及害虫损害的措施
23	环境保护	7.1	承包商应使用适当的设备和环保型材料
24	反腐败	15.6	"06多边开发银行协调版"增加内容:承包商应禁止采取/参与腐败或欺诈行为,否则业主可将其逐出现场

[1] "06多边开发银行协调版"是FIDIC对1999年版《施工合同条件》(新红皮书)的通用条款作了补充修订,于2006年所发布的"新红皮书"的协调版本(第2版),其规定凡是以下银行贷款项目,须采用该"新红皮书"的协调版本:亚洲开发银行、非洲开发银行、欧洲复兴与开发银行、国际复兴与开发银行、黑海贸易与开发银行、加勒比开发银行、泛美开发银行、伊斯兰开发银行、北欧发展基金。

第二节　SA 8000 标准的贯彻与实施

一、关于 SA 8000 标准

(一)对主要管理术语的理解

1. 企业

企业是指任何以赢利为目的而提供产品和服务的组织。企业的范围包括：国有企业、集体企业、合资企业、股份制企业、个人独资企业等。

2. 企业社会责任

企业社会责任是指企业除了追求利润外，还应承担其他利益相关者的责任，其中自己的员工是企业社会责任中最主要的利益相关者。

3. 利益相关者

利益相关者是指任何可能受到企业决策与活动的影响，同时又可以影响企业决策与活动的各利益群体。包括：企业员工、顾客（业主、用户）、供应商、分包商、社会团体、合作伙伴、竞争者、社区民众等。

4. 可持续发展

可持续发展是指既满足当代人的需求，又不危害后代人满足其需求的发展方式，是一个涉及经济、社会、文化、技术和自然环境的综合动态理念。

5. 童工

童工是指任何未满 16 周岁，受雇于企业为获得报酬而从事劳动或提供服务的人。如果当地法律规定的最低工作年龄或义务教育年龄高于 16 岁，则以较高年龄为准；如果根据国际劳工组织第 138 号公约对发展中国家的例外规定，当地法律规定最低工作年龄低于 14 岁，则以较低年龄为准。

6. 未成年工人

未成年工人是指，任何年满 16 周岁但未满 18 周岁，受雇于企业，为获得报酬而从事劳动或提供服务的人。

7. 强迫或强制劳动

强迫或强制劳动是指，以任何惩罚相威胁，强迫任何人从事的非本人自愿的一切劳动或服务，但不包括：

(1)作为国家公民应尽的正常义务。

(2)在发生战争、火灾、水灾、地震、恶性流行病等灾害，可能危及民众生存或安宁的情况下，强制付出的劳动或服务。

8. 供应商/分包商

供应商/分包商是指，向企业提供产品或服务的组织。他们提供的产品或服务构成了企业的产品或服务的组成部分,或者被用于企业的产品生产或服务。

(二)SA 8000 标准的主要特点

1. 强调企业要承担社会责任

SA 8000 标准要求企业在获取利润的同时,要承担环境保护和劳工利益等方面的社会责任。

2. 制约资本权力,给劳动者带来福音

标准是对资本权力的一种制约,而对广大劳工来说是一项福音。它在很大程度上防范不合理工资、超强度劳动、不安全劳动环境、雇佣童工、体罚等侵犯劳工权益的行为和举措。

3. 体现社会道德的进步

标准体现了企业不仅要对自己的员工负责,也要对所有产业链的员工负责,这种理念已经超越了法律范围,体现了一种道德的境界,而且这种道德的要求已经形成为一种潜在的力量。

4. 将形成为一种新的贸易壁垒

SA 8000 标准将很有可能成为限制发展中国家劳动密集型产品出口的最有力手段;因此很容易为标榜维护人权和社会责任的方面所利用,提高发展中国家的劳动力成本,削弱发展中国家人力资源丰富的优势。与反倾销比较,SA 8000 标准更易获得经济发达国家的认同,因为它比反倾销会更加容易取得证据,并比反倾销程序简单得多。

(三)SA 8000 标准的主要内容

1. 童工

不应使用或者支持使用童工(Child Labour)。应建立符合国际劳工组织第 146 号建议书内容的政策,不得将儿童或青少年工人置于不安全或不健康的工作环境和条件之下。

2. 强迫性劳动

不得使用或支持使用强迫性劳动(Forced Labour),也不得要求员工在受雇起始时交纳"押金"或寄存身份证件。

3. 健康与安全

雇主应提供一个安全、健康(Health & Safety)的工作环境,并应采取必要的措施,在可能条件下最大限度地降低工作环境中的危害因素;为员工提供安全卫生的生活环境,包括洁净的浴室、卫生安全的住宿条件,卫生的食品贮存设备等。

4. 组织工会的自由与集体谈判的权利

雇主应尊重所有员工结社自由和集体谈判权(Freedom of Association and Right to Collective Bargaining)。

5. 歧视

在涉及聘用、报酬、培训、升迁、解职或退休等事项上,不得有基于种族、社会等级、国籍、宗教、身体残疾、性别、性取向、工会会员或政治归属之上的歧视(Discrimination);不能干涉员工信仰和民族风俗;不允许强迫性、虐待性或剥削性的性侵扰行为。

6. 惩戒性措施(Disciplinary Practices)

不得从事或支持体罚、精神或肉体胁迫以及言语侮辱。

7. 工作时间(Working Hours)

不能经常要求员工1周工作超过48小时,并且每7天至少应有1天休假;每周加班时间不超过12小时;且应保证加班能获得额外津贴。

8. 工资

支付给员工的工资(Compensation)不应低于法律或行业的最低标准,并且必须满足员工的基本需求;不因惩戒目的而扣减工资;应保证不采取纯劳务性质的合约安排或虚假的学徒工制度以规避有关法律所规定的对员工应尽的义务。

9. 管理体系

应根据本标准制订公开透明、各个层面都能了解并实施的符合社会责任与劳工条件的管理体系(Management Systems),委派专职的资深管理者代表具体负责,并对此进行定期审核,并在非管理阶层推选一名代表与企业高层进行沟通;建立并保持适当的程序,以证明所选择的供应商与分包商符合SA 8000标准的规定。

二、项目经理部社会责任体系建立及运行

(一)确定项目经理部的社会责任政策

为了保证履行社会责任,项目经理部应确定自己的社会责任政策。

社会责任政策是组织在承担社会责任方面所坚持的宗旨和方向,是承担社会责任、改善劳动条件和保护员工权益的指导原则,它体现了组织对社会责任的总体承诺。项目经理部制定社会责任政策工作主要包括:

(1)向公众作遵守国际惯例及工程所在国适用的法律法规和相关规章的承诺。

(2)向公众作持续改进企业社会责任工作的承诺。

(3)制定承包商/项目经理部的社会责任管理目标。

(4)向员工及向社会公开自己的社会责任政策。

(5)在项目的内、外部条件发生变化,特别是法律法规、利益相关者的普遍要求发生变化时,应修订组织的社会责任政策。

(二)获取相关法律法规及其他要求

SA 8000标准突出地提出了:"企业应遵守国家法律、其他适用法律、企业签署的要求及本标准。当国家法律、其他适用的法律、企业签署的要求以及本标准涉及同一议题时,企业应采用其中最严格的条款。"说明了遵守法律法规的重要性。

为了实现遵章守法的要求,项目经理部应获取、识别适用的与经营管理活动所有相关的法律法规和其他要求,以确保自身能做到知法、懂法、守法。

与依据ISO 14001环境管理体系标准和OHSAS 18001职业健康安全管理体系标准建立承包商的管理体系一样,项目经理部应建立有效的获取法律法规及其他要求的渠道,以保证能

及时准确获取适用的法规要求。项目经理部应对所获取的法律法规及其他要求进行识别,明确应遵守的所有适用的法规要求,建立本项目的法律法规和其他要求清单。

(三)建立以"诚信"为核心的项目文化

诚信既是企业价值观的一种体现,也是企业实施社会责任的根本。

项目经理部要在员工中大力提倡宣传:"以诚为本,以信为先"的社会责任理念,以实际行动为社会提供优质工程和服务,以取信于民,取信于社会。通过这样的工作,使员工都能充分认识到:诚信也是企业的一种实力,诚信也是竞争力。

在项目管理中,项目经理部的重要职责之一是履行对业主的承诺,为社会尽责。在工程施工中,提倡创口碑,创品牌,精心组织,精心施工,精心管理;在为用户服务中,坚持服务上门,不厌其烦,用户满意至上;在制度建设上,要有制约手段,确保方方面面的工作能坚守诚信,形成企业运作的诚信机制。

(四)明确管理职能

为了保证社会责任的有效落实,项目经理部应明确其主要管理岗位(管理者、执行者、验证者)、各职能部门的管理职能(责任、权限和作用),以及明确员工的相应责任,并应形成文件在项目经理部内发布。

明确管理职能,需考虑以下四个范围,即:对环境的职能、对员工(包括劳工)的职能、对顾客的职能(包括业主、用户)、对利益相关方的职能(包括供应商、分包商、社区民众)以及对社会相关方的职能。

(1)对环境的职能,包括:环保技术应用、绿色建筑、环境保护、环境治理等方面。

(2)对员工的职能,包括:培训、工作安排、员工的使用、工作环境、工作时间、员工权益、沟通与协商、奖惩、劳动保护等方面。

(3)对顾客的职能,包括:提供符合要求的工程产品、提供产品信息、提供工程使用及维护指导、提供服务、接受投诉及其处理等方面。

(4)对利益相关方的职能,包括:沟通与协商、对供应商和分包商的管理等方面。

(5)对社会相关方的职能,包括扶贫济困、社会赞助、慈善事业等方面。

(五)开展社会责任培训

承包商/项目经理部坚持开展组织内的社会责任培训是十分必要的。培训的目的在于,提高员工的社会责任意识,鼓励员工积极参与社会责任工作,保证承包商/项目经理部社会责任政策的落实。

培训的对象是项目经理部的全体员工,重点是主要管理部门及主要管理骨干。培训的主要内容是:

(1)社会责任基本知识。

(2)承包商/项目经理部的社会责任政策。

(3)适用的法律法规及其他要求。

(4)部门及岗位的社会责任职能。
(5)落实社会责任应开展的主要工作和要求等。

(六)建立内外部沟通协商机制

承包商/项目经理部应建立内外部沟通、协商机制。其目的在于及时、有效沟通协商内外部社会责任方面的工作,确保组织社会责任政策的落实。

(1)内部沟通协商主要是指组织内部各部门、各层次间的交流。外部沟通协商主要是指组织与业主、用户、政府管理机构、社区民众、供应商、分包商、社会救助机构、社会慈善组织等相关方的交流。

(2)项目经理部须明确各层次负责协商的主管部门及其职能。

(3)沟通协商的方式是多样的,可以是:公告、通讯、宣传单、意见箱、信函、会议、交谈、座谈等。

(4)沟通协商的内容可以涉及以下方面(但不限于此):
①项目社会责任政策;
②项目管理制度(主要是涉及社会责任方面);
③项目员工、项目聘用人员以及劳务人员的权益(工资报酬、工作时间、组织工会及集体谈判权、劳动保护、保健、福利、奖惩、工伤待遇等);
④企业健康与安全措施及落实;
⑤环境保护措施;
⑥扰民及赔偿的规定;
⑦紧急情况抢救原则及措施;
⑧所开展的慈善事业等。

(七)建立项目社会责任管理体系

建立项目社会责任管理体系可以考虑与项目已建立的质量管理体系、环境管理体系和职业健康安全管理体系相整合,形成四合一的综合管理体系。由于较多的体系要素在这四个管理体系中的要求基本上是一致的(如管理职责、文件管理、记录管理、法律法规与其他要求、沟通与协商、培训、内部审核、管理评审等),因此建立项目社会责任体系只不过是在管理体系中,再增加与社会责任直接有关要素的管理程序即可。

(八)开展绩效监测

开展绩效监测的目的在于不断地对项目经理部的社会责任工作实施情况及效果进行监视和测量,及时发现问题和不足,及时纠正或采取纠正措施,以保证项目经理部的社会责任政策的有效落实。

1. 绩效监测的内容

承包商/项目经理部开展绩效检测,应主要关注以下方面(但不限于此):
(1)承包商/项目经理部社会责任政策的落实情况。

(2)法律法规及其他要求执行情况及效果。
(3)企业社会责任管理目标的实现情况。
(4)与员工和相关方沟通协商的效果。
(5)安全、环境等事故、事件后的处理以及采取纠正措施的效果。
(6)各项涉及社会责任的管理制度、程序的实施情况及效果。
(7)可测量的社会责任指标完成情况(如环境的噪声排放指标、水电资源节约指标、安全指标、福利指标等等)。
(8)顾客的满意度调查及其投诉、意见处理情况及效果。
(9)相关方对项目社会责任工作的评价意见,等等。

2. 监测的方法

承包商/项目经理部可根据不同的绩效指标,采用定性或定量的测量方法。
监测的方法可采取以下方法(但不限于此):
(1)采用检查表对各职能、层次进行系统地检查(例如内部审核)。
(2)专项评议。
(3)安全、环境抽样检查。
(4)行为抽样调查。
(5)座谈调查。
(6)调查表调查。
(7)事故、事件统计分析。
(8)向相关方走访调查。
(9)文件和记录的分析等。

三、项目经理部落实社会责任的主要工作及应注意的问题

承包商的社会责任在项目经理部落实的主要任务包括两方面:在项目经理部内部,要为企业或股东创造利润,为员工提供施展能力的平台及提高发展的空间,保护员工及所有劳务人员的合法权益,创建各利益主体之间的和谐环境;在项目经理部外部,要为工程所在国提供就业岗位,坚持依法经营、诚实守信的原则,向社会提供符合要求和环保标准的合格工程产品,节约资源,降低或消除对环境的污染,支持和赞助社会公益事业。

(一)项目经理部人员的使用

1. 雇员招聘

承包商无论是在中国境内招工还是选择劳务分包商,都必须坚持:
(1)不得招收童工,不得计划招收未成年工从事可能危及其健康和安全的工作。
(2)应责成专人审查应聘或劳务分包商人员的有效身份证件,确保他们实际年龄必须大于16周岁。
(3)要求所有应聘人员必须如实填写统一的招工登记表,负责招工的责任人员须逐一核对填写内容,并要求应聘人员签字确认。

(4)招工时不得向应聘人员收取任何形式的押金或其他形式的物件抵押。

(5)尽量招收工程所在国的劳务人员,特别是在发展中国家。高失业率和人才匮乏是发展中国家面临的一个普遍问题,一些发展中国家的政府希望通过当地工程项目建设,一方面解决本国人口就业问题,另一方面也可为他们培养相关专业领域的技术人才,因此当地政府在批准承包商用工指标时,一般都提出了招收当地劳务工人的最低比例或最少人数的要求。

(6)聘用工程所在国当地专业人员担任承包商或项目经理部的管理人员,并且在工资待遇、工作时间、岗位安排上做到一视同仁。这不但为当地政府解决就业的机会,而且还会降低承包商的管理成本。

2. 劳动合同

招用员工,应订立书面劳动合同。劳动合同应符合适用的法律法规要求,并须在平等自愿、协商一致的基础上签订。

劳动合同须包括以下条款:
(1)合同期限。
(2)工作内容。
(3)劳动条件和劳动保护。
(4)工作时间。
(5)报酬。
(6)劳动纪律要求。
(7)合同终止。
(8)违约责任及处理等。

(二)严禁强迫劳动

(1)项目经理部应做出严禁强迫劳动的规定,严禁个人或劳务分包商通过使用胁迫手段,或通过欺骗的手段,或各种原因的抵债等获取相关的劳动服务。

(2)项目经理部应向员工承诺保证员工人身自由,无论是正式员工,还是劳务工人。

(3)项目经理部安排员工加班须征得员工的同意,不得强迫员工加班加点,不得以扣奖金、罚款等处罚手段来要挟,要求员工加班加点。

(4)承包商/项目经理部不得限制员工辞职,不得以扣押上岗证、资格证、操作证等手段,威胁其辞职。

(5)项目经理部应监督其合作的供应商和分包商,不得使用强迫劳动。如发现其合作方有强迫劳动的问题,除立即提出制止外,还应向当地劳动部门报告。

(6)项目经理部不得使用监狱工厂或者其他使用强迫劳动的单位作为供应商或分包商。

(三)女工保护

1. 女工管理

(1)项目经理部应维护女工的合法权益,在适用的有关保护女工法规的指导下,制定项目经理部的女工劳动保护管理的政策及规定。

(2)凡适合妇女从事的岗位,实施男女一视同仁的政策,不得以任何借口拒绝女职工。

(3)女工在三期(怀孕期、产期、哺乳期)内,项目经理部不得以任何理由解除或终止劳动合同。

2. 假期和待遇

(1)应执行适用的关于女工特殊假期间的假期时间及休假期间待遇的法规,以保证女工的收入。

(2)对于特殊情况下,如重度痛经、人流、假期已满但因健康原因仍不能继续工作等情况,项目经理部应制定休假及相关待遇政策。

(四)禁止歧视

(1)项目经理部在人员招聘、工作安排、报酬、晋升、解聘等方面的政策上,不得有任何的歧视倾向。例如不得基于国籍、民族、政治派别、信仰、性别、身体残疾等,采取或支持歧视行为。特别是要注意,应按照工程所在国当地的法律规定保护雇员的相应权利。

(2)项目经理部应制定有关禁止歧视国内派遣劳务工的政策,并将其精神反映在具体的管理规定及措施中,保证劳务工人、正式员工、当地聘用工的平等对待。例如在劳务工人的居住条件、卫生条件、工作时间、休息等方面,应采取平等的政策。

(五)工作与休息时间

1. 主要术语说明

(1)"工作时间"是指根据法律规定,员工在一定时间必须用于参与或完成企业工作任务的时间。工作时间不仅包括员工实际完成工作任务的时间,还包括员工工作必须付出的准备及结束的时间。

(2)"休息时间"是指法律规定员工在职期间,可以不从事工作(劳动)而自行支配的时间。它包括了一个工作日内的休息时间和两个工作日之间的休息时间。

(3)"休假时间"是包括公休假日(星期六、星期日)、法定节假日和年休假的休息时间。

(4)"延长工作时间"即是通常所说的加班加点。它是指员工在规定工作时间以外从事本职工作(劳动)的时间。

2. 工作时间

(1)项目经理部须明确本项目工作时间的定义,并通过一定的形式向员工宣传,并为全体员工所理解。

(2)项目经理部及其所属各分包单位应记录员工的工作时间。

(3)遇需连续的工作或作业,必须加班加点时,应考虑多班轮换或加班后休息的办法;如不能安排休息,应按规定发放加班工资。

(4)针对工程所在地区的气候条件,项目经理部应适时调整工作时间,如夏季或地处气候炎热的工地,应适当延长中午休息时间,推迟下午的上班时间。

3. 休息时间

(1)项目经理部应根据我国劳动法和工程所在国的相关法规和要求,并结合施工的特点,明确本项目的休息、放假、实行年休假等方面的规定。

(2)项目经理部应保障员工的休息时间。我国以及多数国家的劳动法规定,劳动者平均每周工作时间不超过40小时,每日工作时间不超过8小时。项目经理部因施工特点不能全面实行这方面规定时,应向当地劳动部门提出申请,做出合理解释,可以采取其他的休息方法,如集中放假、实行年休假等,以保证员工必要的休息。

(3)在规定的节日期间,应依法安排劳动者休假,对于我国员工节日要包括元旦、春节、清明节、劳动节、中秋节、国庆节等。对于工程所在国招聘的员工,应按照他们国家法定节日的规定放假休息。对于节日期间必须加班的,应依法发放节日加班工资。

4. 加班

(1)项目经理部需要员工加班工作时,须征得员工的同意,不得强迫员工加班。对于有特殊情况,确不能按要求加班者,项目经理部不得采取任何处罚手段。

(2)对于有的员工,特别是国内派出的劳务工人,为了增加收入,主动要求加班,项目经理部也应尽可能地严格控制,以保证员工有足够的休息时间。

(3)对于采取工程量包干或以完成工程量支付人工费时,项目经理部应合理安排施工任务,控制现场的工作时间,必要时采取严格的控制措施。

(六)工资报酬

1. 主要术语说明

(1)"工资报酬"一般包括:计时工资、计件工资、津贴、补贴、奖金,以及延长工作时间和特殊情况下支付的报酬等。

(2)"最低工资"是指员工在法定工作时间内,付出了正常劳动的情况下,由用人单位支付的最低劳动报酬。我国不同地区均规定了当地的最低工资标准;工程所在国也有当地的最低工资标准。最低工资不包括延长工作时间的工资报酬以及伙食补贴、住房补贴、各种津贴(如夜班津贴、保健津贴、高温津贴等,以及国家法律规定的社会福利待遇)。

2. 工资报酬支付

(1)项目经理部应收集工程项目所处地区的最低工资标准,并测评员工工资是否不低于最低工资水平;应注意在施工淡季,工作不饱满、停工待料期间,其工资支付水平也不得低于最低工资标准。

(2)项目经理部应根据适用的法规及项目实际,制定具有激励性的工资报酬制度,保证员工能获得合理的工资和福利。

(3)在项目经理部与员工签订的劳动合同中,须明确约定工资报酬的具体内容,包括基本工资、支付日期等。

(4)项目经理部除了向员工支付工资外,还应依法向员工提供必要的福利待遇,包括社会保险(养老保险、医疗保险、工伤保险、失业保险等)、探亲假、婚丧假、带薪产假、带薪年假等。

(5)项目经理部安排员工加班时,应支付其加班工资;加班工资至少应达到适用的相关法规的规定,如一般多为:

①正常工作日,延长工作时间加班的,支付不低于加班人正常工资的150%;

②休息日安排员工加班,而他们又不能得到补休时,应对其支付不低于加班人正常工资的200%;

③法定节日安排员工工作的,支付不低于加班人正常工资的300%。

(6)项目经理部应以法定货币或银行转账的形式直接向员工支付工资。工资支付时间由承包商自行规定。对于属地化员工,须保证每月至少支付一次。对于从国内派出的员工,一般最少应半年以外汇的形式支付一次,但每月应有支付结算台账表,并经本人签字确认;特别是针对劳务工人,更须这样做,以防劳务分包单位领导(俗称包工头)克扣工人工资。

(7)项目经理部不得无故拖欠工资。当承包商遇到资金周转困难或其他原因不能按时支付员工工资时,须采用书面形式提前通知全体员工,约定延长支付时间,并报当地劳动部门或工会组织备案。

(8)项目经理部不得采用扣工资的方式惩罚员工。

(9)项目经理部不得以试用期为由欺骗员工,例如降低工资标准和社会保险标准。

(七)惩罚措施

员工是有个人尊严的个体,不仅其经济利益不容侵犯,而且其人身权利也须得到保护。

(1)项目经理部有责任对员工(特别是新进员工)进行持续的法制教育,向他们宣传承包商/项目经理部的管理制度,要求他们做遵章守法,遵守纪律的合格员工。

(2)项目经理部须建立公平的奖惩制度。惩罚方式包括:警告、解雇等。严禁对有过失的员工实施体罚、侮辱、使用暴力等惩罚手段。项目经理部的惩罚制度应与员工代表充分协商。

(3)对于违反劳动纪律、项目管理规定的,项目经理部须采取合理的措施,以帮助其纠正不良行为。对于违反法律的,项目经理部应向上级反映,送交司法部门处理,不得私自处理。

(4)项目经理部须建立申诉和投诉制度,任何受处罚的员工都可以对不恰当的惩罚做出申诉或提出投诉,其可以向承包商/项目经理部的人力资源管理部门投诉,也可以向员工代表投诉或向承包商的上级投诉。项目经理部应保护投诉人的投诉权利。

(5)对于已经发生的不当惩罚事件,承包商应及时进行调查,提出处理意见并采取相应措施避免类似问题再次发生。

(八)组建工会与集体谈判权

组建工会和集体谈判权属于国际人权公约规定的基本权利。我国《劳动法》、《工会法》对此也做出了相关规定。

(1)企业应充分尊重员工的组织工会和集体谈判权,任何人不得限制或阻挠员工组织或参加工会。当然,组建工会应按我国《工会法》的相关要求实施,即不得在中华全国总工会之外另外再建立一个独立的工会。

(2)项目经理部应为工会组织或员工代表提供表达和反映其意见和建议的渠道,确保员工有独立、自主的谈判权。

(3)承包商应主动邀请员工代表参与承包商的涉及员工权益政策的制定工作,以充分反映员工合理权益的要求。

(4)承包商应建立与员工集体谈判的机制,以解决劳资纠纷。如可以成立由员工代表参加的劳动争议协调组织,制定处理劳动纠纷的程序。

(5)承包商应对员工代表提出的问题或建议展开调查,并及时给与回复。

(九)健康与安全

健康与安全的核心工作是为员工提供安全、健康、舒适的工作、休息的环境和条件。其所应开展的工作与 OHSAS 18001《职业健康安全管理体系规范》的要求是完全一致的。

SA 8000 标准十分重视劳动者的工作环境,希望企业能够为雇员提供安全、舒适的工作环境和条件。中华民族有着勤奋、吃苦耐劳的优秀传统,这也成为许多民营建筑商能够生存和不断发展壮大的重要基础。但是,尊重劳动者,为其提供必要的安全、健康、舒适的工作环境和条件,已逐渐成为国际众多国家和国际组织的共识,承包商必须给予高度的关注。为此承包商/项目经理部应注意做好以下几方面的工作:

(1)按 OHSAS 18001《职业健康安全管理体系规范》要求建立项目经理部的职业健康安全管理体系,并组织运行。

(2)设置安全管理部门及配足、配强专、兼职安全管理(检查)人员。

(3)建立各职能和层次的安全管理职能和建立项目的职业健康安全管理制度。

(4)坚持职业健康安全教育培训制度。特别要坚持对新开工项目的全体人员及分包商人员进行安全教育培训。

(5)建立职业健康安全检查制度,并认真落实,以及时发现和处理问题。

(6)定期组织员工进行体检或安排回国后进行体检(例如每年 1 次全面体检),对发现患有疾病的,提供就医的方便或必要的资助。

(7)在项目施工现场应配备急救设备和药品,配备至少 1 名经过训练的急救员。对于大型项目应配置担架和救护车,以备紧急情况时抢救使用。

(8)为员工提供安全卫生的住宿条件。宿舍内应配备冬季采暖及夏季降温的设施。宿舍面积及每间人数应尽量达到舒适的程度。如国际惯例,工人住宿每房间不超过四人。

(9)尽可能为员工上下班提供交通的便利,如当项目工地与员工住宿区相距较远时,应安排汽车接送,车辆不足时可租用社会车辆。

(10)在规划施工现场平面布置时,应将员工宿舍区与施工区分开并保持一定距离,以保证员工休息不受施工环境的干扰。

(11)为员工提供符合卫生标准的饮用水,包括在施工现场为劳务工人提供卫生饮用水的条件。

(12)为员工提供符合卫生标准的食堂,保证饭菜的卫生。对炊事人员应定期身体检查,以保证从事炊事作业的人员必须是健康无传染疾病的。

(13)为员工提供清洁卫生的水冲厕所(男女分设),并做到必要遮挡,保护员工的隐私权。在进行临时暂设规划时,应根据项目人员(包括工人)高峰时的数量,设计足够的厕所蹲位(如国际惯例,应保证每 4 人 1 个蹲位)。

(14)提供热水淋浴冲洗设施,保证员工清洁卫生的需要;要根据员工的人数,设置足够的淋浴喷头,以尽量减少冲洗等待的时间(如国际惯例保证每4人有1个淋浴喷头)。

(15)因为员工远离祖国,加之地处他国,在语言、新闻媒介、通讯联络、文化娱乐等方面的差异和不便给员工带来与外界沟通的困难,应建立网络服务设施,为员工提供上网的便利。

(16)在可能情况下,为员工提供健身及文化娱乐设施和条件,例如设立:健身房、电视室、乒乓球室、台球室、棋牌室等,保证员工业余时间有充分的娱乐休息的条件。

(十)环境保护

据有关统计资料表明,在全球环境整体污染中,与建筑业有关的空气污染、光污染、电磁污染等占34%;而建筑垃圾则占垃圾总量的40%。为此,项目经理部应十分关注环境保护工作,注意保护环境,最大程度地降低施工生产、办公、生活等活动给环境带来的不利影响,确保其环境影响符合工程所在国的环境保护标准要求。虽然SA 8000标准中未明确提出对环境保护的要求,但从企业社会责任涉及的范围来看,它的确也是企业社会责任的一个重要方面。为此,项目经理部应开展以下方面的工作:

(1)按《环境管理体系要求及使用指南》(ISO 14001:2004)建立项目的环境管理体系,并组织运行。

(2)建立获取工程所在国和地区的环境法律、法规及其他要求的渠道,及时获取相关法规,并识别出项目经理部应遵循的要求。

(3)建立绿色建筑的理念和意识,提倡和积极采用环保型材料,采用节能技术,采取节约资源(水、电、燃气、原材料)的措施。

(4)将各层次的环境管理方案中的控制要求通知到与其合作的供应商和分包商,使他们能与项目经理部一道关注项目的环境保护工作。

(5)定期对自己遵守环境法律法规及其他要求的情况进行评价,以及时发现违规行为,纠正偏差,使组织的环境管理及其效果始终处于守法状态。

(十一)对供应商和分包商的管理

在ISO 9001《质量管理体系 要求》标准中,提出了对供应商和分包商的控制要求,但那主要是涉及确保工程产品质量方面的内容。而企业在落实社会责任时,承包商/项目经理部同样有责任对供应商和分包商涉及社会责任方面的工作给予关注。

(1)承包商在评价、选择供应商/分包商时,应将其履行社会责任作为一个条件。例如可将社会责任内容写入承包商/项目经理部物资采购/分包商选择的程序文件中。像质量体系中考核供应商/分包商,评价其资质、能力、业绩等一样,评价其履行社会责任的情况及效果。

(2)选择主要的供应商/分包商时,应对作业现场进行考察,其中包括对涉及员工健康安全的工作环境、工作条件的考察,是否使用童工,是否有强迫劳动等违反国家及地方法律法规的问题,并将这类问题作为选择的首要否定条件。

(3)承包商在与选中的供应商/分包商签订合同时,应要求其做出遵守与社会责任相关的适用法律法规的书面承诺。

(4)项目经理部应按合同约定要求,及时向供应商及分包商支付材料款/工程款(工资),不得拖欠。如确实因为资金周转困难或未收到业主支付的工程款等原因不能及时支付时,应向供应商/分包商说明原因,并提出能让对方理解的支付款项计划。

(5)鼓励与其合作的供应商/分包商推进社会责任工作,向他们宣传有关社会责任工作的要求和提供必要的文件资料。

(6)承包商/项目经理部应关注与其合作的分包商劳务工人工资的发放情况。对于劳务分包方(特别是个体分包商),应明确专人调查劳务工人工资是否适时、足额发放到个人,发现异常立应即采取强硬措施予以处理,切实保护劳务工人的正当权利。

(7)承包商应定期(预先通知)和不预先通知突袭式地对合作的分包商进行社会责任实施情况的监督检查,以核实他们是否遵守原先做出的遵章守法的承诺。对于有严重违反法律法规行为的,承包商可做出中止合作的决定,并将其从承包商的合格分包商名单中剔除。

(8)承包商应建立供应商/分包商档案,其中应包括社会责任承诺、定期监督检查记录、采取纠正措施的记录、重大问题分析处理记录等。

(十二)扶贫济困和慈善事业

承包商应积极参于社会的扶贫济困和社会提倡的慈善事业,即承担适度的扶贫济困和发展慈善事业的责任。通过这样的工作,一方面可以实实在在帮助当地政府发展涉及民生的公益事业,另一方面也可以通过公益事业在工程所在国或地区树立良好的形象,提高承包商的知名度。

(1)承包商应向员工宣传和提倡扶贫济困的意义和责任,以形成乐于助人、扶贫济困的企业氛围。

(2)对于工程所在国政府根据救灾形势所发出的号召,承包商应组织员工积极响应并尽力参与救灾活动,本着人道主义的原则,尽企业及员工的一份力量。

(3)承包商应积极参加社会慈善组织举办的各种慈善活动,在自身实力允许的情况下,策划专项预算,适时向慈善组织提供捐助。

第十五章 工程保险管理

第一节 概述

一、关于工程保险

工程保险是对以工程建设过程中所涉及的财产、人身和建设各方当事人之间权利义务关系为对象的保险的总称。具体说,它是指业主和承包商为了工程项目的顺利实施,向保险人(公司)支付保险费,保险人根据合同约定对在工程建设中可能产生的经济损失和人身伤害承担赔偿保险金责任。

建筑业与其他行业相比,面临着众多的内外部风险,特别是大型工程项目因投入大、工期长、易受不可预见的外来因素如自然灾害、暴乱、恐怖活动、战争等事件影响,而会导致不同程度的经济损失。这些风险的后果如全部由承包商自己来承担,那是不堪设想的。因此为了转移风险,承包商在项目管理中,都将投保工程险做为保证实现项目管理目标的一个重要手段。工程保险的实质即是以承包商付出较少的代价来换取项目最大的安全保证。现今国际工程承包事业中,保险已成为了项目风险管理中转移风险的一个十分重要的手段。

1929年在英国签发了承包泰晤士河拉姆贝斯大桥工程的第一张建筑工程险保单,英国同时也是国际上最早制订保险法律的国家。第二次世界大战后,欧洲各国的工程保险业务快速发展,一些国际组织在援助发展中国家的基本建设过程中,也要求采取工程保险方式来提供项目的安全保障。而后,为适应工程保险事业发展的趋势,国际咨询工程师联合会(FIDIC)将工程保险的要求列入到施工合同条件中,即要求承包商等方面为工程项目办理相关保险,进一步推动了工程保险制度的迅速发展。

二、国际工程保险的作用

对于从事国际工程承包事业的承包商来说,办理国际工程保险主要可发挥如下的作用:

1. 增强自身抵御风险的能力

当承包商在工程项目上遭受损失时,可从保险人处得到一定的经济补偿,从而降低风险事件给自身造成的经济损失,增强自身抵御风险的能力。

2. 获取风险管理服务

保险公司从其自身的利益出发,在参与工程建设全过程监督的同时,也为承包商提供了必要的服务,可最大限度降低工程各类风险事件发生的概率;或一旦发生风险事件可最大程度地降低损失,这在客观上促进了承包商以工程质量、施工安全等为重点的项目管理。

3. 促进项目管理水平的提高

国际上较多国家实行浮动保险费率制,即保险费率与工程建设的风险程度、承包商的信誉以及质量水平等综合能力有关。承包商为了获得优惠的保险费率,就必须加强项目的综合管理,通过精心组织、精心管理来提高质量水平,以创出优良业绩,赢得良好的声誉,从而促进了承包商项目管理水平的提高。

三、工程保险分类

(一)按保险的性质划分

按保险的性质划分,工程保险可分为自愿保险和强制保险两类。

1. 自愿保险

自愿保险是投保人在自愿的基础上与保险人,通过平等互利地协商,签订保险合同而建立保险关系。其自愿原则体现为,投保人可以自行决定是否参加保险,以及自行确定险种、投保金额等。保险合同签立后,保险合同签订双方应认真履行合同所规定的责任和义务。

2. 强制保险

强制保险又称法定保险,是指根据工程所在国颁布的有关法律和法规,承包商参与工程建设所必须参加的保险。工程保险在很多国家都属于强制性保险范畴,如在欧美许多国家实行政府、银行、市场"三重强制"法,即政府以法律形式强制承包商必须参加保险;对没有参保的工程项目,银行不予以贷款;没有参加相应工程保险的承包商将不能中标承接工程。目前承包商参加工程保险已成为国际惯例,业主在工程项目合同中也会明确规定承包商必须投保的有关险种。

(二)按保险的信用责任来划分

1. 信用保险

信用保险是指投保人要求保险人担保被担保人信用风险的一种保险。信用保险的实质就是把债务人的保证责任转移给保险人,当债务人不能履行其义务时,由保险人承担赔偿责任。例如,承包商担心业主不能按合同约定支付工程款,可向保险公司投保,以保证业主的支付信用,即一旦业主不能履约付款,承包商可从保险公司获取相应的赔偿。

2. 保证保险

保证保险是保险人为被保证人向权利人提供担保的保险。具体说,它是投保人(被保证人)根据受益人(权利人)的要求,要求保险人担保其信用的一种保险。如承包商按业主规定的要求,必须提出保险公司出具的保证承包商信用的保函,以担保自己将正常履行合同义务,当承包商的不作为致使业主遭受经济损失时,保险人将向业主赔偿相应的损失。因此可以说保证保险实际上是一种责任担保,对于工程承包领域来说,它即是一种工程保函(工程保函内容参见第七章 保函管理)。

四、工程保险的主要险种

目前国际上工程险种的门类繁多,主要有:建筑工程一切险、安装工程一切险、雇主责任险、第三者责任险、货物运输险、社会责任险、人身意外伤害险、十年责任险/两年责任险、职业责任险、施工机具设备险、机动车辆险等。

(一)建筑工程一切险

建筑工程一切险(Contractor's All Risks)是对工程项目提供全面保障的险种。它不仅对施工期间的工程本身、施工机械、建筑设备所遭受的损失给予保险,而且还对因施工给第三者(Third Party)造成的人员伤亡、财产损失承担赔偿责任(第三者责任险是建筑工程一切险的附加险)。按照国际惯例,建筑工程一切险的被保险人可以为多个有关利益方,如可为工程项目所有人,总承包商,分包商,参与工程设计、咨询或监督的技术顾问,以及提供资金的金融机构等。

建筑工程一切险承保的范围很广,其承保范围包括:自然灾害(如地震、洪水)、意外事件(如火灾、爆炸)、施工生产过程的过失行为、工程物资质量问题等。承保范围不包括:被保险人因违章或故意破坏、设计错误、战争,以及保单中规定应由被保险人自行承担的免赔额等。

建筑工程一切险的保险期应自工程开工之日起生效,至工程竣工验收交付或保单规定的终止日。

建筑工程一切险的保险费率视工程风险程度而定,即需要考虑承保责任的范围、工程本身的危险性程度、工程建造工艺、工期长短、承包商的资信水平、工程项目的自然环境条件等因素而确定保险费率。

(二)安装工程一切险

安装工程一切险(Erection All Risks)是针对设备安装、钢结构工程为主的工程对象,一般是当工程的土建部分不足合同总价20%的,按安装工程一切险投保。其承保范围、保险期期限以及保险费率与建筑工程一切险相同。

建筑工程一切险和安装工程一切险,实质上都是对业主的财产进行保险,保险费均计入工程成本,最终由业主承担。国际上有些国家的保险公司是以同一张保单承保上述两个险种。

(三)雇主责任险

雇主责任险(Employer's Liability Insurance)是雇主为其雇员办理的保险,即对雇员所遭受意外,导致人身伤亡或患有职业病进行赔偿,被保险的雇员将可获得医疗费用、伤亡赔偿、工伤假期工资、康复费用以及必要的诉讼费用等。在国际上投保雇主责任保险,已成为雇主必须履行的法定义务。

(四) 第三者责任险

第三者责任险(Third Party Liability)是针对工程合同双方意外的第三者。该险种通常是建筑(安装)工程一切险的附加险,它对所承保工程直接相关的意外事件引起项目范围内及邻近区域的第三者人身伤亡、疾病或财产损失进行承保,即当发生承包范围内的第三者人身伤亡、财产损失,当责任系被保险人时,由保险公司负责赔付。

(五) 10年责任险和2年责任险

10年责任险和2年责任险(Liability for Ten/Two Years)属于工程质量保险,是要求承包商为保证工程交付后对出现的质量问题进行处理、弥补或赔偿提供可靠的资金保障而设立的险种。该险种在法语国家较为发达,这是要求承包商必须办理的一项强制性保险,即承包商在工程最终验收后,必须办理质量责任险投保工作,否则业主不予返还承包商的履约保函。10年责任保险期一般从工程质量保修期结束后开始,在保险范围内出现质量问题,保险公司和承包商根据保险的责任按各自承担的比例负责赔偿(一般保险公司负担90%,承包商负担10%);或是工程最终验收交付后一年内出现质量问题,由承包商负责维修并承担其费用,在其余9年内出现质量问题,仍由承包商维修,但费用由保险公司承担。

法国的《建筑职责与保险》中规定,工程项目交付后,承包商在10年内承担工程主体部分质量责任,在2年内承担设备安装工程的质量责任。在德国的《民法》中也有类似规定,对一般工程承包商必须办理为期10年的保险,对水、电、暖、卫等设备安装工程要投保不低于2年的质量保险。

国际上实行10年责任险的国家和地区主要有法国、德国、意大利、西班牙、芬兰、比利时、荷兰、阿尔及利亚、沙特阿拉伯、加蓬、喀麦隆、刚果(布)、马里、摩洛哥、中非、突尼斯、科威特、伊拉克、约旦、塞内加尔、阿拉伯联合酋长国、日本、阿根廷、菲律宾、澳大利亚、加拿大、美国新泽西等。

此种保险,承包商为投保人,业主或工程所有者为被保险人,保险费率系根据工程风险程度、承包商声誉、质量控制程度等因素综合确定,赔偿责任由受理该保险的保险公司承担。

(六) 施工机具设备险

施工机具设备险(Construction Plant and Equipment)是对承包商施工机具在工程施工使用或停放过程中,因自然灾害或意外事件造成损失所提供的一个险种。该险种在经济发达国家已很普遍,它可以是建筑(安装)工程一切险的附加险。

施工机具的责任范围为被保险人所要求保障的各类施工机具设备,因人为过失(安装不当、操作失误)或不可预料的事件而导致的损失、维修费用,以及相关的财产、人身伤害。施工机具险的第三者责任险需另外加保,其责任只限于意外责任事件所导致的被保险人控制下的他人财产损失和不属于承包商责任范围内的他人人身伤害。

(七) 机动车辆险

机动车辆险(Motor Vehicle Insurance)为对具有进入公共道路资格即具有公共牌照的机动车辆(包括办公用车、运输车辆等)进行保险的一个险种,其标的包括机动车本身和第三者责任险。对于仅在施工现场使用的车辆,如铲运车、混凝土运输翻斗车等,可不办理机动车辆险,其可并入施工机具险中。

(八)国际货物运输险

国际货物运输险(International Cargo Transport)包括海洋货物运输保险、陆上货物运输保险、航空货物运输保险以及邮包保险等。此部分内容已在"第六章 物资采购"中介绍,此处不赘述。

(九)政治风险保险

政治风险保险(Political Risk)是一个特殊的险种,它承保国际承包商因战争、类似战争行为、叛乱、罢工及暴动;政府当局征用或没收;政府有关部门汇兑限制,使投资者不能按规定把可以汇出的外汇汇出等方面所造成损失的一个险种。该保险通常与工程保险或财产保险一起投保(政治风险保险的有关内容参见"第十二章 项目风险管理与危机管理")。

五、关于保险合同与保险中介的有关概念

(一)与保险合同有关的概念

1. 保险合同

保险合同是指投保人与保险人约定保险权利义务关系的协议。

保险合同是一种书面形式的文件,其一般包括:基本条款、附加条款、法定条款、保证条款和协会条款。

(1)基本条款 即是标准保险合同文本的基本内容。它主要包括:

①当事人和关系人的名称和住所;

②保险标的(Insurance Subject);

③保险金额(Insurance Sum);

④保险费及其支付方式(Premium);

⑤保险价值(Insurance Value);

⑥保险责任和责任免除(Insured Liabilities & Exception);

⑦保险期间和保险责任开始的时间。

(2)附加条款 它是对基本条款的补充,是对基本责任范围内不予承保而经过约定在承保基本责任范围内基础上予以扩展的条款。

(3)法定条款 它是适用的法律规定合同必须列出的条款。

(4)保证条款 它是保险人要求被保险人必须履行某些规定的内容。

(5)协会条款 它是专指由伦敦保险人协会根据实际需要而拟定发布的有关船舶和货运保险条款的总称。

2. 投保人

投保人又称要保人,是指向保险人(公司)申请订立保险合同,并负有支付保险费义务的组织或个人。投保人、被保险人以及受益人可以为同一人。

3. 保险人

保险人又称承保人，是指与投保人订立保险合同，并承担赔偿或给付保险金责任的保险公司。

4. 被保险人

被保险人是指其财产或者人身受保险合同的保障，享有保险金请求权的人。

5. 受益人

受益人又称保险金受领人，是指保险合同中由被保险人或者投保人指定的享有保险赔偿与保险金请求权的人。

6. 投保单

投保单又称"要保单"或"要保书"，是投保人向保险人申请投保时填写的书面文件，它是保险人确定其是否承保和如何承保的主要依据。一般情况下，工程保险的投保单包括如下内容：

(1) 投保人姓名、地址；

(2) 工程合同关系方（所有人、承包商、分承包商、监理方等）姓名、地址；

(3) 工程名称、地址；

(4) 工程开竣工日期；

(5) 保险期限；

(6) 物质损失投保项目及投保金额；

(7) 第三者赔偿金额；

(8) 费率及保费；

(9) 工程情况说明。

（二）关于保险中介及其有关的概念

工程保险是专业性非常强的一门工作领域，它需要运用风险识别、评价、对策、监控和调整等多方面的手段和方法，还需要熟悉相关的法律知识以及工程建设方面的知识。因工程保险是技术含量很高的一项业务，仅靠承包商以及工程相关参与单位和保险机构自身的力量往往是不能够完全胜任的。于是在此背景下，出现了保险中介组织，以帮助保险人推销保险产品（包括工程保险产品）和为投保人选择最佳的保险人与合适的保险产品。

保险中介的主要作用是，客观、公正地为投保人和保险人提供风险评估、理算保险损失等；根据日常收集的各类工程项目运作信息的整理分析，对保险相关方提出建设性意见。他既为保险人决策是否承保提供服务，又指导承包商如何投保，如何有效获得保险补偿。因此保险中介组织对推动工程保险事业发展有着十分重要的作用。

在保险业发达国家的保险中介组织中，保险中介包括了保险经纪人、保险代理人和工程风险管理咨询公司等。

1. 保险经纪人

保险经纪人是在保证投保人利益的前提下，为投保人与保险人签订保险合同提供中介服务的组织。他们可以帮助承包商识别和评估工程项目风险，设计项目风险投保计划，洽谈保险合同，代表承包商向保险公司投保，以争取理想的保险条件和优惠的保险费率，并还可以提供投保后的后续服务(包括监督风险管理并在发生风险事件后协助承包商办理保险索赔),为工程项目风险和保险管理提供有力的支持。

保险经纪人为投保人提供服务要依法收取相应额度的佣金。在国际上,对于大型工程项目,承包商一般都会委托一家风险管理和保险中介机构,来协助其所承包工程项目处理工程保险业务。

2. 保险代理人

保险代理人是受保险人的委托,在保险人授权范围内代办保险业务的组织或个人。其依法向保险人收取代理手续费。保险代理人分为专业代理人、兼业代理人和个人代理人3种。

保险代理人与保险人(保险公司)是委托代理关系,保险代理人在保险人授权范围内代理保险业务的活动所产生的法律责任,由保险人承担。

六、FIDIC合同条件中关于保险的要求

在1999年版FIDIC合同条件(新红皮书)中,明确了承包商在执行工程合同过程中应履行的有关工程保险的责任、义务及办理保险的要求,其主要内容见表15-1。

表15-1 FIDIC《施工合同条件》中对工程保险的主要要求

序号	类别	条款号	主要内容
1	投保人的责任和义务	18.1	承包商作为投保人时,应按业主批准的条件办理保险,这些条件与中标函下达日期前双方商定的投保条件应是一致的
2			投保人应在投标书附录规定的期限内向对方提供已办理保险的证据及保单的复印件,同时还应通知到工程师
3			如规定的投保人未按合同规定办理其应办的保险,则对方可以自行决定办理相关保险,并向规定的投保人收取已交付的保险费款项
4			因未办理保险而不能从承保人得到赔付时,规定的投保人则承担损失。说明:除非在合同专用条款中另有说明,工程保险中的投保人均是指承包商
5	办理保险要求	18.2	投保人应为工程、工程设备、材料和承包商的文件投保;投保金额不低于全部复原成本。投保有效期至颁发履约证书日止。投保人应为承包商的施工设备投保,保险金额不低于其重购价格;保险期为施工设备进施工现场始,至使用期结束
6		18.3	投保人应在履约证书颁发前,办理第三方保险。保险对象为,除工程、承包商设备和承包商人员之外的可能造成的财产损失和人员伤亡;投保金额不低于投标函附录所规定的额度,且不限制事故的次数
7		18.4	承包商应为其雇佣的任何人员的伤害、死亡和疾病所导致的赔偿责任办理保险,其中业主和工程师也应由此保单得到保障;保险有效期为实施工程项目的整个期间。对于分包商的人员,则由分包商自行投保,但承包商要对其符合本条要求负责

需说明的是,在我国境内使用 FIDIC 合同条件下的保险办理,还应结合我国的保险法和中国国内保险公司的规定,确定保险责任范围等相关事宜。

第二节　项目保险管理工作

因为各种不可预见的不利因素很多,且造成的危害很大,所以国际工程项目承包的风险都是比较高的。承包商重视并加强项目的风险管理,采取工程保险方式来转移项目风险是风险控制的一个十分重要的手段。特别是目前国际市场上大型工程项目的保险已由之前的项目各参与方各自投保,向由业主或承包商统一投保趋势转化,故承包商应愈加关注项目的保险管理工作。为此承包商需要熟悉工程保险管理的有关知识,了解工程项目所在国家对工程保险的法律规定和险种的设置,以合理选择工程保险险种,并在实践中注意做好工程项目的保险管理工作,以使项目经理部风险控制达到一个较高的水平。

一、明确需办理的工程保险

承包商在启动投保工作前,应清楚己方需要办理哪些险种的保险。一般情况下,承包商可根据以下几方面情况确定自己需要投保的险种。

（一）根据合同性文件明确承包商办理保险的要求

1. 招标文件中的要求

国际上有许多情况在工程招标文件中未对保险规定做出集中的说明,而是将其分散到不同的招标文件包中,承包商需要分别查看以明确保险要求。在明确保险范围和责任后,承包商还需要关注业主对保单的具体要求,特别是对免赔额的规定。

2. 业主的要求

业主为了维护工程项目的利益,往往在合同条款或专用条款中要求承包商对工程以及工程物资,可能还会要求对人身或财产损害和第三者责任险投保,甚至明确出具体的险种、保额、保期或其他要求。对于业主已明确提出承包商必须办理保险要求的,特别是在工程量清单中已包括保险费用时,承包商必须投保。

3. FIDIC 合同条件的要求

如工程项目明确规定应执行 FIDIC 合同条件,承包商就应落实 FIDIC 合同条件所提出的办理保险的要求。

（二）根据项目风险评估结果,确定保险要求

在工程项目合同中没有要求承包商必须投保,或项目不执行 FIDIC 合同条件时,承包商就应对工程项目所面临的风险进行全面识别及评估,对于评估出的关键风险,决定是否应采取购买保险作为风险转移的手段,从而确定保险险种。

(三)了解业主办理保险的范围

当业主集中办理项目工程某些保险时,承包商可据其确定自己需增加投保的险种。

(四)根据国家法律明令规定的强制性保险要求

承包商要落实工程所在国法律中强制性保险规定。如机动车辆险和雇员的社会保险一般都是强制性的;法国及部分法语区域国家则实行强制工程保险,包括10年责任险等。对于强制性保险的险种,承包商必须按要求投保。

二、设计保险方案

项目开工前,承包商要进行项目风险识别和风险评估,针对关键的风险因素,制订风险控制计划。对于明确需转移的风险并决定采取投保方式后(一般情况是除强制保险的项目外,只是针对关键风险投保),设计项目的保险方案。保险方案主要包括:险种、保险金额、保险费率、免赔额等。

三、委托保险经纪人

对于大型且复杂的工程项目或承包商不能正常开展项目保险管理业务的时候,承包商可以委托一家保险经纪人,利用他们的专业优势,为自己提供专业的保险计划和风险管理方案涉及的服务。在承包商同保险经纪人签订委托协议后,保险经纪人将组织市场询价或招投标,以选择一家综合承保条件最佳的保险公司作为承保公司。

选择合格的保险经纪人是至关重要的。因为一个不合格的保险经纪人可能会因其经验不足,不仅不能为承包商提供有效的风险管理和保险服务,而且还可能会增加项目的风险。对保险经纪人的评价和选择仍应像企业物资采购评价、选择供应商一样,认真履行评价、选择程序,以确定最佳合作伙伴。对于刚刚走出国门或是初到一个不熟悉的国家从事工程承包的承包商,更需对保险经纪人进行细致的综合考察,以评价保险经纪人的专业能力水平、从业经历、服务质量,并通过其他承包商等渠道调查目标保险经纪人的信誉等相关情况,以确保选择正确。

四、选择保险公司

选择保险公司应综合考虑价格、便利性、保险公司的特色优势、服务质量,特别是其在工程所在国保险和理赔的经验和声誉,并考虑以往的双方合作关系和长远的发展需要。

选择保险公司时,一般需履行对投标保险公司的技术标和商务标2部分进行评估程序,而后综合评价确定可合作的保险公司。

(一)评标选择保险公司

1. 技术标评估

对技术评估主要关注:
(1)保险条件与条款是否符合国际惯例,是否符合本项目的风险特点;

(2)承保责任范围,同样要考虑项目的特定风险,范围不是越宽越好,因为这样会导致保险费率的提高;

(3)保险理赔流程的合理性、是否简便以及出险后的理赔期限;

(4)保险公司的优势、服务质量,保险和理赔的经验和声誉。

2. 商务标评估

对商务标评估要关注:

(1)保险费率;

(2)保险费的支付计划;

(3)是否承诺不出险时,保险费给予部分返还等。

在评标过程中,投保人将与保险人协商保险方案的内容。保险人和投保人将据投保人填写的投保单内容以及其所提供的相关附件,如工程项目概况、工程合同、工程地质报告、工程设计书、项目进度计划等,权衡保险费率和免赔额之间的关系。为了便于比较各保险公司的报价,投保人可以基于同一标准(比如确定的保险金额、工期和保证期)让备选保险公司进行初步报价。

3. 技术标与商务标评分的权重分配

在采用评分办法评标时,其技术标及商务标的权重可定为:对于一般工程,技术标分占25%左右,商务标分占75%左右;对规模比较大、风险比较大的工程,技术标分占40%左右,商务标分占60%左右;对风险特别大且十分复杂的大型工程项目,技术标和商务标的分值可均为50%。由承包商评标小组对投标人方案进行综合评分,最后得分最高者即为拟定的中标单位,再报上级主管部门(领导)批准。

4. 评标时须注意的问题

(1)既要力争降低费率,同时还要关注降低免赔额,因为免赔额过大会损害被保险人的权益(出现风险事件后计算出的损失金额如在免赔金额内的,保险公司不予赔偿)。一般情况下,工程险的免赔额为保险金额的0.5%~2%,施工机具设备等的免赔额为保险金额的5%;第三者责任险中财产损失的免赔额为每次事件最高限额的1%~2%,人身伤害没有免赔额。

(2)尽量增大保险覆盖的范围。例如工程一切险多是将工人罢工、暴动、骚乱定为除外责任,但实践表明,这类风险事件所造成的损失往往是很大的。因此在评标谈判过程中,应尽量增加此方面保险责任,特别是在社会不稳定的国家更应关注此问题。当然扩展保险覆盖范围会适当增加保险费率。

(二)选择我国国内保险公司的条件

中国承包商考虑到保险价格和保险相关工作的便利性,往往会首选国内保险公司。但是选择我国国内保险公司多是有限制的,一般仅在以下情况下才可以考虑选择我国国内的保险公司:

(1)工程所在国当地法律的允许情况下,并得到业主认可。

(2)如工程所在国当地法律,以及合同中规定承包商应向当地保险公司投保,承包商又执意于中国国内投保,则需与当地一家保险公司协商,即由这家保险公司办理名义保险,我国国内保险公司办理实际承保,这样当地保险公司仅会收取额度不高的代理费。

(3)对于有的非洲国家保险法律规定,只能在工程所在国当地投保,承包商可以采取在国内保险公司投保,由国内保险公司通过保险经纪人与工程所在国洽商,由当地保险公司出单。这种情况下的理赔是,损失较小的赔付由当地保险公司负责,额度较大的赔付责任由中国国内保险公司承担。

(4)需要说明的是,对于必须在工程所在国当地办理的如机动车辆险、雇主责任险等,则还是要在当地投保。

五、办理保险需提交的资料

一般情况下,承包商在办理保险时须向保险人提供下列资料:
(1)书面申请函(投保单);
(2)工程合同复印件;
(3)施工进度计划;
(4)工程承包合同金额分配表;
(5)工程地质报告;
(6)项目现场平面图;
(7)保险人要求的其他资料。

六、签订保险合同

(一)合同评审

选定保险公司后,经过协商最后形成保险合同。承包商在正式签订合同前,应对合同初稿进行评审,重点关注:

1. 保险范围

保险范围的说明是否准确,即明确哪些责任和事件是在保险公司保险范围内的,哪些责任和事件不是在保险公司保险范围内的。因为在保险合同中所规定的保险范围将直接影响出现风险事件后保险公司是否受理索赔的问题。

2. 绝对免赔额和绝对免赔率

应特别关注保险合同中规定的绝对免赔额和绝对免赔率。因为出现风险事件后所计算出的损失金额如在免赔金额内的,保险公司将不予赔偿。

3. 保险理赔程序和要求

要认真评审保险理赔程序和要求。因为出现风险事件后将按合同规定的保险理赔程序进行索赔工作,并按照索赔条款的要求执行。如对合同中规定的发生风险事件后承包人报案的时限及有关要求是否合理可行,要仔细评审。

4. 关于被保险人

一般来说,就整个工程而言,保险单应指明所有分包商都是被保险人。这样做的原因是避免因分包商是风险事件的责任者时,当总承包商向保险人索赔后,保险人会依据其拥有代位求偿权,向责任分包商进行索赔。但如果总承包商和分包商都在同一保单的保障下,即均为被保险人时,则保险公司既须赔偿损失,同时又丧失了对其任一共同被保险人的代位求偿权。

(二)通知业主

签订保险合同后,承包商应在工程承包合同规定的期限内向业主提供已按合同要求办理各种保险并生效的相关证明文件,同时提供保险合同副本。

七、做好项目保险管理的相关工作

1. 应重视项目经理部的保险管理工作

承包商/项目经理部应将保险业务纳入项目合同管理范围,安排专人负责项目保险工作,熟悉保险文件,建立项目经理部保险管理的相关制度并贯彻落实。如建立定期提示和检查制度,在保险到期前及时通告,以确定是否续保、延长保期等。

2. 做好项目风险及保险管理的培训

承包商要注意做好项目经理部的风险及保险管理的培训教育工作,使项目经理部的员工清楚投保仅是转移风险的一个手段,购买保险并不能全部抵偿风险事件所造成的损失,因为保险公司对于很多除外责任,不承担赔偿责任;此外保险中还有免赔额,即免赔额以内的损失还是由投保方来承担。在工程漫长的施工全过程中受到各种内外部风险因素的影响,所承担的各种风险压力是比较大的,因此承包商仍需坚持关注各种潜在的风险征兆,及时采取各种有力预防措施,防止事件的发生和减少一旦遭灾后的损失。

3. 保险合同交底

承包商负责签订保险合同的部门(人员)应向项目经理部管理人员作保险合同交底,以使项目管理人员了解项目保险合同的主要内容及相关要求。保险合同交底的主要内容包括:

(1)保险范围。
(2)保险合同有效期。
(3)免赔额度。
(4)保险人(公司)的地址、联系人、联系电话。
(5)发生保险范围内风险事件时的注意事项。
(6)保险理赔的主要要求等。

4. 工程发生重大变更时的处理

工程发生重大增项、增量变更时,因其会影响保险合同的金额,故承包商/项目经理部应及时与保险公司沟通。如果工程量增大,保险公司会因此加收保费,否则可能会因造成事实的不足额投保,被保险人的保险利益得不到保护。

5. 项目工期滞延的管理

如果工程工期滞延,即在合同工期内没有完成合同额时,投保人应该办理延长保险期限的工作,否则保险人对已超施工期的保险合同不再承担任何赔偿责任。

6. 办理维修期保险

施工期结束,承包商获得临时验收报告后则进入免费维修保修期(一般为6~24个月,各国规定不一,具体内容参见"第十六章　工程交付与质量保修")。项目经理部应以书面形式通知保险人,并附以项目临时验收报告复印件。保险人将据此承担与施工期一样的保险义务和责任。

7. 办理10年责任险

在承包商承担的工程项目维修期结束后,承包商凭最终验收报告办理10年责任险。

8. 出险后的工作

在项目施工过程中,一旦发生了风险事件,承包商除对风险事件进行调查分析外,并应在保险合同规定的期限内向保险公司报案。在保险公司相关人员到达事件现场开展勘查之前,承包商应保护好事件现场及有关实物证据,为索赔提供条件。

9. 办理索赔

针对在工程项目上发生的风险事件,按照保险合同规定,承包商负责保险管理的人员应及时与保险人接洽,启动项目保险索赔工作。

承包商在启动索赔前,必须搞清保险合同所保险的范围,清楚哪些风险事件造成的损失保险人可以赔偿,哪些风险事件应按工程承包合同的规定向业主索赔。只有这样,承包商才能有效维护自己的合法权益,避免发生因索赔不当引起的争端。

第三节　保险索赔

保险索赔(Insurance Claim)是指当被保险人遭受投保范围内的风险损失时,被保险人向保险人实施索赔的全部工作。保险索赔是保险的终极目的,也是被保险人依据保险合同所享有的基本权利。承包商熟悉和运用保险合同条款、保险索赔程序,从保险公司处获取应得的赔偿,可降低风险事件给自身造成的经济损失。

一、国际工程保险索赔的基本原则

理解保险索赔的基本原则和索赔的要素,不仅可以使承包商能合理有效地维护自身的合法权益,还可以加深对所投保保险合同的了解,便于综合控制保险风险和未保险风险,从而强化工程项目的风险管理工作。

1. 诚信守法原则

"诚信"、"守法"是保险合同双方应当遵守的基本准则。被保险人要向保险人详尽报告其发生风险事件的事实,保证构成索赔条件的因素真实可靠,索赔手段及各种证明文件资料合法。在整个索赔过程中,被保险人不应有任何欺骗、隐瞒和违法行为,否则不仅可能会导致索赔失败,还将损害承包商的声誉。

2. 时效性原则

被保险人行使索赔权利时要坚持时效性原则,即:及时报案、及时抢救、及时索赔。

3. 损失补偿原则

当发生保险合同承保范围内的风险事件时,保险人将按合同约定给予被保险人一定的赔偿，但赔偿额度不超过被保险人所遭受的经济损失。保险人将依据这样的原则来确定赔偿的额度：

(1)不超过被保险人的实际损失。
(2)不超过保险合同的保险金额。
(3)不超过被保险人所拥有的保险利益，并以其最低者为限。

4. 近因索赔原则

近因索赔是指造成风险事件的最贴近的直接原因属于保险范围时，保险公司才予以赔偿。根据这一原则，只是当导致风险事件损失的起决定性的原因在被保风险之内时，投保人才可以索赔，否则保险人不承担赔偿责任。

5. 不能以保险索赔代替工程索赔

因为工程索赔中也包括了因风险事件造成损失这一因素，人们很容易将其与保险索赔相混淆，故承包商必须准确区分工程索赔因素与保险索赔因素，不能以保险索赔代替工程索赔。

保险索赔是以承保的风险造成损失为前提，其依据为被保险人与保险人双方所签订的保险合同，其索赔成立的前提是保险合同中所明确的保险责任和条件，即构成保险索赔的事件是自然灾害和意外事件，为不可预见的偶然性事件。

工程索赔的法律依据是承包商与业主间签订的工程承包合同，索赔成立的条件是合同中所规定的合同一方应承担的风险。工程索赔中尽管也有人力不可抗拒的自然灾害的免责条款，但其多数是用来判定对方未履行合同义务或影响己方履行合同义务的事件，应该说这属于人为的、主观的风险事件。

例如对于不可抗拒的自然灾害给承包商所造成的财产等损失，承包商可依据保险合同向保险人索赔，而因其灾害所造成的工期拖延等方面的间接损失，承包商则应依据工程合同向业主索赔。

二、索赔程序

(一)索赔流程

保险索赔流程见图 15-1。

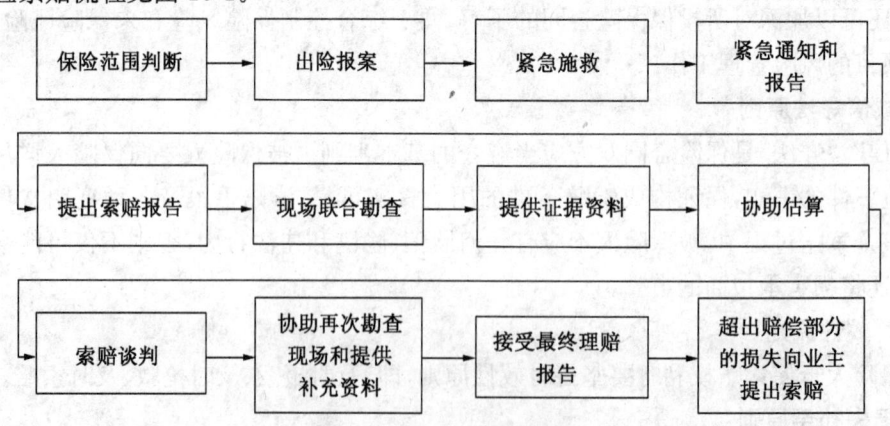

图 15-1 保险索赔流程

（二）索赔程序

1. 保险范围判断与清晰索赔过程随附义务

承包商首先要搞清保险合同所保险的范围，也即是说必须搞清哪些风险事件造成的损失可以向保险人索赔，哪些应在工程承包合同项下进行索赔。这样，承包商才能有效维护自身的合法权益，防止因索赔不当引起争端。除此之外承包商还应清晰自身作为被保险人在启动索赔过程中应尽的随附义务，即：损失通知义务、保留现场义务、减少损失义务、损失举证义务。

2. 出险报案

当承包商作为投保人时，应在保险合同规定的时限内及时报案，对于盗窃案件，还应立即向当地警察局报案。

（1）报案 报案的要求主要为：

①报案方式：可选择最佳途径，如上门报案、电话（传真）报案、业务员转达报案等。

②报案内容：出险的时间、地点、原因、被保险人的现状、被保险人姓名、投保险种、保额、投保时间、工程项目地址、联系电话以及保险人所规定的其他内容等。

但有时风险事件发生是连续的，可能每次的损失不是很大，甚至达不到保险合同规定的最低免赔额，但这些事件的发生频率却比较高，累加起来损失则会很大（如隧道塌方）。如每次事件发生都去报险，则扣除免赔额后，被保险人可能获取不了较多的赔款。所以对于此类情况，承包商应注意选择一个合理的时间段作为一次事件，为索赔成功创造更有利的条件。

（2）向保险公司报送出险通知单 一般情况下项目经理部与保险公司相距都比较远，承包商在以书面形式通知保险人出险情况前应先以电话报案，即以最快速度通知保险人，而后立即组织向保险人报送书面形式的出险通知单。

出险通知单内包括事件发生的时间、地点、原因以及承包商为减少损失所采取的措施，包括投入的人员、机具设备的数量，以及因灾害所造成的损失金额等内容。

报送出险通知单要注意保存相关证据，以证明承包商是在合同规定的期限内报案的。

（3）搜集整理能准确反映风险事件所造成损失情况的证据性资料，主要包括：

①说明事件发生时间、地点、过程、原因和损失金额内容的索赔报告；

②能准确表达事件现场的图示文件，如反映事件现场的地形地貌以及事件影响范围及造成损害状况的绘图；

③统计事件所造成的直接损失和间接损失（包括组织抢险在内所发生的投入），计算出受灾总损失，以确定索赔金额；

④反映事件现场的影像资料；

⑤与事件有关的由当地气象部门提供的水文、降雨量等方面资料；

⑥保险公司要求的能作为索赔依据的其他资料。

3. 紧急施救

风险事件发生后，承包商/项目经理部应立即启动应急预案，采取一切办法进行抢救工作，以阻止事件的扩大或恶化。承包商/项目经理部须注意在抢险前应对现场进行摄像、拍照或记录，并尽可能地保留现场，以便有效保证后续保险公司的现场勘查。

4. 紧急通知与报告

事件发生后,承包商应及时将事件情况通知至业主、(监理)工程师,并向承包商的上级组织报告。

5. 提出索赔报告

索赔报告主要包括:

(1) 事件经过及原因分析;

(2) 事件责任;

(3) 保险合同约定责任;

(4) 损失清单(包括直接损失、施救费用、处理措施费用等);

(5) 索赔费用计算;

(6) 相关的证据资料。

在编制索赔报告时,应注意保险合同中关于免配额度的约定。

6. 现场联合勘查

保险公司在接到承包商的报案后,将立即派人到事件现场,对受损保险标的进行调查,以便确定事件范围、事件性质、损失程度和事件原因等情况,为理赔的责任确定、损失评估、赔款理算等工作奠定基础。承包商为此应作好相关的配合工作,如提供勘察的必要条件,积极配合保险公司对事件的调查和定损,对财产损失的数量进行清点,以确定事件原因、责任和损失金额等。

7. 提供证据资料

在保险公司人员到达风险事件现场进行勘查之前,承包商应组织人员做好保护事件现场及有关实物证据的工作。

保险公司将收集能证明事件原因、损失数量、损失金额等内容的记录、证明性文件资料、工程量清单等;为能对保险标的损失情况提供充分有效的证据,有时还需对事件现场进行拍照,甚至还要绘制事件现场平面图等。

承包商应提供描述事件经过及原因的事件报告以及施工图、地质报告、损失清单、单价分析表、原材料发票、施工日志、事件照片、气象证明等有效资料。

有时保险人为便于客户了解索赔应提供什么资料,会向承包商传送《索赔告知书》,说明如何配合保险公司办理索赔案,将列出理赔所需单据证明资料,承包商应按其要求做好配合。

8. 协助估算

承包商协助保险人估算事件的损失,尽量说明自己所提出索赔金额的理由和依据,以争取好的索赔结果。

9. 索赔谈判

依据收集的全部索赔资料,承包商与业主方、监理工程师组成谈判小组,以期与保险公司作索赔谈判。谈判的主要内容包括:

(1) 事件责任认定 即确定事件属于保险责任还是第三者责任。

(2) 核定事件损失 核定事件所造成的损失,包括:直接经济损失、施救费用、修复费用以及其他相关费用。

10. 协助再次勘查现场和提供补充资料

承包商应协助保险公司、鉴定人对现场进行必要的再次勘查，并提供需要的相关证据资料。

11. 接受最终理赔报告

保险人在确定是否属于保险责任及评估损失后向承包商提出理赔报告。必要时保险人可向承包商提供《赔款理算说明书》，具体解释他们对承包商所提出的索赔要求是依据什么原则理算和扣减的，以方便被保险人的理解。

在保险人或鉴定人勘查现场并计算事件损失后，承包商应对保险人认可的受损范围和赔付金额等进行研究，在保险合同的基础上，与对方就有关赔付争议问题，进行友好协商，直至统一意见，接受最终理赔报告。

12. 超出赔偿部分的损失向业主提出索赔

对于因风险事件所造成的损失不能从保险人获取赔偿的部分，承包商可视具体情况，依据相关的合同或协议文件向业主提出索偿。

第十六章 工程交付与质量保修

第一节 工程竣工验收与交付

国际上对工程竣工验收与交付的做法及要求大同小异,本章主要介绍一些法语国家在大型公共建筑项目中较多采用的工程验收交付的程序和要求。对于规模较小或施工内容较简单的工程,承包商/项目经理部可与业主和监理工程师协商适当简化工程验收交付的程序。

一、关于工程竣工验收交付

(一)工程竣工验收交付的概念

工程经过漫长的施工过程,承包商终于全部按合同及相关法规要求完成所有的施工及管理活动,并达到业主的使用要求。此后承包商的接续工作是做好相关的收尾工作,将工程项目以及该项目的有关技术质量资料转交给业主,并由业主方/监理工程师组织一系列检验并最终接收工程,这一系列工作的总称即为工程竣工验收交付。工程项目验收是业主投资建设成果转入使用的重要标志,是工程建设的最后一个环节。

工程项目通过验收并全部交付与业主,标志着承包商除质量保修外,已完成了合同规定的全部责任和义务。

(二)验收交付分类

1. 按验收交付的范围分类

按工程验收交付的范围划分,可分为部分验收交付和全部验收交付。

(1)部分验收交付 部分验收交付是指工程项目的某一具备独立使用功能的单体工程达到使用要求后,业主要求提前接收使用,而采用的一种分批验收的交付形式。

(2)全部验收交付 全部验收交付又称整体工程验收交付。它是指承包商所承担的工程施工任务按合同要求全部完成后,所进行的全面验收一次交付的一种形式。

2. 按验收交付的阶段分类

按验收交付的阶段划分,可分为临时验收和最终验收。

(1)临时验收 临时验收简称"临验"。它是指在工程按合同要求全部完成施工任务后,业主方根据合同及相关法规标准,对工程进行逐项检查暨通过一系列的预验收,从而达到业主接收工程并准备投用的全过程。

采取临时验收的主要目的是,对工程是否符合合同以及相关技术质量标准要求进行检查判定,并对发现的不符合问题进行纠正处置,使工程满足使用功能及使用安全。临时验收是业主投资建设过程转入使用过程的一个重要标志。

(2)最终验收 最终验收简称"终验"。它是指工程在通过临时验收后,承包商/项目经理部按照合同规定的要求履行质量保修期满,且临时验收时所附带的保留意见都得到妥善解决后,业主方做最终全面接收的过程。

(三)工程验收交付与质量保修流程

工程验收交付与质量保修流程见图 16-1。

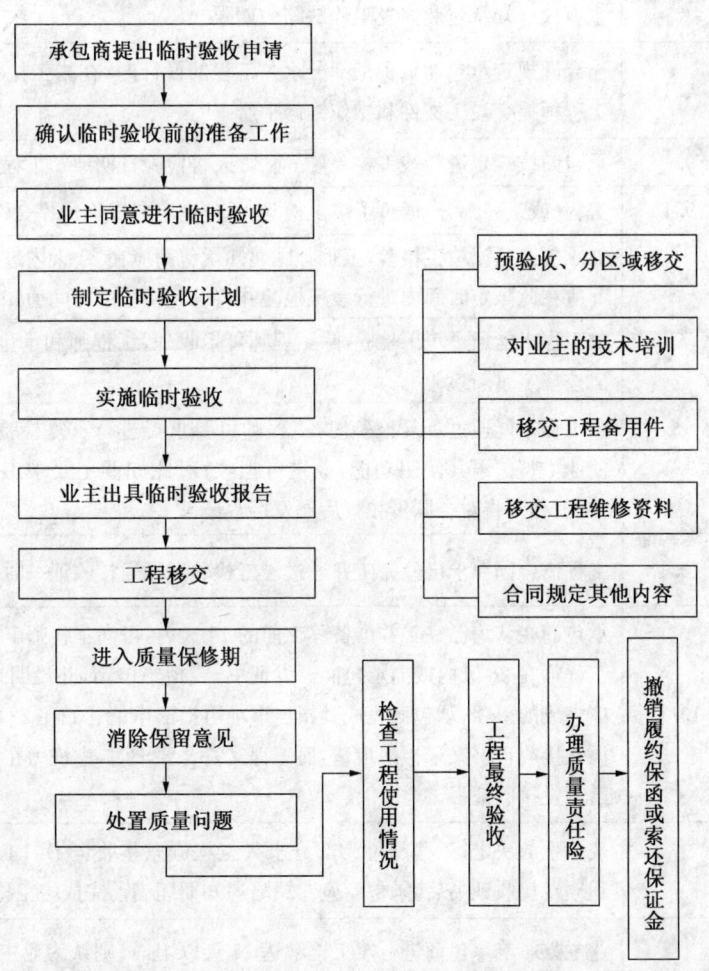

图 16-1 工程验收交付与质量保修流程

（四）FIDIC 合同条件关于工程验收交付及质量保修的规定

在 1999 年版《施工合同条件》（新红皮书）中涉及工程验收交付与质量保修的主要规定，见表 16-1。

表 16-1 FIDIC《施工合同条件》中涉及工程交付与质量保修的主要规定

序号	类别	条款号	主要内容
1	主要术语说明	1.1.3.3	竣工时间：在合同中所规定的，即由开工日期始到工程（或某一区段）完工的这一段时间
2		1.1.3.4	竣工检验：在业主接收工程之前，按照相关规定对欲交付工程所进行的检验
3		1.1.3.5	接收证书：当工程通过竣工检验，业主接收工程同时向承包商所颁发的证书
4		1.1.3.7	缺陷通知期：从竣工日期始（接收证书中所表明的），至合同文件中所规定的业主有权通知承包商修复工程缺陷的期限
5	承包商的义务	4.1	当合同规定承包商负责某部分永久工程的设计时，在竣工检验前，承包商应向工程师提交竣工文件和操作维修手册
6		9.1	承包商按规定进行竣工检验，提前 21 天将检验日期通知工程师
7		9.1	工程（或某一部分）通过了竣工检验，承包商应向工程师提交检验报告
8	竣工检验	9.2	如承包商延误竣工检验，工程师则通知承包商应在 21 天内进行检验，此时承包商应在此限定时间内进行竣工检验并将确定检验的时间通知工程师
9		9.3	如工程未能通过竣工检验，除工程师可拒收外，工程师和承包商中任一方可提出按规定重新检验
10		9.4	当工程未能通过重复检验时，工程师可要求再进行重复检验。如工程的缺陷使业主丧失了其使用功能，业主可拒收；对此如业主要求工程师颁发接收证书，工程师将对合同价扣减后颁发接收证书
11	接收证书及业主接收	10.1	工程按合同要求已经完工并通过竣工检验和颁发接收证书时，业主应接收工程
12		10.1	承包商在认为已完工并准备移交前的 14 天内，可向工程师申请颁发接收证书。工程师在 28 天内或向承包商颁发证书，或拒绝申请，并说明理由，指出承包商应完成的事项；承包商完成其指出事项再提出申请。如在 28 天内，工程师既不颁发接收证书又未拒绝申请，而工程又符合要求时，应视为在 28 天的最后一天已颁发接收证书
13		10.2	按业主的决定，工程师可为部分永久工程颁发接收证书。工程师为该部分工程颁发接收证书后，承包商应在缺陷通知期届满前完成竣工检验
14		10.3	业主方影响承包商进行竣工检验达 14 天以上时，则认为业主在本应完成竣工检验的日期接收了工程，工程师应随即颁发接收证书。承包商则应在缺陷通知期届满前进行竣工检验

续表

序号	类别	条款号	主要内容
15	缺陷责任	11.1	承包商应在工程师指定的时间内完成接收证书中所指出的未完成的工作。在工程缺陷通知期届满前,应完成对缺陷的处置工作
16		11.3	业主接收工程后,由于工程因存在缺陷使其不能发挥规定的功能,业主可要求延长缺陷通知期。但由于业主方原因暂停了材料和工程设备的交付,则该方面的缺陷在通知期满2年后,承包商不再承担保修责任
17		11.4	承包商未按要求处理缺陷时,业主可通知其在限定时间内处置;如承包商未完成应修复的缺陷,业主可自行处置,费用由承包商负担。如缺陷等问题导致业主不能获得工程或不能获得工程主要部分的规定的使用功能,业主可终止全部或部分合同
18	善后工作	11.9	当工程师向承包商颁发履约证书,并说明完成合同义务的时间时,才认为承包商所规定的义务已经履行完毕
19		11.11	承包商收到履约证书后,应清理工地现场,运走所有属于承包商的物资及设施,否则业主有权对其进行处置

二、临时验收

(一)临时验收申请

当承包商已完成工程承包合同规定的全部工作,自判定基本符合合同约定的技术质量规范/标准要求,并无影响工程使用功能及使用安全的重大质量缺陷时,可以书面形式向业主方/监理工程师申请开始临时验收工作。

1. 进行临时验收的条件

承包商申请工程进入临时验收,一般需同时具备以下几个条件:

(1)工程承包合同内规定的施工内容全部完成,并达到合同规定的要求。

(2)施工质量合格,过程质量确认资料齐全。

(3)机电设备安装工程通过试验、调试、试运,均满足使用功能要求。

(4)施工现场达到工完、料净、场(地)清。

2. 临时验收前的准备工作

承包商提出临时验收申请,一般应完成以下工作:

(1)与业主方/监理工程师确认工程业已完工。

(2)确认所有已完工程基本符合合同约定的相关技术、质量标准要求。

(3)与业主方/监理工程师确认合同规定的尚未执行的施工项目。

(4)与业主方/监理工程师确认工程可能存在的不完善或缺陷。

(5)与业主方/监理工程师确认承包商施工设施撤出现场和场地的复原要求。

(6) 合同中规定的其他关于承包商申请临时验收的准备工作。

以上这些准备工作完成后,应与业主代表/监理工程师形成书面的确认文件(如临验前准备工作会议纪要),并经各参加方签字确认。

3. 提出临时验收申请

一般情况下,工程承包合同中规定了业主对承包商提出临时验收申请的时间期限(如至少提前 14 天),承包商应以书面形式向业主代表或监理工程师通报其预计可以进行临时验收的日期。如果合同中没有明确规定,承包商可以引用相关合同性法规或国际惯例向业主提出进行临时验收的申请。如可参照 1999 年版 FIDIC《施工合同条件》(新红皮书)"9.1 承包商的义务"条款中的规定——"承包商应在提交竣工文件及操作维修手册后,提前 21 天将可以进行竣工检验的日期通知工程师",向业主提出临时验收的申请。

4. 业主关于临时验收的决定

业主方在接到承包商临时验收申请,并审查承包商的临时验收准备工作的完成情况及效果后,可做出如下决定:同意临验、拒绝临验,或进行有保留的临验。

当业主发现合同规定的某些工程内容还没有完成,业主代表可以决定进行有保留的临验,条件是承包商必须保证在某个确定的期限内完成这些施工内容,但这个期限不能超过业主可以接受的时间。如果承包商不能按照规定期限完成这些未完成的内容,业主根据需要可以采取另行安排他人施工的手段,而承包商将承担其带来的一切风险和费用。

有时,业主欲提前使用某部分工程,将会通知承包商,并同时通知对欲启用的部分工程进行临时验收,承包商应按其要求予以准备和配合。

(二)工程预验收及部分移交

1. 工程预验收的含义

工程预验收是临时验收的准备过程。对于规模比较大的工程,临时验收包括了对项目工程的每一单位/分部工程的分别逐项检查验收、缺陷消除及其后的再验收的全过程。因此说临时验收是一个延续时间相对较长的一个过程(有时会延续 1~2 个月之久)。对工程项目一系列的分项逐次验收,相对于临时验收而言即是一次预验收。当所有预验收完成之后,才认为是进入工程项目的临时验收。

对于一个工程项目,一般是分区域、分专业进行工程预验收。预验收的临时机构由业主方/监理方各专业人员和承包商相关专业人员组成。

对于规模比较小、施工内容比较简单的工程,有时业主方/监理工程师不要求进行预验收,而直接进入临时验收,这是工程验收的另外一种简化了的情况。

2. 工程预验收的范围

工程预验收由两大部分组成:可视系统验收和技术系统验收。

(1) 可视系统验收　可视系统验收是指对工程的外观可视部分是否符合要求所进行的一种验收,它包括了工程的做法、材料的使用、数量、外观质量以及机电工程的末端处理、安装质量等是否符合设计及验收标准要求等内容。

(2) 技术系统验收　技术系统验收是指通过一系列的技术测试手段来判断工程是否符合

设计及相关验收标准要求的工作。这种验收通常是对每一系统而言的,例如公共建筑工程中对于电系统、空调系统、楼宇自动化系统、通讯系统、安全报警系统等的验收。

工程预验收之所以划分为上述两种范围分别进行,是为了避免在一些比较复杂的大型公共建筑工程中机电系统测试往往滞后的情况下会影响机电末端移交的问题。因为对于大型公共建筑工程,往往是业主一边在使用工程的某些部分,而承包商又一边在进行机电系统的调试。当然,对于较简单的工程项目,只要业主方/监理工程师同意,可以将上述两部分的验收合并为一次验收。

3. 工程预验收的准备工作

(1)制定工程预验收计划　在接到业主方/监理工程师同意进行预验收的通知后,承包商应根据项目的竣工目标以及业主和监理工程师的要求,制定验收和消项计划。预验收计划主要包括:验收的对象、涉及专业、参与人员、开始及完成时间、相关准备要求等。编制计划时应充分考虑到处置缺陷造成反复消项所耽误的时间。

工程预验收计划编制后,应报业主方/监理工程师批准。

(2)确定承包商"验收协调员"　承包商应在项目经理部内明确一名"验收协调员",其职责主要为负责与业主方/监理工程师的沟通及联系,组织准备相关文件资料,协调承包商内部的各专业工程师。

(3)制定工程预验收清单　工程预验收清单是对验收工作具体实施的一种策划,它应全面体现承包商针对验收对象的所有工作内容。编制工程预验收清单前,承包商应与业主代表/监理工程师沟通以统一意见。为防止清单内容出现遗漏,编制时应对照设计文件,逐一核对。工程预验收清单编制完成后,交由验收协调员统一汇总报监理工程师审查,待其确认后发布。

4. 验收实施

(1)根据工程预验收计划,承包商分别组织不同专业的人员逐次进行验收。在验收过程中,项目经理部的专业技术人员应协同监理工程师对预验收清单中的各项内容核对。对于监理工程师提出有保留意见的部位除做好记录外,还应及时在现场做出标记,以便工人能够准确找到需消项的部位进而予以处置。

(2)验收结束后,承包商参加预验收的专业技术人员应及时与监理工程师核对验收结果,确认需消项处理的问题及部位。

(3)承包商应及时对有问题的部位及时组织工人消项处置。消项处置前,项目经理部的专业技术人员应对工人进行技术交底,特别应强调成品保护,防止产生新的保留意见。

(4)保留意见消除后,应再次组织验收,即通过反复消项、验收一直达到绝大部分保留意见被消除,业主代表/监理工程师同意时止。

(5)对验收阶段难以消除的保留意见,承包商责任专业技术人员应做好记录,并向其主管领导汇报,以便及时研究处理措施。

5. 监理工程师签署验收清单

在部分区域的绝大部分保留意见已消除后,监理工程师会出具一个带有编号的REC(Reception List)清单,即验收清单,其列出已通过临时验收的区域。该区域的详细工程预验收清单则作为REC清单的附件,以作为后期消项的依据。

6. 部分移交

当部分区域通过临时验收后,承包商即可组织对此区域的移交。为此,承包商应准备一份移交单,标明根据监理工程师出具的某编号 REC 清单,该区域已通过临时验收,具备移交条件。

移交单应附有一个详细的房间清单和钥匙清单。经业主代表、监理工程师、承包商三方签字后,某区域的移交至此完成。部分区域移交以后,将由业主方接管并进行管理。承包商自此对该区域仅承担维修责任,不再承担其他任何责任,即自移交之日开始,该区域进入质量保修期。

7. 临时验收证书

工程通过临时验收后,业主代表/监理工程师将按合同规定签发工程临时验收证书(Taking-Over Certificate),交予承包商。

(三)工程预验收及部分移交工作中的风险控制

规模较大的工程的临时验收延续时间往往都比较长,一般需要几个月,甚至会拖至半年或更长的时间,而形成了"边验收,边移交"的胶着状态。在整个临时验收过程中,承包商会遇到移交完成工程大部分区域后,还会有一部分工程尤其是存在较多的保留意见而不能通过工程临时验收。但此时,尽管工程部分或大部分可能已经投用,但因为工程项目整体未通过临时验收,使得工程不能正式进入质量保修期,这将使承包商日后的工作很被动。为此,承包商在工程预验收及部分工程移交工作中,应注意规避或降低验收及移交工作中可能出现的风险:

1. 坚持先验收,后移交

对于业主要求提前使用的,必须坚持先进行预验收,在确定没有难处理的保留意见后再移交,或坚持先整改消项再移交。之所以这样做原因是在业主开始使用后,消项处置工作比较困难,而且往往是不会轻易通过。

2. 一次性提出问题

在预验收开始之前,承包商应与业主方/监理工程师做好沟通,要求其以书面形式规定要求和意见。业主方/监理工程师应一次性提出所有保留意见,以避免同一区域反复验收,业主方/监理工程师不同人员相继出面提出越来越多保留意见而造成承包商十分被动的局面。

3. 明确责任

当出现部分工程需移交使用时,承包商应坚持要明确双方的相关责任。如工程合同中未规定业主有提前部分使用工程的权力,则承包商就应要求和业主谈判,坚持按照首次移交和末次移交的中间时间来计算工程的临时验收时间,以提前开始计算质量保修期。如合同中规定业主有权提前使用部分工程,则需注意应明确移交部分的相关责任,如工程维护、机电设备安全操作、系统故障排除、误操作导致事故等方面的管理责任,并以书面的移交记录形式规定下来。

4. 把握临时验收的关键工作

一般来说,技术系统是临时验收的关键内容。当业主部分或全部使用工程后,往往会出现因技术系统验收出现诸多缺陷,业主不愿意接收的问题。对此,承包商可采取:坚持技术系统

(如机电设备系统)完成临时验收后再移交;或是坚持在使用过程中继续整改消除缺陷,但应申明不能保证设备满负荷运行。

5. 坚持带缺陷完成临时验收

只要工程的各个部分使用功能基本满足工程的正常运行,承包商就应坚持带部分缺陷完成临时验收,否则可拒绝业主使用工程的要求。这是因为缺陷完全可在保修期内继续得到处置,并达到规定要求,否则验收的时间会拖得很长,对承包商将十分不利。

三、工程移交

工程移交即意味着工程施工阶段的结束和使用阶段的开始,也意味着承包商保修责任的开始,业主保护工程不受意外损害责任的开始。

(一)工程移交方式

工程交付移交给业主在国际上有多种运作的方式。如主要有针对以下 3 种情况的移交方式:

(1)业主对竣工工程完全满意而接收承包商交付的工程。

(2)业主方对工程不满意而不愿接收工程,要求全面消除不符合后再验收交付。

(3)业主接受工程,但对其中存有缺陷处与承包商达成减低工程价款的约定而接收(如果缺陷是由第三方引起的,承包商可向第三方索赔)。

目前国际上比较普遍采用的方式是业主做有条件的接收,即承包商应在工程交付后规定的时间内消除临时验收发现的不影响使用功能的质量缺陷并达到业主规定的要求,此时在临时验收报告或其附件(预验收清单)中列明业主方提出的需消除的保留意见。例如,在美国,工程达到"实质性完工"即可交付,在交付后的一定期限内,即"缺陷责任期"内,承包商负责处置交付中未得到处置和在此期限内新发现的质量缺陷。在法国及其一些法语国家则是工程通过整体临时验收后,即可交付,同时转入"质量保修期",在规定的保修期内处置完毕业主方所提出的保留意见以及使用过程中发现的新的质量缺陷。

当工程项目整体通过临时验收后,可进行工程交付工作。对于合同中已做出规定,业主有权在工程未完全通过临时验收使用其中的部分工程时,也可以进行部分工程移交。对于工程部分移交时,承包商应特别关注明确相关责任的问题(前文已述)。

(二)工程移交的主要工作

1. 承包商向业主方移交必要的资料及备件

承包商需要向业主方移交与工程有关的必要资料及备件,主要包括:

(1)设备、系统的必要备件(如合同中已规定由承包商提供一定数量的备用件时)。

(2)供应商提供的工程设备的产品技术资料及产品质量保证资料。

(3)工程各系统试运行资料及维修资料。

(4)竣工图以及合同中规定的其他资料。

2. 承包商提供技术培训

承包商为业主方配备的各工程系统的操作及维修人员提供技术培训服务。有关内容在本章第三节中阐述。

3. 签署工程临时验收报告

工程全部内容通过临时验收，业主、监理、承包商三方签署临时验收报告。

4. 工程移交的其他善后工作

工程移交后还有许多善后工作需要处理，例如：

(1) 未解决的索赔与反索赔工作　在工程交付时可能有些索赔及反索赔的事项尚未全部解决，承包商应与业主方议定处理原则及方式。国际上一些国家规定工程索赔时效是从工程交付之日开始起算，其时效期按工程所在国的相关法规或者依合同而定。

(2) 工程结算工作　承包商应与业主方商定工程结算的安排。如法国规定承包商应在工程交付之日起的120天内向业主提交工程尾款结算的详细文件。

(3) 承包商清理施工现场及临时暂设　即承包商应在合同或业主方规定的时间内运走所有属于承包商的工程剩余物资、施工机具设备、施工手段以及生活区、办公区的临时暂设及所有设施。否则业主将按合同或国际惯例对承包商的这些物资设施进行处理，会给承包商带来不必要的损失。

第二节　技术培训

一、关于技术培训

对于 EPC（Engineering Procurement and Construction）总承包模式，总承包商按照合同约定，除承担工程的设计、设备材料采购、施工、试运行职责外，还要负责对业主方人员进行技术培训服务，以保证业主方能准确有效使用工程，以安全、正确发挥工程各种使用功能。

对于大型公共建筑工程，承包商对业主方操作人员的培训主要包括两方面：主体结构的维护和机电设备的操作和维护。其中机电设备操作、维护的培训工作量最大，它至少包括了：空调通风系统、消防喷淋系统、楼宇自控系统、电视通讯系统等。培训工作主要是由总承包商组织，分别由专业分包商和供货厂商来实施。

对业主方技术培训的进展及其效果不仅能保证业主在工程接收后的正常使用，保证各系统的正常运行，还直接影响着承包商工程验收交付的进度。所以说技术培训也是工程验收交付中的一项十分重要工作，可为工程的全面验收和移交创造有利条件。

二、技术培训实施

(一) 技术培训流程

技术培训流程参见图 16-2。

第十六章 工程交付与质量保修

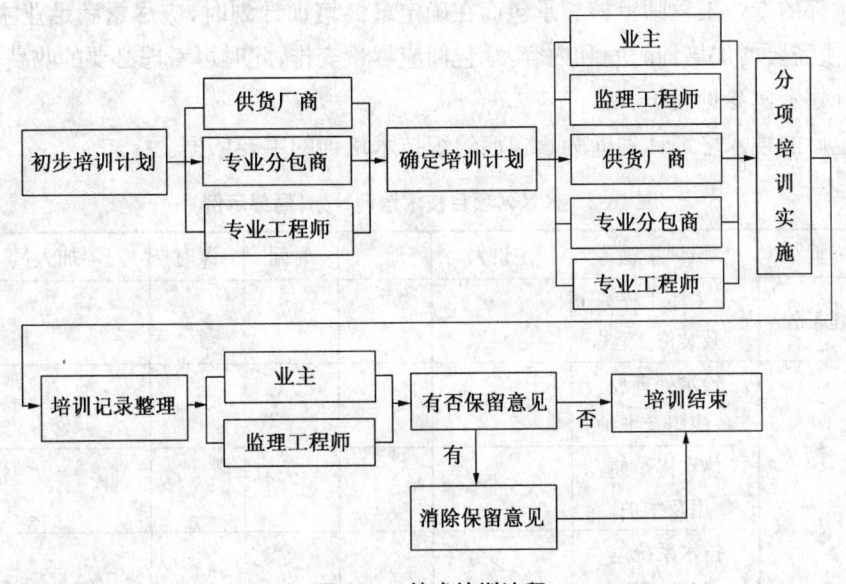

图 16-2 技术培训流程

(二)技术培训计划

1. 技术培训计划制定的依据

承包商应责成专人编制初步技术培训计划,其编制依据主要为:

(1)合同中所明确承包商的义务条款。

(2)业主方新增要求。

(3)供货厂家的义务。

(4)专业分包商的义务等。

2. 技术培训计划的主要内容

技术培训计划应主要包括:授课专业内容、培训师资、培训对象、培训需用课时、培训的时间安排、培训地点等。

3. 培训对象

(总)承包商应以文件的形式通知业主方,要求其提供拟参加培训的人员及其简历,其目的是保证接受培训的人员是有一定文化基础以及具有相关工作或操作经验的人员。实践表明,业主提供的这些资料对日后系统运行期间发生故障,分析其是操作责任还是承包商质量责任往往是很有帮助的。

4. 培训计划的确定

(1)承包商将编制好的初步技术培训计划传送至与本项目合作的各供货厂家、专业分包商以及承包商自身拟授课的专业工程师,征求意见。

(2)承包商根据供货厂家及专业分包商等方面反馈回的意见,调整完善技术培训计划,形成修订的培训计划。

(3)承包商将完善后的技术培训计划分别送交业主方、监理工程师、供货厂家、专业分包商及承包商内部的专业工程师审核。承包商在确定最终培训计划时,应尽量满足业主的培训要求,如果业主需要增加培训时间和内容,承包商应尽量安排,此时可考虑必要的收费。

培训计划示例参见表16-2。

经审定后的技术培训计划即为承包商组织技术培训的主要依据。

表16-2 ×××项目技术培训计划(局部示例)

序号	专业	培训主题	主讲人	地点	时间	课时	参加人员	备注
1	土建工程	主体工程及装修工程						
2	采暖通风工程	给水处理设备使用及维护						
		热水锅炉使用及维护						
		排水系统运行及维护						
		制冷设备使用及维护						
		容积式换热器、板式换热器使用及维护						
		水泵使用及维护						
		空调机组、风机、风机盘管使用及维护						
		空调水系统运行维护						
3	消防工程	消防排烟系统运行及维护						
		消防系统(喷淋、室内外消火栓)						

(三)培训实施

承包商应按照审定的培训计划组织技术培训。承包商应要求培训讲授人员在培训开始前提出必要的培训资料,包括必要时应制作PPT投影文件、培训大纲等,以确保培训效果。

培训时应结合工程项目实际,既除了讲授必要的理论知识及操作要求外,还应结合工程现场实际进行具体操作的演示。

培训后,培训的组织者(如项目验收协调员)应做好培训记录,重点是记录培训参加人员、培训内容、培训的效果和结论,并要求接受培训人在记录上签字确认。培训的效果和结论部分,应包括接受培训人的理解和掌握的程度,有考核时还应包括考核结果。做好这一记录的意义也在于为日后发生系统运行故障的原因和责任分析时提供佐证。

承包商的验收协调员在培训结束后应将培训实施说明、培训记录、考核结果交与业主方;对经培训未能全面理解和掌握相关操作技能的人员,以书面形式通知业主方,请业主方决定是否增加培训课时或采取重点辅导等措施。承包商要坚持,未掌握操作技能或考核不合格的人员不能从事相应系统的操作,否则出现系统误操作引发故障并导致损失,由业主方承担责任。

第三节 工程质量保修及最终验收

一、工程质量保修

(一)工程质量保修期

工程通过临时验收并向业主移交后的质量责任主要体现在对交付工程的质量保修工作。除非在临时验收时另有约定,一般情况下,工程临时验收签字之日,即标志着工程进入了质量保修期。

对于质量保修期的称谓,各个国家不太一致。如在法国,称"质量保修期"为"正式完工期限"(1978年民法典);英国的JCT合同把从工程实际交付至最后完工的期限称为"缺陷责任期",在1999年版FIDIC合同条件(红皮书),则把这一期限称之为"缺陷通知期"。无论是"缺陷责任期"还是"缺陷通知期",实际上都仅指从工程交付至最终验收之间的一个期限。在这一期限间,承包商应对列入"临时验收交付证书"上所标明的"保留意见"性缺陷进行处置,并对在此期间出现的质量问题(如防水工程出现渗漏)予以免费维修。"缺陷责任期"或"缺陷通知期"这一术语,从字面上很容易使人产生误解,以为一旦该期限到期,承包商即不再对工程缺陷承担责任,其实并非如此。

工程通过临时验收后的这段特殊责任期限各国的规定也不尽一致,如法国规定其期限为自交付之日起1年;荷兰为3~12个月;澳大利亚、新加坡、英国等通常为6个月;瑞典为2年;加拿大的魁北克、葡萄牙则较长,为5年,但公共建筑为2年。在《FIDIC施工合同条件MDB协调版》(MDB Harmonized Edition)(2006年版)(全称为"《FIDIC施工合同》多边开发银行协调版通用条件")中对"缺陷通知期"的规定:"如果在合同中没有其他的规定,缺陷通知期为自工程或区段竣工之后的12个月,自接收证书中所注明的工程或区段的竣工日算起。"我国在《建设工程质量管理条例》中具体明确了建设工程的最低保修范围和最低保修期限:基础设施工程、房屋建筑的地基基础工程和主体结构工程的最低保修年限,为设计文件规定的该工程的合理使用年限;屋面防水工程、卫生间、房间和外墙面的防渗漏的最低保修年限为5年;供热与供冷系统的最低保修年限为2个采暖期、供冷期;电气管线、给排水管道、设备安装和装修工程的最低保修年限为2年。其余部位的最低保修年限由工程承发包双方在合同中具体约定。

在质量保修期内，对于临时验收时确定的保留意见以及使用过程中新发现的质量缺陷，承包商均应按合同约定的责任进行修复，如果缺陷责任在承包商一方，还要承担因缺陷所造成次生损失的责任。当然，如果质量缺陷并不是因承包商施工所造成的，承包商在履行保修义务后，可以向相关责任方进行索赔。

正常情况下，质量保修期结束后，即转入工程的最终交付。

（二）质量缺陷责任

工程从开工至竣工的施工全过程中，出现质量缺陷是十分正常和比较普遍的。因为在漫长工程建设过程中的任何一个阶段，参与工程建设的任何一方面的行为难免会有一些疏忽和失误，而这些都会导致工程质量缺陷的产生。

承包商在质量保修期间，应对产生缺陷的原因和责任作认真分析，以规避不应有的经济损失。导致质量缺陷的责任基本可以分为4个方面，即：设计方责任、承包商责任、指导方责任和业主方责任。

1. 设计方责任

工程设计图纸和设计文件上的错误或疏漏将会从根源上影响工程的质量。设计方无疑应承担因设计错误而导致质量缺陷的责任。但在很多情况下，设计错误的责任并非完全在设计一方，由于监理工程师的过错而导致设计失误，监理方也应承担责任。但也有的国家规定，承包商有责任审查设计从而发现设计失误。但多数国家都认为应具体分析设计、监理方和承包商对设计失误所应承担的责任。由于目前国际上尚没有因设计失误而导致质量缺陷的责任界定的惯例，因此承包商遇到因设计失误而导致质量缺陷的责任界定时，应视实际情况据理力争，以排除或减轻因其所承担的连带责任。当然，如工程项目是采用EPC承包模式时，承包商自然要承担设计责任，则另当别论。

2. 承包商责任

承包商在施工过程没有严格按照工程设计图纸和规定的技术质量标准施工，过程控制不严格，使用不合格的材料、未按技术操作规程施工、未按规定进行工序检验和试验等都会导致质量缺陷的产生，承包商自然应承担质量缺陷的责任。承包商的质量缺陷责任应包括其所辖各分包商的责任。

3. 指导方责任

例如工程交付过程中，总承包商组织的各相关方对业主方操作或管理人员的技术培训不充分或所提供的指导说明文件有误，而致业主方在使用或维修过程中失误导致质量问题或过程中的伤害，无疑指导方或提供指导文件方（包括供应商和专业分包商）应负有相应责任。

4. 业主方责任

业主方在接收工程后的使用或维护、检修过程中未正确落实承包商等相关方的技术培训或技术说明文件中的要求，而因误操作或违规行为而导致工程缺陷，应由业主方承担责任。但在具体责任判定中，往往会遇到业主方人员不能真实反映操作或运行过程的情况，而会有其尽量向承包商方面转移责任的倾向，这时就需要承包商必须要有经验丰富的技术人员参与或借助专业分包商、供货商的力量来准确判定业主方的责任。

(三)工程维修的实施及违约责任

承包商应在规定的期限内对工程存在的缺陷进行处置,消除临时验收中业主方提出的保留意见,以达到合同的要求。在1999年版《FIDIC合同条件》(新红皮书)中对工程质量保修是这样规定的:为使工程在缺陷通知期期满时达到合同要求,承包商应:①在工程师指定的时间内完成接收证书中所注明的尚未完成的任何工作;②在缺陷通知期期满前完成缺陷的修复工作。

1. 确定维修事项的性质及其记录

承包商应明确,质量保修这项义务中不包括工程正常的维修保养或由业主方非正常使用或维护失当,以及设备系统的误操作等原因导致的质量缺陷。因此在正式实施维修前,承包商应与监理工程师对缺陷的性质进行判断,即界定形成此缺陷的责任。对于属于承包方责任的,承包商应免费处置,对于因业主责任形成的缺陷,承包商仍应提供保修服务,但对其处置后,可向业主方索赔。但对于此种情况,承包商必须能提供出相关有效证据。

缺陷责任界定以及对缺陷的处置,承包商应与监理工程师共同完成相关记录。

2. 质量保修期的延长

在质量保修期期间,由于承包商的原因而没有按要求完成缺陷的处置工作,业主有权延长质量保修期,直至批准最终验收。在1999年版《FIDIC合同条件》(新红皮书)中规定,如果由于缺陷使工程不能达到预期的使用功能,业主有权延长缺陷通知期,但延长期不得超过2年。在2006年《FIDIC施工合同条件MDB协调版》中对此是这样规定的:当质量缺陷的责任系承包商时,业主有权延长缺陷通知期。

3. 承包商不能尽责处置缺陷的情况

一般在工程承包合同中均约定了承包商不能按合同要求履行质量保修义务时的处置方法。当出现这种情况时,业主有权自己或雇用他人处置质量缺陷,而因其所支出的一切费用均由承包商支付或从应支付给承包商的款项中扣除。在1999年版《FIDIC合同条件》(新红皮书)中规定:如承包商未及时修复质量缺陷,业主可通知承包商在限定的日期前修复之,如届时承包商仍未修复应由其自费修复的质量缺陷,则业主可以决定自行或委托他人修复,但应由承包商支付其费用或业主扣减承包商的合同价款;如质量缺陷已造成业主基本不能获得工程或主要部分的预期使用功能,业主可终止全部或相关部分的合同,业主并有权追回承包商全部或部分工程款。

二、工程最终验收及办理质量责任险

(一)工程最终验收

1. 工程最终验收的条件

当工程竣工交付后同时满足下列条件时,承包商可向业主/监理工程师申请进行工程最终验收:

(1)工程质量保修期满;

(2) 临时验收时提出的保留意见全部处置完毕,并符合要求;

(3) 使用过程中所发现的质量缺陷业已处置完毕,并符合要求;

(4) 工程临时验收提出的保留意见或质量保修期间发现的质量缺陷确实难以消除或无法在短期内处置的,而这些质量缺陷的责任虽然在承包商一方,但其不影响工程的使用功能和使用安全,业主和承包商可达成一致意见,即扣减承包商相应部分合同价格款作为补偿时。

2. 提出最终验收申请

在工程符合最终验收条件时,承包商可向业主方/监理工程师提出最终验收申请。在提交最终验收申请的同时,承包商还应提出临时验收时所确定的保留意见以及质量保修期间质量缺陷的处置情况及效果,并附有监理工程师或业主代表对其验收的证据性资料。

3. 签署最终验收证书

业主审查承包商的最终验收申请及相关资料,可做出同意进行最终验收的决定。

业主方、监理工程师在检查保留意见及质量保修过程相关资料并与承包商达成一致意见后,业主方、监理方、承包商三方可以签署最终验收报告或由业主方/监理工程师向承包商颁发履约证书。当承包商全部消除保留意见时,在最终验收证书(Final Certificate)中应注明无任何质量缺陷;如工程仍保留有一定缺陷,但业主已进行了合同价款的减值,也应予以说明。

工程最终验收完毕或承包商接收履约证书,则标志着业主对既定工程的认可,同时也宣布承包商合同规定的责任和义务,(不包括办理质量责任险)已经全部完成。

4. 最终验收后的工作

工程最终验收完成后,承包商应立即着手办理质量责任险,而后将根据合同约定撤销承包商的履约保函。

(二) 办理质量责任险

工程质量保修期结束后,意味着另一种质量责任期的开始,即进入损害赔偿责任期。除少数国家如葡萄牙规定在政府作为业主的情况下,质量保修期后,承包商不再承担质量赔偿责任外,在大多数国家,业主方都可以在一段时期内向有关责任方要求质量损害赔偿。这一损害赔偿责任的期限,各国规定也不一样,如荷兰规定了20年责任期;而法国及其法语国家则规定了10年责任期;在加拿大的魁北克,非居住房屋和商业建筑的损害赔偿责任期为5年,而公用建筑则为30年等。

尽管各国对于工程竣工交付后质量责任的法律规定不尽相同,质量保修期和损害赔偿责任期限也长短不一,但业主对因工程质量问题及其所造成的损害都有追究赔偿责任的相关规定。由于随着时间的推移,承包商的情况会发生很多变化,如已撤出原承包工程所在国、或其组织发生变化、或其组织已不复存在等,而工程经最终验收后一旦出现新的质量缺陷并造成损害,业主将很难找到承包商或承包商不能及时按要求安排维修,这样业主方的利益就不能得到有效的保障。在这种形势下,于是出现了要求承包商在最终验收交付工程后,必须落实工程所在国相关法规中关于办理质量责任险的强制性要求,即办理质量责任险。

例如法国在《建筑职责与保险法》中规定:工程项目竣工后,承包商应向保险公司投保,以对该项工程的主体部分,在10年内承担缺陷保修责任;对建筑设备在2年内承担功能保修责任。在国际上,质量责任险的保险费率则是根据建筑物的风险、承包商的声誉、质量控制的深度等综合因素确定,一般为工程总造价的1.5%~4%。承包商与保险公司的质量责任分配原则一般是工程最终验收交付后第一年内发生的质量问题,承包商负责维修并承担维修费用;在其余9年内发生的质量问题,仍由承包商负责维修,但维修费用由保险公司承担。

当承包商按规定办理并向业主提交质量责任险的凭证后,业主才将承包商的履约保函或质量维修保留金返还给承包商,至此承包商已全部完成工程承包合同中规定的全部义务和责任。

第四节 项目工程档案及移交

一、项目工程档案及其管理的意义

项目工程档案是指承包商在工程项目建设全过程中所形成的对业主、自身以及相关方具有重要使用价值的以文字、声像等各种载体形式保留的各种文件资料的总称。它是记录工程项目管理过程的载体,是反映项目建设全过程原始的、真实的记录,是一种重要的信息资源,它对为业主服务以及保证承包商自身利益及长久发展都将起着十分重要的作用。具体地说,工程档案管理的主要意义在于:

(1)保证在工程竣工交付时能按合同约定向业主提供必要的完整的技术质量文件资料。
(2)实现工程项目建设全过程中在项目经理部内部的信息资源共享。
(3)是承包商积累经营、施工以及技术、质量管理经验的重要手段。
(4)为工程建设全过程乃至竣工交付后可能出现的争议的仲裁、诉讼提供证据。
(5)为工程实施索赔或反索赔提供证据。

二、工程档案的主要内容

工程项目建设全过程的各种文件资料种类繁杂、数量甚多,如全部归档保存不仅会造成人力物力的浪费,而且也会给管理造成较大的负担和利用上的不便。档案资料的收集、归档的根本目的在于确保其能有效发挥他们的利用价值。因此承包商在项目档案管理上,需要重点收集、归档对项目管理以及日后追溯管理有重要意义的或有重要利用价值的资料。国际工程项目管理需重点收集归档的资料主要有:

1. 合同性资料

合同性资料包括:招投标文件、合同文件(总承包合同、分包合同、采购合同)、合同变更文件、协议书、工程预决算性资料以及各类保险合同等。

2. 依据性资料

依据性资料包括:竣工图、施工技术文件(施工组织设计、关键过程及特殊过程施工技术方案)、工程设备类产品技术文件等。

3. 证据性资料

证据性资料包括：主要的物资验证记录、主要阶段质量验收记录、临时验收证书、最终验收证书、项目履约证书、与业主方、监理方、设计方、政府质量监督方等关于技术质量、索赔等方面的往来信函以及会议纪要性文件以及项目经理部的施工日志等。

4. 传承性资料

传承性资料包括：供应商名录、分包商名录、公共关系资料、项目经理部的主要业务系统的总结性资料等。

三、工程档案的保存

承包商应根据工程项目的规模在项目经理部内建立适度规模的档案管理部门，设立档案室，建立项目档案管理制度，开展项目档案管理工作。项目工程档案的管理主要包括：文件资料的收集、整理、编目、归档、借阅等方面，但其中很重要的一项工作即是档案的保存管理。

1. 保存的方法

（1）为解决大量存档纸质文件占据空间过大的问题，承包商应首先考虑采取扫描存档的方式；

（2）以电子文档形式存档，如对于依据性文件、传承性文件、施工过程的音像性资料均可采用此方式。

（3）以纸质文件形式保存，如合同性文件、主要证据性文件等。

2. 检索方法

文件资料不管是采用何种方式归档，都要保证能在需要时迅速、准确找到所需的文件，这就是检索的目的。例如，通过主题索引、时间索引或者二者结合的方法来寻取文件。如果是电子文档，采用关键词检索当然就是最方便的。

3. 保存安全

（1）档案存储条件应符合安全要求（如防火、防盗、防潮、防虫蚀鼠咬等），可能的情况下档案室应尽量做到恒温恒湿。

（2）电子文档应做备份文件，并应脱机保存。

四、档案移交

在工程项目工作全部结束前，承包商需要安排专人对主要需移交、归档文件进行审查、分类，这是一项工作量比较大而且要求十分细致的工作。

工程竣工交付阶段，承包商应组织办理档案移交工作。移交包括了2个部分，一是由项目经理部向其上级的档案管理部门移交，另一是按合同规定向业主方移交。

工程档案文件移交，承包商/项目经理部的负责人应编制《工程档案资料移交清单》，移交清单一式两份，移交接收双方应签字确认并各自保存一份。

主 要 参 考 文 献

[1] 何伯森. 工程项目管理的国际惯例. 北京:中国建筑工业出版社,2007
[2] 何伯森. 国际工程承包. 第2版. 北京:中国建筑工业出版社,2007
[3] 朱锦林译. FIDIC施工合同条件. 1999年第1版. 北京:机械工业出版社,2002
[4] 国际咨询工程师联合会中国工程咨询协会编译. 菲迪克(FIDIC)合同条件-施工合同条件(1999年第1版). 北京:机械工业出版社,2009
[5] 刘尔烈. 国际工程管理概论. 天津:天津大学出版社,2008
[6] Dennis Lock. Project Management. Copyright Gower Publishing,2007
[7] 白思俊. 现代项目管理. 北京:机械工业出版社,2005
[8] 中国施工企业管理协会. 工程建设企业管理. 北京:中国计划出版社,2008
[9] 张明峰,徐岚. 国际工程承包合同争议的解决. 城市行业企业研究报告,2004-7
[10] 王秀芹. 国际工程物资采购外汇风险管理. 中国论文下载中心,2010
[11] 吴康. 浅谈国际工程承包中的保函. 安徽建筑,2005(5)
[12] 国家质量监督检验检疫总局,中国国家标准化管理委员会. GB/T19016:2005 idt ISO10006:2003 质量管理——项目质量管理指南. 北京:中国标准出版社,2005
[13] 国家质量监督检验检疫总局,中国国家标准化管理委员会. GB/T 19000 idt ISO 9000:2005 基础与术语标准. 北京:中国标准出版社,2005
[14] 国家质量监督检验检疫总局,中国国家标准化管理委员会. GB/T 19015:2008 idt ISO 10005:2005 质量管理—质量计划指南. 北京:中国标准出版社,2008
[15] 国家质量监督检验检疫总局,中国国家标准化管理委员会. GB/T 19001:2008 idt ISO 9001:2008 质量管理体系要求. 北京:中国标准出版社,2008
[16] 国家质量技术监督局. GB/T 19004:2000 idt ISO 9004:2000 质量管理体系业绩改进指南. 北京:中国标准出版社,2000
[17] 国家质量监督检验检疫总局,中国国家标准化管理委员会. GB/T 24001:2004 idt ISO 14001:2004 环境管理体系—要求及使用指南. 北京:中国标准出版社,2004
[18] 国家质量监督检验检疫总局. GB/T 28001:2001 职业健康安全管理体系要求. 北京:中国标准出版社,2001
[19] 中华人民共和国建设部. GB/T50326:2006 建设工程项目管理规范. 北京:中国建筑工业出版社,2006
[20] 万显涛. 工程合同管理. 北京:中国电力出版社,2009
[21] 国际商会中国国家委员会组织译. 国际商会见索即付保函统一规则(URDG458). 北京:中国民主法制出版社,2008
[22] 李君. 工程建设企业社会责任体系的建立与运行指导. 北京:中国标准出版社,2005
[23] 金振朝. 见索即付保函的法律风险与防范对策. 北大法律信息网,2009
[24] 刁万洲,王金龙. 国际工程分包风险预警. 施工企业管理,2010(3)
[25] 郭汉丁,刘应宗. 国外建设工程质量监督管理的特征与启示. 建筑管理现代化,2005(5)
[26] 单宝. 企业管理前沿理论和方法. 上海:上海财经大学出版社,2006
[27] 赵东. 企业危机系统管理. 广州:华南理工大学出版社,2005
[28] 孙继荣. ISO 26000——社会责任发展的里程碑和新起点. WTO经济导刊,2010(10)
[29] 张叶烽. 当代国际劳务合作的特征和市场发展趋势. 国际工程与劳务,2005(3)

[30] 赵丕熙. 对外承包企业的危机管理. 国际工程与劳务,2008(9)
[31] 赵丕熙. 保函的管理及风险控制. 国际工程与劳务,2010(3)~(4)
[32] 赵丕熙. 国际工程项目公共关系管理. 国际工程与劳务,2010(9)
[33] 赵丕熙. 国际工程承包中的劳务分包管理. 国际工程与劳务,2011(3)
[34] 赵丕熙. 国际工程中的政治风险及其管理. 国际工程与劳务,2011(6)
[35] 赵丕熙. 过程监视和测量. 国际工程与劳务,2011(8)
[36] 赵丕熙. 锁住社会安全风险. 国际工程与劳务,2011(9)